活动的力量

上海市青浦区实验中学三十年教育改革之路

刘明 著

上海教育出版社
SHANGHAI EDUCATIONAL
PUBLISHING HOUSE

图书在版编目(CIP)数据

活动的力量：上海市青浦区实验中学三十年教育改革之路
/ 刘明编著. —上海：上海教育出版社，2018.5
ISBN 978-7-5444-8415-2

Ⅰ.①活… Ⅱ.①刘… Ⅲ.①中学—教育改革—概况—青浦区 Ⅳ.①G639.21

中国版本图书馆CIP数据核字(2018)第088478号

责任编辑 宁彦锋　梁乐天
封面设计 郑　艺

活动的力量
——上海市青浦区实验中学三十年教育改革之路
刘　明　编著

出版发行 上海教育出版社有限公司
官　　网 www.seph.com.cn
地　　址 上海市永福路 123 号
邮　　编 200031
印　　刷 上海叶大印务发展有限公司
开　　本 787×1092　1/16　印张 18.75
字　　数 388 千字
版　　次 2018 年 5 月第 1 版
印　　次 2018 年 5 月第 1 次印刷
书　　号 ISBN 978-7-5444-8415-2/G·6971
定　　价 57.00 元

如发现质量问题，请向本社调换　电话 021-64377165

序

当我跨进青浦区实验中学的校门，眼前是花团锦簇的绿化、庄重宽畅的建筑，满耳是师生主动的招呼声。学校内一派生机勃勃、融洽奋进的氛围，使我感到既亲切又振奋。在参观了学校的各类专用活动室，欣赏了学生各方面的技艺展示和成果后，刘明校长对我说："翁校长，你当年由于条件限制未完成的改建，我们现在都开始落实了。"而我由衷地回答他："这比我所设想的要好得多了。"

青浦区实验中学创建于1987年9月，原为青浦县中学初中部。其时我在青浦县中学任副校长，教高中数学，当时高中毕业生的数学高考成绩已经引起了社会的瞩目。转而接任新创建的实验中学校长一职，意味着我的工作方向将从熟悉的高中数学教学转向学校管理与教育科研。这与顾泠沅老师（当时任县进修学校数学教研员）从1977年开始组建的青浦数学教改实验小组息息相关。该小组经过十年探索，历经了"教学调查、经验筛选、实验研究、推广应用"四阶段，达到了大面积提高青浦数学教学质量的目标。实验成果也荣获了全国首届教育科学优秀成果一等奖，国家教委还发文推广过青浦教改经验。而如何将这一科研成果的传播发展，向学校教育整体改革的深度和广度推进？这就是青浦县（区）实验中学创建的时代背景，也是我履新职的不二任务。

青浦县中学初中部是顾泠沅数学教改的主要实验基地，学校既有严谨的校风，也颇具教科研氛围。我作为顾泠沅数学教改实验小组的主要骨干之一，参与了青浦数学教改的全过程。建校伊始，学校着重抓了两件事：其一为常规建设，包括健全组织形成管理系统，树立"守纪、文明、进取"的校风，创导"勤奋、求实、创新"的学风，制订各学科教学常规等；其二为特色创建，即组织全体教职工学习教育理论，学习顾泠沅教改实验小组的科研精神、科研方法、科研成果。并根据各育各科的自身特点内化、迁移、探索本学科的教学特点及有效方法，为争创实验性特色学校打好基础。教法研究深入到一定程度便触及教改的核心课题——课程改革，各科的探索也呼唤着全校的整合。1989年8月，学校适时地与县教师进修学校组成了教育科研联合体，在顾泠沅老师指导下，探索全面提高学生素质的有效途径。顾泠沅老师在深入分析比较赫尔巴特"接受式"学习与杜威"活动式"学习对于人的发展的教育优势与弱点的基础上，结合当代我国教育的现状，大胆地提出以创设多种形式的活动，来达到既确保学生有效地掌握系统知识，又促进学生通过主体活动提高整体素质的目标。指导学校构建成以学科活动、专题活动、综合活动，由内向外套筒式的三类活动形态所组成的新型教学模式，以实现“接受式”学习与“活动式”学习的最佳结合。我们将这一新型教学模式命名为“活动—发展”实验教学新格局。在 1990 年 5 月 29 日学校召开的“青浦县实验中学教改研讨会”上，这一改革思路得到了吕型伟、刘佛年、张民生等专家领导的肯定。

教育改革的理论创新为学校教改指明了方向，但如何将这一教改理念落实到教育教学实践中，例如某学科某单元的教学如何按“活动—发展”模式设计实施，某年级某一行为规范如何按“活动—发展”模式设计操作，实施后的效果又如何评价等。这就带来一系列庞大的、细致的、可深入探讨的具体课题。可以想象，在短时期内，要梳理出一整套成熟的全校性“活动—发展”格局教育教学操作大全是完全不可能的。难能可贵的是学校能自始至终坚持这一教改方向，不断实践、不断积累、不断改进、不断深化、不断拓展，并在这实践过程中使师生都能得到更好的发展。令我十分欣慰的是，在我于 2001 年 4 月离开学校领导岗位后的十七年间，后任领导始终在顾泠沅老师的指导下，坚持实践“活动—发展”实验教学新格局，将校本研修、“二期课改”、典型课例研究活动纳入“活动—发展”新格局的框架，通过研究管理、研究教师、研究学生以确保“活动—发展”新格局在学校中有效实施，并拓展了“学程手册”“学分制”等探索实践，使学校办学成果得到了全社会的赞赏。

学校为何能坚持“活动—发展”新格局探索近三十年不停步、不转向，其中的因素一定有很多，但有一条重要原因是三十年来，学校的主要领导及各部门骨干几乎都是从本校提拔的，这样既有利于对学校精华的传承，又加深领导及骨干对学校的感情与荣誉感，这或许可供上级教育组织部门以借鉴。

原青浦区政协副主席、原青浦区实验中学校长、特级教师
翁志勋
2018. 5. 2

前　言

青浦实验中学前身是具有 94 年历史的青浦中学初中部，1986 年 9 月初中部易址青浦县(现青浦区)城厢镇盈中小区卫中路 1 号，1987 年 9 月与青浦县中学脱钩，建立青浦县实验中学。

回顾 20 世纪 80 年代末至 2017 年这三十年学校的办学历程，从一所就近入学的普通初级中学发展成为在青浦区有一定影响的，受学生普遍欢迎，家长和社会交口赞赏且引以为豪的实验性学校。

我们曾记得在 1977 至 1987 年，在全县教育事业处在百端待举之时，县教育局在“教好每一位学生，管好每一个班级，办好每一所学校”对人民负责的基本理念指导下，全县师生共同努力，逐步向大面积提高教育质量的百废俱兴时期转化。青浦教育局及时提出了“从基础抓起，从起点抓起，面向全体，坚持全面发展，大面积提高教育质量”的现代教育改革思想，从建立教学常规、落实管理基本要求入手，以中小学数学、语文学科教学改革为突破口，有计划地形成了单科突破、多科并举、各育发展的喜人势态；并根据《中共中央关于教育体制改革的决定》以及教育要“面向现代化、面向世界、面向未来”的指示，确定“教育为本地社会和经济建设服务”的教育改革思路，建立多个农村、城镇综合改革试验区，逐步形成世人瞩目的“青浦实验”。

1986 年，青浦被评为全国基础教育先进县。十年中，我们在“青浦数改实验”的引领下，积极实践顾泠沅教授经过“科学调查、筛选经验、实验研究、传播发展”的“十年生聚”的基本历程，即它“肇始于全县范围的数学教学方法的改革，旨在通过探究让所有学生都能有效学习的教育措施，大面积提高教学质量；它在运用现有教育科研方法的同时，力图从实际的应用性出发构建具有自身特点的实验方法体系，进而通过实验结果的思辨，期求在教学原理、教学结构的归纳上有所创新；最后通过科研成果的传播发展，向学校教育整体改革的深度和广度推进”。而青浦中学初中部当时正是“青浦数改实验”主实验——“运用‘尝试指导’和‘效果回授’等心理效应改革数学教学实验的主要实验基地之一”。在十余年数学改革过程中，顾泠沅教授一方面为全县学校端正教育思想，提升数学教与学的质量，另一方面也为成立的实验学校培育了翁志勋、吴定一、陆行麟、周一凡等一批年富力强、卓有成效的数学课堂教学改革的先行者。

我们不会忘记1987至1997年的十年中，为了使“青浦实验”继续深化，不断地与时俱进，青浦教育局高瞻远瞩、力排众议地把原青浦县中学初中部于1987年9月独立建制，定名为“青浦县实验中学”，这是一所就近入学且致力于教育、教学改革实验的普通初中学校。

独立建校后，我们十分重视“青浦实验”的学习、传承和发展。建校伊始即贯彻教育局“大面积提高教育质量”的办学理念，在反思近十年教育、教学改革的硕果与经验的基础上，统一认识，深知只有教育、教学改革的不断深化，才能获得学校持续发展的动力。为此，我校1989年在顾泠沅教授的指导下，对学科课程的教学形态进行大胆改革，初步形成一套以提高人的素质为根本目的的“活动—发展”实验教学新格局，也就是说构建学科活动、专题活动、综合活动，由内向外套筒式的三类活动形态组成的教学形式，并应用行动研究法等科学策略进行了近十年的研究、探索与反思，取得比较理想的效果，同时获得学生、家长的好评及同行、教育专家的肯定。

我们时常回顾1997至2007年的十年中，华东师大刘佛年先生曾这样说：“教育教学工作一定要改革！具体怎么改？教育史上有两大流派，我们现在要解决‘联合起来’的问题——既要书本知识，又要通过活动来学到书本上学不到的东西。这个问题是中小学改革的中心问题，其关键是让学生有效学习，获得良好的发展。”正如顾泠沅教授在《教学实验论》中所述：“提高效率的根本出路在于改变旧的学习模式，以及改变这种模式所支配的教学结构。”这期间我们在“活动—发展”新格局的研究基础上，坚持“以学生自主活动为学习载体，让学生在活动中发展，让学生以积极主动的姿态学会学习、创造、发展”为核心，积极探索、实践“活动—发展”的教育教学模式。

近十年来，在邓小平“三个面向”和近、现代教育理念的指导下，继续改革课堂教学中以教师传授灌输为主的传统教学模式，并与教师进修学院组成教育科研联合体，从理论探索和不断实践中逐步确立、完善我校“活动—发展”的教育模式。

在探索、研究、实践“活动—发展”教育模式过程中，我们逐步构建了学生自主学习活动的体系，同时，据上海市“二期课改”的理念和要求，将三类自主学习活动课整合于市“二期课改”的“三类”课程，即一是“基础型课程”，开足开好各门课程，促进学生科学、人文艺术、身心等素养的不断提高；二是“拓展型课程”，积极开展学科拓展活动、主题教育活动和社会实践活动；三是“探究型课程”，围绕“生活”“生命”“自然”“社会”四个主题，在教师指导和引领下，以项目或课题的形式，采取适合学生自身特点，由浅入深地引导学生探究和发展，在理论和亲身实践的密切结合过程中，着力培养学生的探究与创新能力，并取得较好的效果。

我们与时俱进努力探索的2007至2017年这十年，在“活动—发展”教育理念和社会实践过程中，我们深有感触，只有积极地激活学生努力学习的潜在内部因素，学生才有可能发挥难以想象的学习内驱力；教师也体验到为了使学生更好地发展，理应首先发展自己，从而促使教师自身专业的成长和发展；同时学校管理要充分保障激发教师、学生对教与学的主观能动性，要力求学校的管理机制既符合人道事理，又科学而规范，从而能更加有效地发挥学校的管理职能。这是提升学校品质的三要素。

为此，近十年我们一是研究管理，其包含探索合适的管理结构，完善有效的课程管理和高效、合理的评价制度；二是研究教师，其包含引导培养个性化教师群体，充分发挥教学相长特色教材和提高学习效益的“学程手册”；三是研究学生，其主要是重视心理教育、加强特长培养和个性、共性和谐发展。

“活动—发展”教育模式的实施，给我校带来了勃勃生机，从而使教与学的质量大面积提高，毕业生的合格率、优秀率和升学率成为区内始终名列前茅的学校。学校还先后获得全国现代教育技术实验校、上海市文明单位、上海市素质教育实验校、上海市“二期课程”改革研究基地、上海市中小学行为规范示范校、上海市中小学课程教材改革基地、上海市“艺术教育特色学校”、上海市体育传统项目学校等多项荣誉。

目　录

第一章
学校创建的背景

1976 年 10 月，众所周知，劫后余生的青浦县教育困难重重：校舍破败，设备短缺，又因经费紧缺而无力改善；师资外流，补充无源，因应付日常教学安排而无力培训，据当时对一些学校的抽查，学科的班平均成绩一位数常见，正是在学生成绩统计表上“红灯”密布，“0”分似“车轮滚滚”。以至外县一位中师校长在全市中师招生工作会上毫不留情地公开宣称不欢迎青浦的考生。

但是，当时青浦县教育系统领导清晰地看到党和国家十分重视教育，全县人民热切地要求办好学校，大多数教职工仍在努力工作，表达了办好青浦教育的决心和信心。在 1978 年，县教育局领导提出“奋战”三五年，打一个翻身仗，改变青浦教育的落后面貌，大面积提高教育质量的奋斗目标，从此，青浦县教育工作者积极投入发展教育、研究教育、改革教育的科学实践和实验。涌现出以顾泠沅为首的一批教育、教学改革者，有力地提升青浦的教育教学质量。

第一节　青浦中学(初中部)在“数改”“十年生聚”中茁壮成长

青浦中学(初中部)是实验中学的前身，在青浦数学改革实验小组著名的“十年生聚”中，从积极参与，到密不可分，成为数学改革实验小组的主要实验基地。也就是在青浦数改实验小组中从客体地位逐步成为发挥一定作用的主体，实现华丽的转身。

如果我们细读青浦数学改革实验小组的《学会教学》一书时，即显三年数学调查、一年筛选经验、三年实验研究和三年推广应用的“十年生聚”的青浦数学实验改革史，我们可以较为清晰地发现，当时青浦中学(初中部)的茁壮发展轨迹。

一、调查阶段(1977 年 10 月—1980 年 3 月)

数改实验小组先在本县中学、小学和幼儿园中寻找教学的关键时期，后发现学龄前、小学中年级和中学低年级是我们基础教学的三个学习关键时期，因顾泠沅教授当时负责中学数学教学的，所以把 70%的时间、精力投向初中阶段，实践表明，这样做不仅有力地改变了青浦初中的落后面貌，而且高中质量也获得较大的提高。

紧接着，顾泠沅组织教师对全县数学教学质量进行普查。在20世纪70年代的最后三年中，每次普查学生为数千名，共进行了22次，每进行一次普查，都有详细的数据统计和情况分析。当时特别注重对优等、中等、差等生等三类学生的细心的考察，认真分析他们的试卷，并适时用谈话法对一些学生作学习水平、学习方法的了解。发现当时学生有两个值得注意的问题；一是停留于模仿，独立思考能力较差；二是知识遗忘率很高。与此同时，我们又在近两年的时间内，选择有代表性的七所农村初级中学，对五十名数学教师作有计划的听课分析，获悉有五分之三强的数学教师，需要在教法上培训，有五分之一教师需要帮助他们疏通教材。这明确地告诉我们，这些是阻碍提高教与学质量的某些关键症结。但古人云，“三人行必有我师”“百步之内必有芳草”。辩证唯物主义认为，任何事物都有二重性，研究外因，更要探索内因，为此三年来，不管风吹雨打，还是严寒酷暑，数改小组跑遍了全县各乡镇中学，长期在几所有代表性的学校解剖“麻雀”。发现就是在“动乱”的年代里，我县很多有志于数学教学事业的教师，排除干扰，仍在兢兢业业地工作，长年“心血”化为160余项专题经验，这些为制定有效的改革措施，进行下一步工作打下良好的基础。

作为青浦县规模最大、最有声望的中学（包括初中部）在调查阶段首先将“青浦数学改革实验小组”定为调查青浦教育现状的“样本单位”，从此认真参与做好样本的调查工作；其次在数改小组的现代教育思想的持续影响下，我们开始初步接触中西方教育理论、教育科研的基本概念和一般常用而有效的科研方法；我们也比较自觉地投身日常的教育教学实践，有目的地进行小范围、小规模地尝试教育科研与教学实践有机结合的研究。也初步尝到改进教学提高教学质量的甜头。

总之，在此阶段我们完成从被动参加向渴望参与、从积极参与到主动参与的质的转变。

二、筛选阶段（1980年4月—1981年8月）

青浦数学教学改革实验小组为了鉴别大量教学（即在调查时积累的160条）经验在本县条件下的实际有效性，他们慎重确定以青浦中学（初中部）为基地，挑选两个试点班和两个对照班开展研究。当时，研究经验尚无现成方法可循。他们从工作实践出发，集中全县教师的创造智慧，成功探索了一种经验筛选的方法。

在青浦中学初中部进行的筛选工作的具体做法：一是成立教学经验筛选小组。由顾泠沅、青浦中学分管数学的教导主任周道明和数学教师吴定一、周一凡、王泽敏组成。其中王泽敏任教初一(2)班，周一凡任教初一(3)班。

二是经验筛选工作流程。从1980年4月起，每星期五下午半天汇总情况、制定下周计划，五天听课评价，如此每星期循环一次，一年总计约五十次循环。

三是通过筛选选得四条比较有效的教学措施：1. 让学生在迫切要求之下学习；2. 组织好课堂教学的层次（序列）；3. 在采用讲授法的同时辅之以“尝试指导”的方法；4. 及时提供

教学效果的信息，随时调节教学(简称“效果回授”)。这几条经验的获得，使数改小组信心倍增，看到了大面积提高全县教学质量的希望。也使筛选小组，尤其是青浦中学(初中部)数学教师打破教育科学研究的神秘感，为今后继续在实验阶段有效工作奠定良好的基础。

三、实验阶段(1981年9月—1984年8月)

数改实验小组为了深入探索筛选所得的主要经验在教学过程中的作用以及在不同类型学校、不同程度班级运用这些经验的可行性，青浦数改实验小组从1981年9月起，开展了为期三年运用“尝试指导”和“效果回授”等心理效应改革数学教学的科学实验。整个实验在初中阶段进行。研究方法以自然实验法为主，样本里实验组与对照组各为5个教学班，共440名学生参加，其分布在城镇重点中学(即青浦中学初中部)、一般完全中学和农村初级中学等三种类型的五所不同学校之中。初中入学时，样本学生的小学数学基础以及数学方面的思维能力水平经过预测，然后分组编班。实验班与对照班教师的平均教学水平尽量做到比较接近。我们青浦中学初中部作为实验班其关键是要不折不扣地贯彻“尝试指导、效果回授”的实验因子。也就是实验班的教学方法是将教材组织成一定的尝试层次，通过教师指导学生尝试来进行教学；同时又要非常注意回授学习的结果，以强化所获得的知识和技能。

所以，我们十分注重按实验要求的标准备课、教学，随时进行讨论反思，使我们的教学过程和预设的实验效果吻合。以下是两节实验班的教学实录案例，使教师们了解实验课的奥妙所在。

实验教案1　教材初中二年级《等腰三角形的判定》

执教　周一凡(所属单位：青浦中学初中部)

师：前面我们学习了等腰三角形的性质，哪位同学来叙述一下？

生：等腰三角形的两腰相等；等腰三角形的两个底角相等，简称：等边对等角；等腰三角形顶角的平分线、底边上的中线、底边上的高互相重合。

师：很好。下面有这样一个问题：如图，$\triangle ABC$是等腰三角形，$AB=AC$，倘若一不留心，它的一部分被墨水涂没了(用黑纸遮挡，如图1-1所示)，只留下一条底边BC和一

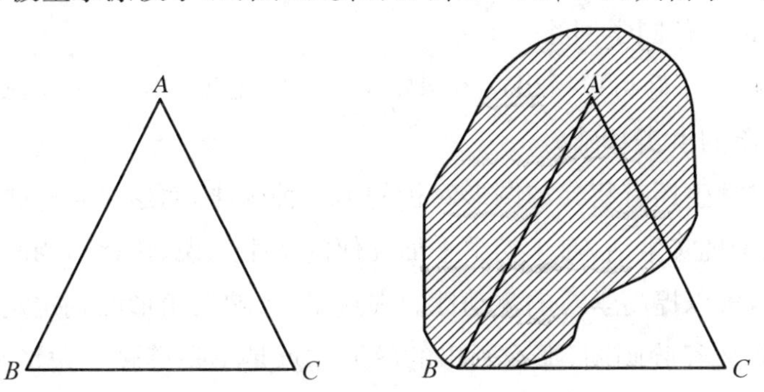

图1-1　等腰三角形*ABC*被墨水涂没

个底角$\angle C$。同学们想想看有没有办法把原来的等腰三角形ABC重新画出来？大家试试看。

记：学生先画出残余图形，略作思索，然后独立画图。画好以后，同学间相互交流画法。教师在全班巡视中不时参加同学间的议论。最后请两名学生回答画图的方法。

生甲：先用量角器量出$\angle C$的度数，然后以BC为一边，B为顶点画出$\angle B=\angle C$（如图1-2左所示）。

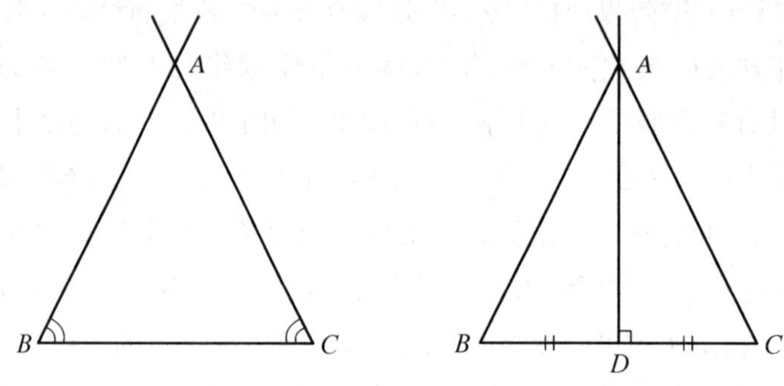

图1-2　画等腰三角形*ABC*

生乙：取BC边上的中点D，用三角板过D作BC的垂线，与$\angle C$的一边相交得到一个交点A，联结AB（如图1-2右所示）。

师：很好！刚才我看了一下，同学们大都想出了上面两种画法。第一种方法，用作出相等的角来画。第二种方法，用过一边中点作垂线的方法画。同学们，你们认为这样画出来的三角形都是等腰三角形吗？

生众：是的。

师：到底是不是等腰三角形？这就是今天我们所要学习的内容——“等腰三角形的判定”（板书课题）。

要判定刚才作出的三角形是等腰三角形，应当加以论证。我们先分析第一种画法，即在两角相等的条件下能否判定画出的是等腰三角形？大家想一想，在这里已知是什么？求证又是什么？请一位同学回答一下。

评：第一种画法正好可以得出这节课要学的判定定理。第二种画法则是今后学习线段垂直平分线性质的事实基础。

据了解，当时学生还有将参与图形对折的第三种画法，而这又是等腰三角形对称性的体现。几何来源于现实生活，对于初学平面几何的学生来说，选择适当时机让他们从个体实践经验中学习，可以提高学习的主动性。在这里，等腰三角形的判定定理不是由教师给出，而是让学生先凭经验画图，那么画出的图形究竟是不是等腰三角形呢？产生了问题，然后从问题出发，得出判定定理。这样做，改变了过去学生只是被动接受的状况，因此，学生学习的兴趣和积极性有所提高。

生：已知：在$\triangle ABC$中，$\angle B=\angle C$。求证：$AB=AC$。

师：考虑一下，这个题目怎样来证明？现在告诉我们的是两个角相等，要求证的是两条线段相等。而要证明两条线段相等，常用什么方法？

生众：三角形全等。

师：图片上有吗？

生众：没有。

师：那怎么办？

生众：添辅助线。

师：同学们动笔做做看，怎样添辅助线？又怎么证明？把主要证明过程写一写。

记：学生认真练习，教师走下讲台巡视，了解情况。待全班学生基本完成证明之后，教师又要求学生相互议论还有哪些不同的证明方法？全体学生对不同的证明很感兴趣。接着，教师请学生谈谈自己是怎么证明的。

生丙：作$\angle A$的平分线AT，交BC于T（如图1-3）。

在$\triangle BAT$和$\triangle CAT$中

$$\because \begin{cases} \angle 1=\angle 2 \\ \angle B=\angle C \\ AT=AT \end{cases}$$

$\therefore \triangle BAT \cong \triangle CAT$（角角边）

$\therefore AB=AC$（全等三角形对应边相等）

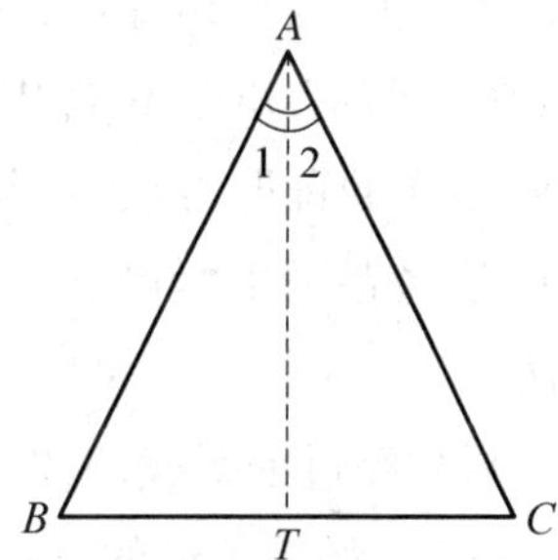

图1-3 作$\angle A$的平分线AT

师：这位同学是添了$\angle A$的平分线，通过角角边来证明三角形全等，从而得到$AB=AC$。噢，还有其他方法吗？

生丁：过A点作$AD \perp BC$，垂足为D（如图1-4）。

$\because AD \perp BC$

$\therefore \angle ADB=\angle ADC$

在$\triangle ADB$和$\triangle ADC$中

$$\because \begin{cases} \angle ADB=\angle ADC \\ \angle B=\angle C \\ AD=AD \end{cases}$$

$\therefore \triangle ADB \cong \triangle ADC$（角角边）

$\therefore AB=AC$

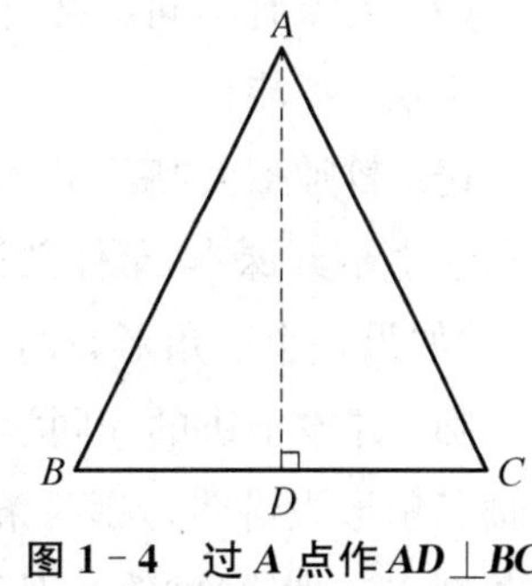

图1-4 过A点作$AD \perp BC$

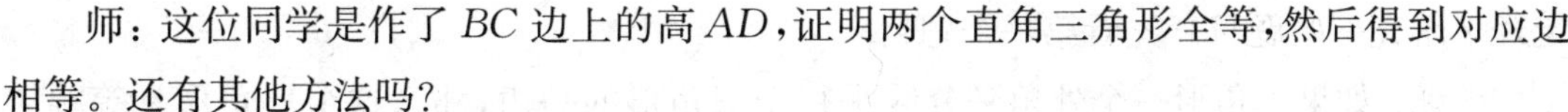

师：这位同学是作了BC边上的高AD，证明两个直角三角形全等，然后得到对应边相等。还有其他方法吗？

生戊：作BC边上的中线AM（如图1-5），用边角边证全等。

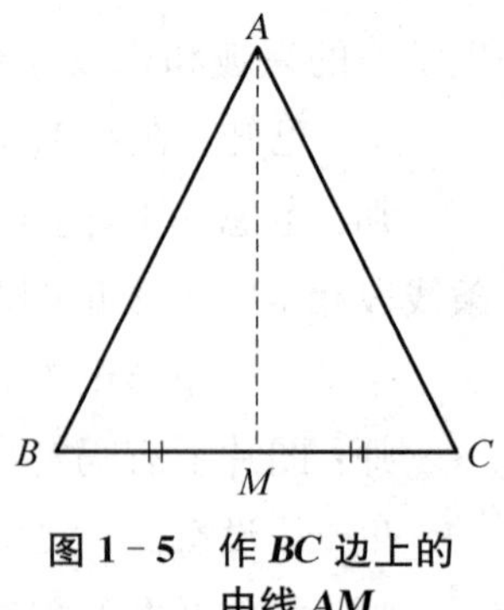

图 1－5　作 **BC** 边上的中线 **AM**

∵ AM 是 BC 边上中线，

∴ $BM=CM$，嗯……

记：这名学生发现不对，停顿不讲了。不少学生纷纷指出她的错误，在$\triangle AMB$ 和$\triangle AMC$ 中

$$\begin{cases}BM=CM\\AM=AM\\\angle B=\angle C\end{cases}$$

这是“边边角”，不能证明两个三角形全等。

评：由于这节课利用学生的画图经验导出等腰三角形的判定定理，因此学生感到亲切，自然，论证兴趣很浓。课上出现多种证明的方法，虽然第三种证法是错误的，学生在证明的中途发现问题，但这种错误尝试可使学生吸取教训，增长解题的能力，将来解决实际问题时，可以少走“弯路”，避免盲目尝试。在这节课上完之后，有学生还提出不添辅助线的证法：如用反证法证，假设 AB 与 AC 不相等，根据一个三角形中大边对大角的道理，$\angle B$ 与$\angle C$ 也不相等，与题设矛盾，所以一定是等腰三角形，又如直接利用全等三角形证，在$\triangle ABC$ 和$\triangle ACB$ 中，应用角边角可证明它们全等，于是 $AB=AC$。学生能想出如此多样的证明方法，可见兴趣的力量是不能低估的。“知之者，不如好之者；好之者，不如乐之者”，由“好”和“乐”所产生的追求和探索知识的迫切性是克服一切困难的内部动力。

师：经过证明我们知道，刚才大家通过画图获得的那个几何命题是正确的，它可以作为——“等腰三角形的判定定理”。同学们能不能用语言来正确叙述一下这条判定定理？

生：有两个底角相等的三角形是等腰三角形。

师：大家有不同意见吗？在没有说明它是等腰三角形之前，能不能讲“底角”？

生众：不能！

记：教师擦去“底”字，定理变为“有两个角相等的三角形是等腰三角形”。然后，教师要求学生翻开课本，集体朗读课本上的判定定理：

“如果一个三角形有两个角相等，那么这两个角所对的边也相等。”

师：课本上讲的和同学们讲的似乎有些不同，但实质上是一致的。我们之前讨论的等腰三角形没讲明是哪两条边相等，而课本上讲清楚了，是相等的角所对的边相等，所以这条判定定理简称“等角对等边”。第二种画法能不能判定画出的三角形也是等腰三角形呢？这个问题留给大家课后去考虑。有了这条判定定理，今后我们证线段相等，又多了一种方法，在一个三角形中，如果角相等了，就可以得到边也相等。下边我们一起应用这条定理来研究一些题目。先看第一个题目。

求证：如果三角形一个外角平分线平行于三角形的一边，那么这个三角形是等腰三角形。

想一想，题设是什么？结论又是什么？如何写成已知、求证的形式？

生：题设是三角形一个外角的平分线平行于三角形的一边，结论是这个三角形是等腰三角形。

师：结合这张图（图 1－6），具体说一下。

生：已知：$AE \parallel BC$，$\angle 1=\angle 2$。

求证：$AB=AC$。

师：这个题目是证明一个三角形中的两条边相等。应该怎样证？

生众：只要证明两个角相等。

师：题目已知的是 $\angle 1=\angle 2$，能不能使已知的两个角相等和要求证的两个角相等发生关系？思考一下，请同学口答。

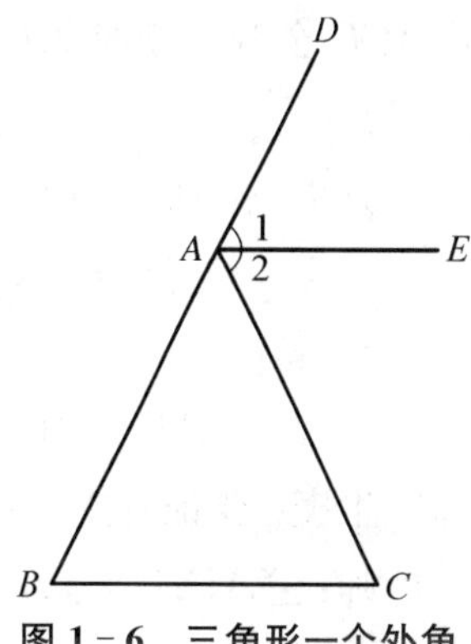

图 1－6　三角形一个外角平分线平行于三角形的一边

记：不少学生举手要求解答。此时教师指定一名学生口述，教师详细板书证明过程。

∵ $AE \parallel BC$（已知）

∴ $\angle 1=\angle B$（两直线平行，同位角相等）

$\angle 2=\angle C$（两直线平行，内错角相等）

∵ $\angle 1=\angle 2$（已知）

∴ $\angle B=\angle C$（等量代换）

∴ $AB=AC$（等角对等边）

师：很好。这题要证明$\triangle ABC$ 的两边 $AB=AC$，其实只要证明 $\angle B=\angle C$，由已知的角平分线得 $\angle 1=\angle 2$，通过平行线性质就容易证出。接下来，我们研究第二个题目。

如图（图 1－7），$\triangle ABC$ 中，$\angle B=\angle C$，$BD=CE$。求证 $\angle 1=\angle 2$。

这个题目是证明两个角相等，看清$\angle 1$ 和$\angle 2$ 在图中的位置。请同学们思考如何充分利用已知条件。

记：学生在图上比画，简要地记下证题的思路，个个都很专心，课堂上鸦雀无声。

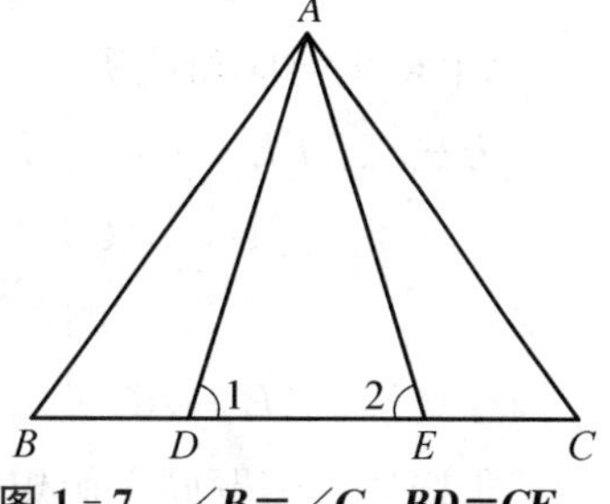

图 1－7　$\angle B=\angle C$，$BD=CE$

师：就做到这里。哪位同学愿意把你怎么思考的主要过程讲一讲？

生己：要求证 $\angle 1=\angle 2$，就必须有 $AD=AE$；要得到 $AD=AE$，我是通过三角形全等的方法来解决的。

师：哪两个三角形？

生己：$\triangle ABD$ 和$\triangle ACE$。

师：你用什么方法证明它们全等？

生己：我是用边角边的方法。$\angle B=\angle C$，即 $AB=AC$，且 $BD=EC$，则 $AD=AE$。

师：这位同学根据已知条件 $\angle B=\angle C$，利用刚才学到的判定定理“等角对等边”得出了 $AB=AC$，再结合已知 $BD=EC$，$\angle B=\angle C$，用这三个条件推出了$\triangle ABD$ 和$\triangle ACE$ 全等。于是 $AD=AE$，最后在$\triangle ADE$ 中用性质定理“等边对等角”得出 $\angle 1=\angle 2$

方法一：$\left.\begin{array}{l}BD=EC\\ \angle B=\angle C\\ \quad\Downarrow\\ AB=AC\end{array}\right\}\Rightarrow\triangle ABD\cong\triangle ACE\Rightarrow AD=AE\Rightarrow\angle 1=\angle 2$

生庚：要证 $\angle 1=\angle 2$，也可以用等角的补角相等来证，就是先证 $\angle ADB=\angle AEC$。

师：$\angle ADB=\angle AEC$ 怎么得来的？

生庚：是用三角形全等，就是从$\triangle ABD\cong\triangle AEC$ 得出。

师：这位同学是这样证明的：

方法二：……$\triangle ABD\cong\triangle ACE\Rightarrow\angle ADB=\angle AEC\Rightarrow\angle 1=\angle 2$

生辛：我还可以用全等三角形的对应角相等来证。

师：哪两个三角形全等？

生辛：$\triangle ABE$ 和$\triangle ACD$。

师：这两个三角形为什么全等？

生辛：因为 $BD=CE$，所以 $BD+DE=CE+ED$，就是 $BE=CD$，加上 $\angle B=\angle C$，$AB=AC$，所以三角形全等。

师：对，很好！这位同学先由等式性质得出 $BE=CD$，然后根据 $\angle B=\angle C$，结合今天学习的等腰三角形的判定定理得 $AB=AC$，最后利用边角边得到$\triangle ABE$ 与$\triangle ACD$ 全等，马上得出对应角相等。

方法三：$\left.\begin{array}{l}BE=CD\\ \angle B=\angle C\\ \quad\Downarrow\\ AB=AC\end{array}\right\}\Rightarrow\triangle ABE\cong\triangle ACD\Rightarrow\angle 1=\angle 2$

很好！这道题同学们想出了很多方法。第一种方法：把$\angle 1$ 和$\angle 2$ 理解为同一个三角形的两个角，用“等边对等角”的思想，结合三角形全等来得到。第二种方法：通过等角的补角来证，也是结合三角形全等来得到。第三种方法：是把$\angle 1$ 和$\angle 2$ 直接看作两个全等三角形的对应角来证。大家想出的方法很多，能够从不同的途径去考虑。

评：这两道基本例题安排得很好。第一道题比较容易做，是等腰三角形判定定理的简单应用。编排在练习的开头，让所有学生都能顺利完成，由浅入深是必要的；第二道题则稍复杂，证明时既要应用判定定理，又要应用性质定理，绕了个弯，而且可有几条证明途径，例如直接从 $\triangle ABE \cong \triangle ACD$ 能简捷地证出 $\angle 1=\angle 2$，这又可以看出学生灵活运用以往学过知识的能力。在数学教学中，配置合适的习题，并且有效地利用它们，对于学生在课堂上独立地、积极地进行认识活动具有重要作用，值得引起注意。

师：下面我们一起来研究第三个题目。

如图（图 1－8），在$\triangle ABC$ 中，已知 $\angle B=\angle C$，BO 平分$\angle B$，CO 平分$\angle C$。

请同学们想想看，在这张图上，由这两个已知条件你自己能导出什么结论？

生：可以得出 $\angle OBC=\angle OCB$。

师：能不能从道理上说明一下？

生：因为 $\angle B=\angle C$，BO 平分$\angle B$，CO 平分$\angle C$，根据等量的一半仍相等，可以得到 $\angle OBC=\angle OCB$。另外还可以得到 $OB=OC$，理由是“等角对等边”。

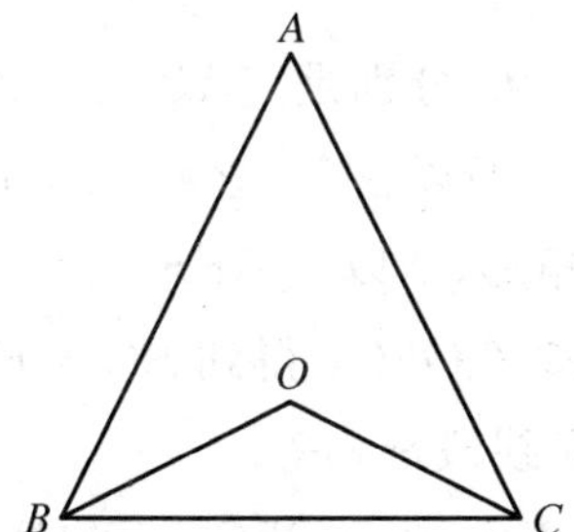

图 1－8　$\angle B=\angle C$，BO 平分$\angle B$，CO 平分$\angle C$

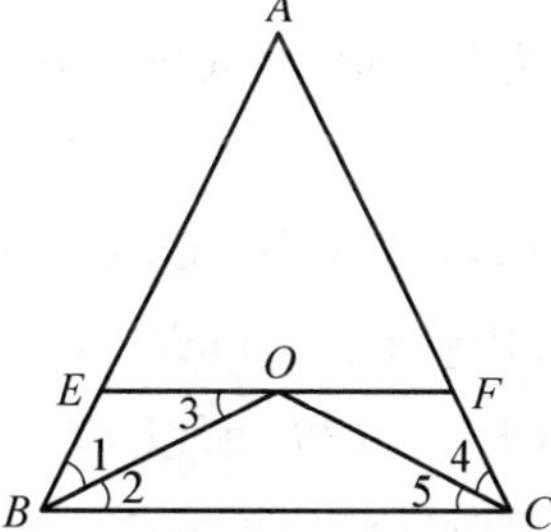

图 1－9　过 O 作一条直线 EF 和边 BC 平行

师：好！现在我把这个题目变化一下，大家看清楚。就在这张图上，过 O 作一条直线 EF 和边 BC 平行，与 AB 交于 E，与 AC 交于 F（图 1－9）。请同学们考虑两个问题：(1) 仔细寻找一下，这张图中有几个等腰三角形？为什么？(2) 添上去的这条线段 EF 和图中的线段 EB、FC 之间有没有关系？有的话是怎样一种关系？

记：学生各自思考一二分钟后，教师要求他们相互讨论，顿时气氛热烈。有些学生认为有两个或三个等腰三角形；另一些学生则认为共有五个等腰三角形，还高兴地把自己的理由说给其他同学听。在讨论线段 EF 时，不同意见更多了，有的说 O 是 EF 的中点，因此 EF 是 EB 或 FC 的两倍，还有的说 EF 等于 EB 与 FC 的和……教师在各个讨论组之间来回巡视，并参加一些小组的讨论。

师：讨论就到这里，请同学们发表意见。先回答第一个问题，图中有几个等腰三角形？

生：有五个。

师：哪五个？

生：$\triangle ABC$、$\triangle OBC$、$\triangle AEF$、$\triangle EOB$、$\triangle FOC$。

师：请你再讲讲理由看，$\triangle ABC$ 为什么是等腰三角形？

生：因为 $\angle B=\angle C$，“等角对等边”，所以 $AB=AC$。

师：$\triangle OBC$ 刚才已证过，$\triangle AEF$ 呢？

生：因为 $EF /\!/ BC$，所以 $\angle AEF=\angle ABC$，$\angle AFE=\angle ACB$，因为 $\angle B=\angle C$，所以 $\angle AEF=\angle AFE$，所以 $AE=AF$。

师：$\triangle EOB$ 为什么是呢？

生：因为 OB 平分 $\angle B$，所以 $\angle 1=\angle 2$，因为 $EF /\!/ BC$，所以 $\angle 2=\angle 3$，所以 $EB=EO$。同理可得 $\triangle FOC$ 也是等腰三角形。

师：很好！大多数同学都看出是五个等腰三角形。

第二个问题，添上去的线段 EF 和 EB、FC 之间有没有关系？有的话是怎样一种关系？

生：有关系的。EO、FO、EB、FC 这四条线段都相等。

师：讲讲理由看。

生：在两个三角形 $\triangle OEB$ 和 $\triangle OFC$ 中，因为 OB、OC 分别是 $\angle ABC$、$\angle ACB$ 的平分线，所以 $\angle 1=\angle 2$、$\angle 4=\angle 5$，因为 $\angle ABC=\angle ACB$，所以 $\angle 1=\angle 4$。又因为 $\triangle OBC$ 是等腰三角形，所以 $OB=OC$。因为 $\triangle AEF$ 是等腰三角形，所以 $\angle AEF=\angle AFE$，利用等角的补角相等得出 $\angle OEB=\angle OFC$，所以 $\triangle OEB \cong \triangle OFC$，得到 $EO=FO$，$EB=FC$，再因为 $EB=EO$，所以 EO、FO、EB、FC 这四条线段都相等。

师：大家听懂没有？这位同学是用角角边证 $\triangle OEB \cong \triangle OFC$，得出 $EO=FO$，$EB=FC$，再由 $EB=EO$，证出四条线段都相等的。还有其他的证明方法吗？请同学们回去思考。除了这四条线段都相等外，还有其他结论吗？噢，他还没有讲完。

生：EF 是 EB 或 FC 的 2 倍。

师：很好。四条线段都相等了，EF 就是 EB 或 FC 的 2 倍了。

生：还有，EF 等于 $EB+FC$。

师：对！还可以得到 $EF=EB+FC$。

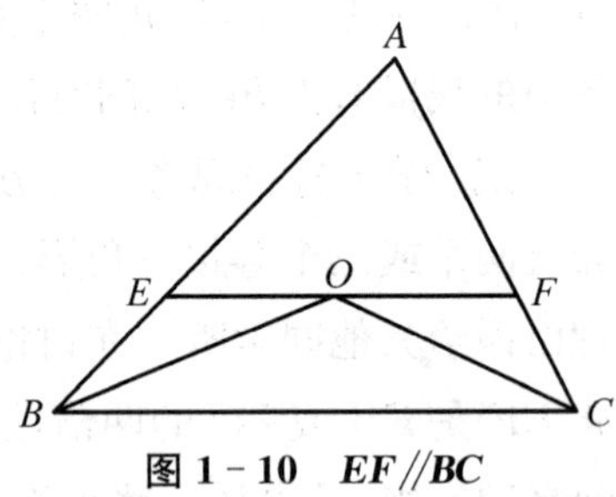

图 1-10　$EF /\!/ BC$

我把这个题目再改变一下，原来 $\angle B$、$\angle C$ 是相等的，现在变成不等，但是角平分线不变，BO、CO 还是 $\angle B$、$\angle C$ 的角平分线。平行线还是不变，$EF /\!/ BC$（如图 1-10）。再认真想一想，这个图形中还有没有等腰三角形？有的话又有几个？EF 和 EB、FC 之间还有没有关系？有的话又是怎样一种关系？

生：没有等腰三角形。

师：他认为这图上没有了。同学们再仔细观察一下，有没有？

生众：有的。

师：是哪个？

生：$\triangle EOB$ 和 $\triangle FOC$。

师：理由？

生：因为两直线平行，内错角相等，得到 $\angle EOB=\angle OBC$，因为 OB 是角平分线，所以 $\angle EBO=\angle OBC$，所以 $\angle EOB=\angle EBO$，$\triangle EBO$ 是等腰三角形。$\triangle FOC$ 的道理是一样的。

师：噢！还是有等腰三角形的，不过是由五个变成了两个。第二个问题，线段 EF 和 EB、FC 之间还有没有关系？有的话又是怎样一种关系？

生：只有 $EF=EB+FC$ 这个关系。

师：他认为只有一种关系，在等腰三角形 $\triangle EBO$ 中，$EB=EO$，在等腰三角形 $\triangle FCO$ 中，$FC=FO$，合起来就是 $EF=EB+FC$。这个题目，从原来两个角相等，变成了不等，但是角平分线和平行线这两个条件都没有改变，$\triangle EBO$ 和 $\triangle FCO$ 还是等腰三角形，所以 $EF=BE+FC$ 的关系还是保持的。

评：这道讨论题比前面两道题目的要求更高些。第一，它要求学生能根据已给条件自行推测可能的结论；第二，通过图形的变化、引申，让学生在条件发生改变时观察论证结论的变化。这些做法，可逐步培养学生举一反三，灵活转换的基本能力，发展学生的思维，提高课堂教学的时间利用率。课后，我们曾以不同类型的题目进行当堂效果测验，平均分为 89.5 分，可见适当的变式练习，是使学生熟练掌握基本解题技能技巧的有效措施之一。

师：今天这节课我们学习了什么呢？第一，我们学习了等腰三角形的判定定理：“等角对等边”。它与前面我们学过的等腰三角形的性质定理：“等边对等角”，都是同一个三角形中边角间的一种相依关系。即在一个三角形中，边等可以得角等，角等可以得边等。今天初步应用判定定理研究了一些题目。第二，这个判定定理是同学们通过画图，估计，然后自己加以证明得出来的。在证明定理及应用定理时，同学们都注意到从几种途径来思考，得到了多种解法。在第三个练习中，同学们不仅能够根据已知条件自行推测可能的结论，而且还能在已知条件发生某些改变时，观察结论的变化，这些都是训练我们思维能利的有效方法。请同学们在平时作业中也要多作这样的尝试。

今天作业：课本第 104 页，第 8、9、11、13 题。还有刚才讲的思考题：第二种画法得到的是不是等腰三角形？为什么？

评：本节课除了前面已经评述过的创设问题情境，激发认识兴趣，以及组织尝试练习等特点外，还采用讲、议、练结合的方法，教师通过观察、提问、巡视、谈话等活动，及时了解学生的学习、练习过程，随时回授，调节教法，尽量加强有针对性的个别指导。只有把发展学生思维与随时把握学生的学习效果两者结合起来，才能做到“实而不死，活而不虚”。此外，这节课的教学语言似乎拘谨了些，有些地方对学生勉励的强度略显不够。这对于一位青年执教老师来说，可在今后的教学实践中继续磨砺，不断提高。

实验教案2　教材初中一年级《用拆添项法分解因式》

执教　陆行麟(实验区调入实验中学)

师：前几节课，我们学习了因式分解的三种基本方法：提取公因式法、应用公式法和分组分解法，现在请同学们想一想，X^6-1 这道题可用什么方法分解？

生：可用平方差公式分解，也可用立方差公式分解。

记：接着教师要求全班学生笔练，并请两名学生板演。学生有两种解法：

解法一：$X^6-1=(X^3)^2-1=(X^3+1)(X^3-1)$

$=(X+1)(X^2-X+1)(X-1)(X^2+X+1)$

解法二：$X^6-1=(X^2)^3-1=(X^2-1)(X^4+X^2+1)$

$=(X+1)(X-1)(X^4+X^2+1)$

师：大家思考一下，同一道题，用两种方法做，为什么答案不同呢？

记：此时学生议论纷纷，有的说，"一定是谁做错了。"也有学生认为两种解法都没有错。另一些学生，提出自己的猜想：也许 X^4+X^2+1 还能分解下去，得到 $(X^2-X+1)(X^2+X+1)$。这样两个答案就一样了。

评：教师出示这道可有两种不同解法的题目，旨在利用问题的不定性来诱发学生的认识兴趣。学生具有好奇、好问、好动等心理特征，潜伏着巨大的学习动力，出示本题两个答案后，学生急于要弄个水落石出，引起"认知冲突"。"冲突"一旦造成，这种潜力便将转入活动状态。

师：刚才有同学提出的猜想很好！我们一起看一下：X^4+X^2+1 与 $(X^2-X+1)(X^2+X+1)$ 这两个代数式是否相等？前面的多项式能否分解成后面两个因式的乘积？

记：学生面露难色，因为利用原有的知识技能还不会把 X^4+X^2+1 再行分解。但也有学生提出可按多项式的乘法演算把后面两个相乘的因式展开，看它是否与前面的多项式相等，教师请这名学生口述展开步骤，并把结果写在黑板上：

$$\begin{aligned}&(X^2-X+1)(X^2+X+1)\\=&[(X^2+1)-X][(X^2+1)+X]\\=&(X^2+1)^2-X^2\\=&(X^4+2X^2+1)-X^2\\=&X^4+X^2+1\end{aligned}$$

学生们看到猜想被证实，似乎有所领悟，教师顺藤摸瓜，继续激励学生。

师：从上面的演算可知，X^4+X^2+1 确实可以分解为 $(X^2-X+1)(X^2+X+1)$，那到底如何分解？请同学们试试看，看谁能最快发现新的分解方法！

记：笔练数分钟后，有很多学生举手要求演示，看来他们由于收到乘法演算的启示，都能正确地想出拆项分组的方法分解因式。教师选择一名学生作答。

生：$X^4+X^2+1=(X^4+2X^2+1)-X^2=\cdots\cdots$

师：你为什么把 X^2 拆成 $2X^2$ 与 $-X^2$ 两项呢？

生：因为这样一拆，前面三项正好是完全平方，可以用分组分解法继续分解下去。

记：教师请这名学生总结一下把一项拆成两项后进行分组分解的步骤要点。然后，一面复述这些要点，一面把解题过程完整地书写在黑板上。其他学生由于自己尝试过，因此边听边记，特别认真。

评：这里教师先让学生作乘法演算，然后向学生提出尝试要求。让学生通过可逆性联想，亲自发现因式分解的新方法，既有一定的难度，但又是大多数学生经过“跳一跳”能够达到的。这对控制学生的注意，锻炼他们的思维能力均有较大益处。

师：请同学们拿出课堂练习本做几个因式分解的练习：

(1) X^4-9X^2+16

(2) $X^4+3X^2Y^2+4Y^4$

(3) X^4-14X^2+1

(4) X^4+4

记：学生练习，教师巡视，对几名较差的学生，当面辅导。此外，还注意发现一些具有代表性的错误。全班学生练完后，经教师检查，第(1)、(2)题无甚问题。挑选两名学生把第(3)题解题过程抄写在黑板上。

生甲：$X^4-14X^2+1=(X^4-2X^2+1)-12X^2\cdots\cdots$(在有理数范围内)无法分解下去。

生乙：$X^4-14X^2+1=(X^4+2X^2+1)-16X^2=\cdots\cdots$ 能正确分解到底。

师：两位同学都能应用拆项方法，正确地配出完全平方，但前一位同学配方后做不下去，后一位同学配方后做下去了，可见，不能照搬配方的形式，而要考虑怎样才能继续分解下去。

记：第(4)题要用添项法解，由于学生拆项法掌握得比较好，所以很自然地就“迁移”过去了，基本上都能解出。此时教师进一步提问学生。

师：如果把第(4)题的常数改为 16 怎样？

生：$X^4+16=(X^4+8X^2+4^2)-8X^2$

$=(X^2+4)^2-8X^2$(在有理数范围内)不能继续分解下去。

师：你看该把常数改为多少时才能分解？

生：64 可以的。这时 $X^4+64=(X^4+16X^2+64)-16X^2$，可以继续分解。

师：我们一起小结一下：(1) 刚才大家学会了分解因式的一种新方法，就是通过拆项或添项的方法把原来的多项式变形，然后再适当分组以便进行因式分解。它是分组分解法的一种特殊类型。(2) 从已做过的几道题来看，拆项的目的是“补全”为一个完全平方，由此出发，用分组分解法再继续做下去。

评：这里安排的一段练习，有两个目的。其一，是让学生对于新了解的拆项法进行模仿应用方面的尝试，以便通过重复练习，回授关于学生掌握情况的信息，及时纠正各种偏差，提高准确率，巩固新方法；其二，采用变式，设置新障碍，如第(3)题比较两种配方方法，第(4)题要用添项法，而且一题多变。通过方法对比和题目变化，让学生进一步体会拆项添项方法的关键所在。这样，既有重复模仿，又有探求，学生便能从同类问题的练习中归纳出这种技能的实质内容。末了，教师就题论题进行小结，把拆添项方法纳入学生原先具有的分组分解的“认知结构”中去，承前启后，指导学生进一步思考，为下面的教学内容作准备。

师：现在请同学们思考一轮这样一道题目：因式分解 $X^3-13X+12$，这道题与前面的题目不一样，拆项或添项后不能配成完全平方，大家试试看，该怎么办？

记：经过二三分钟的讨论和试做，许多学生争先恐后要求解答，教师依次请几名学生作答。

生丙：$X^3-13X+12=(X^3-1)-(13X-13)=\cdots\cdots$

生丁：$X^3-13X+12=(X^3-X)-(12X-12)=\cdots\cdots$

生戊：$X^3-13X+12=(X^3-9X)-(4X-12)=\cdots\cdots$

生己：$X^3-13X+12=(13X^3-13X)-(12X^3-12)=\cdots\cdots$

记：学生都能正确地分解到底，课堂气氛活跃。师生一起对这几种解法进行比较、汇总，指出哪些解法简便，哪些繁复一点，教师启示学生解题时要善于观察和分析。此时还有几名学生举手要求作答，因为时间关系，只能留着课后交流，据课后了解，他们还有几种解法，如：

生庚：

$$\begin{aligned}&X^3-13X+12\\&=(X^3-X^2)+(X^2-13X+12)\\&=X^2(X-1)+(X-1)(X-12)\\&=(X-1)(X^2+X-12)\\&=(X-1)(X-3)(X+4)\end{aligned}$$

评：这道练习，学生经自己尝试，有许多不同解法，课堂气氛达到了高潮。这堂课的教学，由于从较低水平到较高水平层层递进，因此学生始终处在积极思考中。最后，不但顺利地掌握了基本方法，而且能从不同的角度观察问题，一题多解，并探究简单易行的解题途径。

师：这堂课我们掌握了用拆添项法分解因式。请大家注意：对于一般的题目来说，第一，拆添项后，不一定都要配成完全平方，通常只要能用分组分解法继续分解就行了；第二，拆项时，有的可分裂中项，但也可以分裂常数项或其他项，这要看具体题目而定，因此审题时必须认真，一种方法不行再试另一种方法。

今天的课外作业：课本第 113 页第 5 题，其中第(1)题改为 $4X^2+1$，第(2)题改为 X^4-12X^2+4，第(3)、(4)题不变。另外，增加一道思考题：用拆添项法分解 X^5-1，这题供同学们思考，不必做在作业本上。

评：过去教师教这样的内容，往往用讲解例题的方式进行，解题方法是教师想好的，学生主要是听和记，有依赖性。这堂课，重视了学生在学习过程中的主动活动，培养和发展了学生的独立思考和创造能力。本课结束后，试验组用七道练习对全班 51 名学生进行检查，七道题中，前四道属于本课要求范围，后三道要求颇高，如因式分解 X^6-3X^2+2 及 X^3+X^2+X-3 等，结果全对或基本全对的学生占 31%，错四道以上的学生占 14%；有 3 名学生在 17 分钟内全部做完，在 24 分钟内做完五道以上的学生共 23 名。

三年后，青浦数学教学改革实验以成绩(合格率优秀率)、能力(阅读、思维、消除自我限制)等方面与对照班在统计上显示非常显著的差异，达到实验开始时预设大面积提高教与学质量实验目标。对参加实验的青浦中学(初中部)来说，这既是寻找到一条渴望已久的大面积提高教学质量的有效之路，也使获得在教育理论素养、教学技能和教育科学研究能力大幅度提升的不可多得的机遇。

更重要的是通过三年数改实验班，对照班的教学工作，使我校参加数学改革实验的实验工作教师基本掌握一整套数学改革科学实验的理论与研究方法。同时我们学校其他教师耳濡目染，对教育教学改革从感到新奇、逐步认同、到结合自己实际的教育教学，“暗暗”地进行学一学、试一试。使全校出现一边是数学教学改革在进行严格、科学的实验；一边有一定数量的教师在认真学习、推广实验班的实验因子。初步形成我校教育教学改革的新态势。

四、推广阶段(1984 年 9 月——1987 年 8 月)

顾泠沅数学教改实验小组认为“1984 年 8 月数学教改主实验的完成为全县范围内推广数改研究成果提供了理论和实践的依据”。为此，从这一年夏天开始，他们正式组织推广应用。作为青浦数改实验基地之一的青浦中学(初中部)领导很重视、抓住时机对全校提出：“一靠认真学习、领会、贯彻党的教育方针、政策与市局领导的要求；二靠发动教师坚持实践探索；三靠坚持从学校实际出发，实事求是，讲究实效。”并采取三方面措施学习推广顾泠沅数改实验小组的经验。我们具体做法首先在认真学习数改经验的基础上，在校内从一科(数学)到多科(即各科各育)。例，学习数改小组群体合作研究的项目如：瞿贤毅等的“中学物理实验教学目标研究”、张鉴周等的“改革实验教学方法、完善实验考核制度”。其次，紧跟或密切配合县教研室推广数改小组经验的各学科课题。例，和青浦县语文综合教学研究课题组的“语文教学扩大阅读语文活动——中学语文教学改革的思考和构想”配合的我们学校金以昭研究“书籍是人类进步的阶梯——中学语文一类教学计划扩大阅读的实践与认识”的子课题；和县德育室“班主任研究意识的形成及效应”的课题相呼应的我校沈君佑的“初中学生自信心培养的实验研究”。最后，积极参加继续学习和实践青浦数改经验，努力办好重点推广学校活动。经青浦数学教学改革实验小组确定青浦县中学（初中部）为青浦数改经验重点推广学校，真正赋予青浦中学（初中部）在顾泠沅数改实验小组引领下继续探索有效的教学方法，逐步摸索出一套比较完整的经验，在县内起观摩示范作用。所以我们认为办推广校的目的一是在县内培养推广数改经验得力的志愿者。1984 年下半年每周赴重点推广校——青浦中学（初中部）数改实验基地听课；1985 年上半年他们各自“回课”，就是模仿实验基地的上课方法，根据各校实际设计教案，上出符合教师自认为数改教学标准的试验课，由县数学中心组教师下乡评议“回课”质量，并作进一步指导，下半年推广小组组内相互交流。通过一年半的精心培训，学到数改“真经”的五十名学员教师，像五十棵良种，在我县推广数学教学改革中必将发挥巨大的作用。

二是在推广学校里，我们有目的、有计划地学习中西方教育理论和数改小组总结让所有学生有效学习的“情意、序进、活动、反馈”等四条教学原理。要求学员们联系自己实际，认真运用教育科学研究方法与数改教学改革实验小组的成果，指导自己的数学改革实践。使青浦数学教学改革实验的经验扎实、有序地在全县推广。

三是利用推广学校窗口与外地同行互动、切磋。在近七八年的调查、筛选、实验的运作过程中，全国各地信息比较灵通人士，会时常来我县听课、交流，尤其是 1986 年上海市教育局召开推广上海市青浦区顾泠沅数学教改实验小组经验大会后，全国各地教育界同仁通过媒体了解“青浦经验”后，就络绎不绝地来到青浦教师进修学校和青浦中学（初中部），拉开了辐射“青浦经验”的大幕。我们认为辐射“青浦经验”是大面积提高教学质量的有效措施，既让全国教育界同行共享，也要让有识人士在实践中运用“青浦经验”时，对经验进行不断丰富、完善。据不完全统计，我校教师应邀前去讲学或上观摩课的地区和城市有 26 处。

总之，我校在各科各育中联系实际，逐步推广青浦数改经验，真正做到既有效地大面积提高学生的学习质量，又提升大多数教师的教学和科研素养。

第二节　初步具备符合实验学校的四个要素

顾泠沅教授著名的“十年生聚”彻底改变了青浦数学质量低下的面貌，同样“十年生聚”使我们青浦中学（初中部）在“青浦实验”中的位置从被动参加转化为积极主动参与，从单纯只是调查样本成为主要的实验基地；“十年生聚”使传统的刻苦工作，所谓以精力时间换提高成绩的思想到向科研要质量的现代教育理念转化，但是，我们深切体验到在“十年生聚"大背景下促使我校最大变化，最得益的是以下四个方面。

一、在"青浦实验"大背景下，初步形成学习教育理论和数改经验的自觉性

我们越来越重视教育理论的学习，为此经常在校内作动员和布置学习计划，并要求教师结合学校教学现状，探求提高各科教学质量的出路，明确研究教学规律、提高教学效率的意义。在此基础上，组织全体教师学习教育理论，并要求教研组将此项学习列入日常教学工作计划中。为了给教师的理论学习创造条件，我们请顾泠沅和所在的教师进修学校的同志来校作有关教育理论的讲座。

学习使"迁移""反馈""遗忘率"等词汇开始在教师中流行，少数教师还对教育理论有了兴趣。但教师认为教育理论内容空，学不进，离我们太远，用不上；有的感到时间紧，花在学理论上的时间还不如看教案实惠；有的感到教学是硬任务，搞科研是专家的事等。一句话，远水解不了近渴。

恰好，当时顾泠沅老师所领导的县数学教改实验小组，经过三年的教学经验调查，正好进入经验的筛选阶段。于是，一个以顾泠沅老师为核心、由我校教导主任亲自参加的数学教师试验组正式成立。用实际行动突破了单纯学理论，科研只停留在口头上的僵局，良好的效果受到了全校教师的瞩目。该项工作坚持了十六个月，从全县一百六十多条数学教学经验中筛选出四条行之有效的教学措施，并且初步摸索、创造了一套教学经验的筛选方法，获得了县内外的好评。执教的青年教师周一凡原先组织的教学以讲授为主，为了全面掌握新知识点尽可能多讲各种题型，后通过一年半试点，不仅改进了教学，而且树立正确的教育观点。这位老师在备课时注意运用筛选得到的四条措施，学生上课兴趣浓厚，思维活跃，精讲多练举一反三，教学效果很好，在 1986 年上海市中青年教学观摩评比课中获得了优秀奖。

事实胜于雄辩，学习教育理论，学习青浦数学教学改革经验、向科研要质量，激活了全校教师学习教育理论的自信心，提高了学习理论、进行教学改革的自觉性。

二、在"青浦实验"大背景下，初步掌握符合学校教育改革的思路与方法

俗话说，"近墨者黑，近朱者赤"。在 20 世纪 80 年代初，我们青浦中学（初中部）很多教师受到青浦数学教学改革过程和成果的影响与鼓励，自觉反思自己任课的学科存在的弊病和不足，想方法进行改革。结合自己教学实际，认识和非常赞同让学生有效学习的四条教学原理，我们认识到这是课堂有效教学改革的指导思想，也就是初步形成符合本校实际、本学科特色的改革思路和研究方法。

例如，我校语文学科，他们在学习数改经验的四个教学原理后，结合语文学科自身特点和如何贯彻好 1985 年市教研室提出中学语文一类教学计划（"扩大阅读，课时分段式教学"），发扬我校善于课堂活动，调动学生兴趣的传统特色，进行"书籍是人类进步的阶梯"

项目研究。可以说明我们学校教师通过学习理论、数改经验，已初步掌握进行教育教学改革的基本科研方法。

案例：书籍是人类进步的阶梯

——中学语文一类教学计划扩大阅读的实践与认识

阅读是一项复杂的心智活动过程，是适应日新月异的社会发展的需要，是获得各种信息，正常开展学习和工作的需要。阅读兴趣的激发和培养，阅读方法的指导和训练，阅读习惯的养成和坚持，对中学阶段青少年学生思想和性格的定型，品质和情操的陶冶，知识和能力的构成，语言和思维的发展，无疑将起着至关重要的作用。关于这个问题，许多名人，如苏联的苏霍姆林斯基，我国的鲁迅、叶圣陶等都曾进行过精辟的阐述。因此，引导学生大量地阅读一些古今中外的文学名著，具有时代特色的文质兼美的时文新作，涉猎一些天文地理、科技信息的知识，是十分必要的。毋庸置疑，课内外扩大阅读对于语文教学，乃至对于培养一代新人的重要作用，早已不容每一个有志于教育改革的语文教师等闲视之了。试想，面对当今社会的巨大变革，如果我们仍然停留在把自己对现有教材的狭窄认识灌输给学生的水平上，而不去扩大学生视野，让他们在丰富自己思维材料的基础上，养成深刻透析的分析能力和创造能力，那么，我们的学生将会面对现代社会激烈的智力竞争而力不从心，我们自己也将因教学上的严重失职而愧疚不安。正是基于这个认识，我在县教研室的指导下，积极参加"中学语文一类教学计划"试点工作，在指导学生进行扩大阅读方面进行了大胆尝试。

三年来，学生的阅读面、阅读量、阅读层次、阅读能力都有了显著变化。全班人人爱好阅读，每人平均每学期读书二十四本（不包括各类报刊），最多的达四十本。在同学们的阅读书目中，不仅有古今中外名著和现代优秀散文，而且还有其他各学科的大量书籍。每人都有数万字的摘记或几百张文摘卡。阅读笔记多的达六十多篇。

我引导学生开展扩大阅读共分两步。

1. 着意引导，先扶后放，培养习惯

"对比阅读"是引导阅读的初步阶段。让学生把眼光从课文移向或同类题材，或迥异风格的其他作品，对学生进行比较性和联系性训练。坚持精心选取材料与课文加以比照，既开拓学生视野，又对文章加深了理解，提高了分析品味作品的能力。学生的阅读兴趣也由此逐步产生。

扩大阅读的引导在于启发学生产生阅读的内心诱因，达到进一步开阔视野、涉猎面渐趋广阔的目的。引导方法有三。首先是由此及彼地引。教了课文中名家的作品，再简介他的另外作品和其他相关作品，每次介绍都做好设计，讲到精彩之处即戛然而止，以激起学生好奇心、好胜心，让他们想方设法看到这些作品来获得满足。其次是由节选到长篇的引导。学了课文中的长篇巨著节选，先让学生品味其魅力，再请阅读面广的学生讲述长篇的另外情节，以期吸引更多学生去纵观全书。再次是由读名著故事梗概到读原著的引导。先让名著故事的“轮廓”印入每个学生心田，诱发起他们对原著先睹为快的“解渴”心情。

一旦学生初步具备独立自主地正确选定书籍，有目的地进行阅读的认识后，广泛阅读的时机也相应成熟。我就带领学生去校、县图书馆、阅览室，让他们在知识的海洋里尽情游弋，乐而忘返。于是，爱好广泛涉猎的兴趣就在潜移默化之中逐步养成。

上述做法是有目的地先扶后放，让学生在阅读中积累，在积累中领悟，在累积和领悟中提高，逐步由积累性、理解性阅读过渡到赏析性阅读，这给扩大阅读取得应有的成效提供了保证。而要取得扩大阅读的成功，至关重要的是教会学生自己读书的方法，并逐步培养他们善于读书的良好习惯，使他们终身受益。

我为学生制定了自读的七个步骤。其一是读通。借助工具书解决生词等，疏通课文。并辅之以“查词典比赛”“速度竞赛”等，促使学生具有快速查阅工具书的能力、速度能力和记忆能力。其二是读懂。在反复朗读中，让学生了解作品的内容和表现形式，材料的选择，与中心有关的精彩段落，词句等。其三是赏析。搞清文章写了什么，如何写，为什么这样写，精妙之处在哪里，深刻领会文章的主旨和作者构思的匠心，从而在思想上受到启迪，感情上受到陶冶，写作上得到借鉴。其四是摘录。在赏析基础上，选择自己感受深，有实用的内容和关键词句用各种方法摘录下来。其五是质疑。对作品中自己苦读深思而仍不理解的内容或对作品中某些内容有不同见解，提出疑问或异议。其六是交流。在学生与教师，学生与学生中进行多向交流，既互相启发交流心得体会，也交流对作品的不同见解。这一步能廓清学生似是而非的一些认识，使学生把作品的精华内化为自己的知识和经验，进一步激发、保持并深化学生阅读兴趣。其七是随笔。把自己所读作品中感受最深的心得体会和交流中的丰富情感显露于笔端，使阅读和交流中获得的知识和能力进一步得到强化。我为学生编了一个顺口溜来概括自读的七个步骤：“读而思，思而读，咀嚼品味多质疑，心得体会勤交流，不动笔墨不读书。”往往在交流和随笔这两步中，最能看出学生思想中闪现出来的火花。

2. 读有检查、促成竞争、促进教学

要使扩大阅读能广泛地、持久深入地开展下去，除了正确引导和培养良好习惯外，还必须掌握初中学生好奇、好胜，有强烈的表现欲，容易自我满足等心理特征，因势利导地使他们保持对扩大阅读经久不衰的浓厚兴趣，这就要检阅他们知识和能力的课外活动来取代过去的定期检查、批阅评分的方式。在每学期九节课的丰富多彩的语文活动中，学生们的聪明才智得到充分发挥。而阅读卡片、摘记、剪报、手抄小报等的展览评比，“新书介绍园地”的开辟等，起到了检阅学生阅读面、阅读量、阅读层次、阅读能力的作用，也促使他们相互比质比量，欲罢不能。

随着阅读量的不断增大，学生的思维能力发生了质的变化，特别体现在课堂教学方面。学生们发现问题、分析问题、解决问题的能力显著提高。对于那些能自觉运用课外阅读到的知识来解决课堂教学问题的同学，我总是毫不吝啬地用美好语句突出褒奖，促使大家进行敏捷的联系思维，诱导他们敢于发表自己的见解，展开讨论和辩驳，课堂气氛常常十分活跃。

叶圣经常说："阅读是吸收，写作是倾吐。"学生们在大量阅读中积累到的丰富材料，就产生了不可抑制的表现欲和创作欲。于是日记言之有物了，练笔有血有肉了，形式多样了，数量也日渐增多，一般同学每年的日记和练笔超过三百篇，字数多达六七万字。班级学生中两篇习作获市级征文和比赛奖，五篇获县级征文奖，两篇刊登在县级刊物上。

阅读层次提高后，一些学生还有选择地去读各种提高自己能力的、发展自己智力的书籍，用以指导自己解决工作和学习生活中遇到的疑难问题，促进了自己思维品质的提高，非智力因素的培养，个性特长的发展。在这个方面也不乏学生成功的例子。小王同学读《中学生心理例话》后写了体会文章，参加市、县红领巾读书读报演讲比赛，并分别获得市、县第一名。小汪同学获市级《环境与和平》征文奖。小张同学酷爱读科技书籍，他的"四色围棋"与"钢窗焊片"小发明，获市发明协会认可，批准了专利权并在市科技发明展览会上展出。此外，在市级生物知识竞赛及政治小论文评比中，班里有四位同学获市级奖。至于其他县、校级各类竞赛、评比中获奖的学生就更多了。

学生在阅读中产生的浓厚兴趣和带来的显著实效，都令人振奋地展示了中学语文一类计划扩大阅读的光辉前景。

（本案例由金以昭设计、实践和成文）

三、在"青浦实验"大背景下，大多数教师初步脚踏实地尝试教改实践

在20世纪80年代时，教育科研对大多数教师来说还显得十分神秘，云里雾里看不清楚，甚至是高不可攀。但青浦中学（包括初中部）领导已经认识到开展教育科研的关键在于老师。为此，我们学校采取两项措施。一是主要领导亲自下水实践。在数改实验试点工作正常进行后，章校长参加了由县外语教研员主持的我校第二个试点实验组，研究如何提高郊区初中英语教学质量的问题。我们从调查初一学生英语学习质量差的原因入手，重视培养学生的听说能力及课外阅读的习惯，同时探讨了充分利用课内45分钟，提高课堂教学效率的具体做法。通过一年实践，实验班学生的笔试成绩和听说能力都明显高于对照班，达到实验前预设的目标。

二是抓好教研组。以教研组为单位，讨论科研课题，并列入教研计划，明确分工要求，制定课题规划、实施方案，提倡组内自由结合组成科研小组，争取县教研员的帮助，建立校内外合作研究联合体。明确要求教研组长积极带头，形成校长、教导率先行动，人人搞科研，个个有课题态势。

全校教师通过数学、外语两个实验班的实践和成果，坚定了走"研究教学规律，向科研要质量"这条道路的信心，形成认真学习理论，联系实际创设课题，扎扎实实研究的良好科

研氛围。目前我校大部分教师纷纷开始“试水”即进行课题研究。

四、在“青浦实践”大背景下，初步聚集一支具有创新意识的教改人才队伍

我们认为人才肯定要有公认的客观标准。那什么是具有创新意识的教育教学改革人才？他们的标准又是什么？在20世纪80年代前期，还没有评定教师职称，那如何来确定呢？我们反复思考，能在教育教学改革过程中进行课题研究、取得实效可能是目前重要的客观标准之一。恰好在1984年底，县里进行首次教育科研成果奖评比，我校共报出包括数学、物理、化学、生物、语文、外语、政治、体育共八个学科的四十二项课题的成果论文，其研究内容包括教学教法改革、考试改革、命题方法研究、班主任工作方法探讨等。经过评选，其中有二十三项获奖，获奖率为54.76%，占全县总获奖项目的21.1%，获奖者占我校教师的三分之一。在之后的上海市普教科研成果评选中，我校有三人获一等奖，一人获二等奖，一人获三等奖。有七位教师始终参加县的数学科研试点和推广工作，为这项数改实验的重大成果作出众所周知的贡献。

同时，这也说明青浦中学(*初中部*)已初步聚集一支具有一定创新意识、一定教育理论基础、一定数改实践经验的人才队伍。

1986年上海地区出现完全中学内高初中部脱钩的热潮，青浦中学高初中部一分为二，并在盈中小区成立青浦中学初中部。新独立建校的青浦中学初中部在青浦县教育改革的发展的主客观因素的合力作用下，逐步向建立深化教育改革，满足青浦人民需要的实验性中学目标迈进。

第三节　深化教育改革，满足青浦人民需求，创建实验中学

一、创建实验中学的客观因素

(一) 青浦教育整体改革的需要

长期的教育经验告诉我们，我们学校教育的对象是人，是有思想、有能力的学生，因而不能随意进行教育，而我们日常教育的措施或策略既要与时俱进、不断改革创新，又要传承中外教育的先进理论，又要传承已被证明的有效成果。因此，在日常的教育过程中，教育教法会出现各种改革，为使改革获得良好效果，避免不必要的失误，那必须要按教育规律办事，即先进行小范围试验，再反思、修正，再实验，最后形成各种符合学生发展规律的理念、措施。因此，青浦迫切需要建立一所既是继承、推广、发展教改经验，又是促进学生良好发展，全面提高教育质量的试点学校，即实验性中学。

1986 年上半年市教育局召开推广“顾泠沅数改实验小组经验大会”，同年青浦县获全国基础教育先进县。青浦县教育局领导高瞻远瞩，开始酝酿、规划、实施县教育综合改革课题，其新颖的立意、与时俱进的理念、清晰的改革思路成为国家哲学社会科学“七・五”期间重点课题“普遍教育整体改革的实验与研究”的子课题。该课题是一项庞大的社会工程，涉及面广，影响深远，需建立“试验点”，通过点上的实验（例如教育改革的中心环节——改革课程结构等），先行取得经验，有利于指导面上的工作，这也就是需要一所带有试验性功能的城镇初级中学。

（二）青浦教育改革继续发展的需要

我们发现数改小组的教学研究，往往采用点面结合的办法，经常是试点上需要研究的问题，常常是面上提出来带有普遍性的问题。在试点上取得的经验和成果通过教学观摩经验和成果，再介绍以及推广向外界辐射。例如青浦数改经验在学校内有效地从一科到多科，一育到各育传播，那首先必须要在试点学校实验，成功后再推进。往往会有事半功倍的效果。

同样，青浦数改实验小组领路人顾泠沅教授充分认识到一个已获得成功的教育经验，必须要与时俱进，不断深入发展，才具有强大的生命力。所以在大面积提高教学质量和确定四条有效的教学原理后，他准备积极探索教育改革的核心环节——改革课程结构。这个改革将实现注重学校课程与社会生活的联系；加强课程结构的主体——基础知识学科；文化知识课和活动课的有效结合；因人而异，实施课程弹性化等四方面的特色，简称“套筒式”课程结构。这一切急需一所实验性初中进行理论、实践的探索。

（三）满足青浦人民、学生尽快地享受优质化教育

青浦县教育局领导认识到，并不是学生学习成绩大面积提高，就达到优质教育目标了。现代教育理论认为只有学校整体，即学校软件（管理、教师素质等）硬件（校舍、设备）等与学生德智体美劳各方面素质的全面提升，这才是优质教育。但这也应按办学规律选一所或几所学校先进行试点。综上所述，青浦县确实需要一所实验性初中，而它的外部环境，即客观因素已具备到位。

二、青浦中学(初中部)是转化为实验性中学的最佳选择

经过顾泠沅教授“十年生聚”的改革精神，科学双重历练，使大部分教师具备学习教育理论和教育改革经验的自觉性；基本掌握符合学校进行教育改革的思想和方法；联系实际，脚踏实地尝试数改经验的实践；逐步成为具有一定创新意识的教育改革者。

主观上看，青浦中学（初中部）大多数教师具备了学校整体性进行教育改革或教育实验的素质。为此，青浦县教育局领导综合考虑主客观两方面的因素，决定在 1987 年成立以青浦中学（初中部）为班底的上海市青浦县实验中学。

第二章
主动变革课堂教学形态——认真探索、实践三类课程

在20世纪八九十年代，我们感到要改造、变革课程教材对一所普通初级中学来说，无论在学科理论、科学知识，还是人力、财力等方面都是力不从心的，但也不是束手无策、无所作为的。我们可以在学校的职责范围内对课程实施的形态进行改革，其目的是尽力靠近或满足学生的求知需求。

第一节 “套筒式”课程结构思考

一、当前学校课程实施的弊病

曾有这样一句话概括描述青浦当时教育改革的状况：是少量课程实施的先进地区和大多数落后的农村学校课程实施状况并存，尤其是我们学校能提供给大多数学生用以掌握知识、开发潜能、促使其良好发展的课程及课程形态实在没法令人满意。我们发现实施的课程形态结构以及传授的知识内容往往比较偏重于学科知识内容，十分注重按逻辑顺序组织起来的教学内容的学科划分，过分强调教学内容的价值与结构，而对学生自身实践获得的经验、知识和有兴趣甚至有创造性的活动，常常视而不见，未加重视。所以，我们认识到这样的课程及课程形态已不适合现实社会、学生发展的需求。

经调查研究，发现传统的课程及课程形态确实存在多种弊端：“课程及其标准简单划一，‘一种规格的衣服给不同身材的人穿’，过分强调统一要求而不顾学生实际存在的差异，造成学习有困难的学生多，富有创造力的优秀学生难以脱颖而出；课程内容比较单一且陈旧过时，局限于认知成长却忽略了情意发展，联系现实生活又少，如数学的‘掐头去尾烧中段’，还有科学与人文相对割裂，以及学科分离等。”（摘自顾泠沅等著《青浦实验启示录》）

针对上述问题，我们在学习青浦数改经验的基础上，在顾泠沅教授的引领下，1989年，我们学校开始探索全面提高学生素质的有效途径，初步形成“活动—发展”的实验教学

新思想及与之配套的“套筒式”课程结构体系。

二、什么是“套筒式”课程结构

什么是“活动一发展”改革思路构建的学校“套筒式”课程结构呢？就是以学科课程为内核、环境课程为外围、创设由教师帮助组织的各种专题活动为中间纽带，构建成学科活动、专题活动、综合活动，组成由内向外套筒式的三类活动形态的一种教学模式。

即套筒的内核是学科课程，它是提高学生素质的主阵地。关键是从两方面优化学科课程，一是调整结构、强调基础、适度要求；二是加强教学策略研究，重视观察、试验、推理、想象、表现及实际应用等学科活动，让学生通过内心体验和创造去学习。

套筒的外围是环境课程，我们把这类课程划归实践的范围。应当努力开发环境中的教育资源，关键是放手让学生通过亲自设计、组织和开展丰富多彩的走向生活、走向劳动、走向自然、走向社会的综合活动。

所谓中间纽带就是从内核到外围，也是从学科学习到综合运用知识经验于环境，其间跨度太大，因此套筒的中间层次十分重要，关键是教师如何把握帮助组织各种专题活动的参与度。我们认为从它的作用看，加强中间层次的专题活动是学校课程改革的突破口。

我们意识到套筒式课程结构包含学科活动、专题活动和综合活动等多种活动形态，它们着眼于学生的发展，因此必须凸显如下特性。第一是主体性，表现于活动在两个维度上的进展，教师从知识经验的传授者转化为学生学习活动的指导者、再成为学生自行获取知识经验的促进者，学生逐步从提高学习主动性到初步自主、再到基本自主的自行学习方向发展。

第二是整合性，这里的活动必须克服传统教学存在的学科过分分立、知行脱节、德智体美劳诸育割裂的倾向，注重于知识与能力的联系、学与用的联系、学科之间的横向联系，甚至生理、心理以及社会文化等层面的整体联系。目前我们认识到所有这些联系，也只有在生动活泼、主动的活动中才能得到整合。

第三是累积性，这里的活动必须克服现行教学目标及其评价体系重结果轻过程的倾向，重视学生的知识获得的过程、行为技能习得乃至各项素质形成的过程。在这些过程中必须强调充分明确有目标指向的累积。达到量变到质变的发展。

但是，我们预想在实施“套筒式”结构课程时，有可能出现两个不可能回避的问题：一是以提高学生素质为目标的教育归根结底是针对每个学生特点的差异教育，因此课程要加大弹性、活动必须体现因材施教，那就得进行教学组织形态的变革；二是多种课程、多种活动形态不能有人为的取舍，而应环绕提高素质这个终极目标，进行知识如何累积、如何拓宽、如何有序地探索。

三、建立符合我校实际的“课内、课内外、校内外”三类结构课程

我们以辩证唯物和科学心理为指导，认真考察了东西方各种教学模式的优缺点，结合学校长期累积的教育、教学改革成功经验，达成共识初步形成“套筒式”课程结构相配套的“课堂内、课堂内外结合、校内外走向社会”三类自主活动课程。其中，第一类是课堂内学科教学中的自主活动；第二类是专题活动课；第三类是让学生的自主活动到校内、校外展开，逐步走向社会。它们之间的关系见表 2－1：

表 2－1　“套筒式”结构三类活动课程关系表

	空　间	时　间	内　容	形　式	教育者	受教育者	评价手段
第一类活动	课堂内	基本课	学习系统的知识技能为主，同时培养获得知识的能力	知识技能的系统传授为主，辅之指导探索、辅导自学、互相讨论等	传授者	提高自主性	知识技能为主
第二类活动	课堂内外结合	专题活动课、弹性课	兼顾各类知识和能力	开设专题活动课；学科知识课课时分段，腾出时间开展活动	指导者	基本自主	兼顾知识技能
第三类活动	校内外走向社会	课外活动、其他生活时间	培养综合的、因地制宜、因人而异的实际能力为主	组织丰富多彩的课外活动；开展与社会紧密联系的活动	促进者	自主	能力评价为主

为了更好理解、实践，我们对三类活动作了简要诠释：

（一）第一类活动：课堂内学科教学中的自主活动，指学科教学基本课时内的课堂学习中开展自主活动，以提高学习的自主性、能动性。课堂学习以教师系统传授知识技能为主，确保基础知识的落实，充分发挥“传授式”教学的优势和教育者的主导作用。教学过程中，辅之以指导探究、辅导自学、相互讨论等手段，强调把思维规律引进课堂，注重启发式的问题发现、分析性的独立领会、尝试性的探究顿悟、概括性的思维推演。根据教材知识的需要，适切地开展自主活动。渗透“活动式”教学的优点，这样易调节课堂气氛，激发学习情绪，使教师的传授作用与学生的学习能动性达到和谐统一，在有意和无意的学习同化过程和顺化过程中，把获得的教材知识转化为活学活用、举一反三的认知能力。教师则遵循“道而弗牵，强而弗抑，开而弗达”的原则，让学生通过自己的活动去获取知识，发展能力，促成思维积极化，从而弥补单纯讲授法的不足。

例如初中平面几何勾股定理的导出和证明，我们设计好观察、实验用的图形，把直角三角形放在网格的背景中，让学生尝试研究。我们首先提出课题：“以直角三角形斜边为

边长的正方形的面积，随着两条直角边长的变化而变化，它们之间存在着什么关系?”要求学生注意观察，填写变化的表格并寻找规律。然后讨论斜边上正方形面积的计算方法，第一种方法把它划分为四个直角三角形和一个小正方形来计算；第二种方法由整个大正方形减去四个直角三角形来计算。这种计算方法能直观地说明前面所发现的规律。再讨论“有没有其他的方法可以同样直观地说明这个普遍结论？擦去格子，结论是否仍然成立?”结果学生不仅能够举出别的方法，例如把大正方形割补为分别以两条直角边为边长的两个小正方形，还能够说出具体数值在这里不起任何作用。至此，教师便用一般的图形向学生演示，作出总结。这样，不仅“发现”了勾股定理，而且也给出了证明。

我们认为第一类活动的主要效果有：(1) 激发了学习兴趣，唤起学生对学习的迫切心理，这是克服学习新知识困难的内部动力；(2) 师生情感交融，活跃了课堂气氛，使学生产生一种“自由感”，这是自主性得以发挥的前提因素；(3) 调动了内在的学习潜力和创造力，可以充分运用已获得的知识和经验去获取面临的新知识的结论，在活动成功的满足中，学习的自信心大幅度提高，这是提高学习成效的重要保证；(4) 获得了探究知识的方法，从学会知识逐渐趋向会学知识，提高了从潜在可能向现实发展的活动能力；(5) 亲自尝试获得的知识印象特别深刻，往往经久不忘，有利于知识的记忆和迁移活用，有助于改善知识结构。这种让学生通过亲自尝试获取知识的活动，首先在数学学科中获得成功，向各科推广后也得到了有效的证明。

例如初中物理学习物质的比热特性时，教师在讲授中作了这样的活动设计：(1) 讨论：我国内陆地区与沿海地区温差变化的差异原因。虽然学生作了各种分析，但教师不下结论，而是由此导入新课；(2) 实验观察并讨论实验结论：50 克水与 50 克煤油在受热均匀情况下的温度变化情况，发现结论：质量相等的不同物质，升高相同的温度，吸收的热量不相等。由此引出比热概念；(3) 利用实验数据进行计算练习：1 克煤油升高 1℃吸收多少热量？计算得到：1 克煤油温度升高 1℃吸收的热量是 0.53 卡。由此推出比热表；(4) 回到开头提的问题，再一次讨论，获得结论：内陆地区砂石、泥土分布广泛，沿海地区靠近海洋而多水，水与砂石比较，水的比热大，在同样条件下，水的温度变化比砂石慢，使内陆地区温差大。教师用模拟实验让学生感觉；(5) 讨论：用比热概念解释日常生活中的某些现象。由于在讲授中渗透了自主活动，学生兴趣大增、注意力集中，思维十分活跃，整堂课内教师的传授作用与学生的自主学习能动作用和谐统一，不但获得了知识的结论，而且从探究活动中，学会了获得知识的方法，发展了能力。

此外，在组织学生活动时，我们经常辅助以认知游戏、竞赛等手段，寓教于乐，以使学生在愉悦的环境气氛中兴趣盎然地进行有意与无意相结合的学习，有利于发挥学习积极性，提高学习效率。如外语学习电话用语知识时编排“小海伦找中国妈妈”的英文电话游戏；语文分析《故乡》时进行“闰土会见鲁迅”的小品表演等。在教学中任何形式的自主活动的渗透，都要求教师实际把握教材的重难点，同时注意与原有知识的融会贯通，内容难易适度，编排合理，方法新颖科学、灵活多样，比传统的讲授法要求高，难度大，但运用习惯了就会驾轻就熟。

（二）第二类活动：专题活动课目的在通过课堂内外结合的专题课程安排，让学生基本能自主地开展活动。学科课程以接受间接经验为主，教师系统地传授科学知识，它在学生自主程度及针对个别差异进行教学等方面却存在着一定的局限性。学生由扶多放少的课堂教学跨入课外，校外生活氛围，还缺少坚实的独立自主获取知识的基础。比如孩童学步，在大人搀扶下刚会蹒跚而行，就放手任其独立行走，摔倒是常有的事。在蹒跚而行与独立行走之间必须有个边扶边放、扶少放多直至全放的过程。因此，我们在学科课程外延伸出专题活动课，把它作为联结课堂教学与课外、校外活动之间不可或缺的重要一环。这类活动课把社会活动内容及其要求引进教学之中，从学生的实际需要出发编制、设计，扩大学生的自由度，让他们在基本自主的活动中，通过亲身感知、直接体验的方法，运用、拓展、获取知识，提高发展水平，为学生由课堂走向课外、社会，独立展开自主活动打好基础。我们认为教育者在专题活动课中的指导作用表现为知识迁移的引导、逆向思维的点拨、偏差反馈的矫治、表层领域的深化，使受教育者在活动中感知的经验转化为动力性的认知结构和自我正误、自我调节的能力。

例如生物教学，根据教材对制作标本的要求，我们在生物学科基本课时中腾出一定课时，专门开设标本制作活动课。根据青浦动植物资源情况，结合青浦鱼米之乡的特点，制作了鱼、虾、稻米、莼菜等标本。如制作河虾干标本，首先组织学生去有关部门和水产养殖单位调查了河虾生长的水域环境条件、养殖管理等情况，增加了学生对河虾养殖的水质、水温、活动规律、饲养方法等感性认知，同时也对学生进行了一次热爱家乡的教育；在制作过程中，通过对河虾的观察、检查，加深了对河虾的各部分的器官、形态的了解；通过动手操作，不仅掌握了河虾标本制作的全过程，而且获得了解剖、防腐、固定等制作技能，又从亲身体验中培养了一丝不苟的工作态度，提高了审美情趣；通过采访、撰写实验报告，锻炼了语文方面的能力，加强了服务家乡的意愿。

专题活动课无论课内、课外或者课内外结合进行，都应根据教材需要，或一章一节后，或一个两个单元后，进行精心安排，纳入教学计划。活动设计要选择一两个知识为固着点，加以运用、拓宽，并兼顾其他各项任务的落实，据此确立课题，制定活动计划，做好活动的各种准备，注重实际效果，切不可徒有形式，更不能虎头蛇尾放任自流。我们感到在课堂内进行的专题活动有时空限制，在内容选择、形式安排、组织设计方面更需要严密，教师的指导作用更要恰到好处，一般来说，课内专题活动采用书面材料、实物观察、实验操作等手段，通过感知使认知结构中静止的知识、经验趋向活跃状态，然后通过记忆、思考、想象、情感加工感知内容，从而对感知的材料获得理解，最后用言语、形象等外部表现手段，进行知识的综合运用活动，获得新知识和解决问题的方法。

例如初一语文学了写景散文后，进行了“怎样学会观察”的课内专题活动。教师先出示一幅风景画，让学生观察并说出景物内容，如“太阳”“天空”“小舟”等，直到讲全画面上所有的景物内容，学生的感知观察一定要仔细。接着教师让学生根据颜色、形态等特征，用一个恰当的词语来反映景物，如“冉冉而升的太阳”“蔚蓝的天空”等。然后组织一个句子来描绘其中的一个景物，如“冉冉而升的太阳撩开她那薄薄的面纱，唤醒了被黑暗困扰着的一切生灵万物，给人间带来了一片光明”“一叶轻舟在蓝天绿水之间飘游，给充满生机的大自然又注进了一股生命力”等。最后要求学生选择大家所说的语句，融进自己的感情组织一段描绘画面景物的文字，上台向全班朗诵。这样的活动通过“感知—加工—表现”，提高了观察、记忆、思维等能力以及创造性运用语言的能力，同时领略到祖国河山的美丽，激发了热爱祖国的感情。

专题活动课形式灵活多样，不拘泥于一定的模式，除上面所述之外，还可采用自学、扩大阅读、变题编题、视听赏析、表现及表演活动等。采取何种形式都要根据活动所涉及的内容，诸如学科知识、文艺体育、劳动技术、德育教育等，以及其他教学因素来综合考虑。

（三）第三类活动：让学生的自主活动到课外、校外展开，逐步走向社会。专题活动课扩大了学生的自主性，注意了与社会生活内容的结合，强调本学科知识的综合运用，有益于提高学生的各种能力。但是，专题活动课还是采用班级群体活动的形式，往往难以顾及学生个性的倾向、兴趣、能力，不容易充分发挥学生的个性特长和适应社会需要的群性能力，如果让学生的自主活动延伸到课外、校外展开，逐步走向社会，可以弥补上述不足。我们认为这类活动强调知识的综合和创造性运用，把不同学科的知识联系起来，把学习和社会生活、生产劳动和科技活动联系起来，培养综合的、因地制宜、因人而异的实际能力。因此，我们把组织好课外、校外丰富多彩的活动，作为“活动—发展”教学新格局中的一个重要组成部分予以高度重视。我们在全校根据学校、教师、学生的实际情况组织了三十八个课外兴趣小组和五十七个社会服务队开展活动。兴趣小组根据学生的个性特长和能力倾向，分发展、提高、普及三个层次，在每周一个下午的固定时间，全年三周左右的考察与实践活动以及其他机动时间内进行活动。学生根据自己的实际条件自愿参加一个组的活动，某一方面有一定专长的学生可以参加发展组，某一方面有一定爱好和一定能力的学生可以参加提高组，特长和能力不明显的学生可以参加普及组，分别由具有指导能力的教师进行辅导。教育者作为活动的促进者，其作用表现为问题咨询、关键指点、意志激励、促进成功，使学生在成功的喜悦和满足中自觉提高自主活动的难度、深度的期望水平。

例如化学提高组结合“水的认识和利用”这一知识，到水利局、自来水厂、环卫所等部门进行社会调查活动，了解到青浦丰富的水资源情况及其对经济发展的重要作用；了解到自来水的生产过程，并通过亲自动手实践，学会了水的浊度、色度、硬度、酸碱度、余氯等水质测定，了解了青浦水质污染的情况及其危害性，懂得了防治水质污染的一些具体办法。这样的活动不仅拓宽了化学知识，而且通过调查中的听、记、文字资料整理，锻炼了语文能力；通过水质测定的计算，又提高了数学能力；了解了丰富的水资源情况，还能拓宽生物学知识，懂得防止水质污染的办法，活动中了解到的青浦经济发展情况，对培养学生热爱家乡的感情起了积极作用。

这一类自主活动所涉及的内容、领域比较广，学生的自主活动的积极性和他们具备的各种才能得到充分的发挥和表现，教师的促进作用重点放在起始和终了阶段，即起始的协助选题和终了的帮助总结，具体实施应逐步放手让学生自行设计安排，教师不包办代替。

“活动—发展”教学新格局把教学过程作为一个系统进行研究，构成这个体系的三类自主学习活动既自成一体，又互成系统，体系本身是建立在这三个互相联系、互相制约的活动之上的高一级系统，它把教学过程中的社会成分（教学目的与内容）、心理成分（动机、意志、情绪、思维）和控制方面的成分（计划、组织、调整、控制）以及教学实施的基本环节形成教学过程的一个完整的结构系统，一方面要使各类活动的教学过程的基本要素优化组合，任何一项任务的落实都要有利于其他各项任务的完成，另一方面各类活动要保持合理的有机结合，使各类活动与体系之间协调配合，实现教育促进社会需要与人的发展辩证统一的总目标。

例如语文课学习了以写人为主的记叙文之后，组织了“学习抓人物的特征”的专题活动课，通过事先排练的人物活动小品表演，给学生提供了观察材料，使他们感知人物外貌、神态、动作、语言、心理等特征的具体内容，通过人物活动描写片段的赏析加工活动，使学生理解抓好人物特征对正确表现人物的作用；通过创设的人物活动场景的观赏，让学生采用书面和口头形式进行描绘人物的表现活动，在直接体验中学会用人物特征恰如其分地描绘人物的方法。在此基础上再让学生的自主活动向课外、校外展开，由学生课外小组自行组织去集市贸易场所、公共汽车站等地方，一方面参加服务劳动，一方面观察人物活动场面，从亲身体验中获得人物特征活动的生动实例，同时在交往中促进群性发展，培养社会公德。

我们深刻体会到必须注意的是三类自主活动有机结合，不仅要考虑知识内容的结合以及与其他各项教学任务的结合，而且要有一个层层递进的合适的梯度，前一类活动是后一类活动的基础，后一类活动又是前一类活动的深化，三类活动互相依赖、互相促进，形成一个最优化的“活动—发展”的教学格局。

第二节　“套筒式”结构课程的实践与研究

在我们独创的“套筒式”结构课程的理念指导下，我们打破传统学校课堂教学的时空和部分学科间的界限，把学校的学科课程教学统一规划为“课堂内、课堂内外、校内外（或利用社会大课堂）”的三类新的课堂教学形态。目的是不但要确保绝大多数学生学科知识质量的提升，而且要在道德素养、创新意识方面获得有效的培养。为此，我们学校一是利用“外援”，即建立实验中学与县（当时青浦是县）教师进修学校教研室的教育—科研联合体，这充分利用本校教师的积极性，同时发挥青浦教育“精英”教研员的聪敏智慧和丰富的教学实践经验；二是挖掘“潜力”，也就是发动、引导教师加强学习教育科研理论和积极探索、实践，逐步在校建立一支科研型的骨干教师队伍，来统筹、规划、实施“套筒式”的结构课程的课题探索研究。

我们想从三类活动课的教学案例来阐述“套筒式”结构课程在全面有效提升绝大多数学生素质的可能性和有效性。

一、第一类教学活动（地点在课堂内）的实例事例

这是“套筒式”结构课程中，教师把规定教材的知识、能力，在“活动—发展”教学新格局的理念引领下，有计划、系统地传授知识、技能，保证有效地提高学生的基本素质，也是“套筒式”结构课程课堂内的基本教学形态。因此，我们十分重视利用教材、研究教材、开发教材，有目的挖掘师生教与学的潜力，达到学生最大限度掌握知识和能力。下面我们用案例来说明。

案例：初三数学《可化为一元二次方程的分式方程》

执教：青浦实验中学　班丽亚

评述：青浦教师进修学校　蒋嘉莘

青浦实验中学　吴定一

师：在初一年级时，我们曾经学过可化为一元一次方程的分式方程，请同学们思考一下：什么叫作分式方程？

生众：分母含有未知数的方程。

师：对，你们看看黑板上这个方程：$\frac{1}{x+1}+\frac{4x}{x^2-1}=\frac{2}{x-1}$，（教师板书题目）这是什么方程？

生众：是分式方程。

师：对，那么这个方程怎样解呢？

生众：去分母。

师：好，谁能说出它的解题过程吗？

生 1：解：原方程就是 $\frac{1}{x+1}+\frac{4x}{(x+1)(x-1)}=\frac{2}{x-1}$

方程两边都乘以$(x-1)(x+1)$，约去分母，得

$$x-1+4x=2(x+1),$$

$$3x=3$$

$\therefore x=1$。

检验：把 $x=1$ 代入 $(x-1)(x+1)=0$

$\therefore x=1$ 是增根。

因此，原方程无解。

师：讲得非常好，他的解题步骤很清楚，整个过程分三步进行。

第一步：在方程两边都乘以最简公分母，约去分母，化成整式方程。

第二步：解这个整式方程。

第三步：把解得的整式方程的根代入最简公分母进行检验。由于最简公分母正好等于零，也就是原方程中分式的分母等于零，使得分式没有意义，所以它是增根。

正是由于分式方程有产生增根的可能，分式方程才有验根的必要。检验方法是把整式方程的根代入最简公分母，如果计算结果等于零，说明它是增根；如果计算结果不等于零，说明它是原方程的根。

现在如果我把这个方程稍微改动一下，又得到一个方程：$\frac{1}{x+2}+\frac{4x}{x^2-4}=\frac{2}{x-2}+1$，这个分式方程，你们会解吗？请你们思考之后，做在自己的练习本上。

生 2：解：原方程就是：$\frac{1}{x+2}+\frac{4x}{(x+2)(x-2)}=\frac{2}{x-2}+1$。

方程两边都乘以 $(x-2)(x+2)$，约去分母，得

$$x-2+4x=2(x+2)+(x+2)(x-2),$$

$\therefore x^2-3x+2=0$

解得 $x_1=1$，$x_2=2$。

检验：把 $x=1$ 代入 $(x+2)(x-2)\neq 0$，

$\therefore x=1$ 是原方程的解。

把 $x=2$ 代入 $(x+2)(x-2)=0$，

$\therefore x=2$ 是增根。

$\therefore$ 原方程的解是：$x=1$。

师：生 2 做得很好，在解这个方程中，去分母时注意方程右边这个“1”也要乘以 $(x+2)(x-2)$，不要遗漏；另外解分式方程时，验根步骤不可缺少。

评：本节课是紧接在可化为一元二次方程的简单高次方程之后的教学内容。但是教师不是开门见山地亮出课题。在这里设计了两个题目，其中前一个题目是复习解可化为一元一次方程的分式方程的基本思路和步骤；后一个题目正是本节课要学习的可化为一元二次方程的分式方程的解法。其设计目的主要在于运用学生认知结构中对学习新知识起支持作用的原有知识，由学生自行完成对新问题的探究活动。因此，教师采用恰当引领，为学生提供思维发生的背景材料，使学生在和谐、轻松的气氛中，不知不觉地完成对新

知识的认识过程的做法，值得借鉴。

师：好！同学们已经会解这类方程了。接下来请同学们观察一下，这个方程与上一个方程比较，它们的解题过程哪些是相同的？哪些是不同的？请同学们议一议。

……

师：好，现在我们大家互相交流一下看法。

生 3：它们都是分式方程。

生 4：它们的解题方法都相同。

生 5：都是通过去分母，化为整式方程。

生 6：它们都需要检验，因为可能产生增根。

……

师：刚才几位同学讲的都是相同的地方，那么不同的地方是什么呢？

生 7：前一个分式方程去分母后化成的是一元一次方程，后一个分式方程去分母后化成的是一元二次方程。

师：这几位同学说得非常好，把他们的说法概括起来，相同的地方，有三点：

(1) 它们都是分式方程；

(2) 解题基本思路都是方程两边都乘以最简公分母，化为整式方程；

(3) 它们都有可能产生增根，因此必须验根。

不同的地方：化成的整式方程一个是一元一次方程，另一个是一元二次方程。这就是我们今天要学习的：可化为一元二次方程的分式方程。

评：教师不是单纯地让学生去掌握解题的基本技能，而是积极引导学生自己去尝试，通过一些观察、分析、比较来揭示问题的本质特征。这样的学习方法有利于使学生把所学的知识内化。同时，也只有在学生充分认识后，教师再提出本节课题，才显得十分自然贴切。

师：从刚才这道题的解题过程中，我们可以看到解题的第一步就是在方程两边都乘以各分式的最简公分母，将分式方程化为整式方程。因此，准确地找出最简公分母是解分式方程的关键一步。我这里有四个分式方程，请同学们找出它们的最简公分母。

(1) $\frac{1}{x-3}-\frac{2}{x+3}=\frac{x^2+3}{x^2-9}$

(2) $\frac{15}{x^2-5x+6}-\frac{3}{2-x}=\frac{x}{x-3}$

(3) $\frac{1}{(x-5)^2}+\frac{5}{x(5-x)}=\frac{1}{x}$

(4) $\frac{2}{x^2-4}+\frac{1}{2x-x^2}+\frac{x-4}{x^2+2x}=0$

……

生 8：第(1)小题的最简公分母是$(x+3)(x-3)$。

生 9：第(2)小题的最简公分母是$(2-x)(x-3)$，噢，是$(x-2)(x-3)$。

师：对，这里要注意，应把$(2-x)$变为$-(x-2)$。

生 10：第(3)小题的最简公分母是$x(x-5)^2$。

生 11：第(4)小题的最简公分母是$(x+2)(x-2)$。

师：请你考虑一下，这个方程中各分式的分母因式分解的结果是什么？

生 11：$(x+2)(x-2)$，$x(2-x)$，$x(x+2)$。

师：那么它们的最简公分母是什么？

生 11：$x(x+2)(x-2)$。

师：很好，这四位同学把四个方程的最简公分母都准确找出来了，找的方法就是对各个分母进行因式分解，然后确定各分母的最简公分母，这是解分式方程的关键一步。另外，解分式方程有可能产生增根，所以我们要验根，这一点很重要。我们再来看这四个方程，如果有增根，那么哪些数可能是它们的增根呢？

生 12：第(1)小题，若方程有增根，那么可能是$+3$或-3。

生 13：第(2)小题，若方程有增根，那么可能是$+3$或$+2$。

生 14：第(3)小题，若方程有增根，那么可能是$+5$或 0。

生 15：第(4)小题，若方程有增根，那么可能是 0 或$+2$或-2。

师：好，我们刚才说过，解分式方程存在产生增根的可能性，那么是不是每个分式方程都会产生增根呢？请同学们把这里第(2)小题做一下，看看它的结果如何？

[全体学生做练习，一学生板演]

师：现在让我们来看看黑板上他做的题目，方程两端都乘以分式的最简公分母，将分式方程化为的整式方程是一元二次方程，解得这个方程的根是：$x_1=-1$，$x_2=6$，最后检验，检验的结果是$x_1=-1$，$x_2=6$都使得最简公分母不等于零，这说明什么？

生众：说明它们都是原方程的根。

师：那么解这个分式方程有没有产生增根呢？

生众：没有。

师：对，这说明分式方程有可能产生增根，但不是每个分式方程都一定产生增根，因此解分式方程一定要写出检验过程。

评：这里一组训练题的编排比较科学合理。从目的来看，既巩固了当堂新知识，又培养了学生正向、逆向的思维能力；从内容来看，既巩固了学生解题技能，又突出了本节课的重点；从训练题的编排顺序来看，既体现了“序进原理”，又符合学生实际水平，能使绝大多数学生顺利完成，因而有利于学生达到教学要求。

师：好，我这里还有一个分式方程，会解吗？$\frac{(x+5)^2}{(x^2+1)^2}-\frac{5(x+5)}{x^2+1}=-6$(教师板书

题目)。

师:这个方程的最简公分母是什么呢?这个方程怎么解呢?请同学们思考一下,再回答。

生16:去分母。

师:请这位同学说一说。

生16:解:方程两边都乘以分式的最简公分母 $(x^2+1)^2$,约去分母,得:

$$(x+5)^2-5(x+5)(x^2+1)=-6(x^2+1)^2,$$

[教师随学生口述板书]

师:好,现在你看看这是一个几次方程?

生16:四次。

师:它有没有三次项?

生16:有。

师:那么它是不是双二次方程?

生16:不是。

师:对,方程中不仅有四次项,三次项,还有二次项一次项和常数项,这是一个一般的高次方程,与我们学过的简单高次方程不一样,看来解这个方程目前还是困难的,那么怎么办呢?

生17:用换元法。

师:怎样换元?

生17:令 $\frac{x+5}{x^2+1}=y$,那么 $\frac{(x+5)^2}{(x^2+1)^2}=y^2$。

原方程化为:$y^2-5y+6=0$。

师:用换元法后,分式方程化为什么样的方程?

生17:是一元二次方程。

师:对,这说明在解可化为一元二次方程的分式方程时,去分母不是唯一的解法,对于结构较为特殊的分式方程,我们可以采用换元法来解,先得出一个关于 y 的一元二次方程,要注意先求出 y,以后还必须再代回去求出 x 的值。

至于换元法今天这节课我们就讲这些,下一节课我们再继续学习利用换元法来解分式方程。

评:这里又编排了一个例题,旨在培养学生思维的灵活性。学生在掌握分式方程一般方法的基础上,通过本题的启发又想到还能用换元法,使学生对本节课的知识内容有了进一步的理解,从而使学生运用知识分析和解决问题的能力得到进一步的发挥。

师:今天这节课我们通过复习可化为一元一次方程的分式方程的解法,自己学会了如何解可化为一元二次方程的分式方程的解法,它们是通过去分母法或换元法从而将分式方程化为整式方程来解的。

请同学们注意两点：第一，去分母法解分式方程的关键一步是准确找出最简公分母；第二，解分式方程有可能产生增根，所以一定要把解得的整式方程的根代入最简公分母，进行验根。

到现在为止，可化为一元二次方程来解的方程，我们已经学习了两种，一种是简单的高次方程，它是通过因式分解或换元法将方程化为一元一次方程或一元二次方程来解的；另一种就是今天学习的分式方程，它是通过去分母法和换元法将分式方程化为一元一次方程或一元二次方程来解的。

今后我们还要继续学习其他一些可化为一元一次方程或一元二次方程来解的方程。

总评：这节课的教学内容得到了整体优化，尤其教与学的两个方面积极性都得到了较好发挥。其主要特点：

（1）教师十分注意学生的心理活动，通过提问、板演、练习、议论等活动形式，让全班同学在教师指导下，全神贯注地参与教学活动全过程，使课堂气氛显得十分轻松，以提高学生学习兴趣与效率。

（2）教师能合理安排好教学环节，做到胸有成竹。因此，教学中采用的教学方法与教学手段都比较恰如其分，从而充分发挥了学生动手、动口、动脑的作用，以提高课堂教学效果。

（3）教师有效地控制教学进程，同时还通过各种途径及时获得学习情况的信息，并及时反馈和矫正，排除了学习进程中的障碍，使全体学生都能当堂达到规定的教学目标，为防止成绩分化和大面积提高教学质量奠定了基础。

二、第二类教学活动（地点，课堂内外）的案例研究

这是在“套筒式”结构课程中，处于环境课程和学科课程的中间位置，亦称之为专题活动课程。所谓专题活动课程，我们认为它既是要引导学生掌握规定教材的知识、能力，也要根据学生的实际情况，一是从纵向来说，使学生获得“跳一跳，摘到桃子”的高一层次的知识；二是从横向来讲是有计划地拓展与教材相关联的知识横截面。实践下来，我们感到这是课堂教学改革，提升学生知识、能力水平的十分有效的举措。

专题活动课案例1　初一语文《学会仔细观察——介绍我心爱的小物品》

执教：青浦实验中学　　　金以昭

评述：青浦教师进修学校　郑少鸣

课前准备：

1. 选择一篇经过仔细观察之后写下的介绍某一物品的学生习作：《台灯》。
2. 准备一件供学生集体仔细观察之后进行介绍的小物品：白天鹅工艺品。

3. 布置学生每人各选择一件自己喜爱的小物品带到课堂上来。

活动过程：

[课前两分钟讲话：一学生介绍校园美丽的春色。]

师：确实，我们的校园是很美的。围墙边，白玉兰花含露乍开；花坛里，各色茶花争奇斗艳……小杨同学能够这样具体生动地介绍校园里的美景，说明他已经开始培养自己对周围事物细心观察的良好习惯。

在上次语文活动课《大自然赋予我们美》之后，我们今天要进行本学期第二次语文活动，让同学们学会如何仔细观察一件小物品，并向大家有条理地进行介绍。

[教师板书课题：学会仔细观察（介绍一件小物品）并亮出写在小黑板上的活动课要求：（一）观察要仔细；（二）说话要响亮；（三）表达要清楚有条理。]

评：从培养观察的良好习惯到学会如何仔细观察，注意了循序渐进。本课中心目标是学会仔细观察。辅助目标是口头表达要响亮、清楚、有条理，要求明确。

师：我请大家先看一篇学生的作文。要求是看后能正确流畅地朗读全文。注意了，用一分钟时间看完。

[教师出示上有短文《台灯》的小黑板后，学生有的出声读，有的默读。]

师：现在请大家把这篇短文齐声朗读一遍。

生众：我家有盏漂亮的台灯，它的灯座是一块黑色的玻璃盘，稳稳当当，显得庄重而又朴素。在玻璃盘上，镶着一只精巧的开关。开关旁挺立着台灯的身躯——灯杆。它分为三节，上下两节是六角形的黑色玻璃体，乌亮照人；中间一个是个白色的圆球，晶莹闪亮。三节玻璃中间，嵌着克罗米银色铁圈。从底盘开始，有一根铁管，穿过三节玻璃球，直通顶部的灯头，就像脊椎骨一样。再上面就是一个圆圆的脑袋——灯泡了。一个绢做的美丽的灯罩，像顶大帽子，歪戴在它光光的脑袋上。

师：大家读得很整齐、响亮，也很正确。我请你们考虑一下，作者是从哪几个方面对台灯进行观察后写成这篇作文的？

生：[几人结对，小声议论。]作者是从结构、颜色、制作、材料、形状等方面进行观察后写成这篇作文的。

师：[一面点拨，一面在黑板上逐一写出：结构、颜色、制作、材料、形状等。]大家说得很对！作者主要是从结构、颜色、材料（或质地）、形状这四个方面进行观察后生动地向我们介绍的。那么，请同学们分别从这四个方面看看，作者是怎样逐一进行介绍的。

评：由具体到概括、抽象，有难度。为此，给学生以独立研读《台灯》和小声议论的时间，很有必要。在此基础上教师进行点拨、归纳，顺利地突破难点，接下来让学生再由抽象到具体。这不仅使学生对阅读材料有了进一步的了解，而且使他们懂得观察物品的基本方法。

生 1：台灯的结构是有次序地从下到上介绍的，分为灯座、灯杆、灯头、灯泡、灯罩等几个方面。

师：这位同学从结构方面找出来了小作者写台灯的几个部分，讲得很好。

生 2：作者写台灯的颜色有，黑色（玻璃球）、白色（圆球）、银色（铁圈）等。

生 3：台灯的形状有“盘”“六角形”“像脊椎骨”“圆圆的脑袋”“像顶大帽子”等，写得很形象，台灯被写成了像人一样了。

生 4：写台灯的制作材料有：“玻璃盘”“玻璃球”“克罗米铁圈”“绢做的灯罩”等。

师：大家看得仔细、说得也很正确。小作者就是通过以上几个方面的仔细观察之后按照一定顺序向我们具体准确而又形象地介绍台灯的。

师：我们既然已经懂得观察一件物品，可以从上述几个方面着手进行，那么现在，我就请大家共同来尝试一下，通过自己细致的观察，进行具体的表述，来完成对“白天鹅工艺品”的介绍。

［师出示“白天鹅工艺品”。让学生用三四分钟时间进行仔细观察。允许学生有秩序地走到讲台前来仔细观察，也可轻轻触摸一下，以得到最确切的感受。］

师：大家刚才对“白天鹅工艺品”观察得很仔细。现在，我要请大家从形状、结构、颜色、制作、材料等方面逐一讲述自己观察的结果，允许只讲某一方面或某一局部。其他同学必须认真听好，有必要的话，可把别人讲得好的摘要记下，最后，我要请一两位同学汇集大家讲述的内容，向大家完整地、有条理地介绍“白天鹅工艺品”。

［经过三四分钟的观察和相互小声议论，学生纷纷举手、跃跃欲试。］

评：学生对《台灯》的读、析、说，使他们初步感知了观察物品的方法，心中有“谱”，这为学生独立尝试观察和介绍白天鹅工艺品打下了基础，使学生积极性的进一步调动有了可靠保证。

生 5：这只白天鹅工艺品的结构是：圆底座上有只白天鹅，天鹅的背部是空的，里面有一个小底座，这个小底座上伸出几十根细钢丝，细钢丝上串有塑料球、花、蝴蝶等。

生 6：白天鹅工艺品的颜色有：黑的底座、白色天鹅、褐色的钢丝上面有微锈、彩色的花、彩色的蝴蝶、彩色的球。

师：连细钢丝上的锈斑都看清了，这样的观察可谓细致入微了！

生 7：我认为“彩色”这个词没有说清楚这些花蝴蝶和球的颜色，应该准确地说出这些东西上的各种颜色才能称为观察细致入微。各种球的颜色有蓝色、绿色、粉色、大红色、橘黄色等；花有粉红的、雪青的、白色的等；蝴蝶有红的、雪青的、紫罗兰色的等，这样讲更准确。

师：生 7 能把球、花、蝴蝶的颜色分辨得清清楚楚，讲得又准确，这可以称为观察细致入微了吧？

［学生们表示赞许。］

生 8：制作白天鹅工艺品的材料有：塑料、钢丝和布。

生 9：我认为做白天鹅的不是塑料而是白瓷的，花也不太会是布做，大概是绢。

［学生议论纷纷。］

师：你们两人对白天鹅制作的材料看法不一致。看来要请二位上来仔细看看或摸摸，才能作出准确判断。

［生 8、生 9 都上讲台来看看摸摸。］

生 8：我说的布应该是绢，更正一下。

生 9：我一走近白天鹅，才发现是塑料做的，说明我观察不仔细。

师：我们欢迎这种勇于探究、实事求是的态度。

［学生情绪高涨。］

评：如能抓住学生对白天鹅和花制作材料的不同看法，欲擒故纵地激化一下矛盾，让学生自己得出有时单凭眼看还不行，还要手摸；远看不行，还要近视细察等，才能把握物品的质地，则对学生较全面地了解怎样才能仔细观察更有利。

生 10：我来说说白天鹅工艺品的形态：一只白天鹅停落在一个黑色的圆形底盘上，张开着一对大翅膀。它背上的几十根细钢丝上鲜花盛开着，彩蝶们振翅欲飞，大小彩色塑料球光亮夺目。细钢丝轻轻一抖动，便会发出好听的声响，同时，球、花、蝴蝶就会动个不停。

师：好极了，生 10 不但把白天鹅工艺品的形状告诉了我们，而且把它的姿态也清楚、具体地给我们做了介绍。

刚才，同学们分别从形状、颜色、结构等方面介绍了白天鹅工艺品，相互补充、纠正后更具体、更准确了。现在请大家用两分钟时间在脑子里把刚才同学们的发言整理一下，然后我要请同学具体清楚、有条理地把白天鹅工艺品完整地向大家介绍一下。说话仍然要响亮。

［同学们立即行动起来，有的凝神思索，有的试着相互轻轻讲述。］

生 11：一只白天鹅伏在一块黑塑料底盘上，它的头颈很长，弯弯的头颈低垂着，它的两只大翅膀张开着，好像就要飞起来了。白天鹅的背上有一个小小的黑塑料底座，上面有几十根细钢丝，细钢丝上有很多颜色不同的美丽的装饰品——塑料空心球、绢花、花蝴蝶等，真是一件非常惹人喜爱的小物品。

师：刚才生 11 的介绍，大致上把这一工艺品的总面貌介绍了出来。根据我刚才提的要求，同学们想想，还有什么意见和建议？

生 12：我觉得还不具体，有些地方不准确。如白天鹅是什么材料做的还没讲清，“背上有一个塑料底座”及说它“伏在一块黑塑料底盘上”不准确，球、花、蝴蝶是些什么颜色也还未讲。

生 13：我觉得生 11 的介绍也不形象。

师：那么再请一位同学讲一下，好不好？

[学生纷纷举手，争着要发言。]

生 14：在一个圆形的黑塑料底盘上，停落着一只白色的塑料制成的天鹅，它那美丽而修长的头颈微微弯向胸前，好像要梳理它洁白的羽毛。它的两只宽大的翅膀张开着，好像随时可以重上蓝天。白天鹅的背部是空的，里面还有一个黑塑料做的小底座。在这个底座上，插着几十根长约三十厘米的细钢丝，这些细钢丝向四面散开，每根钢丝上都串着不同的装饰物，有的是大大小小的空心彩色塑料球，有红的、黄的、绿的，真是五彩缤纷，大的有乒乓球那么大，小的和一粒绿豆差不多。有的钢丝上有用绢做的各种花，有紫罗兰色的，有粉红色的等。还有的钢丝上端接着展翅欲飞的蝴蝶，好像要飞到花朵上去采集花粉呢！整个白天鹅工艺品小巧玲珑、色彩鲜艳、造型别致。拿在手里，稍微摇动一下，细钢丝上的彩球便互相轻轻碰撞，发出悦耳的声音。整个工艺品又高雅又美观。

评："修长""微微""好像要梳理它洁白的羽毛"，表明了学生观察的仔细，用词造句的准确而富有情趣。

评：介绍白天鹅工艺品的教学活动很精彩。教师很注意对学生开而弗达、强而弗抑、导而弗牵。学生在富有教学民主的学习环境中，自然地焕发出学习的积极性和主动性；在教师与学生、学生与学生的交流中不时能动地相互补充、矫正或自我调整，使认知与情意都得到发展，大大提高了教学效果。

师：生 14 在自己仔细观察的基础上吸取了同学们介绍中的优点，把白天鹅工艺品从结构、形状、颜色、材料等方面作了具体、形象的介绍，准确而有条理，我们大致上可以满意了吧？

[学生都点头表示赞许。]

师：接下来，请同学们拿出自己从家中带来的最心爱的小物品放在课桌上，以前后四人为一小组，按刚才介绍白天鹅工艺品的要求各自向小组中其他同学介绍自己最心爱的小物品。然后，推选出讲得最好的同学。等一下我们请这几位同学上讲台向全班同学介绍他最心爱的小物品，并请其他同学提意见或建议。

[各小组同学依次讲述自己喜爱的小物品。课堂里人声沸扬，气氛非常活跃。老师来回巡视并不断地停下来倾听小组同学的发言，并给予必要的点拨和鼓励。学生带来的小物品种类很多，有地球仪、模型帆船、望远镜、集邮本、笔筒、绒毛玩具、瓷质摆设等。十分钟后，各小组基本讲述完毕，并已推派出代表。]

评：这个环节非常重要！让每个学生在介绍自己最心爱的小物品中表现自己，为达到本课的教学目标而自觉愉快地练习，教师在巡视中加强分类指导，使各层次的学生都能在自己原有的基础上得到有效的学习，使本课教学目标的达成度真正得以提高。

师：我刚才在同学们中间，看到听到了同学们都饶有趣味地讲述着自己心爱的小物品，都能注意到具体、清楚、有条理。由于时间关系，只能请四位小组代表上讲台向大家介绍自己心爱的小物品。哪个小组代表先上台？

[学生雀跃，小组代表争相举手，上台介绍的学生边介绍边展示自己最喜爱的小物品。]

生 15：这是“五四”式手枪的枪套，它是我父亲在部队服役时用过的。转业时，部队首长批准他留下枪套作为参军纪念。

师：（插话）看来是合法的，你放心介绍吧！

［同学们都笑起来。］

生 15：整个枪套是褐色的，长约二十厘米，宽约十五厘米，厚约五厘米。它由三个部分构成。第一部分是枪套，枪套的盖上有一小圆孔，弯下时可扣在枪套的扣子上关住手枪。枪套里层是灯芯绒做的。枪套背部有两条皮条子，皮条子的两端固定在枪套上，中间空的部分可穿在裤腰的皮带上。第二部分是通条，长度和枪套差不多，通条的一头是一个圈，便于用手捏住通条捅枪管、擦枪，通条可插在枪套的通条管内。第三部分是子弹盒，里头可装十发左右的子弹，它和枪套连成一体，成为一个组成部分。现在，我爸爸给我做了支木头手枪，正好放在枪套里，让我和弟弟佩戴着玩，可神气啦！

评：“长约二十厘米，宽约十三厘米”这句话中，两个“约”不能少一字。这说明学生达到了观察仔细与表达清楚的统一。

师：生 15 介绍得挺有情趣呢！对他的介绍同学们有什么意见和建议？

生 16：他介绍得确实不错，如果能把枪套是用牛皮做的，通条是用直径约多少毫米的铁丝做成都讲清楚会更好。

师：嗯，你听得仔细，补充得准确，令人信服。请下位学生来介绍。

生 17：这是一只绒布做的白兔。它有长长的耳朵，眼睛是红色的，圆圆的，它的三瓣嘴旁边还有几根胡子，脖子上则围着一个漂亮的领结，显得非常神气。它有四条粗壮有力的腿便于奔跑，身体里塞满了棉花或泡沫塑料，所以身体是浑圆的。高高竖起的耳朵使白兔显出挺机灵的样子。

生 18：“三瓣嘴旁边”应改为“三瓣嘴两边”，胡子也很长。四条腿并不是都粗壮有力，主要是两条后腿又长又粗壮，弹跳力强，所以奔跑速度飞快。

生 19：领结是什么颜色的，绒毛有多长，三瓣嘴两边的胡子各有几根，应该介绍清楚。

师：生 18 把兔子腿的特征介绍得准确，生 19 考虑得也很细致。请继续介绍。

生 20：我介绍的是一件小摆设，是一只精巧的温度计。这个小摆设是个高约十厘米，宽约三十厘米，厚约二厘米的长方体。四边用一厘米宽的镀金金属框子框住，又光又亮。它正面的表面是一块玻璃，玻璃能映出人影，玻璃下面由墨绿色的绒纸垫底的框内蹲着两只毛茸茸的调皮的小猫咪，一身白色的毛，只有胸前有些金色。两只小猫咪各竖着两只尖尖的耳朵，鼓着胖胖的小脸蛋，两双绿翡翠似的大眼睛正瞧着我们。它们的颈上各自戴着一只丝带做的黑蝴蝶结。一条长长的尾巴翘起着，好像正随时想窜出来和我们一起玩耍呢！

评：是“它们的颈上各自戴着一只丝带做的黑蝴蝶结”，而不是“它们的颈上戴着一只蝴蝶结”，用词多准确！

生 20：两只猫中间固定着一根约十厘米长的细玻璃管，里面的红色液体可随每天气温变化而升降。听父亲说那是酒精，它热胀冷缩，灵敏得很。我喜欢这小装饰品，每天放学回家，总要看看温度，还和小猫们扮个怪脸呢！

师：具体、准确、形象，很好。

生 21：我有一个十分漂亮的塑料储蓄罐，它好惹人喜爱，整个储蓄罐做成蘑菇形小屋，颜色鲜艳夺目。高约十五厘米，宽约九厘米，小巧玲珑。它分为两层，二楼有拱形的屋顶，底色是橘红色的，上面镶嵌着白色的圆点，这两种颜色结合真是美极了。这层楼的正前方有扇开着的窗户，一只小白兔站在窗口，它手捧一朵红艳艳的鲜花，圆圆的脑袋上那双眼睛忽闪忽闪的，咧着三瓣嘴，面带微笑，似乎在招呼我："小朋友，请勤俭节约，把零钱存进来吧！"屋顶右边有一个高二厘米的烟囱，烟囱上方有条细长的缝，是供投放钱币用的。底楼坐落在黄色的底盘上，正前面的右侧是扇褐色的小门，左面有扇半圆形的窗。那胖胖的小黑熊趴在窗口，用那哀求的目光望着，它像在恳求："给我吃点硬币吧，我饿极了！"底楼的左侧盛开着许多花，有黄的、红色、蓝的，似乎是熊闻见了芳香。其右边是一只只好看的大蘑菇，还有一丛丛碧绿的小草。屋后有扇小窗，上面有只小旋钮，只要你轻轻地旋半圈，便可拿下窗子，取出钱。别看这一分二分的，在急需用钱时，还可帮上一把小忙呢！

小储蓄罐不仅给我艺术上的享受，还时时刻刻提醒我要注意节约，实在太令我喜欢了！

评：一个"镶嵌"，就把白圆点的制作材料（白塑料）和制作工艺特点给准确表达出来了！

评：四位不同层次学生的效果反馈，说明了本课教学的成功。如有时间紧扣中心目标和辅助目标，针对他们各自介绍的个性，引导学生稍作评议，（如生 15 介绍子弹盒的形状和结构不足，生 17 条理欠缺），特别是教师画龙点睛的评点，（学生遣词造句的准确、生动、形象、富有情趣）进行效果回授，则可使各层次学生的发展方向更明，效果更佳。

[未发言的小组代表仍举手要求作介绍。]

师：刚才四位同学的介绍都符合我们今天的要求。我们今天的语文活动课，是让同学们通过仔细地观察，从物品的形状、结构、颜色、材料等几个主要方面来具体、清楚、有条理地介绍一件物品。从课上同学们的成功表现中，我们可以看出，大家是基本符合了这个要求的。可惜的是，我们还来不及让全部小组代表上讲台介绍。我想，我们利用课外活动时间继续进行，并把小组代表的介绍评比一下，好不好？

[同学们欢迎。]

（接上）当然，如何抓住一件物品的特征，运用多种说明方法，有条理地，准确、具体、生动地进行介绍说明，那要到初二时，我们学习了更多更好的说明文之后，才能更好地做到。其实，我们有一部分同学在刚才的介绍中已经试着这样做了。

最后，我希望大家继续做个有心人，留心观察我们周围出现的所有事物，提高自己观察事物的能力、想象能力和表达能力。

（全课完）

评：一堂成功的课，常是欲罢不能、余味无穷的。这不仅仅体现在学生的认知方面，更深刻地蕴含于学生的情意之中——对课堂教学的热爱、向往和课内课外自觉地求索，教师取得如此成功，除了教学智慧外，很重要的一个前提是——对学生充满希望的爱！

总评：

如果我们在语文教学中，能循知识和技能前后间的内在联系，并按学生对语文的认知规律，把语文知识技能的传授与学生尽量广泛地参与各层次的语文实践活动结合起来，使语文的学习和运用成为学生自己的迫切需要，并在学生自己的表情达意中学会选择准确的表达内容和手段，发挥自己语言的影响功能，那么，我们语文教学的成功机会就会大大增加。金老师就此作的积极尝试，给我们提供了成功的实例。

本课体现了语文活动课教学的基本模式：感知（规定和提供给学生观察、阅读的材料。如本课中《台灯》、白天鹅工艺品及学生自己最喜爱的小物品等）——→加工（通过记忆、思考、想象和情感活动，加工感知的材料）——→表现（通过语言、图画、模型、表演等外部活动来表现。本课主要是通过语言表达来表现）。教学目的明确，教学环节简明，教学过程十分注意学生智力与非智力的融合，学得与习得的统一，反馈与调整的结合，给课堂教学效果的提高提供了十分有利的条件。

如能挤出时间，抓住学生介绍中精彩的语句进行一些炼词炼句的语言教学，使学生进一步懂得仔细观察必须和准确的选词造句同步，才能具体地介绍清楚物品，那就使本堂语文活动课更臻完美了。

专题活动课案例 2　初三数学《平面几何中的定值问题》

执　教：青浦实验中学　忻映霞

评　述：青浦教师进修学校　蒋嘉苹

一、导入

师：今天我与同学们共同进行一堂数学专题活动课。是什么专题呢？现在我们先一起来看下面这样一个问题：

已知：$\triangle ABC$ 中，$AB=AC$，D 是 BC 上任意一点。$DE \parallel AC$ 交 AB 于 E，$DF \parallel AB$ 交 AC 于 F（见图 2－1）。

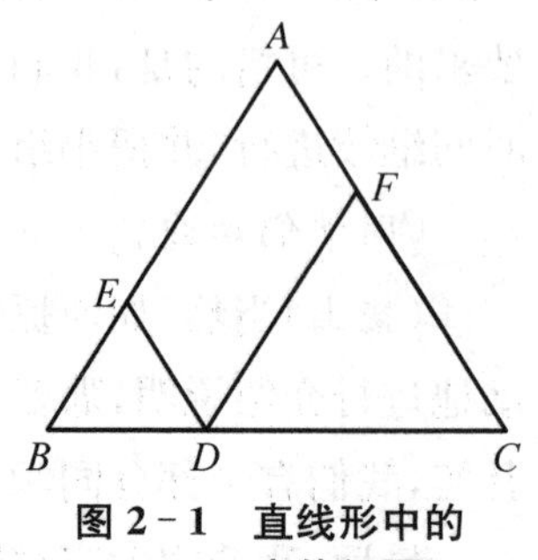

图 2－1　直线形中的定值问题

师：同学们一定在想，这问题的结论是什么呢？

让我们一起来分析。同题中有这样一个条件：

“D 是 BC 上任意一点”，它说明点 D 具有可以在 BC 上移动的特点（拿出教具演示）。同学们通过教具，观察到随着点 D 的移动，点 E、点 F 也都在随之移动。那么与点 D 有关的几何量，如角的大小，线段的长度等，是否存在不变的量？

[让学生观察并口答，教师板书。]

生1：$\angle EDF$、$\angle EDB$、$\angle FDC$、$\angle A$、$\angle B$、$\angle C$ 的大小不变。

师；你们解释一下为什么 $\angle EDF$、$\angle EDB$ 与 $\angle FDC$ 等不变的道理。

生1：因为 $\angle A$、$\angle B$、$\angle C$ 的大小固定不变，又因为 $ED /\!/ AC$，$DF /\!/ AB$，所以 $\angle EDB=\angle C$，$\angle FDC=\angle B$，$\angle EDF=\angle A$，所以 $\angle EDB$、$\angle FDC$、$\angle EDF$ 的大小也不变。

师：很好。还有不变的几何量吗？

生2：$\square AEDF$ 的周长不变。

师：很好。因为 $\square AEDF$ 的周长等于 $DE+DP$ 的和的2倍，也就是 $DE+DF$ 的值不变。

那么你们能猜出 $DE+DF$ 的值等于什么？能否证明？

师：请哪位同学来发表意见？

生3：$\because DE /\!/ AC$，$\therefore \angle EDB=\angle C$。

$\because AB=AC$，$\therefore \angle B=\angle C$，$\therefore \angle EDB=\angle B$，$EB=ED$。

又 $\because DF /\!/ AB$，$\therefore$ 四边形 $AEDF$ 是 $\square$，$\therefore DF=AE$，

$\therefore DE+DF=AB$，$\therefore DE+DF$ 的值不变。

师：在对这个问题的讨论中我们发现，条件中存在着可以变动的点，点 D 在 C 上移动，与它有关的几何量的值有些在变，如上题中 DE 的长、DF 的长等，但有些没有变，保持一定的值，如上题中的 $DE+DF=AB$，而 AB 是已知等腰三角形的腰长，值不变。这类问题就是我们今天这节课所要讨论的数学专题：平面几何中的定值问题。

二、变式

师：如果我们把上题中的"平行"这个条件改成"垂直"，其他条件不变。

已知：在 $\triangle ABC$ 中，$AB=AC$，D 是 BC 上的任意一点，$DE\perp AB$ 垂足为 E，$DF\perp AC$ 垂足为 F（见图2-2）。

那么这两条线段的和 $DE+DF$ 还是个定值吗？

（演示教具）请同学们一起来观察一下，如果把 D 移到特殊位置：与 B 点重合，这时 $DE=0$，DF 为一腰上的高，则 $DE+DF$ 等于一腰上的高，是个定值。那么在一般的位置上又怎样呢？请大家思考一下，同学可以讨论。

[学生议论，教师巡视。]

师：经过大家的讨论后，得出怎样的结论？

生4：在一般的位置上，$DE+DF$ 也是个定值，定值是一腰上的高。

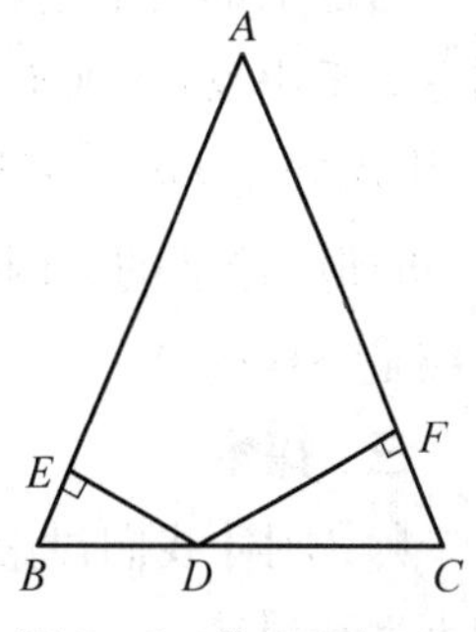

图2-2　作 $DE\perp AB$，$DF\perp AC$

师：请同学们证明一下。

生5：证明：作 AC 上的高 BH，作 $DG\perp BH$，垂足为 G(见图2-3)。

$\because DF\perp AC$，$\therefore GDFH$ 是矩形，

$\therefore DF=GH$。

又 $\because DG\perp BH$，$AC\perp BH$，

$\therefore DG\parallel AC$，$\therefore \angle GDB=\angle C$。

$\because AB=AC$，$\therefore \angle ABC=\angle C$。

$\therefore \angle GDB=\angle EBD$。

又 $\because DE\perp AB$，$\therefore \angle DEB=\angle BGD=\text{Rt}\angle$。

$\because BD=BD$，

$\therefore \triangle EBD\cong\triangle GDB$。

$\therefore GB=ED$，即 $DE+DF=BH$ 是定值。

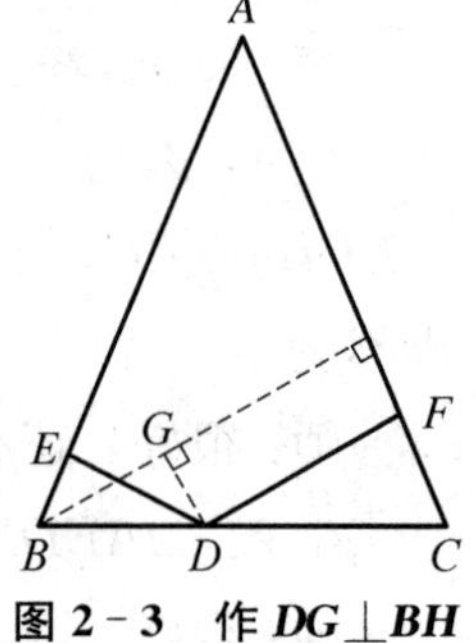

图2-3　作 $DG\perp BH$

师：很好。还有同学有不同见解。

生6：证法二：(见图2-4)联结 AD，作 AC 上的高 BH

$\because DE\perp AB, DF\perp AC$，

$\therefore S_{\triangle ABC}=\frac{1}{2}AB\cdot ED$，$S_{\triangle ADC}=\frac{1}{2}AC\cdot DF$。

$\therefore \triangle ABC=\frac{1}{2}AC\cdot BH$。

$\because S_{\triangle ABC}=S_{\triangle ABC}+S_{\triangle ACD}$，

$\therefore AC\cdot BH=AB\cdot ED+AC\cdot DF$。 $\because AB=AC$，

$\therefore DF+DF=BH$ 是定值。

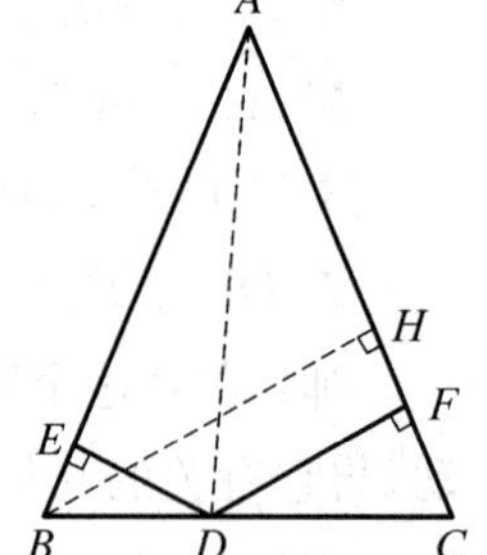

图2-4　作 AC 上的高 BH

师：这两位同学都证得很好。

从这题的练习中，我们知道了从等腰三角形底边上的任意一点出发，无论是作两腰的平行线段还是垂线段，这两条线段的和始终是定值。

通过上面两个题目的讨论，我们初步理解了几何中的定值问题。第一题从证线段的相等关系出发，发现不管 D 点怎样移动，而 $DE+DF$ 的值总是等于已知三角形的一条腰长，因而确定 $DE+DF$ 是定值；第二题是通过把动点 D 移到特殊位置上，使定值显示出来，再加以论证的。因为一般情况下，若某个量是个定值，则它的特殊情况与一般情况的值应是一样的。

三、探索

师：刚才我们讨论了直线形中的定值问题，那么在圆中有没有定值问题呢？下面我们来继续讨论。

已知：A 是⊙O 外一个定点，AB、AC 分别切⊙O 于点 B、C，D 是 $\overset{\frown}{BC}$ 上任意一点，

EF 切⊙O 于 D，交 AB 于 E，交 AC 于 F(见图 2-5)。

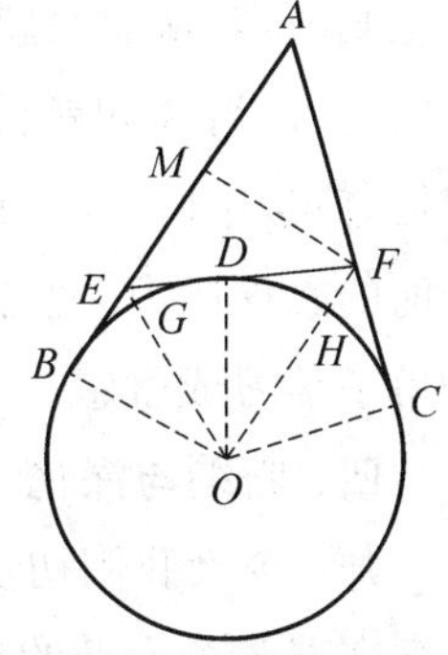

图 2-5　圆中定值问题

问：图中的动点是哪一个？

生众：点 D。

师：它在怎样的图形上移动？

生众：在 $\overset{\frown}{BC}$ 上移动。

师：那么在与切点 D 有关的几何量中有没有定值呢？哪些几何量可能是定值？各小组讨论一下。

[学生以小组为单位进行讨论，并各自发表意见，教师巡视、指导。同学们讨论得很热烈，其中也有些争议。]

师：我们现在一起来交流一下讨论的情况。

生 7：我们认为$\triangle AEF$ 的周长是个定值，还有 $\angle AEF+\angle AFE$ 的和，$\angle BEF+\angle CFE$ 的和也是定值。

生 8：我们认为圆心角$\angle EOF$ 是个定值。

生 9：还有 $S_{扇形OGH}$，$\overset{\frown}{GH}$ 长，GH 的长以及 $S_{弓形GDH}$ 也是定值。

师：很好。同学们讨论出了许多。那么所讨论出的这些是否都是定值呢？其值又是什么呢？请同学们加以论述。

生 10：因为 AB、AC、EF 分别切⊙O 于 B、C、D，根据切线长定理得：$ED=EB$，$FD=FC$，所以 $AE+EF+FA=AB+AC$ 是定值。

生 11：根据三角形内角和定理得出 $\angle AEF+\angle AFE=180°-\angle A$ 是定值。

生 12：根据切线长定理，可证得 $\triangle EOD\cong\triangle EOB$，$\triangle FOD\cong\triangle FOC$，所以 $\angle EOF=\frac{1}{2}\angle BOC=\frac{1}{2}(180°-\angle A)$ 是个定值。

生 13：由于圆的大小不变，圆心角$\angle EOF$ 是定值，因此所对应的 $\overset{\frown}{GH}$ 长以及弦 GH 的长、扇形、弓形的面积都是定值。

师：同学们讨论了很多。我们再来看这题，若取 AE 的中点 M。刚才同学们考虑了扇形的面积是个定值，现在我们来看看四边形 $MEOF$ 的面积是否是定值。

生 14：是的。∵ M 是 AE 的中点，∴ $S_{\triangle FME}=\frac{1}{2}S_{\triangle AFE}$

$\triangle EDO\cong\triangle EBO$，$\triangle FDO\cong\triangle FCO$

∴ $S_{\triangle EOF}=\frac{1}{2}S_{五边形EBOCF}$

∴ $S_{四边形MEDF}=\frac{1}{2}S_{四边形ABOC}$ 是个定值。

评：这堂课选择了几何中定值问题作为专题的基点，采用变题编题的活动形式，以观察—猜想—论证—概括的四个教学环节来实施教学过程。教师通过简练的语言和活动教具，使学生的认知结构从静止的知识，趋向活跃状态，然后通过记忆、思考、想象、情感加工来感知内容，从而对感知的材料获得理解，最后用语言等外部表现手段，进行知识的综合运用，获得解决问题的方法。在课堂里，采用分组研究、讨论的形式，学生相互启发，合作进行，使学生的学习过程从个人行为变为集体行为。在这种教学环境中，对学生不会构成任何的心理压力，使各层次的学生都能有所长进，从而树立了他们学习的自信心，同时又获得了学习成就感。

四、归纳与深化

师：今天我们初步学习了平面几何中的定值问题。这类问题有个特点，就是在图形中存在着某个变动的点，并引起图形的变化，但在变化的图形中却存在着不变的量，譬如第一、二题的 $DE+DF$，第三题 $AE+EF+FA$、$\angle EOF$ 的大小，四边形 $MEOF$ 的面积等都是定值。它揭示了变与不变的辩证关系。

这类问题与一般的证明题有些区别，它隐去了题目的结论，由于目标不明显，给证明带来了一些困难。但对于培养和提高我们的思维能力是有帮助的。并且通过对定值问题的思考，也促使我们将所学的数学知识进行有机的联系。

五、课外思考题

(1) 第①题中，已知条件不变，求证：$BE+CF$ 是定值。

(2) 第②题中，D 点改为 BC 延长线上的任意点，求证：D 点到两腰的距离差是定值。

(3) 第③题中，把 D 点改为优弧 $\overset{\frown}{BC}$ 上的任意点，在这样条件下探求有哪些几何量是定值。

总评：安排这堂课，旨在让学生可在学科知识之外，延伸出一类专题活动课，以作为连接课堂教学与课外活动之间不可缺的重要环节。在课堂里进行的专题活动有时空限制，因此，在内容选择、形式安排、组织设计等方面都要严密，同时从学生实际需要出发，进行编制与设计，以扩大学生的自由度，让他们在基本自主活动中通过亲身感知，直接体验的方法去获取、运用、拓宽知识，提高认识水平，为学生由课内走向课外，从学校走向社会并独立展开自主活动打好基础。

要实施这种教学形式的关键在于一是教师角色的转变，应从传授者变为指导者，充分发挥学生学习的内驱力；二是教师素质的提高、由于学生在研究讨论中会提出各种“五花八门”的问题，这就要求教师知识面更宽，学识水平更高。当然专题活动课的形式应是灵活多样的，不拘泥于一定的模式，这就作为有待于进一步努力探索的一个重要课题。

三、第三类教学活动(地点在校内外)的案例研究

这是“套筒式”课程结构中的最外围，也就是我们常讲的环境课程。为此，在实施环境课程时。我们认为其特色是打破学科(进行相关的多学课的互相渗透或有机的统整)、班级(其实施范围可以为一个教学班级、两个教学班级甚至是 N 个教学班级)、传统课堂(已冲破习惯的校内课堂，走向校外与社会密切集合)和常规的单位教学时间(一般是半天或

根据需要可以化为N个半天)。所以该课程在实施过程中，十分注意学生学习的综合性与社会性，十分注意确保学生的管理、组织能力、兴趣爱好与引发和促进其个性特长、创新能力得到比较充分和谐的发展。为此，我们把该类教学活动称为综合活动课。

但是，我们清晰地意识到，综合活动课是一种前无经验的全新的教学形态，我们尽可能在实践与理论两方面来寻找该教学形态自身应有的规律。通过研究、实践、思考，发现我校在调查学生德育现状报告中，提出“三个板块”的德育活动政策，即准备活动的阶段、高潮活动和延伸(或后续)活动。这给我们启发，这“三个阶段”策略同样适合综合活动课，同样适合学生的认知规律。我们应用行动研究法，对一个班级，一个年级甚至一个学校学生进行尝试，由于理论、理念对路，方法合适、对头，因而取得较好的效果。

综合活动案例1　以班级为教学单位的综合活动

初三政治“历史的重任·青年的使命”

爱国主义教育是一个永恒的主题，其内容丰富多彩，其形式也是多种多样，切忌空泛死板教条化，力求切合学生和结合本地区的实际，开展爱国主义教育。我们认为，爱家乡教育，是爱国主义教育的重要组成部分。可以说，爱家乡教育是爱国主义教育行之有效的切入点。初三毕业班学生，面临升学和就业的分流，是跨入人生的第一步，爱国主义教育更具现实意义。本着这种精神，我们开展了“历史的重任·青年的使命”主题综合活动。

希望通过这次活动，让我们班的学生了解青浦在各个不同历史时期所涌现出来的英雄和杰出人物的生动的先进事迹，学习他们为追求真理而英勇献身的精神和为青浦的发展刻苦拼搏的斗争精神，作为下一代的初三学生要继承他们的理想，奋勇向前。培养学生热爱祖国、热爱家乡的情感，明确青年一代的历史使命，沿着前人的足迹，创出自己的理想和业绩来。

为了搞好本次系列活动，我们做了以下几个方面的工作：

一、准备活动阶段

(一) 选题

向全班同学进行爱祖国、爱家乡的教育，启发学生爱国主义和热爱家乡、热爱青浦是分不开的，热爱本职工作，在自己的岗位上建功立业，就是热爱家乡，也就是为青浦建设添砖加瓦，也就是爱祖国的具体体现。

在我们青浦的历史上，各个不同的历史时期都涌现了许多英雄和杰出人物，他们为青浦的建设、青浦的发展，作出了较大的贡献，他们是青浦的骄傲，也是中国革命和建设中坚力量的一分子，他们的精神是革命的精神，是斗争的精神，正是他们铸成了我们中华民族不朽的民族之魂。基于这样的启发教育，班委干部集思广益，畅所欲言，在好几个选题中确定了“历史的重任·青年的使命”的主题。

(二) 组织分工

班委会议确定了“历史的重任·青年的使命”的主题，大家就明白了，要通过对青浦发展史上的各个阶段的杰出人物、英雄人物的生动事迹和奋斗精神的了解，感染当代青年积极主动地去承担历史赋予自己的责任、义务、使命。所以，首先要做的事是去了解和掌握第一手资料，那就是去调查访问。确定由七位班干部各带一小组分不同的历史阶段和不同的地点做社会调查和访问。不同的历史阶段分为：五四以前、辛亥革命时期、土地革命时期、抗日战争时期、解放战争时期及新中国成立以来等。

不同的地点：博物馆、档案馆、图书馆、民政局、老干部局及各地革命陈列室等。

（三）调查

分工以后，由各小组实地考察、调查、访问，收集有关的材料，并做适当的整理。

（四）资料整理

对各小组进行考察、调查、访问收集来的材料进行整理。计有《塘湾起义与上海小刀会》《太平军攻克青浦记》《顾复生小传》《夏瑞芳其人》《史量才》《青浦抗战诗抄》《田锋其人》《当代青年楷模——余金辉》《顾冷沅和他的数学教改实验小组》等三十二篇。

5. 墙报展览

将以上整理出来的材料和有关图片、照片以墙报或黑板报的形式由宣传组负责向同学展示。

二、高潮活动

这一活动，实质上就是举行主题班会活动，使整个活动推向高潮，通过主题班会，起到点题、深化主题的目的，同时，又使学生有机会抒发自己的情感，联系自己的学业和面临的人生第一次抉择，畅谈自己的抱负和奋斗理想。

主题班会的大致流程：

1. 主持人点题发言，引出主题。

2. 各小组派代表介绍青浦历史上各个时期的英雄人物、杰出人物的先进事迹。形式有讲故事、演讲、诗朗诵、图片讲解、知识竞猜等。

3. 通过提问、发言、讨论等形式，归纳出这些先进人物、杰出人物、英雄人物言行中的精神实质和灵魂是一种爱国主义精神。

4. 联系当代青年有哪些使命，职责和义务，我又该如何？由班长作主题发言。

5. 由班主任作总结发言。大意：一代人有一代人的使命、职责和义务，但承担责任的思想和意志与信念是一样的。我们当代青年的历史使命就是发展生产力、振兴中华、实现四化。为此，我们应努力学习科学文化知识，德智体全面发展，使自己成为一个有理想、有道德、有文化、有纪律的社会主义事业的接班人。

6. 主题班会在聂耳的《毕业歌》声中结束。

三、后续活动

搞活动是为了提高认识，积累知识，促进成长，并不是为了活动而活动，搞形式。因此，活动后的总结非常重要，可以说，许多收获就是在最后的总结中“谈”出来的。所以，主题班会结束之后，我们要求每个学生写一篇心得体会，发现收获还真不少，有知识上的收获、能力上的提升、思想情感上的启迪，活动能力上的提高等，不一而足。

我们认识到，通过本次综合活动，师生都有不少收获。教师方面，起先总感到，初三毕业班，学习非常紧迫，这样的大型活动，时间跨度长，有三四周之久，花那么大的精力，会影响学生的学习，事实上不仅没有影响，反而有很大的收获。原先感到学生也许不会有兴趣而事实上学生很感兴趣。再有，教师总感到学生没有这个能力，因为有好几个小组，老师不可能每组都带队实地调查，而事实是学生自行研究也能满载而归。

对学生来讲，综合活动既增长了历史知识，又接受了一堂生动活泼的爱国主义教育课、情感得到了培养和升华，既提高了能力，又陶冶了情操，受益匪浅。

（本案例由张连斌设计、实践和成文）

综合活动案例 2
在一个大主题下，以年级或班级（或中队）为教学单位的综合活动

初二年级“成长足迹的思索”的教育主题

十四岁意味着从少年跨入青年，十四岁意味着从幼稚走向成熟。针对这一年龄阶段少年的特点，二(9)中队开展了“在队旗下成长”的综合活动。一方面，引导队员在少先队生活的回顾中，去寻找自己前进道路中所走过的光荣足迹和个人成长中闪耀着共产主义思想光辉的珍珠，发扬心灵中美好的东西；激发队员们努力实践少先队的三句名言，为红领巾增添新的荣誉，为星星火炬再添光彩的热情，争做有道德、有文化、有理想、守纪律的新时代少年；鼓舞队员们展望美好的未来，带着理想和希望，走完金色的少年之路，向着人生的第二个里程碑——共青团组织迈进。另一方面，为了培养队员们多方面的能力，促进队员们素质的全面提高，为成为建设祖国合格接班人打下坚实的基础。

一、筹备与动员

1. 召开队干部会议，拟定活动宗旨，确立活动主题，制定活动计划，设计活动方案。

2. 发动全体队员，明确活动目的，积极投入活动。

3. 具体落实各阶段活动的内容、要求、任务。每个队员充分做好活动准备工作（撰写队生活回顾文章、编排队活动小品、收集材料、整理自己在队生活中所取得的成果）。

4. 营造活动氛围，渲染教育环境（围绕“在队旗下成长”的主题、布置教室、出专题黑板报等）。

二、活动的开展

（一）开展以“在队旗下成长”为主题的系列活动

1. 重温入队誓言——声情并茂的演讲比赛

教室里庄严肃穆，队员们一个接着一个走上讲台：“那是我们终生难忘的一天，那是一个阳光明媚的日子，我们走进了庄严肃穆的会场……”“鲜艳的红领巾在我们胸前飘荡，我

们举起右手呼号:'为共产主义事业而奋斗!'……"这就是二(9)中队正在以"重温入队誓言"为题进行演讲比赛。声情并茂的演讲,把队员们带回到金色的童年,大家沉浸在幸福的回忆之中,情不自禁地抚摸着胸前的红领巾,心里充满了无限的自豪。

比赛方法:每个队员根据自己的演讲稿先在小队中进行演讲,然后每个小队选拔出1—2名队员参加中队演讲比赛,评出一等奖1名,二等奖2名,三等奖3名,鼓励奖若干。

2. 难忘的队活动——生动活泼的小品表演

时光虽已悄然流逝,但一次次意义深刻的队活动却给队员们留下了不可磨灭的记忆。教室里队员们围坐成半圆形,进行着磨炼意志、增长知识的"寻根拉练"活动,增进友谊、互帮互助的"手拉手"活动及丰富多彩的雏鹰假日小队活动等队活动,队员们正以小品的形式再现出来。表演者全身心投入,其他队员专心致志地观看,时而流下激动的泪水,时而发出兴奋的笑声,这一出出生动活泼、感人肺腑的小品,不仅仅是对以往活动艺术化的再现,而且是使原队活动的主题在艺术加工中得到升华,队员们也从中再次受到教育。队员们自编、自导、自演,多方面的能力、素质得到了提高。

3. 留给中队的纪念——丰硕成果的展示

多年来,队员们在园丁们的辛勤培育下,在自身的不懈努力下,茁壮成长,硕果累累。教室里的三角橱窗中,放满了队员们取得的成果,有奖章、奖状、获奖证书、获奖作品、表扬信、照片、在"手拉手"活动中远方朋友的来信,还有图文并茂的小队报、小队队标等。获奖的队员一一作介绍,同时还作了技能现场展示:挥毫疾书、作画、弹唱、打字、手工制作等。在展示中队员们看到自身的闪光点,也看到了他人的闪光点,扬己之长,补己之短。但成绩只是代表过去,今后的路程更长,队员们在今后的学习生活中,争取更大的荣誉,为自己成长的史册中再添光辉的一页。

4. 团旗在召唤——群情激昂的团知识竞赛

伴随着14岁的步伐,共青团的旗帜已在前面飘扬。成为一个光荣的共青团员,是每个队员的向往。二(9)中队已有六位队员通过推优入团,戴着红领巾跨入了共青团的大门。其他队员都积极向团组织靠拢,他们参加了少年团校,写了入团申请书,学习团章,了解团知识。教室里,团知识竞赛在激烈地进行着:"团徽的内容是什么?""是团旗、齿轮、麦穗、初升的太阳、太阳的光芒。""中国社会主义青年团的第一次代表大会在哪里隆重开幕?"……队员们群情激昂,争先恐后。通过竞赛队员们对共青团组织有了进一步的认识,对团知识有了更多的了解,为推优入团创造了条件。

(二) 召开"在队旗下成长"的中队主题会

在前一阶段系列活动的基础上进行综合、拓展与深化,召开"在队旗下成长"中队主题会,把综合活动推向高潮。

三、巩固与延伸

1. 每位队员写综合活动总结,交流心得体会。

2. 在中队里深入开展“手拉手”活动(“一帮一”“一对红”“互帮互助”小组活动等多种形式)。

3. 坚持雏鹰假日服务小队活动,评选优秀服务队并进行表彰。

4. 继续搞好推优入团工作,激发队员们积极主动争优,向着人生的第二个里程碑——共青团组织迈进。

5. 继续收集、整理、拓展材料,建立队史。

(本案例由钟自琴设计、实践和成文)

综合活动案例3　以学校为教学单位的综合活动

全体学生“认识交通”

对综合活动课程的研究与拓展是课程改革向纵深发展的需要,认识社会则是这类课程的一个重要目标。交通是现代社会生存的命脉,它又折射出特定时空环境下现代社会人与物、人与人之间的特殊关系,因此,认识交通是学生认识社会的基本课题之一。这一课题涉及面广,几乎每个人天天都会相遇的。将它作为学习课题,可以使学生在一系列的实践活动中,既能学到书本上没有或暂时还没有的新知识点,又能通过不断观察、思考逐步学会认识社会现实的立场、观点、方法。

一、目的阐说

“认识交通”是一项以培养学生自主意识、提高学生自主参与能力和促进学生全面发展为终极目标的综合性学习活动。在这一课题框架内,学生通过各种自主活动,走向社会、走向生活、增长知识、增长才干、增强自身对现代社会生活的主动适应性。交通运输是国民经济的重要组成部分,是人民生活的必要保障。了解我国交通建设成就和公路交通中存在的问题,是学生认识国情的基本途径之一。据调查,现在的城镇学生,即使是初中学生,对现代交通的认识还是比较狭窄的,他们头脑中的交通概念,无非是人来车往,至多还对时而闻说的交通损害事故表示惊骇。鉴此,将与人的生活密切相关的交通问题作为学习课题,让学生尽可能地运用已经掌握的知识技能,从经济、社会、人文等方面建立广域性的视角,去认识外面的世界,并在认识实践中增强获取知识的能力和提高思想认识,似可实现上述目标。

日趋发达的公路交通是市郊现代化的一个突出标志。让学生了解公路建设对开发城镇地区、促进当地经济发展和改善城乡人民生活的重要作用,收集改革开放以来城镇实现公路化的事实作为学习时事政治和乡土地理、乡土历史的生动教材,通过体会城镇经济建设与社会发展的成就,接受一次爱国主义教育,这是这项活动的一个重要目的。

现代交通在追求快速化的同时必须强调其安全性。通路规格、车辆密度与人的安全意识是制约公路交通安全的主要因素,特别是人的因素更为重要。交通现代化应有必不可少的法规体系作保障,其中对使用交通工具的人以及行人都有必须遵守的具体规定。让学生透过关于交通事故肇因的分析,认识缺乏交通安全自觉性可能造成的危害,从而增强个人对社会的责任意识，这也是这项活动的重要目的之一。

交通现代化反映了社会物质文明建设所达到的水平，而现实交通发展又与社会的精神文明建设息息相关。这项活动的又一个重要目的是，使交通安全方面法制教育的起点从学生自觉遵守交通法规，提升到学生主动参与维护社会交通安全的实际行动。对社会来说，学生不仅仅是受教育者，而且也是一支开展公民教育的生力军。而学生作为学习主体，其自主意识与自主参与能力的提高，也往往需要在社会的精神文明建设活动中，通过主动干预、主动服务找到实现的途径。

二、主题建构

以对当前城镇公路交通现状的多方面考察为主线，围绕交通与经济、与社会、与人的关系建立各项专题性的系列活动的架构。

（一）公路交通现场观测

这一专题主要通过组织学生实地考察公路运输的繁忙景象，一方面增强他们对城镇现代化建设快速发展的亲身感受，激发他们爱家乡、爱祖国的真实感情；另一方面引导他们对各种观测结果进行思考，学习发现问题、分析问题和尝试对解决问题提出积极性建议，以培养他们的发散性思维能力和增强他们学做社会主人的自觉意识。这一专题包括如下几项具体活动：

1. 车流量观测。统计单位时间内道路来往及道口直向、左向、右向驶出（入）的车辆数，了解能用哪些数量指标来描述交通繁忙的景象，思考道口交通信号灯的驶停间隔时间是否最有利于车辆各向行驶的畅通。

2. 通过某段道路的汽车的运输效用观测。统计单位时间内载客（货）与空驶的车辆数，思考可用怎样的数量指标来表明这种状况，以及这种现象又反映了什么问题。

3. 道路行驶的违章行为观测。这里所说的违章行为主要指车辆或行人在道口“闯红灯”，自行车逆向骑行，助动车、自行车在快速道抢行等。

（二）公民的交通法规意识

这一专题主要通过发动学生开展多种形式的调查、考察、服务，一方面增加他们对当前公民交通法规意识水平的感性认识，推动他们根据亲身实践的体验感受提高国民素质的迫切性，继而促进他们在校学习的自觉性；另一方面在学生主动参与的交通整治活动中，增强他们动手、动口等多种活动能力，并由此促进主体意识的进一步形成。这一专题包括如下几项具体活动：

1. 自行车突击检查。检查对象是某一天进入学校的所有师生员工的自行车。检查项目有车辆制动系统与车铃的性能和牌照示挂，前者是交通安全所需，后者关涉依法纳税。检查完毕后，对不合要求的车主发出整改建议书，同时对制动失灵的自行车提供加固刹车部件服务。

2. 公民交通安全意识的调查。调查对象在学生家长、亲友、邻居中选取；调查内容分为知识与态度，包括道路行走、骑车常规及被调查者对此所持立场；调查方式有直接询问与侧面了解，包括用交通信号图示测试对符号意义的了解等。

3. 考察公共交通车辆上的违章现象。学生从个人以往的乘车经验或再次实地体验中，围绕车辆行车安全与公共道德两个方面学会审视部分公民在基础素质上的缺失，并通过由人及己的反省进一步认识交通现代化乃至整个社会物质生活的现代化必须有人的素质的现代化相匹配。

4. 开展交通安全宣传。学生运用文艺演出、图文展览、知识竞赛等形式在街道、居民新村、学校等场所开展宣传活动，或者通过编制宣传品向亲友散发的方式传播交通安全知识。这一活动强调的是学生人人参与，让学生在参与提高公民交通法规意识的宣传过程中实现自身价值。

（三）公路交通与城镇经济、社会的发展

这一专题主要组织学生走向社会各单位、各部门，通过了解交通建设在振兴农村经济中的地位、作用，以及迄今所取得的成就，体验城镇人民在公路兴建过程中表现出来的积极性与奉献精神，并且在思考怎样反映这些成就与精神的同时，努力培养自己将知识技能应用于实际的能力。这一专题包括以下两项具体活动：

1. 城镇公路建设与公共交通发展情况的调查。调查项目一是研究青浦公路建设与公交线路发展的历史，思考用哪些数量指标和形象化手段反映这一发展的过程和现在的成就；二是调查青浦为早日摆脱交通落后局面，积极兴建高等级公路的举措，包括各行各业、各界人士捐资筑路和公路规划线内居民以大局为重迁家让路的感人事迹等。

2. 国道沿线十里行。走访公路沿线的工厂企业、集镇居民点、菜篮子工程基地、游乐景点等地，通过今昔对比了解公路开通给当地工农业生产、旅游事业、群众生活带来交通便捷的有利条件，领会速度、效率这些现代意识的时代意义。

（四）交通安全的守护者

这一专题以“走近交警”为主题展开活动。学生通过了解交通民警的职责任务、执勤表现，体悟他们的敬业爱岗精神，并通过交警对酿成交通事故的违章行为的分析与事故处置过程的介绍，提高自己的防范意识和懂得突遭交通事故时需要采取的应对措施。

三、过程设计

设计思路：将本课题全部活动分成准备阶段、实施阶段、总结阶段三部分，实施阶段的每项活动大致按做什么、谁去做、怎样做、达到什么程度提出要求。

设计原则：为充分体现学生作为学习主体在各专题活动中的自主性，尽可能让更多的学生有机会独立主持一个活动环节的全过程；为使这一综合学习活动能有效有序地逐步展开，教师对每一专题活动的指导主要集中在事先策划与事后总结上。

（一）准备阶段

1. 学校成立综合活动指导小组，负责协调各项活动的开展。这个小组打破年级组、教研组的界限，在行政负责人的统筹下，由相关教师组成。

2. 学生思想发动。首先向参与这一课题学习的全体学生宣讲活动的目的意义、任务要求、行动设想、考核办法等内容，澄清学生的模糊认识，激发他们的积极性和自主参与意识。然后以“说说交通”为题，要求学生做次小作文练习，借此了解学生在学习这一课题前的知识准备和思想准备。

3. 学科前提介入。针对“主题建构”所列 4 个专题 10 项活动，有关学科的教师要根据学科特点及时为上述活动提供本学科或未列入现行教学计划之内的其他相邻学科的知识准备和材料准备，并作好学科协同的必要沟通。

4. 联系各项活动所涉社会单位。阐明学校意图、求助内容，相商大致时间及具体安排。

（二）实施阶段

1. 车流量观测

(1) 学生自由结合组成三五人一组为采访小组，向有关部门或人员了解交通管理方面的知识，将采访结果条理化，使之能与其他小组交流。

(2) 先进行试观察，思考怎样将车辆来往的各种情况分门别类地记载下来，使之能具体反映出公路交通繁忙的景象。

(3) 由数理等学科教师向学生提供或组织学生复习有关流量、百分率、统计图表制作等知识。

(4) 教师引导学生在充分探讨的基础上，尝试依据如下几个维度建立关于车流量的观测指标：时间、车辆种类、行驶方向。如 1 小时内通过道路某处的车流量，1 小时内道口某处左向驶出车流量等。

(5) 进行正式观测，根据各观测点的汇总数据绘制成图表，以反映每个观测点一天内各个时段车流量的变化情况，供进一步分析和今后学习函数概念时应用。表格(见表 2-2)是我校在观摩时使用的观测记录汇总表。

表 2-2 道路车流量观测记录汇总表(样张)

观测日期：　　年　月　日(星期)　　天气：　　　观测地点：

时间段		时— 时					时— 时			
车行方向					小计					小计
机动车	货运汽车									
	轿车(含小客车)									
	大中型客车									
	拖拉机									
	其他									

续　表

时间段		时— 时				时— 时			
车行方向					小计				小计
非机动车	自行车(含助动车)								
	人力车								

(6) 在纵横道路交叉点的各个道口分别测定交通信号灯各次变更期间遇红灯停驶汽车的辆数,比较两个方向上停车数的差异,探讨有无减少停驶总量的改进办法并向交警部门请教。

2. 汽车装载情况观测

(1) 空车流量观测。

(2) 教师引导学生构建空驶率(即一个时段内某方向驶过的空载车辆数与所有同类型同向车辆数之比)概念,并用以实地观测。

(3) 学生根据观测统计结果,尝试以各类车辆的空驶率分析某段公路的运输效用,并就如何减少空驶车辆、提高运输效用展开广泛讨论。

(4) 教师引导学生将讨论中心观点写成小论文,并请有关业务部门给予指导,随后开展论文交流评选,以激励学生的创造性。

3. 道路上的违章行为观测

(1) 空车流量观测。

(2) 学生自己组织学习、研究道路行驶的交通法规,收集相关宣传资料,加深对法规的理解、掌握。

(3) 学生结合自己骑自行车与行路的经验,对这两方面最为常见的一些违章行为开展讨论,然后从中概括出便于观测的行为特征,并研究判定标准。

(4) 教师指导学生安排观察力量,一个观察组集中观察一种违章行为,选择早晚道路交通高峰时间进行现场观测。

(5) 根据观测结果,对各类违章行为进行比较分析,通过集体讨论提出关于交通秩序整治重点的建议,并进行交流和向传媒投稿。

4. 自行车检查

(1) 在参与本课题学习的班级中,确定一个班级承担自行车突击检查任务,单独进行活动准备。

(2) 全班进行一次起草整改建议书的应用文训练,要求文中包含车铃、刹车、牌照三项检查内容。经过交流讨论，在语文教师指导下，以班级名义拟就正式文本。

（3）根据各人擅长，全班学生分成自行车检查、小修服务、建议书送达几个小组，分别制订行动方案。

（4）随机确定检查日期，对进入校园的本校师生员工自行车进行三项内容普查。

（5）学生讨论如何根据检查结果向全校提供一份总结报告。报告将对检车总数，查出问题的车辆所占比例、车主的组室或班级分布，整改要求及服务结果等作出汇报，并就师生骑行自行车的法规意识进行评论。

5. 公民交通安全意识调查

（1）空车流量观测。

（2）教师指导学生讨论设计调查提纲，内容主要包括：询问被调查者，请他述说所知的道路交通规则；准备几个情境问题，测试被调查者的态度；制作若干交通信号示图，测试被调查者的认知水平。

（3）部分学生先作测试调查，然后由他们向其他学生介绍实施过程与工作体验，并视具体情况决定是否修正原方案。

（4）开展正式调查，约定每个学生最少调查人数。

（5）教师指导学生汇总调查结果，按被调查人数的职业、身份、年龄分别统计其对交通规则、交通信号的认知率，并尝试据此分析各部分人群的交通安全意识水平，谈论提高公民素质的必要性。

6. 公交车辆内的违章现象考察

（1）各学生小组派代表共同采访公交单位，学习公交客运规则，了解严禁与限制携带物品的种类与数量，并将来访情况向全体学生报告。

（2）以"我看车厢内的违章现象"为题，在学生中开展一场辨别、分析社会不良行为的讨论。

（3）学生分小组集体乘车进行实地观察，直接了解吸烟及危害安全行车现象等社会痼疾的存在程度。

（4）教师组织学生将讨论结果及观察所得事实整理成文，在适当场合发布，并引导学生围绕"我该怎么办"这一题目进行一项自我教育。

7. 交通安全宣传活动

（1）以班级、年级直至学校层层选拔的方式组织交通安全知识竞赛，奖励优胜者。竞赛内容除安全常识外，应增加需要运用交通法规知识解决具体问题的项目。

（2）发动学生人人推荐交通安全方面的文艺节目、宣传资料和有文艺宣传特长的积极分子，通过会演选取质量较高的节目与内容对外展示演出。

（3）以"给熟人的一封信"的统一形式，组织每个学生参加交通安全宣传作文比赛。信的内容要求包含一定篇幅的法规条文，介绍写信人学习后的思想收获，就自觉遵守交通法规问题对收信人善意地提出批评或建议，表达共创遵纪守法文明新风的愿望。信发出后及时收集收信人的反馈信息。

8. 公路建设与公交发展情况调查

(1) 邀请公路建设部门和公交管理部门人员来校介绍改革开放以来青浦公路建设与公交发展历史。

(2) 学生整理上述报告提供的资料，再从其他途径收集信息，以便相互补充、校核，力求通过对原始资料的去粗取精、去伪存真，获得可靠数据。

(3) 学生在教师指导下，探讨如何运用数据说明现实，即根据经过核准的数据，绘制表示公路建设和公共交通迅速发展的多种图表，以这种直观形象的形式，帮助人们理解事物的本质。要求这些图表能提供各个等级公路的里程数、公路分布密度(每平方公里土地面积上公路的长度)、人均占有公路的长度、公交线路条数与各条线路长度等指标，并作出适当的年份划分，以反映发展的阶段性。

(4) 学生依据收集素材，学习绘制：做一份区域范围公路交通地图，要求使用不同粗细或不同色彩的线条，标出公路等级、已建或拟建；一份区域范围公交线路示意图，要求标出线路起始点与主要交汇点的地名。

(5) 根据上述报告所介绍的青浦人民在兴建公路过程中涌现出来的动人事迹，再结合实地访问，学生学习撰写一篇通讯报道，反映全区上下大办公路交通的精神风貌。

(6) 综合上述学习收获，布置一个小型的调查成果展示。

9. 公路沿线的社会考察

(1) 考察之前，围绕“便捷的公路交通会产生哪些影响”这一问题，在学生中组织一次漫谈式交流，以引导学生把握考察的主旨。

(2) 考察单位的选择一宜就近、二宜尽可能多样化，并按接洽定妥的单位数确定考察小组划分，让学生自由选择，再根据人数多寡作适当平衡。提倡考察与步行观光、采访与身体锻炼相结合。

(3) 在考察过程中可以将观看、探询、思考几种方式相结合，从过去、今天、将来三方面进行了解。学生要学做现场笔记，随时积累所得资料与记录自己的即时感受。

(4) 在考察后的汇报活动中，教师应设法启发学生一方面以亲身感受的事实深入理解坚持中国特色社会主义理论指引下，青浦建设才有今天这样的成就；另一方面从交通发展带来的效益中省悟，当前城镇舍得大笔投资公路建设，确是在思想观念上的重大转变，体会思想观念的转变对改革来说有多么重要，并从最初浅的认识层面上开始思考速度观念、效率意识将怎样成为人的基本素质。

(5) 在考察、讨论的基础上，每一学生认真总结自己所见所闻所思，完成一篇考察心得。

10. 走近交警

(1) 协同一些参与相关专题活动的班级，走访交警部门，向他们介绍“认识交通”这项综合学习活动的开展情况，企求得到他们的指导和帮助。

(2) 组织本专题学生去交警部门，了解交警的职责任务与对突发交通事故接警、处警的工作程序，听取他们对重大事故案例的分析，参观道路交通监控设备。

(3) 邀请交警来校，讲解交通事故的防范知识和遭遇事故的现场常识，借此提高学生对事故苗子的自我警觉和面临事故的处置能力。

(4) 组织学生考察交通要道执勤民警的工作环境和工作条件，要求他们结合平时传媒关于交警敬业、勤业精神的报道，进一步体会面对烈日风雨、噪声废气和马路上不时冒出的违章者、肇事者，交通民警是如何安之若素、忠于职守的。

(5) 以"献给交通安全的守护神"为题，组织学生人人都写一封慰问信，在警民联欢活动中献上一份心意。

(三) 总结阶段

1. 考核评价。学生对各自在活动全过程中的表现进行自我回顾、自我总结，着重于知识能力上的收获与思想认识上的提高。随后在小组内汇报学习体会，并根据各人在活动中最突出的长处或优点由集体作出评语或评价。要强调评价应着眼于发展，力求用最恰如其分的一句话凸显出每个学生身上的闪光点。在此基础上，由师生结合，从活动过程的自主性、主动性、合作性、创造性等层面，对每一学生作综合评价，并用上述四方面的等第表征各人的学习成就。

2. 交流表彰。学生总结的活动收获。在小组之间、班级之间直至年级之间进行横向交流，对活动积极分子和取得较好成就的学生在适当范围内予以表彰。交流表彰的重点对象应是那些平时学习一般或表现较差，而在这次活动中有突出进步的学生，以此为众多缺乏自信的后进学生提供认识自己、表现自己的舞台。

3. 资料汇编。各专题组指定专人收集整理每次活动的计划方案、运行记录、数据图表、学生作业等材料，待活动结束时汇总整理，再分门别类编订成册。这既能作为同课题下轮活动或其他课题综合学习活动的参考资料，又可为综合活动课程的题材积累研究提供素材。

4. 课题再评价。本课题实施前确定的主题构思、目标定位与框架设计是否合适、可行，只有通过实践检验才能作出最后结论。活动结束后的再评价就是对实践的全面回顾总结。评价的依据应是学生在认识交通过程中究竟产生了哪些积极变化，所有预定的活动内容对于促成学生素质的提高起着什么样的作用。最终的评价报告实际上应成为一份关于综合活动课程研究的实证报告。

四、操作备注

(一) 任务与时间安排

由于活动内容面广量大，本课题适宜在一个年级或几个年级实施。一个班级一般领受 1 至 2 个专题活动任务，在各自申报的基础上由综合活动指导小组统一安排。本班负责的活动项目一般都可以邀请(或接受)其他各班派出的学生代表一起参与,以消除固定的班建制给人际交往带来的隔阂,增强学生的合作意识。这些受派学生起着沟通各项活动的联络、密切相关活动的协调配合、促进兄弟班级之间相互支持等作用。教师除班主任参与本班活动外,其他任课教师原则上都安排到非任课班级,以期在更广的范围内建立师生关系。

由于活动项目多,需要用去较多的教学时间;而且为了在全校形成一定的环境气氛,全部活动的时间不宜拖延过长。因此在学期的安排教学计划时需早作考虑,将部分活动课时相对集中,本课题的全部活动时间宜控制在两周之内。

(二) 积极争取校外力量配合

综合活动涉及众多社会单位,在联系时可发动学生争取家长协助,或请家长另荐更合适的单位。在活动实施前的准备阶段,由校方召集联席会议,邀请所有涉及单位参加,会上明确各单位应予帮助或配合的具体要求,通过统筹协调,落实各项活动。本课题有些活动需要家庭配合,在实施前各班应召开家长会,介绍学校意图与协助要求,取得学生家长的理解与支持。

(三) 设立专人负责协调活动过程

实施阶段的日程安排必须保证不影响或少影响校内的正常教学秩序,有的活动集中进行,有的活动交叉开展,不使其有冲突或遗漏。为此除事先精心编排时间表外,还需设立专人按各项活动的进度,以及针对社会单位可能会有的原定安排的临时变更,负责调整各项活动的程序。

(四) 关于本课题尚可开拓的学习领域说明

大力发展公路交通无疑需要兴建更多的公路,这与保护农业耕地存在一定的矛盾;公路交通发达所带来的噪声与废气污染,又会使环境保护面临严峻形势;便捷的公路交通还使一些惯于流窜作案的犯罪分子有可乘之机,公路沿线案发率上升及破案难度的提高,成为社会治安必须尽快解决的新问题;交通并不只指公路,就城镇地区来说还有江河湖泊内的水路,因此"认识交通"这一课题尚有一些还未触及的方面。对于求知欲旺盛的青年学生来说,将目光投向更广的领域,从而更多地认识社会、认识人生,永远具有无限的吸引力。然而这一课题的价值,在欠缺丰富的知识经验准备的初中学生面前,还是属于潜在的。(摘自1997年本校《综合活动案例选编》)

第三节　实验"套筒式"课程的基础　关键是学生的自主有效学习活动

长期的教育经验告诉我们,学生的自主学习活动,一般就是在学校和教师引导下,逐步地发挥大多数学生的自主性和意识的能动性，也就是使他们的学习既要掌握大量的间接知识，又要在实践中获得直接经验。我们认识到其关键是学习的有效性，而实施"套筒式"结构课程的最终目的就是为了提升大多数学生学习的有效性。

一、感受：即实施"套筒式"课程取得的初步效果

我们在实施三类课堂教学形态，即对三类课程的探索、研究和实践过程中，获取了多方面成功的经验。其主要表现对我校教育改革的大方向和相关的措施，从刚开始战战兢兢、如临深渊、如履薄冰，十分担心，害怕在大量的教育改革实践过程里出现差错，而误了学生应有的良好发展，给家庭带来不必要(或难以弥补)的损失。但经过几年边实践、边研究，我们欣慰地看到实施前设计的预想成效，逐步增强我们继续改革的自信心，尤其是在1990年5月召开的"青浦县实验中学教改研讨会"上，我校提出的且正在进行的"活动—发展"新格局的教育改革思路及一系列与之相互配套的策略，得到吕型伟、刘佛年、张民生等著名教育专家和领导的赞赏与肯定。同时多年的探索和实践证明，只要努力贯彻"活动—发展"新格局的改革新思路，在实施有目标、有步骤的策略下，大面积地提高大多数学生不同层次的主体活动水准，真正地达到激发师生在教学过程的活力，确能"梦想"成真。

同时我们认为一所受学生、家长甚至地方社会欢迎的学校，其标准为：一是看一所学校培养学生的质量；二是提升教师的素质；三是能否为社会(或兄弟学校)提供办学经验。

但是我们大家都知道，教育教学改革，尤其是涉及课程方面的改革是不可能一蹴而就，获得立竿见影效果的，是需要认准方向，长期坚持的。虽然，我们坚持、努力了短短几年，在发展学生、培养教师、完善学校等方面也初见端倪。

(一) 积极促进学生良好发展

学生是学习的主体，我校虽然是市郊的一所学生就近入学的普通中学，但我校的"活动—发展"新格局所倡导的素质教育，为这些普通的学生提供了充分吸吮的营养，施展自己聪明才智的机会，发挥个人特长爱好的契机。实践证明，我们学校已经涌现出一批批学有专长、成绩突出的尖子学生，他们从实验中学这块沃土中脱颖而出，令人瞩目的表现使学校、家长感到欣慰。例：校足球队获上海市第七届中学生运动会郊区组足球赛冠军，校田径队连续十年蝉联青浦中学生田径运动会团体冠军；宋晓东同学获美国奥林匹克中学数学邀请赛特等奖、宋庆龄奖学金；方费佳获"建行杯"市文明好少年标兵；陆维晨同学拾金不昧事迹被评为上海市百佳好事等；庄瑾获全国十八省市中学语文听、说、读、写邀请赛特等奖、周哲获全国第三届华罗庚杯数学竞赛铜奖、张晶晶获中国小主人书法大赛铜奖、陈理军获上海市中学数学竞赛一等奖、李斯杰获日本福冈第二届国际少儿美展金奖等(见表2-3)。

表 2-3　学生各类学科竞赛获奖情况表(1987—1996 年)

级别/人数/年份	全　国	市　级	县　级	合　计
1987	—	13	30	43
1988	—	2	64	66
1989	—	50	121	171
1990	—	8	160	168
1991	—	2	168	170
1992	—	—	68	68
1993	3	40	236	279
1994	3	44	192	239
1995	2	9	195	206
1996	—	17	51	68
合　计	8	185	1 285	1 478

(二) 有力培养、提升教师的自身素质

长期的教育实践认为,教师的自身内在素质主要一是师德;二是学识。

学校方面:我校有 20 名青年教师在市、县课堂教学评比中获奖,共拍摄 20 多节课堂实录并在国内发行推广;我校教师自制教具获市等第奖三项,县等第奖十项,其中有一项获华东地区物理教学研讨会第七届年会教学现场观摩会自制教具课优秀奖(见表 2-4)。

表 2-4　师德方面:教职工历年获奖及荣誉称号(1987—1996 年)

年　份	荣　誉　称　号	姓　名
1987	市优秀教育工作者	沈君佑
1988	上海市园丁奖	朱宽良、史德方、沈君佑
1989	上海市园丁奖	李新祥、吴定一
	全国教育系统劳动模范	翁志勋
	上海市优秀教育工作者	李新祥
1990	市优秀工会积极分子	李新祥
	市体育耕耘奖	王兴根
	上海市中学特级教师	翁志勋
1991	上海市园丁奖	张基石
	上海市优秀科技辅导员	宋建兴

续 表

年 份	荣 誉 称 号	姓 名
1992	市中小幼卫生保健先进工作者	方吉英
1993	上海市园丁奖	钟国珍、杨义通
	市德育先进工作者	钟国珍
1995	上海市 1994—1995 年度学生民防知识教育先进工作者	张东明
	市优秀教育工作者	孙志远
	市模范班主任提名奖	沈君佑
	市“高露洁”杯学校卫生先进工作者	方吉英
	上海市优秀科技辅导员	张盛友
1996	上海市第八届体育耕耘奖	吴国强
1996	上海市优秀艺术教师	梁晚义

注：1987—1996 年获县级荣誉称号 106 人次。

近十年我校教师在国家、省、市级报刊上，发表文章 65 篇，县级刊物上发表文章 106 篇(见表 2 - 5)。

表 2 - 5　1988—1996 年县教育科研成果获奖情况表

届 数	一 等		二 等		三 等		合 计	
	篇数	人数	篇数	人数	篇数	人数	篇数	人数
第二届 1988. 8	1	1	3	3	4	4	8	8
第三届 1989. 8	2	8	5	6	13	20	20	34
第四届 1991. 12	2	2	2	2	7	8	11	12
第五届 1994. 6	4	4	4	7	3	3	11	14
第六届 1996. 10	1	1	3	3	5	5	9	9
合计	10	16	17	21	32	40	59	77

(三) 努力提高、完善学校办学整体质量

我校“活动—发展”这株新葩虽含露乍开，微吐芬芳，却已引起教育界的重视和关注。本县，甚至全国各地区各级各类的考察、论证、参观、访问等纷至沓来。同时，学校也频频接到全国各地教育部门的邀请，前往介绍教改概况，上公开课、观摩课。近十年，我校共接待全国 27 个省、市、自治区 152 批共 5 889 人次的来访，为此开设各科公开课 221 节。与此同时，本校有 67 人次分别应邀前往全国 19 省、市、自治区讲学并上观摩课。我校的教改思路、教育成果和办学经验，通过频繁的交往得到了自发的传播，扩大了影响，激活并促进了一些地区的教育改革，得到了社会各界的好评和赞誉。为此，我校也获得上级部门的

肯定和表彰(见表 2-6)。

表 2-6　学校获集体荣誉一览表(1987—1996 年)

<table>
<tr><th>级　别</th><th>荣　誉　名　称</th><th>年　份</th></tr>
<tr><td rowspan="16">市　级</td><td>加强初中教育先进单位</td><td>1988、1990</td></tr>
<tr><td>卫生工作先进单位</td><td rowspan="2">1988</td></tr>
<tr><td>中学体育工作先进单位</td></tr>
<tr><td>体育传统项目学校(田径)</td><td>1988—目前</td></tr>
<tr><td>农口系统先进党支部</td><td rowspan="4">1989</td></tr>
<tr><td>行为规范示范学校</td></tr>
<tr><td>普通教育科研工作先进集体</td></tr>
<tr><td>数学市优秀教研组</td></tr>
<tr><td>农口系统文明单位</td><td>1989—1990
1993—1994
1995—1996</td></tr>
<tr><td>上海市模范集体</td><td>1991</td></tr>
<tr><td>物理市优秀教研组</td><td>1992</td></tr>
<tr><td>社会实践先进集体</td><td>1993</td></tr>
<tr><td>中小学开展自制教具活动先进集体</td><td>1994</td></tr>
<tr><td>中学生民防知识教育工作先进集体</td><td>1994—1995</td></tr>
<tr><td>群众体育先进集体</td><td>1995</td></tr>
<tr><td colspan="2" style="display:none"></td></tr>
<tr><td rowspan="2">县　级</td><td>荣誉奖 104 项</td><td></td></tr>
<tr><td>体育项目奖 55 项</td><td></td></tr>
</table>

二、反思:活动是“套筒式”结构课程顺利实施的基础

马克思主义观点认为,人的发展的实现,一定是通过人的主体活动。也就是说,人只有在与环境相互作用的活动中才能提高其素质,而“套筒式”结构课程的着眼点就是放在引导学生,尽力地拓展学生的主题活动。所以,我们认识到活动是“套筒式”结构课程有效实施的基本保障。通过几年不断探索、不断研究、不断地实践,我们师生虽然共同看到改革的效果,共享了改革的成果,增强了继续教育改革,即坚持实施“套筒式”三类活动课程的信心,但是面对现实经过认真的反思,也发现部分教师、学生对三类课程活动中的“活动”的功能等方面产生些认识上的“误区”。为此,我们必须对“活动”、对学生本体的自主活动、学生主体间的互帮互学共同发展的活动以及学生与教师的相互启发、教学相长互助等相关活动课题进行学习和探索。感到要注意下列几个问题:

(一) 要着力认清“活动”与“有效活动”的关系

我们认识到既然活动是理解、实施“套筒式”结构课程不可或缺的基础，那么我们必须要知道究竟什么是“活动”，我们又需要什么样的“活动”呢？在认真学习朱智贤教授的《思维发展心理学》和上海教育出版社的《教育大辞典》后，认为所谓“活动”是由目的、动机和相应动作三个要素构成的一个完整的系统，通俗地讲也就是由相同目的（动机）联合起来，共同完成预定目标的系列行动。这种行动在“活动—发展”结构课程中，既是一种认识活动，也是一种实践活动。所以我们充分地认为“活动”是“套筒式”结构课程能否顺利进行的基础。

但是在长期的教育、教学实践过程中，我们经常会遇到预设（即在备课教案中追求的良好结果）和课后效果出现不一致或有时相差甚远的现象，这就是我们经常说的如何提高教学活动的有效性，就是要达到理想或预设目的的有效活动。

实质上一个活动，就是教学活动是否有效，评定有两个标准。一是效果，即学生学到什么；二是效率，即在规定的单位时间里掌握多少知识内容。

那么如何判断必要或不必要的教学活动，我们认为应在熟悉学生现状、熟悉教材的现状上，一是经验；二是科研方法。例如我们用同课异构方法找出我们在教学过程中尽量减少或去掉不那么有效为活动而活动的多余教学活动，使学生在精练有效的教学活动中有效地掌握知识。

所以，我们说“活动”产生的内外化是掌握新知识的必要途径；“有效活动”则是教学过程中追求的目标。

(二) 要着力划清三类教学活动课的各自界限

我们认识到目前所有学生学习的规定教材，都能在“套筒式”结构课程中寻找到应有的位置。但是教材的哪一节或哪部分知识点究竟在什么合适的地位、究竟选用哪类教学活动课，才能发挥最大限度的效用，这必须要根据规定教材的内容才能进行有所选择。那么如何要有一个令人信服的选择，就必须要有一个划分的标准或界限。通过多年对三类教学活动课的实践与思考，我们认识到应该从三类教学活动课在“套筒式”结构课程中所处的位置、学生学习的内容和作用来综合考虑，确定掌握教材的教学形态（见表 2-7）。

表 2-7 初探“套筒式”三类活动课程教学形态划分标准

类别 \ 名称	课内 教学活动课	课内外结合 专题教学活动课	校内外结合 综合教学活动课
课程结构中所处位置	内核	中间	外部
学习（或教学）内容	主要学习规定教材	把学习规定教材与相关拓展内容融合成某个专题	选择部分规定教材和大量的社会发展需求，多方面结合，形成的综合活动

续　表

类别＼名称	课内 教学活动课	课内外结合 专题教学活动课	校内外结合 综合教学活动课
作用	是学习、掌握规定教材知识、提高学习质量的主阵地	掌握知识和提高相关能力	在掌握相关知识的基础上，主要培养、提升学生的实践与创新能力

说明：上述分类选择的标准，是想要达到三类教学活动课程中的类与类，即内核与中间、中间与外部、外部与内核之间划分要十分清晰，且标准易掌握。这样不易产生模糊、交叉，也就是说类与类间分割清楚，而每一类内部里面每一项划分标准可以不统一，可以有差别，体现既有差别，又有灵活性。我们只要仔细分析前面列举课文教学活动、专题教学活动、综合教学活动的案例，就能体验三类教学活动课的分类标准的内涵。

（三）要着力理清三类教学活动中教师的教学行为和学生学习的自主性关系

我们认为教与学两个方面，本来就是一个充满对立与统一的辩证关系，在教学实践中，我们认识到在单位教与学的时间里，单位教学时间是恒定的，如果教师传授时间多了，则学生自主学习时间肯定少了；反之，教师传授时间少了，则学生自主学习时间肯定多了。现代教学理论认为，学生作为学习的主体，通过学生有效的自主学习，就能有效地实现教学目标，所以，我们应尽量让学生积极参与学习，而我们创设的“套筒式”结构课程，就能通过三类教学活动来充分发挥学生的自主学习能力，使学生掌握分析、探索、实践、质疑、创新等策略，有效实现学习目标。

我们反思该教学活动过程中，教师的教学行为发生的变化，发现教师的教学行为从传授、帮助学生梳理教学内容为主，逐步进入略微指导、引导到轻轻点拨的学生自主学习。

所以，我们说实施“套筒式”结构课程的三类教学活动既能有利于提升学生自主学习能力创造条件，又能合理地调节教师教学行为与学生自主学习的动态关系，真正地达到《学记》中所述，《教学论》追求的目标，教学相长。

三、方向：坚持“活动—发展”改革思路，努力提升学校品质

我们深深地体验到创建“套筒式”结构课程的实质是充分利用学科教材的知识系统、学生的需求和社会发展方向进行多样化的活动。在教学活动过程中，学生获得了生理、心理和科学文化等素质发展；教师获得了教育理论、心理和文化诸素质的提升。初步体现“活动—发展”新格局的改革威力。

我们感到实施“活动—发展”新格局的实践虽然不长，但已取得令人瞩目的成绩。所以说，“活动—发展”新格局的改革思路相应措施得到学生、家长的欢迎，教师和校外同仁的认可、圈内外教育专家的肯定。这既坚定我们沿着“活动—发展”新格局改革方向继续努力，也激发我们加倍学习教育理论。研究国内外“活动”理论，充实我们进行“活动”的内

涵；研究学生通过“活动”如何促进相应的“发展”；师生如何有效互动，提高“活动”的质量，共同发展；在与时俱进的态势下，传承“活动—发展”新格局的改革思路变如何提升或形成相对稳定的模式，更有利于贯彻“活动—发展”改革新思路，有效地提升学生、教师的素质，有效地提升我们学校的品质，这是我们学校下个十年的主要任务。

第三章 研究、思考“中·西”方教育理论初步形成“活动—发展”教育模式

第一节　学校教育实际呼唤“活动—发展”教育模式

一、探寻“活动—发展”教育模式的理论基础

（一）赫尔巴特教育思想述评

以电力、内燃机等新技术的应用为标志的世界第二次技术革命，极大地推动资本主义工业化大生产的迅猛发展，社会化大生产急需大量的有文化、懂技术的人才，为顺应大工业化对新型劳动力的需求，以夸美纽斯《大教学论》教育理念为基础的教育全方位改革应运而生，出现了一种新型的教育形式——班级授课制。这时，以赫尔巴特（1776—1841年）为代表的传统教育流派提出与班级授课制充分相适应的学科课程。经过几百年时间不断地完善、发展，显示出“多、快、好、省”的育才效果，尤其在东方显示出强大的生命力，即最突出、最集中地反映教学活动的本质，就是使受教育者在最短的时间内可能学到最多的知识。赫尔巴特对在教师指导下学生系统掌握知识的过程作了心理学的分析，提出了著名的教学过程四个阶段的理论，即“明了——联想——系统——方法”。近代苏联教育家凯洛夫试图根据马克思主义认识论的原理，反思前人的经验，提出一个更贴近学生的教育模式：“感知教材——理解教材——巩固知识——运用知识”，为学生较快地牢固掌握系统科学知识提供有力的工具，因此，以赫尔巴特为首的“接受式”传统教育流派在当今世界范围内占据主流。

我们认为几百年来传统教育流派在理论与教育模式上不断自我完善、不断发展，但仍存在诸多不足：1. 学生学习兴趣的低落和探索精神的萎缩。主要问题在于统一的课程、统一的要求、统一的时间而面对能力水平参差不齐的学生，长此以往，扼杀了学生的兴趣，磨掉了学生的创新精神。曾有这样一个案例印证了这一观点：教师在黑板上画了一个圈，幼儿园学生根据自己的想象有十几种答案，而高中生的回答却只有统一的一个答案——零。2. 学习生活与社会生活的隔离。把学生牢牢地局限在课堂内活动，且滞后的

书本知识远远落后于现实生活，通俗地说陈旧的书本知识与现代社会所急需的能力产生巨大的剪刀差，即脱节。3. 更遗憾的是，没有认识到学生是学习生活的主体。赫尔巴特始终认为“学生对教师必须保持一种被动状态”“即使学生们所做的纯属于个人性质的工作，也不是真正自发的、个人的研究活动，而是强加在学生身上的练习或是一种模仿外在世界的动作”。我们认识到，这样的教育活动显然是教师中心论，这与我们现代教育核心理念是格格不入的。

(二) 杜威教育思想述评

以杜威(1859—1952 年)为代表的现代教育流派在抨击赫尔巴特以教师为中心理论的同时，明确地指出：“学校科目相互联系的真正中心，不是科学，不是文学，不是历史，不是地理，而是儿童本身的社会活动。”其本质含义是，学生只有通过亲身的、主动的直接认识与直接经验，才能获得能力的锻炼和提高。其核心思想归结为三句话：教育即生长，教育即生活，教育即经验。在教学过程中，其十分注重学生的自身经验和自发需求、兴趣，把学生的主体活动的组织与创造视为教育活动的主体，这就是儿童中心论。为了保障学生在教育活动中的主体地位，杜威、克伯屈等提出“设计教学法”的教育模式，其一般进程为：“设置问题的情境→确定问题(或课题)→拟定解决问题方案→执行计划→总结和评价”。美国教育家梅里亚姆、柯林斯等建立实验学校，进行“做中学”活动课程的实验研究。他们完全排除传统的学科课程的方案，设计观察类、游戏类、表达类和手工类活动的课程。把“做中学”，也就是说把学生学的活动完全局限于学生的直接经验，且视为全部课程和整个教学过程的基本原则。这就是“儿童中心论”学派批评传统教育的课程理论和教学过程的中心论据，但矫枉过正，往往使自己走向另一个极端。

虽然以杜威为代表的现代教育派通过多种多样的活动教育，注重知识的运用，保障发挥学生的主体作用，发展学生的志趣和才能，尤其是有利于培养学生的创新能力。这对提高现代人素质是十分有利的。但长期的教育实践证明其也有明显的不足。

1. 轻视学生对系统间接知识的学习。因为该学派认为，在传统教学过程中，“学生的目标就是堆积知识，需要时炫耀一番。这种静止、冷藏库式的知识理想有碍教育的发展”“扼杀思维能力”，成为“毁坏心智的沉重负担”，造成学生学习被动，阻碍学生发展。为此，杜威过分强调儿童自身经验的重要性，一度“把活动课程与学科课程完全对立起来，而使活动课的学习陷入肤浅的、零散的生活经验的”叠加，很难获得理想的效果。

2. 忽视教师在教学过程中的主导作用。无论是历史的经验，还是现实的案例都一再告诉我们，在任何教育活动过程中，由于学生正处在成长和发展阶段，他们的学习活动极其需要教师的引导和规范，只要忽视或放弃教师的主导地位，教育活动就难以取得成效。同样，如果学生的学习不积极、主动等，则说明教师的引导作用没有发挥到位。

(三) 孔子教育思想评述

我国教育、教学思想的发展源远流长，尤其是儒家思想的创始人、开创私人讲学先河的大教育家——孔子，他的教育思想至今对我国乃至世界各国的教育仍旧产生很大的影响。

经后人研究与总结，孔子的教育思想和学说在教育对象的观点方面，明确指出“有教无类”的教育观念，认为教育应该为大多数人服务，人人都应有入学受教育的权利，不应该有歧视，即教育公平论。为了使大多数学生在教育过程中获得良好的发展，在自己实践基础上，他总结先人经验，创造性地提出启发教学、因材施教、重视过程等教学原则。

启发教学：在教学过程中，反对对学生被动灌输及强迫记忆，而是找准机会，提出疑问，进行启示，使学生反复思考，自求解答。并提出启发式教学的标准（这在现今课堂教学中也是有待解决的高难度问题），即“不愤不启，不悱不发，举一隅不以三隅反，则不复也”。尤其可贵的是，他认为教师不是单纯的施教者，“有的时候，甚至师生之间，也能互相启发”，也就是在教学过程中强调师生互动，这也是我们现今教学过程中追求的目标之一。

因材施教：他认为必须充分了解学生，经常运用“试其所以，观其所由，察其所安”“退而省其私”等科学方法，才能分析出学生的个性特点和认识水平。如“柴也愚，参也鲁，师也辟，由也喭”这样精辟的分析就是一个很好的例证。针对学生个性特点而进行的因材施教，是获得教育成功的关键措施之一。以至在《学记》中归纳的“学者有四失，教者必知之。人之学也，或失则多，或失则寡，或失则易，或失则止。此四者，心之莫同也。知其心，然后能救其失也。教也者，长善而救其失者也”。这些都是从孔子“因材施教”原则中继承发展而来的。

重视学习过程：孔子认为，“学”是获得知识的唯一途径，但“学”是必须从感觉或经验中得到的。因此，非常强调“博学之，审问之，慎思之，明辨之，笃行之”，这十分符合学生认知发展规律的五个阶段的学习过程。在这个学习过程中，孔子始终强调人的天资差异，认为求知的进程肯定有差别，但只有学生具有努力向上，不达目标誓不罢休的顽强信念，即“人一能之，己百之，人十能之，己千之”，这样坚持下去，必定会获得“虽愚必明，虽柔必强”的效果。

我们认为以上的教育观点、教学措施对现实教育改革，促进学生发展很有借鉴意义，特别是孔子超时代的创新教育理念更值得我们学习。其精华有：一是学与思的结合。孔子曰：“学而不思则罔，思而不学则殆”，其认为由学而思，或由思而学，两者必须统一，把前后学的融会贯通，内化为自己真正的知识。二是学与习的同步。现在理论与实践脱节是常见的弊病，而孔子很早就认识到这一点。他认为习有两种含义：1. 熟习，“学而时习之”，经常认真复习，达到正确掌握知识；2. 习即实践。也就是说，教师所传授的知识，必须通过亲身实践（理性经验、实践考证）才能有效地成为自己的知识。据此在教育、教学过程中，孔子非常注重学生的亲身实践。如“或安而行之，或利而行之，或勉强而行之，及其成功一也”；同样，他把“笃行”放在教育过程五阶段的最后实践阶段，并指出是整个学习过程中最重要的阶段。三是学与行必须一致。教育事实告诫我们，学生的认知水平与自己的实践行为往往会发生错位，如何使学生的认知与行为一致，是现今一个比较重大的课题。其实早在2 000多年以前，孔子就主张“学”必须与实践、行为相结合，把行为作为认识的最终评价，而言行不一致，则认为与不知无异，且是极其可耻的。正如他说的“君子耻其言而过其行”“君子欲讷于言而敏于行”，就是阐述这个道理的。

(四) 我区顾泠沅数改实验小组研究成果剖析与启示

众所周知，我区数学教学质量在较短时期里获得大面积的提高，完全得益于让青浦数改实验小组创立的学生有效学习的四条教学基本原理的认同和广泛的运用(见表3-1)。

表3-1 让学生有效学习的教学基本原理获得途径

序号	1	2	3	4
经调查筛选得出有序的经验系统 ↓	让学生在迫切需求之下学习	组织好课堂教学层次(序列)	在采用讲授法的同时，辅之以“尝试指导”的方法	及时反馈教学效果的信息，随时调节教学
符合中国传统的学习理论 ↓	学思从志 德业相辅	循序渐进 温故知新	学而时习 躬行践履	自反自强 教学相长
吸收近、现代有关知识和成果 ↓	如“动机需要”理论、态度学习的原理等	如布鲁纳的知识结构论与奥苏贝尔的认知结构同化理论等	如皮亚杰的活动理论与操作内化原理、列昂捷夫的“活动与个性”的心理学体系等	如教育控制论，布卢姆的掌握学习理论，阿莫纳什维利的自我评价体系等
让学生有效学习的教学基本原理	情意原理	序进原理	活动原理	反馈原理

在表3-1中，我们认真品读、仔细推敲让学生有效学习的教学基本原理的研究过程，获得两个启示：

1. 对研究方法有效性的重新认识

我们认为，让学生有效学习的四条教学原理的内容并不是来源于某一个教学流派，而原理的源头及本身内涵就具备多种教育流派的智慧，明显有东西方教育思想的综合和统一的特征。它们揭示了情意过程与认知过程的统一，新知识与旧知识、掌握知识和发展能力的统一，接受式教学与活动式教学的统一，动力系统与控制系统的统一等，这是博采众长、取长补短的范例。其关键点是给我们呈现了一个很重要的科学研究理念和方法——“中庸”。过去认为，中庸的本意是调和、和稀泥，是贬义词，更谈不上是研究理念和方法。其实，我们认为中庸是我国儒家的主要思想，是指处理事情不偏不倚或叩其两端取中间。西方希腊文中的mesotes，意译为不偏不颇，处于两个极端的中间。因此，学者张岂之认为,中庸思想"是一种辩证思维"。所以,选择运用恰当、有效的研究方法——"中庸",走两端结合的道路,从而能在多种不同的教育流派中,极可能寻找出更客观、更有效的教育途径。

在上述过程中,我们深知任何教学方法,都有它的局限性,正像尺有所短,寸有所长那样,不能简单地肯定这一种,而否定另一种。正确的态度是,在"中庸"理念指导下,要具体问题具体分析。大量的事实表明,赫尔巴特开创的接受式教学与杜威为代表的活动式教学一直是被世人认为格格不入的立场出现松动,例如对学科课程作出巨大贡献的斯宾塞主张,对于学生应当少教一些,要多给他们自己进行研究的机会,并使他们得出自己的结论。就是杜威本人,虽然非常重视活动课程,但从未提出完全取消学科课程,且认为:(1) 学科课程也是学校课程的一种形式;(2) 学科课程必须与社会生活发生联系;(3) 学生年龄不同,活动课程与学科课程在学校课程中所占的比例不同。正如美国教育家布鲁纳所述,既要重视课堂教学,要求学生充分利用教材和教师所提供的某些材料,又强调让学生学会学习,亲自去发现应得到的结论和规律,而不要把他当作被动的接受者。到最近20年来更有明显出现相互融合的趋势——我们猜想和不断实践认识到真理也许就在这两个极端的中间。

综上所述,我们认为,尽管在世界范围内人们对于学科课程与活动课程的看法早已不再是非此即彼,即以系统的知识学习为主的学科课程和以活动体验学习为主的活动课程不是截然对立,水火不容的。相反,只有将两者紧密结合起来才能做到优势互补。所以,众多的教育家及教育改革人士也接受"中庸"理念,试图最大限度地将两者的优势结合起来,寻找最佳的教学结构模式。

2. 积极评价研究成果所获得启示

在表 3-1 中,我们感到任何研究成果在应用中要获得事半功倍的效果,除研究成果自身科学性、先进性、合理性之外,其关键之一,必须考察该研究成果在运用时主、客观因素。也就是说,该研究成果对客观因素(作用环境——社会发展、教育观念的发展)和主观因素(作用对象——被教育者)的需求是满足还是部分满足。多少年来,教育理论工作者一直在"接受式"与"活动式"之间如何扬长避短而苦思冥想,一直认为已寻找到更有效的教学结构模式,但实施后发现所产生的教学效果往往不够理想。究其原因,可能是新的教学结构模式不能满足或不能够全部满足"作用对象、作用环境"发展的需求,所以,对教学结构模式探索,经常是只闻楼梯响,不见人下来的尴尬局面。

实质上,较长时间以来,我们在"中庸"理念引领下,在理论和实践上进行了不断探索,试图寻找出两类结构模式的最佳结合点。马克思主义认为,人是具有主观能动性的,是从事实际活动的人,世界是人认识和改造的客观世界,因此,自由自觉的活动是人类的特征。苏联心理学家列昂捷夫从马克思"人的本质在其现实性上是一切社会关系的总和"这一论断出发,认为人的发展的第一个基础是个体与世界关系的丰富性,而第二个基础是活动及其动机的层次化程度。他指出，传统心理学中，"刺激反应"公式，只有在揭示最简单的生理心理机制为目的的实验室范围内才是正确的，而一遇到更复杂的心理事实(如课堂教学)时就会毫无办法。造成这种困境的主要原因，是因为这个区域排斥了主体的活动，应该在"刺激—反应"之间再加上一个中间环节：主体的活动(及其相应的条件、目的、手段)，这种活动，不是反应，也不是反应的总和，而是具有自己的结构、自己的内部转化和自己的发展系统。

我们以辩证唯物主义和科学心理学为指导，认真考察了上述两类教学模式及其派生模式的特点，寻找教育者与受教育者这一教育学理论体系核心矛盾的运动规律，重新组建适合学生发展的新的教育模式。也就是在邓小平"教育要面向现代化、面向世界、面向未来"的战略思想指导下，以培养社会主义现代化的"四有"人才的目标为出发点，在青浦数改实验成果与反思的基础上，综合、继承、发扬中外优秀教育流派的长处，结合我校学生、教师的实际现状，在理论层面上初步构思以学生自主活动为学习中介，让学生在丰富多彩的活动中不断地激活潜能、发展个性、提升素质的教育模式，即简称为"活动—发展"教育模式。

二、"活动—发展"教育模式的基本认识和思考

(一)"活动—发展"教育模式的概念

1. 对"活动""发展"的理性认识

"活动"是指主体与客观世界相互作用的过程，是人有目的地影响客体以满足自身需要的过程。在这个过程中"激发"学生从事学习、游戏、锻炼、交往等，使他们产生和实践着一定的目标、榜样、模式和理想。有资料显示，香港学生均认为参与感兴趣的活动，使他们身心舒畅、忘记烦恼，有助于发展他们社交及与人相处的技巧。同样，上海地区学生普遍认为开展感兴趣的活动，有助于他们的心理健康发展。所以，现代教育学理论确认活动是影响人发展的决定性因素。

"发展"，心理学认为是指心理功能的变化，随着年龄的增长而进步。其实，我们所认识的发展，正如《辞海》解释一样，是指事物由小到大、由简到繁、由低级到高级、由旧质到新质的运动变化过程。事物的发展是量变和质变的辩证统一，是事物内部矛盾斗争的结果。事实上，在实际活动中，我们感到开展丰富多彩、学生喜爱的活动，既培养了活动前预设的能力，也随着活动深入进行，在学生获得某些发展的同时，不经意中形成一些超过预想的能力。所以我们认为，各种教育活动是促进学生知识、能力发展的动力；同时，学生发展水平的变化又是开展多类教育活动的基石。但这不是理想的正比例函数关系。苏联教育、心理学家维果茨基曾这样说过："发展的曲线与教学的曲线是不符合的"。也就是说，学生在理论上掌握任何一种社会经验，不会立刻、即时在他们的学习活动中促进学生的有效发展，而且暂时不能促进或阻碍学生发展的现象也可能存在。因此，苏联教育家赞可夫

指出，通过活动掌握知识和发展之间存在着“一种独特的剪刀差”现象，要消除“剪刀差”现象，唯一的措施是在教学原理和教学方法等方面“加以特殊考虑”。我们感到这个理念十分新颖。其实，在很多教学论著作中都有一定篇幅论述“发展”的任务，但都认为掌握了知识，也就同时发展了能力，正是缺乏“剪刀差”的认识，在教育活动中没有采取“特殊考虑”的措施，因而在教育活动过程虽重视知识的传授、掌握，而忽视了能力的发展，造成发展的任务不到位，出现“高分低能”不正常的现象。所以，我们在学校教育活动中必须重视建立与“特殊考虑”理念相吻合的教育策略，即我们在平时教育活动过程中不断学习、不断实践、不断反思，形成的“活动—发展”教育模式。

2. 什么是“活动—发展”教育模式

通过多年的探索与实践，我们初步认为它是根据新课程改革理念和要求，为指导学生获得系统的有机统整的学科知识、直接经验和筛选获得瞬时信息而设计系列的知识结构、认知结构、情意结构为基础的学生主体性学习活动，促进学生多方面、可持续发展的课程和教育策略。这一定义在本质上体现了六个基本要素和四层含义。其六个基本要素是：第一个要素是“学科知识”，指国家为义务教育阶段所编著的教材；第二个要素是“直接经验”，指学生亲身参与和学科知识相关的实践活动而获得的知识；第三个要素是“及时信息”，指当时国内外发生与学生发展相关的新成就、新机遇、新任务等；第四个要素是“系列”，指教育活动的内容与形式是有目的、系统的符合学生学习规律而非随意性的；第五要素是“结构”，指组成活动教育项目顺利进行的各因素和谐配合，绝无生搬硬套；第六个要素是“主体性活动”，是指进行一系列活动，均是以学生为主体的自主学习活动。

其四层含义是：第一层含义是三类课程(基础型课程、拓展型课程和探索型课程)在学生自主学习过程中互补统一，共同促进学生德、智、体均衡发展；第二层含义是以学生发展为本，在各种形式的活动教育过程中，始终充分发挥每个学生主体性的作用，使每个学生真正成为教育活动中的主角；第三层含义是教师既要适应学生，但又要确保教师的主导地位的引领作用，要尽力避免再现著名心理学家桑代克盲目探索的试误现象，真正做到指导尝试。第四层含义是在保证学生基础素质良好发展的基础上，发现、激活学生的潜在能力，有目的地培养特长学生。

也就是说，我们以辩证唯物主义和科学发展观为指导，认真考察赫尔巴特“接受式”教学和杜威“活动式”教学模式及我国历代优秀教育理念的优点(或不足)，寻找教育者与受教育者这一教育学理论体系核心矛盾的运动规律，重视组织学生的自主学习活动，逐步提升“活动—发展”的实验教学新格局的理念，即形成现称“活动—发展”教育模式。

“活动—发展”教育模式的核心理念就是倡导学生的自主学习活动。所谓学生的自主学习活动，即在学校和教师的引领下，逐步地发挥学生的自主性和意识的能动性，一方面表现为学生对社会积累起来的知识、经验的主动关系和作用(首先体现为教学)；另一方面表现为学生对学习环境的相互关系和各种交往(首先是在教学过程中的相互关系);同时要求在师生之间、学生之间建立一种和谐的合作关系,在课业学习上,除有意义的言语接受学习之外,还应十分重视观察、实验和探究,或提出一定的课题,让学生通过一定的实践活动(包括课内外和社会)进行学习,这样确立学生在自主学习过程中的主体地位,保证学习过程的积极化,以促进社会需要与自身发展的辩证统一。

我们把整个课程体系分为三类自主学习活动:(1)第一类是课堂内学科教学中的自主活动;(2)第二类是专题活动课;(3)第三类是让学生的自主学习活动在课外、校外展开,逐步走向社会。它们之间的关系已在本书第二章"套筒式"结构三类活动课程关系表中阐述。

(二)简述"活动—发展"教育模式的实施流程

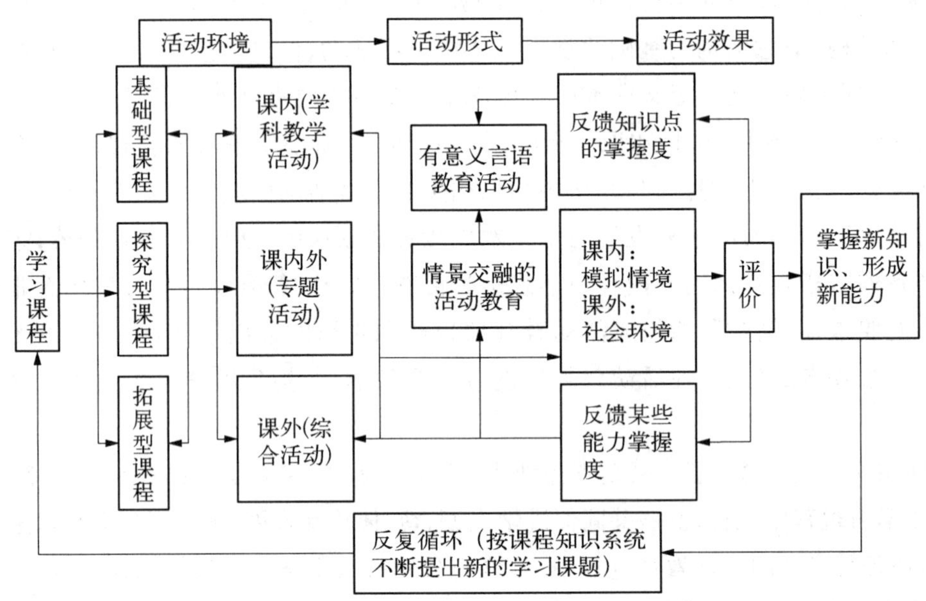

图3-1 "活动—发展"教育模式实施流程图

在研究与实践中,我们把"活动—发展"教育模式的实施策略分为三个板块,即:

1. 活动准备阶段

(1)功能:是在学习课题的统领下,如何选择知识点及知识点的传授方式,如何有效地发挥教师的指导作用。

(2)知识点的选择。要充分理解知识固着点以及与所学新知识点的学生认知距离,学生掌握情况,与后续知识点学习的关系。学习该知识点应属哪一类课型,以及选择最佳教育活动情景。

(3)学科教学活动。它本质是学科活动,理应服从于学科课程的目标。

(4)专题活动。其基本上超越了原先学科课堂教学的时空,学生的学习内容与课堂教学内容有联系，但相关社会生活内容已被引进。

(5) 综合活动。这类活动是让学生通过主动参与获得学习的最大的自由度。打破学科、班级的界限，强调学习的综合性和社会性，强调活动向课外、校外展开，使学生的兴趣爱好、能力、个性特长都能得到比较充分与和谐的发展。

2. 活动教育阶段

(1) 功能：无论是什么课程，无论采取怎样的教育活动和形式，都要贯彻以学生发展为本的理念，在教师的指导下，让学生充分自主学习，在活动教育过程中，掌握新知识，发展新能力。

(2) 有意义的言语教育。把讲授德育知识、各学科知识和该阶段的教育目标紧密结合起来，在拓宽、探索的氛围里，启发性地传授知识点，使学生有效地掌握继续学习必要的理论知识。

(3) 活动教育。在模拟和社会实践情景下，开展与目标相吻合的教育活动，让学生获取宝贵的直接经验。

3. 活动发展阶段

(1) 功能：通过各种评价方法，对学生知识、能力发展度的测定，从而选择"活动—发展"教育模式的继续流向。

(2) 评价：通过提问、练习、作业、测验或问卷、个人测评、小组互评等形式，从而获得活动教育块的教育有效性或找出差距，继续提高。

(三) 有效课程是"活动—发展"教育模式的核心

1. 三类活动的课程设置结构

在实施第二轮"活动—发展"教育模式以来，我们十分注重结合上海市"二期课改"中的理念，把第一轮的学生自主活动三类活动课程体系与市"二期课改"中的基础型、拓展型和探究型课程有机整合，特别对活动过程中的拓展性因素、探究性因素进行了深化研究和实践，由此发展和形成了新一轮"活动—发展"教育模式中学生自主学习活动的体系：

第一类是课堂内的基本活动，关注基础型课程的实施，强化教师教法的改革和学生学法的变革，着重于学生基础性学力的提升。

第二类是课内外结合的专题活动，关注拓展型课程的实施，以社团为抓手(如"晨韵"艺术团、"采薇"文学社、墨香书画社等)来提升学生科学、人文、艺术、体育的素养，丰富校园文化，提高学校文化品质，着眼于学生发展性学力的提升。

第三类是校内外结合的综合活动，关注探究型课程的实施，以课题或项目为载体，分年级段建立培养学生探究能力的校本课程体系，由学生自主进行探究活动，从而激励学生自主学习和实践体验，着力于学生创造性学力的提升。

基于此，我校在深化实践过程中，构建了适用学校教学实际的三类活动课程实施形态，即基础型课程(第一类活动所需)、拓展型课程(第二类活动所需)、研究型课程(第三类活动所需），并以课表形式把每类活动课固定下来（见表3－2）。

表3－2　学校课程设置一览表

	学习领域	科　目	各年级课程设置			
			六年级	七年级	八年级	九年级
第一类活动课	语　言	语　文	√	√	√	√
		英　语	√	√	√	√
	数　学	数　学	√	√	√	√
	社会学科	政　治	√	√	√	√
		历　史	√	√	√	
		地　理	√	√	√	
		综合文科				√
	自然科学	物　理			√	√
		化　学				√
		生命科学		√	√	
		综合理科	√	√		
	技　能	劳　技	√	√	√	√
		信　息	√	√		
	体育艺术	体育健身	√	√	√	√
		音　乐	√	√		
		美　术	√	√		
		艺　术			√	√
第二类活动课	兴趣类（社团）	艺术团	√	√	√	
		书画社	√	√	√	
		体育俱乐部	√	√	√	√
		文学社	√	√	√	√
		小发明	√	√	√	√
	专题类	知识点系列	√	√	√	√
		能力点系列	√	√	√	√
	实践类	艺术节	√	√	√	√
		科技节	√	√	√	√
		体育节	√	√	√	√
		社会考察实践	√	√	√	√

续　表

<table>
<tr><th rowspan="2"></th><th rowspan="2">学习领域</th><th rowspan="2">科　目</th><th colspan="4">各年级课程设置</th></tr>
<tr><th>六年级</th><th>七年级</th><th>八年级</th><th>九年级</th></tr>
<tr><td rowspan="5">第三类活动课</td><td rowspan="4">探究型 1</td><td>综合生活</td><td>√</td><td></td><td></td><td></td></tr>
<tr><td>综合自然</td><td></td><td>√</td><td></td><td></td></tr>
<tr><td>综合网络 IT</td><td></td><td></td><td>√</td><td></td></tr>
<tr><td>综合社会</td><td></td><td></td><td></td><td>√</td></tr>
<tr><td>探究型 2</td><td>各科渗透</td><td>√</td><td>√</td><td>√</td><td>√</td></tr>
</table>

2. 三类活动课程实施状态

第一类活动（即基础型课程）是课堂内基本教学活动。指在学科教学基本课时内的课堂学习中开展自主活动，以提高学习的自主性、能动性。该类课堂学习以教师系统地传授知识技能为主，确保基础知识的落实，充分发挥“传授式”教学的优势和教育者的主导作用。教学过程中，辅之以指导探究、辅导自学、相互讨论等手段。强调把思维规律引进课堂，注重启发式的问题发现、分析性的独立领会、尝试性的探究顿悟、概括性的思维推演。根据教材的知识需要，适切地开展自主活动。渗透“活动式”教学的优点，随时注意调节课堂气氛，激发学习情绪，使教师的传授作用与学生的学习能动性达到和谐统一，在有意和无意的学习同化过程和顺化过程中，把获得的教材知识转化为活的认识能力。教师则遵循“道而弗牵，强而弗抑，开而弗达”的原则，让学生通过自己的活动去获取知识，发展能力，促成思维积极化，从而弥补单纯讲授法的不足。

第二类活动（即拓展型课程），对学生准备所学的系统知识重新分割组合，形成专题，通过课堂内外结合的专题课程安排，让学生基本自主地展开活动。我们感到学科课程主要以接受间接经验为主，教师系统地传授科学知识，它在学生自主程度及针对个别差异进行教学等方面却存在着相当的局限性。学生由扶多放少的课堂教学跨入课外。校外生活，势必缺少坚实的独立自主获取知识的基础。比如孩童学步，在大人的搀扶下刚会蹒跚而行，就放手任其独立行走，摔倒是常有的事。在蹒跚而行与独立行走之间必须有个边扶边放、扶少放多直至全放的过程。因此，我们在学科课程外延伸出一类专题活动课，把它作为联结课堂教学与课外、校外活动之间不可或缺的重要一环。这类活动课把社会生活内容及其要求引进学科教学之中，从学生的实际需要出发编制、设计，扩大学生的自由度，让他们在基本自主的活动中，通过亲身感知、直接体验的方法，运用、拓展、获取知识，提高发展水平，为学生由课堂走向课外、社会，独立展开自主活动打好基础。教育者在专题活动课中的指导作用表现为知识迁移的引导、逆向思维的点拨、偏差反馈的矫治、表层领域的深化，使受教育者在活动中感知的经验转化为动力性的认识结构和自我正误、自我调节的能力。

第三类活动(即探究型课程)。让学生的自主活动到课外、校外展开,逐步走向社会。专题活动课扩大了学生的自主性,注意了与社会生活内容的结合,强调本学科知识的综合运用,提高了学生的各种能力。但是,专题活动课仍然采用班级群体活动的形式,往往难以顾及学生的个性倾向、兴趣、能力,不容易充分发挥学生的个性特长和适应社会需要的群体能力,而让学生的自主活动的方式向课外、校外展开,逐步走向社会,可以弥补上述不足。我们认为,这类活动强调知识的综合和创造性运用,把不同学科的知识联系起来,把学习与社会活动、生产劳动和科技活动联系起来,培养综合的、因地制宜、因人而异的实际能力。因此,我们把组织好课外、校外丰富多彩的活动,作为"活动—发展"教育模式中的一个重要组成部分予以高度重视,全校共组织了三十八个课外兴趣小组和五十七个社会服务队开展活动。兴趣小组根据学生的个性特长和能力倾向,分发展、提高、普及三个层次,在每周一个下午的固定时间,全年有三周左右的考察时间与实践活动,以及其他机动时间内进行活动。学生根据自己的实际情况自愿参加一个组的活动,如某一个方面有一定专长的学生可以参加发展组,某一方面有一定爱好和一定能力的学生可以参加提高组,特长和能力不明显且有某种兴趣的学生可以参加普及组,分别由具有指导能力的教师进行辅导。在这里教育者作为活动的促进者,其作用表现为问题咨询、关键指点、意志激励、促进发展,使学生在成功的喜悦和满足中提高自主活动的品质。

在三类课程,即基础型、拓展型、研究型课程的实施过程中,必须注意的是三类自主学习活动的有机结合,不仅要考虑知识内容的结合以及与其他各项教学任务的结合,而且要有一个层层递进的合适的梯度,前一类活动是后一类活动的基础,后一类活动又是前一类活动的深化,三类活动互相依赖、互相促进,形成一个最优化的"活动—发展"的教育模式。

三、学校教育改革实际与发展需求"活动—发展"教育模式

(一) 满足学生自身发展的需求

以"活动—发展"教育模式的实施,其最终目标之一是使受教育者——学生能多、快、好、省地获取知识,学会学习,培养创新精神和实践能力。长期的教育经验告诉我们,影响学生学习的内外部因素是学生获取知识增长才干的关键,而真正起作用的却是内部因素——学生自身的主观条件,这些条件在学生的不同年龄阶段所呈现的内在生理、心理特征及外显行为等都不相同的。

而初中阶段正是学生由儿童期向成熟期过渡的阶段,常称之少年期,又谓学龄中期(大致为11—15岁)。据众多心理学家研究,认为这个时期是人的一生中处于身心发展过程中最迅猛地发生着质的结构性变化的时期,是完满人生的关键期。无独有偶,我区顾泠沅数改实验小组几项思维实验揭示,学生从直观形象思维向抽象逻辑思维发展的过程中确实存在着"飞跃期"(即关键期),这"飞跃期"一般都在初中二年级出现。而良好的教学办法(也可理解教育模式)可以促进"飞跃期"适当提前,促进学生加速发展。那么,"活

动—发展”教育模式的实施能否殊途同归，有效地促进学生的自身发展，从而使处在关键期的学生获得人生完美的发展，其关键是该教育模式是否符合学生自身发展的需求。

1. 满足学生生理发展的需要

我们都认识到少年时期的主要特点：

(1) 初中生骨骼系统迅速发展，身体迅速长高，他的各部分之间以及整个有机体和环境之间常常暂时失去平衡，因此，初中生动作间的发展往往是不协调的，如他们在活动过程中表现出运动过多，甚至出现画蛇添足现象，且不够协调。一句话：有时显得不太灵活、有点笨手笨脚。但是，大量的事实与实验证实少年期是掌握各种复杂动作技巧的最佳年龄(或关键期)，正是机不可失，时不再来，例如处于少年期的学生，通过恰当的教学，一般都能熟练掌握体育运动项目的技巧，各类舞蹈、乐器的技艺，各种各样的劳动、生活技能。如果错过这个时期，以后再来培养这些活动素质，一是学习时间增长，二是学会的动作也会显得比较笨拙。

(2) 初中生正处于各种器官和组织加速生长的时期，此时对心血管系统提出了更高的要求，因而需要各种各样课内外及校内外智力加体力的教育活动，使心血管系统得到锻炼。但在活动过程中，教育者应把握活动量的“度”，以防对学生产生不利的影响。

(3) 初中生其大脑和它的高级部位，也就是大脑皮层的额区得到进一步的发育，使中枢神经系统发育得更成熟，该时期学生可能变得更明白事理，更善于调控自己。这可能成为现实的关键因素之一是取决于教育者的有效教育，是否采用符合学生生理发展需要的教育模式。

2. 符合学生心理发展水平

初中生正处在身心发展的重要时期，众多案例证明，如果选择的教育模式适合初中生心理发展特点和规律，必然会提高教育的有效性。那么，初中学生在该时期心理与我们将选择的教育模式密切相关的主要特点是什么呢？经研究，我们认为：

(1) 初中生的感知觉趋于理性、成熟。有关研究的结论是，初中生的感知觉从随意性逐步向有意性发展，且对客观事物感知觉的精确性比小学生而言有质的飞跃。例如在教育活动中，初中生已不同于小学生被动地感知客观事物，而是主动、积极、有意识地感知身边的客观事物。有数据表明，初中生的视觉感受性比小学一年级学生提高 60%，并逐步从感知事物的表面现象过渡到透视事物的本质特征，比较精确地感知事物本来面目。因此，启示我们必须在教育活动中确立学生的主体地位。

(2) 初中生对求知情境思维状态有质的飞跃，且进入创造性思维发展的关键期。卢家楣教授等的研究结论认为，在相似教育活动背景条件下，初中生与小学生相比，在获取知识时，其思考问题更趋于探究性(问题的深度)、广泛性(问题的广度)、逆向性(问题角度多样)，且遇到要解决的问题能运用科学方法结合自己的经验大胆假设并预测结果。这完全蕴涵着创造思维的因素。如何蔚先生在 1986 年的一项研究中，参考全国起步儿童研究协作组制定的儿童创造性思维测验，根据209名小学四、五年级学生和348名初一至初三学生的测查表明，其测试成绩不仅随年龄上升而上升，且速度迅猛增加。初中时期是创造思维发展的飞跃期，但这种飞跃只有通过环境和训练才能成为现实。也就是说，初中生创造思维发展得如何，很大程度取决于教育。因此，必须要寻找与其相适应的教育模式。

(3) 初中生的记忆水平处于人生最佳上升时期，且有意识记忆日益占主导地位。学习、掌握知识的一个重要条件是记忆，也就是说，记住了是领会知识的前提。台湾心理学家的研究（见表3-3）给我们一定的启发。

表3-3 不同学习阶段对各种不同材料记忆的成绩表(单位：%)

		小学四、五年级	初　中	高　中
物理刺激		100	126.30	141.60
声　音		100	119.20	141.15
数字与数学		100	110.08	114.07
语言	视　觉	100	109.80	120.36
	情感的	100	156.47	189.70
	抽象的	100	116.08	125.65

表3-3中，我们发现，青少年是记忆的全盛时期，而初中阶段则是人生记忆最佳上升时期，大多数指标与小学四、五年级相比均在迅速上升。研究认为在儿童早期的一、二年级时，学生的无意识记占主导地位，到小学中年级后，有意识记虽是被动，但有明显发展，而进入初中阶段，学生的有意识记逐步占主导地位。同时，心理学研究结果表明，记忆通过训练能获得更佳效果。所谓训练在学校里就是教育，适合学生心理发展水平的教育。

3. *必须与学生认知特征匹配*

著名心理学家皮亚杰认为："儿童在认知过程中不是消极的、被动承受者，而是积极主动的参与者"，如果呈现出的认知特征与相应教育活动模式匹配，极有可能获得最佳的预设效果。

由于我国传统教育理念的影响，在教育活动中一贯注重知识传授的系统性，因此，初中生学习有如下特征：

(1) 认知的选择性。学生的认知并不是教育者提供事物的简单的客观反映，而是该事物（或知识）进入大脑区产生两种可能：一是迅速而不加思考，本能地做出顺从或是拒绝；二是通过思维，做出选择。如果合拍（即选择），学生则会主动地学习新知识，积极参与活动，反之则被动参与教育活动，促使学生丧失学习兴趣，甚至产生上课不守规则，课堂缺乏活力等现象。在学校教育活动中，学生这种认知的选择性很大程度取决于教育者的教育理念和教育措施。顾泠沅数改实验小组研究与实施的课堂教学活动策略，完美地证实了这一点。

(2) 认知的系统性。长期的教育实践使我们感受到,学生学习新知识的难易程度取决于新旧知识相隔的距离,即原认知结构中的知识固着点与所探究问题间的距离。在顾泠沅数改小组的实验结论里得到证实(见表 3-4、3-5)。

表 3-4　探究问题与知识固着点的"潜在距离"

测　试	年　级	原有知识固着点与探究问题的"潜在距离"
第一次	初一 初二 初三	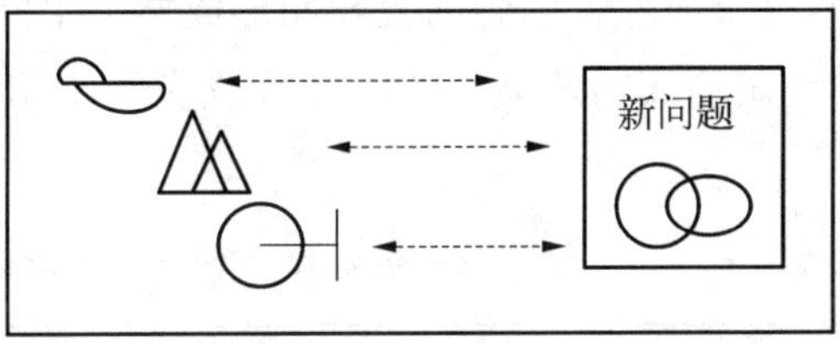 新问题
第二次	初一 初二 初三	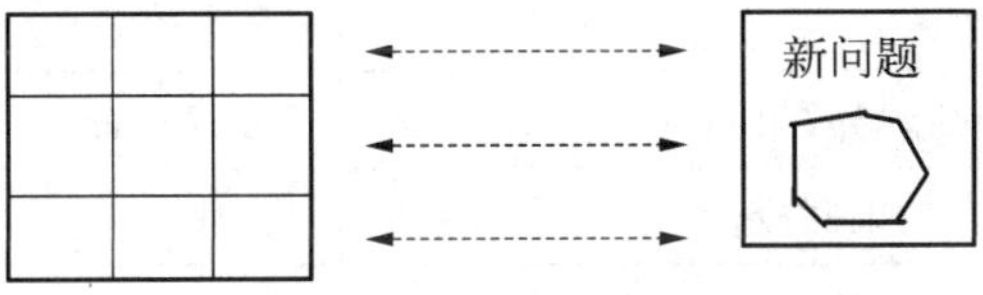 新问题

表 3-5　各年级自行完成探究活动的人数比较

测　试	初　一	初　二	初　三
第一次	21	40	45
第二次	36	42	45

从表 3-4 和表 3-5 中明显地看出:第一次探究两圆位置关系,各年级学生知识固着点与问题的潜在距离差别较大;第二次探究格点图形面积,学生认知结构中的固着点都只能是算术中的方块面积计数知识,这是所有初中生都具有的,所以各年级基本上"等距"。因此,第一次各年级完成人数差别大,尤其是初二、初三学生自行完成探究的人数大大超出初一,而第二次完成探究活动人数差别不大。这充分说明,学生不断地在旧知识基础上掌握新知识,而我国课程的结构与设置十分注重知识结构的系统性,因而在学生的认知结构中形成一个很重要的特征,即认知的系统性。这给我们启示,我们的教育活动绝不能是割裂的一个个单独活动,而是要整体设计、前后贯穿、相互联系。

(3) 认知的不稳定性。如果学生对某一项活动非常关注,他就可能表现出很高的内驱力,充分发挥其潜在能力,甚至可能达到废寝忘食的地步。所以说,要学有成效,必须使学生保持认知的稳定性。可是,我们在调查中发现:初中生由于内分泌系统的变化,使神经活动的兴奋与抑制过程不太稳定,在认知活动过程中一有"风吹草动",就会使学生可能时而高度兴奋,时而无精打采;我们考察了造成初中生认知不稳定的因素,一般有家长指令、伙伴互动、教师理念和自身兴趣，但各因素的作用是不同的，其关键因素是处在高层的学生的兴趣和教育者的理念。

（4）认知的角色性。在实际教育活动里，角色的变换也常常会产生神奇的力量。例如学生在活动中能体验到主体地位，他就积极、主动，全身心地投入，充分发挥创造精神。如果学生在活动中感到自己处处在教师规定的范畴里，做一些事先设计好的规定动作——即被动木偶式活动，则兴趣不高，对学生良好发展价值不大。所以说，对同一个目的的教育活动，由于教育者思想的差异而形成学生不同的角色地位，那么在教育活动中肯定会产生南辕北辙的认知效果。顾泠沅数改实验小组的有关资料也印证了这一点（见表3－6）。

表3－6　实验甲、乙班与对照班差异比较表

	实验因子	学习成绩	思维能力测验成绩	阅读能力测验成绩	后续学习成绩	
					代数	几何
甲班	尝试指导效果回授	17.05★★	15.27★★	22.10★★	25.84★★	29.16★★
乙班	效果回授	25.60★★	—1.45	7.10	23.45★★	20.64★★

在表3－6中，我们明显地发现，确立以学生为主体的角色，也就是在教师指导下，因势利导发挥学生的探究能力，长此以往，无论在学习成绩，还是后续学习成绩和各方面能力上，均明显高于仍处在被动学习角色的对照班。所以，在教育活动中，应十分注意学生认知的角色性，要确立学生是学习主体的观念，强化学生自主参与，而不是被动的旁观者。

（二）满足社会发展的要求

著名教育家吕型伟曾这样比喻："人们把教育看作是一个国家、一个地区建设和发展的奠基工程。"事实确实如此，"因为任何一个国家的物质文明与精神文明都离不开这个基础，都是在这个基础上发展起来的"。这就是教育的社会特性，所以教育改革必须要依据社会发展的需求，必须顺应时代的要求。

1. 家长对学校教育的期望

在调查中发现大多数家长对学校教育都有期望：重智育。说透了，众多家长最关心的是学生的学习成绩。更有甚者，只重视中考相关学科，认为其他都是无关紧要。例："几乎100％的学生不约而同地说父母平时与他们谈话中出现频率最高的词汇是'读书''分数'或'今天考了几分？班里排第几名？'"等。在大力提倡素质教育之后，出现不少家长在学校启蒙"一技之长"的基础上，负责精心加工，或请家教，让孩子上补习班，或让孩子上艺校等，四处奔走，让学生参加竞赛，各种艺术、外语等级考试，换得一张张证书，目的是为让孩子被重点高中录取增加砝码。总之，大多数家长十分重智育、轻均衡发展，以牺牲学生个性为代价，把学生的发展硬性纳入家长一厢情愿设计的轨道上，期望学校教育能负担起家长期望的重任。我们在调查中获悉很多家长千方百计择校是缘由四种不同心理：依赖心理、应付心理、合作心理、目标心理。我们认为不管家长处在何种心理水平，其共性为他们都十分信赖学校，期望学校教育能负担起提高学生学习质量的重任。所谓期望是一种有信心的等待。家长对学校如寄予期望，这是一种对学校的信任，是有利于学校进行教育、教学改革的。但要纠正偏执性的期望，必须让他们看到在新的教育模式作用下，既满足家长对学校的期望，又能更进一步促进学生全面的发展，即德智体的良好发展，从而更好地满足家长对学校教育的期望。

2. 社会发展需求

一个社会要发展，不管其社会条件或自然资源如何，从根本上说，取决于社会形态和人的素质。党的十三大报告中指出：“科技的发展，经济的振兴，乃至整个社会的进步，都取决于劳动者素质的提高和大量合格人才的培养。”那么，社会发展需求怎样的合格人才呢？我区课题研究资料表明，他们曾经从本区八个局、五个乡抽取208名从业人员作为样本进行调查。经分析获得社会需求合格人才素质的共性：首先，是热爱劳动，干一行、学一行、干好一行；第二，是由社会责任感激起的目标意识；第三，具有扎实的文化基础知识；第四，具有良好的个性心理品质。但由于人才实践于不同的劳动领域，需要发展不同的特长，因而不同领域人才的素质结构方面又具有各自的特点（见表3-7）。

表3-7 青浦区各类建设人才素质特点分析表

		素质特点
建设人才类型	生产操作型	文化水平不高，强健的体魄，吃苦耐劳的精神等。
	生产科技型	学以致用的专业知识和专业技能，高度的社会责任感和工作热情等。
	管理复合型	具有一技之长的内行领导，严于律己的人际关系，较强的管理能力等。
	文化艺术人才	强烈的爱家乡情感，较强的心理承受能力，丰富的创造思维等。
	教育人才	正确的价值观，无私的奉献精神，较强的观察、思维能力等。

同时，我们十分清楚地知道，学校教育是根据一定社会的需要来培养人的工作，在教育的过程中，其教育对象是学生，必须了解学生的现状。据区教师进修学院教研室对区内50个班级2 000名学生的调查认为，学生总的状况是好的，但从社会发展需求来看，学生的素质与社会发展对人才的质量要求之间存在严重的不适应。首先是思想观念的不适应，第二是文化技能的不适应，第三是身体、心理上的不适应。因此，给我们的启示是：社会发展所需的合格人才素质结构应包括身体素质、心理素质、思想品德素质、科学文化素质、劳动技能素质。以上各种素质相互联系、相互渗透、相互促进又相互制约，形成社会发展所需合格人才的整体素质结构（见图3-2）。所以说，社会发展的需求，为教育、教学改革指明了方向。

3. 实施素质教育的有效途径

我们认为，教育目的、任务的落实，教育功能的完美实现，主要是由教育系统内部的结

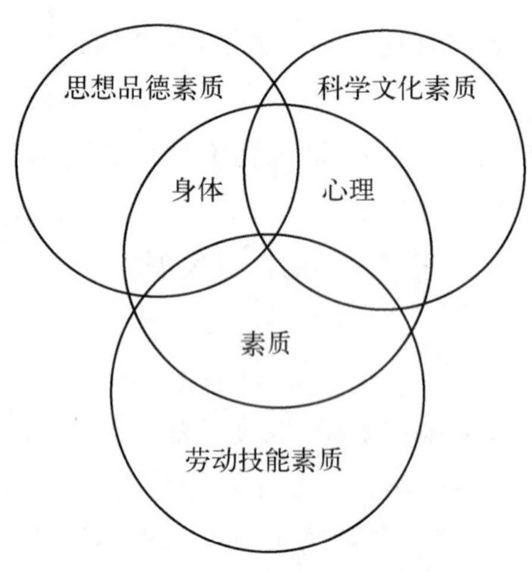

图 3-2　社会发展合格人才素质结构示意图

构体系决定的。也就是说，学校实施素质教育的有效途径之一——必须改革现行的课程结构。从世界各国教育改革的潮流来看，课程教材改革问题总是处于学校教育改革的中心地位。我们感到课程教材改革旨在使教育目标贴近、符合社会发展所需要的合格人才素质标准。那必须对现行十分注重讲授课本知识、理解课本知识、考评课本知识为唯一标准的课程设置进行变革——必须删去过时、落后、陈旧的课本知识，增加体现时代气息的新科技成就，贴近生活艺术、体育等内容，使课堂教育、教学在教授内容上充满活力；必须对理论脱离实际弊病进行改革；必须对在封闭的校园内，因脱离社会、脱离生产实际，只会死读书而一踏上社会就感到无所适从的普遍现象进行革新。变革目的是寻找校内课程设置、内容传授与校外未来社会发展所需的素质要求和谐匹配的学校教育模式，探索符合学生身心发展特点，又满足社会发展需求的实施素质教育的有效途径。早在 20 世纪 80 年代中后期，我区城乡两类区域性素质教育的课程改革，就采取如下措施：一是注重学校课程与社会生活的联系；二是加强课程的主干——最基本的知识；三是文化知识课与活动课的有效结合；四是弹性课时与微型课时的调节安排。实施几载，获得了比较理想的社会效果，这也启示我们：学校教育改革方案、措施，必须要适应社会发展的需求。

（三）满足教育现实的需要

我们认识到，任何教育改革的措施都是起源于对教育事实考察不满的反映，正如青浦数学教改实验小组编著的《学会教育》一书所述："把现状调查作为教改实验的逻辑起点"，形成的措施是为了更好地为教育现实服务。因此，我们在调查、思辨过程中发现下列几个问题。

1. 培养目标与课程设置缺乏同步

我区施家琦主编的《奠基工程——一个县的教育改革》一书，是国家哲学社会科学"七五"期间重点课题"普通教育整体改革的实验与研究"子课题之一的结题报告，它根据党和国家提出的"培养德、智、体全面发展的建设者和接班人"的方针，从青浦的实际出发，归结的教育培养目标是："德、智、体全面发展的，个性特长充分发展的，适应未来社会主义现代化建设需要的新型建设者。"我们认为，青浦教育既要适应社会发展的需要，又要促进人的德智体全面发展和个性的充分发展；既要重视提高全民的素质，又要重现出类拔萃人才的培养。可是，在面对青浦社会经济发展的现状和需求，发现初中教育的不适应性日益突出。具体表现为：教育虽然为当地培养人才、提高全民素质作出了一定的贡献，但培养目标不明确，造成一方面当地社会需要大量素质优秀的建设人才，另一方面不重视也无法设置（或在原有课程中渗透）对学生（未来社会主义建设者）的素质培养的课程。同时，有的学校把升学作为学校教育追求的主要目标，出现学校课程与培养目标缺乏同步。现拿数学课程为例，社会在发展，以数学为基础的工具、设备和技术的大量出现，未来社会的公民需具备更高的数学素养。与数学重要相伴随的是数学难学，认为现代数学似乎越来越只能为少数人所掌握，同时感到现行中小学数学内容，不少方面学生掌握不了，有的学了没用，而很多既有实用功能，又有智力价值，既能反应现代数学全貌，又能以学生现实背景中发展的内容，学生却很少接触或学不到。这充分说明，学校现有课程与未来社会的培养目标不同步。

2. 课程改革理念与传统教学形式的矛盾

市“二期课改”的基本理念是以学生发展为本，真正是为了每一个学生的发展。这与我区教育局在20世纪80年代初提出“办好每一所学校、管好每一个班级、教好每一个学生”的教育思想不谋而合。但在班级授课制前提下的各种教学模式，要贯彻这个理念，难度的确很大。面对课程改革理念与传统教学形式的矛盾，必须进行改革。有这样一个成功例子，我区有一所初中，共有18个班级，800多名学生，人均活动场地约0.5平方米，体育专职教师仅有3人。为了改变体育课外活动的现状，特别对学生活动的意向作进一步的分析，他们于1986年3月抽取初二5个班级共210名学生作为样本，进行了历时一个月的体育课外活动现状调查，得知只有25.7%的学生坚持参加体育课外活动；认为活动内容单调、乏味的有65%的学生；认为器材太少的占7.2%；认为场地太小的占67%。因此，学生对课外活动不感兴趣，90%以上的学生否认活动课有吸引力，相当部分的学生在活动课内抓紧做作业，以便腾出时间回家做“自由”人。通过调查，他们清楚地看到，如仍按传统的“课外活动内容轮换表”组织模式进行活动有很多弊端，而企图在短时期内改善场地、设施、器材也是根本不可能的。为此，他们根据学校的具体条件，在学生中进行了“你所喜爱的体育项目”的调查后，选择因地制宜、因陋就简的体育项目，满足了学生不同兴趣、特长，不同性格、不同层次的需要，变“要我参加”的被动状态为“我要参加”的主动状态，提高了体育课外活动的质量。这给我们一个启示，矛盾虽然存在，有困难，但只有我们正视它，群策群力，办法肯定多于困难。

3. 学校教育标准与学生实际需求的脱节

在现实的学校教育过程中，我们深有体会，有些学生自认为很努力，但其所表现的实际行为始终与学校教育标准缺乏同步。我们曾做过这样一个调查，参考美国心理学家科尔伯格的“两难问题”理论，设计六个判断学生道德认识水平的题目，在初中学生中进行问卷测试。经统计后发现，55.44%的学生道德认识处于高级阶段的第一水平，44.55%的学生的道德认识处于中级阶段的第二水平。已达到或超过《我国青少年的道德认知研究报告》一文认为16岁时开始倾向于第三种水准，也就是我们现在初中学生的道德知识水平已处在一个比较高的水准，即道德认识掌握得较好，道德批判能力较强。但是，我们认为，道德认识与道德行为是一种辩证关系，所以，我们请这些学生的教师，根据与道德认识水平相对应的道德行为水平标准来给每个学生划分等级。然后，我们把每个学生的道德认识水平等级记为 x 因子，道德行为等级记为 y 因子，得出相关系数 $r=0.0837$。说明这些学生的道德认识水平和其道德行为之间基本上没有必要的关联。接着，我们进一步分析每个学生道德认识水平和道德行为的同步情况（见表 3－8）。

表 3－8　学生道德认识水平与道德行为间的关系情况表

	同步	不同步	不同步				
			差一级水平	差二级水平	差三级水平	差四级水平	差五级水平
A 群体	8	42	9	8	13	11	1
B 群体	7	44	8	14	18	4	—
∑	15	86	17	22	31	15	1

注：(1) 表中数字表示人，单位：个。
(2) 同步是指这个学生道德认识与道德行为处于同一级水平。
(3) 差一级水平表示道德认识高于道德行为的一个级别。

在表 3－8 中，可明显地看到道德认识与道德行为间差二级水平及以上人数达 69 人，占总人数的 68.31%，超过被试的三分之二以上。因此，可以这样认为，目前初中学生道德认识与表现的道德行为不一致。这说明，学校教育的标准（或要求）找不到适合学生内心需求的教育方式（或途径），无法有效地使学生心服口服地内化为自己的行为，经常出现学校的教育标准与学生内心实际需求脱节现象，因而教育效果不够理想。

第二节　认真实施“活动—发展”教育模式，积极促进教育有效性的研究案例

回顾学校课程建设和课堂教学改革的实践探索历程，我们学校教育改革从单科到多科，逐步覆盖各学科；从单育逐步拓展到各育；从课内、校内的教育活动逐步延伸到校外、社区生活实践；从“活动—发展”教学新格局发展，形成“活动—发展”教育模式。在整个实践过程中，改革的理念、指导思想越来越贴近学生；改革的方案、措施越来越适合学生的需要，与学生的学习行为融为一体；改革的评价体系越来越有利于激励、提高学生的发展水平。一句话，“活动—发展”教育模式的持续实施，将越来越有效地促进全体学生的良好发展。

一、“活动—发展”教育模式的实施原则必须科学化

“活动—发展”教育模式追求的，也就是该教育活动的宗旨，在教育过程中，是以学生发展为本，让所有学生都获得不同程度的良好发展。我们认为，任何教育活动目标都是该活动的出发点和归宿，是规范教师的理念，指导教师的行为，也是学生学习活动的行动指南。所以，我们在制定“活动—发展”教育模式的教育活动的目标时，尽可能使该目标既符合学生发展规律，又体现科学性，所以我们一边在实施“活动—发展”教育模式，一边进行不断反思，逐步形成以下原则：

（一）全体性原则

我们认识到教育活动的宗旨必须面向全体学生，因为基础教育是普及性的国民义务教育。在我校第一轮实践中，虽然受到片面追求升学率思潮等主、客观因素的影响，但坚持从学生发展为本的理念，周密计划，稳扎稳打，逐步突破应试教育瓶颈。经过实践证明，“活动—发展”教育模式不仅不影响学生学习成绩，反而更加激发大多数学生自觉学习的动机，提升学习能力。因此，在第二轮实践中，我们强调了活动目标面向全体学生的原则。

案例：“老师，我能演讲吗？”

这是一次区级语文评优选拔课，我们一行几位语文教研员到实验中学听课。实验中学安排了一节语文演讲活动课，应该说，为了评优，相关学校与教师一定在这节课上精心准备，争取入选。我们教师像过去一样准备欣赏那些具有演讲及表演天才的学生展现自己的才能了。

“现在哪位同学上来演讲？”年轻的教师充满激情地邀请。

“老……师，我……能讲吗？”寻声望去，只见一位脸相微微呆笨的同学举手提问。

我的心咯噔一下，让这样的学生演讲，年轻的教师会同意吗？这可是一节评优课！听课的其他教师神色也顿时紧张起来，替这位教师担忧。

“哗……”忽然班级内扬起掌声，似乎静的湖面旋起波涛。

那位同学涨红着脸，走上讲台，搅动着僵硬的舌头，含糊不清地开始演讲，我几乎听不清一个字。但那位青年教师与全班同学还是那样认真地倾听。

“丁零零……”下课铃声响了，结果教师预备的精彩演讲没有按时进行。

没有任何怀疑，这是我听到的最不完满的一节课。但是，我们几位评委全部毫不犹豫地给这节活动课打上了最高分，因为我们从来没有听过如此特殊的演讲！（摘自一位语文教研员的听课笔记；该学生为划片招生进校的随班跟读生）

是何种原因使老师如此尊重每一个学生，因为我们实验中学的老师深知：学生享有受教育的平等权，是神圣不可侵犯的，无论何时何地何种活动，一定要面向每一个学生，面向全体学生。

（二）全面性原则

我们认为教育活动的目标也应是多方面的、综合性的，它既要面向全体学生，又要涉及各科各育。关键是它要使每一个学生都通过学习活动扩大视野、增长知识、提高能力，克服单纯追求知识的质与量而忽视非智力因素的培养。同时，还要丰富学生的精神生活，使其情操得到陶冶，思想政治、道德素质以及相关的行为水平有所提高。

案例：“我感觉我自己像导演”

唱歌是我的绝活。这次学校准备组织“展示自我”专题活动，同学们反应可热烈啦！有弹琴的、唱歌的、表演舞蹈的、表演魔术的、制作模型的、说相声的、写书法的、朗诵的等，大家忙活着准备，就连平时只看书学习，不愿参加活动的学生也丢开了书本，动脑筋拉人演小品。我呢，想唱一首歌曲：那就是美国电影《音乐之声》中的插曲《DoReMi》。为了唱好这首歌，我又重新看了碟片，寻找忙于紧张学习而失去了的那份轻松、欢快之感。同时，自己翻译歌词，用电脑制作卡片分送给我的同学歌迷，还邀请我的同学给我伴舞。请人、动作设计、服装准备、排练……我简直感觉自己成了导演，家里父母也说我简直像个“小大人”，能够自己独立处理很多事情了。

活动中我得了二等奖。学生评委说我唱得很好，遗憾的就是模仿性多，再创性少，伴舞演员有些紧张，动作不协调。由此，我感受到创造性的重要及“一个好汉三个帮”的道理。今后，我要多在创造上下功夫，同时也要加强自己主动与别人合作的积极性。（八(6)班学生：陈丹露）

类似这样经过精心设计的一个专题兼顾多种活动目标（或能力）的活动，深受学生的欢迎，学生参与面广，积极性高，对于学生兴趣激发、主题凸显、视野开拓、感受丰富、能力提升等多方面发展起到良好的促进作用。

（三）主体性（即自主性）原则

我们感到在教育过程中，主体性原则主要表现在两个方面，一是教师从知识经验的传授者转化为学生学习活动的指导者、再到学生自行获取知识经验的促进者；二是学生从提高学生主动性到初步自主、再到基本自主的自行学习。师生角色功能的明显转换，旨在应对“教是为了不教”的著名命题，充分显示“学生是学习的主体”，以学生发展为本的这个教育终极目标。

所以，我们在实施“活动—发展”教育模式过程中，始终坚信1992年国家教委柳斌同志的“不是把学习的过程作为一个学生被动接受知识的过程，而是作为一个学生再探索、再创造的过程”的教诲。我们始终认为，在这过程中最重要的是充分发挥学生的学习主动性，改变以往那种被动的、单纯听讲的学习方式，在讨论和研究、探究和试验中发现新的知识和方法，有见解地解决提出的问题。例如在教改初期初中数学课参照我国古籍《学记》上“道而弗牵，强而弗抑，开而弗达”的要求，试着在采用讲授法的同时，辅之以这样的方法：让学生自行“尝试”获取知识，教师则根据“尝试”需要予以指导。其一般步骤是：让学生阅读教材和其他有关书籍，重温某些概念和技能，通过对数、式和图形的细致观察，做一些简单的数学实验，启发学生对数学问题进行类比、联想或归纳、推演。教师则拟定适合学生水平的尝试层次，确定“高而可攀”的步子，防止难易失度。这种充分发挥学生主体性的“尝试指导”方法坚持试验了一个阶段，发现学生的思维变得特别活跃，他们在课堂上自行概括的一些法则、结论，有的甚至任课老师事先都没有估计到。如在学习等腰三角形的判定一课时，有个学生指着黑板上画的一个三角形说，这个图形完全可以看作两个三角形，即$\triangle ABC$和$\triangle ACB$，这样就可不添辅助线，直接运用“角边角”定理推得它们全等，从而证明判定定理的正确性。这一超越该节课本知识讲授范围的思路，连听课教师都称始料未及。

（四）发展性原则

案例：“我喜欢到学校小发明室去”

看到妈妈正吃力地拿着长毛刷清洁鞋内的污垢，我就说要发明一种新鞋，可以轻易地把里面的鞋底翻出来便于清洗，妈妈说我小孩子不好好读书，净是瞎想，这是不可能的。但我想只要多思索、多动手，这一定能够办到。

因为平时我经常去学校的小发明室，里面什么工具都有，如果你有什么好的点子，学校还为你创造各种条件，帮助你把自己各种稀奇古怪的想法做出来，许多同学都利用课余时间在里面捣鼓。我想：如果把鞋底做成履带式的，不就能把鞋底翻出来吗？我把想法和老师一说，老师大力支持我的创意，于是我们一起画图纸、买材料、做模型，忙得不亦乐乎。

终于，经过一个多月的反复试验，我设想的那双履带式鞋子成型了。我把鞋子拿给妈妈看，妈妈特别高兴，夸我为妇女解放了劳动力，还鼓励我去申请专利权！我的心里感到甜滋滋的。

我喜欢到学校小发明室去，因为那里有我发展的天地。（七(9)班：徐向东）

社会在不断地发展，对学生的创新意识和创新能力也不断地提出迫切的渴望。“创新是一个民族进步的灵魂，是一个国家兴旺发达的不竭动力”这已经成为国际社会的共识。美国哈佛大学校长普西认为：“一个人是否具有创造力，是一流人才和三流人才的分水岭。”因此，我们在制定实施“活动—发展”教育模式原则时，特别强调把学生创新意识与创新能力的培养放在突出的地位，即发展性原则。也就是说，在学生自主学习过程中，鼓励学生到实践中去，让学生在做中学，创造一切必要的条件帮助学生实现梦想，使学生的知识、能力、心理和生理都获得不断的发展。

二、“活动—发展”教育模式的实施方法呈现多样化

教育改革之初，也就是探索“活动—发展”教育模式初试阶段，我们较多地把注意力集中放在课堂教学的改革上，即把工作的重心比较多地聚焦在课堂教学中教师教学行为的

改进和理念的提升上，因此，在基础型课程的教学实践上积累了比较多的经验与案例。但社会在不断发展，对教育的要求已发生较大的变化，三类课程的结构比例和运行方式应与时俱进，以不断回应社会改革开放发展的需求，尤其对第二、第三类课程实践的深度和广度，做了进一步的思考和探索，以保证“活动—发展”教育模式的教学改革的不断深入。所以，为提高教师实施活动课程的执教和指导能力，尽力满足学生发展的需求，从 2000 年开始，我们对学生实践活动方式多样化进行探索，确保学生良好的发展。

案例：《花》的故事

我们曾对语文、化学、劳动技术和音乐等学科进行综合合作课程的开发，其活动的方式：语文类活动课以赞美花为主题，化学活动课探究花青素对花的颜色的作用，劳动技术课让学生制作盆栽鲜花，音乐课让学生歌唱鲜花，通过系列活动使学生在比较广泛的领域内经历、体验有关花的知识，表达对大自然的热爱和对美好生活的追求，使学生的知识技能的训练、表达能力和动手实践能力也有一定的提高。

我们认为，视听教材作为学习的一种新载体，介入了语文教学的内容，拓宽了语文教学的渠道。如何充分利用《花》这一教材，实现“横向沟通，纵向成序”，使初中四个年级的学生通过《花》这一教材，拓宽对花的理解思路，加深对花理解的深度，丰富《花》这一教材的内容，成为我们语文教研组和其他学科组共同研讨的话题。

起初，我们根据第一类活动课的要求，初定的教学目标是：一、结合画面，正确理解解说词中重要句子的作用，学会归纳解说词的段意；二、通过运用关键词句的表达，提高学生说话的能力。通过课堂教学实践后，教师们根据课上学生的学习热情和活动能力，丰富教学内容，比如：本文的解说词特别优美，应该在课中有语言的学习；视听教材作为一种有效的学习载体，应该多发挥学生的主体作用。

经过几次实践，教师们都认为，充分利用教材与外面的自然界互相结合，进行专题活动可以充分挖掘教材的内容，增加学生活动的机会。于是，语文教研组与生物学科、地理学科、美术学科、劳技学科、音乐学科等充分合作，制定出初中四个年级分阶段、分侧重点的知识和能力序列结构，并制定出较为详细的学生搜集材料、栽培、制作、解说等操作步骤。

经过多次专题活动，我们一方面积累了第一类和第二类活动课宝贵的实践经验；另一方面，形成了比较成熟的操作模式。在这个基础上，我们大胆放手，让学生走出校园，走向社会，通过观察、记录、比较等多种形式，加深了对花的理解。学生到花店和田野用相机和画笔记录各种无名小花，并搜集各种资料，查询这些无名小花的学名。经过一个阶段后，初一学生能够辨认 20 多种无名小花，而到了初三年级，学生能够辨认 50 多种无名小花的学名。同时，他们又在网上搜集各种奇异花卉，了解它们的生长习性；在家中养了许多花卉，制作出了一系列的有关花的专题作品，如插花，举办花卉展览及花卉摄影和绘画作品展，进行有关花的诗歌朗诵会，交流花的知识，演唱赞颂花的歌曲，谈谈居室中花卉的放置如何更能体现生活中美感，理解花卉的各种用途等，在同学们获得知识、提高技能、积累素养的同时，这系列活动也得到了教师和家长的高度好评。

真是我们种下了“花”，我们收获了果实。

在各教研组共同的合作和探索下，我们终于尝到深化活动课给学生和教师带来的甘甜，激发了教师进一步深化和实践三类活动课的热情。（实验中学语文教师　沈菁）

上面的案例告诉我们：

1. 理念的变化可以促使“活动—发展”教育模式实施的方式变革，即学校教育再也不是圈在围墙内的学校教育，而是拆掉了有形或无形的“围墙”，从课堂走向家庭和社会。也就是说，我们三类课程的阵地，从课堂内走向课堂外，从校内发展到校外。多样性的实施方式，不断地拓宽学生的视野，不断地提高学生理论联系实际的能力，不断地适应社会发展的需要。

2. 师生合作、教师间的合作促使“活动—发展”教育模式实践方式的丰富。在实践三类课程的教育、教学过程中，我们越来越注重知识点、能力点之间的相互贯通。从单一学科实践活动到多科的整合，设计活动时尽量做到“纵向成序，横向沟通”，从而达到提高活动课的效度，挖掘活动课程的深度，有效地达到丰富活动方式的目的。如“纵向成序”方面，我们逐步构建以关注生活、生命、自然、社会四个主题为系列的分年级研究型课题系列，让学生由浅入深地探究与发现，在教师引导之下以项目或课题研究的形式让学生自主探究，培养学生探究与创新的意识和实践能力。如，我们在七年级开设了课内指导与课外学生活动、探究相结合的民防教育课，该课虽以关注生命为主题，但融合了语、数、生等各科知识，在各科教师的配合下，师生间良好的互动，使学生在活动中充分体验、探究和创造，并达到不断发展自我的目的。其实施过程往往经历几个阶段，第一，问题发现阶段。通过设置情景，收集分析资料，从中发现问题。第二，确定课题阶段。学生在教师指导之下确定课题，尝试着解决各种问题，运用创造技法进行小创造、小发明，培养学生的创造性思维。第三，产生方案阶段。小组合作交流互助互动，产生新的设想。第四，实施完善阶段。设计、实验、制作、调整和完善成果。学生在这样的探究学习过程中，学到了知识，提高了探究的能力和水平，同时，也培养了学生创新的智慧。

三、“活动—发展”教育模式有效促进学生良好发展的课例研究

2007 年 4 月 12 日，由上海市教委教研室、人事处、基教处和青浦区教育局联合举办的“培育学校研修文化，深入推进课程改革”研讨会在我校隆重举行。会前，我校教师向来自全市各区县课改基地学校的校长和市、区、县教育局领导展示体现“活动—发展”教育模式的公开课，接受领导、专家、同行的检验。

课例1:《清塘荷韵》

执教:周秀芳(7年级　语文)

(一)教学设计

教学目标:

1. 体会荷的美好风姿,感受荷的顽强生命,领悟作者借荷抒情、以荷明志的写作意图。

2. 品味本文朴实凝练、自然清新的语言特色。

教学过程:

1. 说到“荷”,宋朝诗人杨万里有一首诗可谓妇孺皆知:(可齐背)“毕竟西湖六月中,风光不与四时同。接天莲叶无穷碧,映日荷花别样红。”本文也引用了这首诗——第8节。齐读其中几句:“幼时读旧诗……岂不大快人意哉!”这里,“是我把西湖从杭州搬到燕园里来了”一句是什么意思?

——燕园清塘里荷花盛开的美景不亚于西湖。

大家去西湖观赏过这样的胜景吗?不妨让我们伴着轻柔的音乐来观赏感受一番这清塘荷韵。(放图片让学生有直观感受)

2. 如果说摄影师用镜头摄下了荷的美丽,那么作者则用文字记下了荷的风姿。请大家用心查找圈划能证实“把西湖美景搬过来”的有关语句。

——第8节中(色浓、瓣多、姿美)

可读一读描写荷花姿态的一句:“这些红艳耀目的荷花,高高地凌驾于莲叶之上,迎风弄姿,似乎在睥睨一切。”联系到《爱莲说》中的“亭亭净植,可远观而不可亵玩焉”,感受荷的优美高洁。敲打“睥睨”一词,可联系已学的“有卖油翁释担而立,睨之,久而不去。”加深理解的含义,可让学生在书上写一写这个词。

——第11节中,敲打“塞”“擎”两字的精妙生动。(“塞”:叶密花多。“擎”:有力茁壮、充满活力生机),这种繁盛的景象用这一节中的一个成语,叫作——“洋洋大观”。

——第9节中,请学生出声读一读整段文字,想一想、说一说作者一天几次徘徊塘边,是置身在怎样一种氛围里。

(氛围宁静、柔和、轻盈、美好、如诗如画、令人沉醉),请个别同学有感情地朗读这一节。(可敲打“绿肥”:荷叶翠绿茂盛,“红肥”:荷花硕大浓艳。“漂”:花落水面轻盈美好)

3. 作者当初怎么会想到种荷?

——齐读第2节。用一句话概括缘由。(只是为了满足审美需求。希望环境宜人、优美。)

现在看来,这个愿望当然是满足了。除此之外,还有别的收获吗?

——第7节,领悟到生命的强大。(齐读第一句)哪几个词能凸显生命的强大,请圈划。(“极其惊人、拓展蔓延、无法抗御”)

那么,大家是否感受到顽强的生命力呢?

——第 7 节“一夜、几十支、十几天、遮蔽、整个”

“第 6 节几天之内,池塘内不小一部分,已经全为绿叶所覆盖。”

看到这么多的绿叶华盖,作者等了多久?——四年!

所以,这“清塘荷韵”既指它水面上的美丽风姿,也指它水面下的顽强坚韧。你在这方面有什么联想吗?(野火烧不尽,春风吹又生;张海迪、霍金……)

4. 这一塘清荷还有个特别的名字,叫——“季荷”。为什么要这样赐名?

——他种的、他爱的、他自身有荷的高洁品行、君子道德。

看第 8 节,如何理解“感激”?(这是朋友对他品行、成就、为人的极大褒奖。)

能否举例说明?(调动积累,提前布置预习,上网了解作者生平经历。比如:帮青年学生看行李、不记仇、不报复)

他是借荷抒情、以荷明志。

板书:

清塘荷韵

美丽风姿

季荷　<　　　　　　　　<以荷明志

顽强生命

(二) 教学反思

《清塘荷韵》是季羡林先生的散文名篇。字里行间透着感人的平和、真切、脉脉深情。

他从撒下莲子落笔,叙写了四年的漫长等待,终于等来了荷叶满塘、荷花争艳的繁盛景象,以此来讴歌生命力的顽强、坚韧、勃发向上。

面对文本,我们老师不难读懂季老笔下的荷花是张扬生命的强者,是彻悟生命的智者,更是季老师生命历程的真实写照。他借物喻人、以荷明志,彰显了对生命本质的深刻认识和难能可贵的昂扬的人生态度。然而,这篇意味深长、充满禅意的美文放置在初三年级的教材中,不能不说是有一定深度和难度的。考虑到初三孩子的学习实际,我制定了以下两个教学目标:1. 体会荷的美好风姿,感受荷的顽强生命,领悟作者借荷抒情、以荷明志的写作意图。2. 品味本文朴实凝练、自然清新的语言特色。

这堂课的教学流程主要有三块:1. 体会荷的美好风姿,2. 领悟荷的顽强生命,3. 品味朋友赐名“季荷”的缘由。之所以作这样安排,是希望无论理解内容还是锻炼思维都能由表及里、由浅入深,既环环相扣又逐步深入地螺旋上升。毕竟初三学生的认知理解思维等能力还尚肤浅稚嫩,故而我觉得这样设计安排相对比较妥帖、科学。

下面就我和学生立足文本一起感受和体会荷的美好风姿的几个片断,来简单阐述教师如何有效提高学生的语言感受能力。

1. 唤醒熟悉的生活体验来引导

教学过程中，学生讲到“塞”字的妙处时，我让他们联想生活中塞车时的情形，借学生最熟悉的画面来理解清塘中红花绿叶茂密拥挤的繁盛喜人景象，感受季老用词的生动妥帖。

2. 联系熟知的阅读积累来启发

“睥睨”一词对初三学生来说，无论其读音、含义、写法，都有一定难度，所以我抓住学生发言的契机，让他们齐读注解来理解含义、借助书写来加深印象、并由“睨”字唤醒记忆，联系上学期已学的《卖油翁》中的相关知识来更好地理解新知、巩固旧识。

教学中，还有另两处也在唤醒学生的阅读积累。一处是背诵周敦颐的《爱莲说》，目的是借学生熟知的经典名句来帮助他们更好地理解季老笔下荷花风姿的清雅、端庄。另一处是体会荷的“绿肥红瘦”时，我提到了李清照的“绿肥红瘦”。引导学生比较领悟两个“肥”字的不同含义。学生讲出“肥”是“饱满、丰厚”之意，我十分欣喜。

3. 捕捉文本的关键信息来点拨

作为执教者，在备课过程中，我感到第 9 节的解读品味对初三学生来说是个难点。因为这一节文字着重表现的是荷的空灵气质，最见意境，而要初三孩子参悟意境，无疑太难。故而相比其他地方，这一节的解读更需要老师智慧点拨。在备课时，这一段也的确是我预设最费时、调整最费心之处。

我先让学生出声散读，借鉴朗读沉浸文本，边读边思“季老这么忙碌，何以一天多次在这流连”。因此这时的朗读，不只是表面的读通读顺，而是要读出字里行间潜藏着的思想情感、深刻意蕴，是借读来悟。之后，我尊重学生的意愿，给了少许互相交流的时间。因为我带的两个班都不是小班，每班有 56 人。所以平时常常提醒自己要关注群体、关注差异、关注更多学生。经常会采用同桌互说的方式鼓励合作学习、同伴互助互补。尽可能让每一个学生都融在课堂氛围里，不孤单、不游离、不茫然。在这基础上，再请学生来谈各种的见解。

一学生说是荷的“气质”在吸引作者，这无疑是可贵的领悟。但要她进一步说清楚自己的认识感受，有困难。这时，我就引导学生留意这里的两句古诗“池花对影落，沙鸟带声飞”，咀嚼作者说其“对仗不工”之缘由，一学生发言说：“沙鸟带声飞”不符合这种宁静的环境，我们会觉得这个学生是说“对”了，但没有说“好”，所以我提醒可否换一个更妥帖的词语，他马上改为“意境”来表达。教学过程中经常需要老师把握这样细小的问题，来引导学生规范自己的言语表达，使他们不断走向精准、凝练。

这当中，我请一个学生朗读了最能表现美好意境的几句句子(我知道她的朗读是班上最有感染力的)，让大家在聆听中再次感受文字所渲染的诗意氛围，同时提醒品味花瓣“漂”在水面上，该是荷花空灵气质多么生动的体现。然后又引导他们思考荷的“色香味”

之含义，在这样的点拨启发下，他们渐渐感悟到这里意境之恬静、空灵、美好，季老置身其间，身心愉悦、情感满足、灵魂超然，难怪要一天几次徘徊塘边。

我觉得学生在解读文本的过程中，需要老师作及时适当的点拨引导，它往往使学生的学习情绪更高涨饱满，也能在思维的深度广度上激发学生做更多的思考探索，从而使他们的解读走向清晰和深入，更加透彻地理解文本内涵，提高对语言的感受能力和言语表达能力，也在性情品格审美等方面对他们进行潜移默化的熏染陶冶，以丰富他们的文化底蕴、提升他们的文化品位。

（三）专家点评

通过听课，得到三点体会：

1. 教师关注学生的学习心理，激发学生的学习兴趣。

（1）根据不同年龄的学生确定教学目标和处理教学内容；

（2）注意教学环节的展开，使教学过程变成深层的过程；

（3）思考怎么落实情感、态度、价值观，并使两纲教育在教学目标中显性化、有序化，在教学过程中无痕化。

2. 结合学科的特点，促进学生健康发展。语文学科的性质决定了语文学科的特点，即是要培养学生的语言素养和提升学生的文化品位。

（1）语文的阅读要关注整体的感知；

（2）语文课堂要关注学生的语言潜能，不断通过学生的已知感受未知；

（3）语文课堂要引导学生关注语言的表现形式；

（4）关注学生知识的获得，语言的转化能力，从而提高学生的语言素养。

3. 怎么着眼于学生学习方式的改善，培养学生研究性学习的能力。

（1）从形式上看，实验中学语文课充分地关注了学生自我阅读、自我表达；

（2）在教学中真正关注学生学习的过程与方法；

（3）在学生的学习过程中引发学生的认知冲突。

课例 2：Reading：Pigs

执教：戴颖川（6 年级 英语）

School：Shiyan Middle School

Teaching material：Passages from Shanghai Students' Post

Students：Class Five，Grade Six

Teacher：Dai Yingchuan

Date：12 April，2007

（一）教学过程

Teaching objectives：

1. To help the students get the general ideas of the three passages and know something more about pigs.

2. To develop the students' reading ability by word guessing and finding topic sentences.

3. Let the students appreciate the fun and interests of reading.

Teaching aids：Multi-media

Teaching procedures：

(1) Lead-in：

Sing an English song："Mcdonald"

(2) Pre-task preparation：

Say something about pigs.

(3) While-task procedure：

Passage A.

Pigs can't sweat（出汗）, so pigs cool themselves in water or mud during hot weather. They also use mud to protect their skin from hot sunlight. Besides, pigs use mud to protect themselves against flies.

They look muddy and dirty. In fact, pigs are one of the cleanest animals. If they can choose, they prefer to cool themselves down in fresh water. In the wild, pigs often build their toilets away from their sleeping and eating places.

1. Guess the meaning of the word "cool".

2. Read Passage A.

3. Give the title of the passage.

4. Guess the meaning of the word "fresh and toilet".

Passage B　Friendly pigs

Pigs are friendly to each other. When they are 3 weeks old, young pigs begin to play with each other.

Before giving birth, the mother pig collects branches and soft things to build a nest. After giving birth, she will stay with her babies for a long time. She even sings to her children!

1. Read passage B.

2. Answer the following questions.

Are pigs friendly to each other?

When do young pigs begin to play with each other?

How do mother pigs take care of her children?

What is the second paragraph about?

1. Mother pigs get ready for her nest before giving birth.

2. Mother pigs often sing to her children.

3. Mother pigs show great love to her children.

Passage：C

Pigs are the fourth cleverest animals. With such brains，pigs can learn quickly.

Like dogs，they can be trained to learn tricks. Pigs can walk on tightropes（走钢丝）and jump through hoops（圈）. They have a long memory and remember many things and they can solve problems.

Unlike dogs，pigs compete cleverly with others. To avoid（躲避）fighting，a pig will wait until nobody is around to eat up the hidden food.

How clever pigs are!

1. Arrange the passage in the correct order.

2. Find the important sentences of the paragraphs.

3. Give the title of the passage.

4. Post-task activity

Discussion：What can we learn from pigs?

5. Homework

Pigs in folk tales

Pigs have lived all over the world for centuries and of course there are many folk tales about them.

In ancient Egypt，people believed that pigs were unclean and used them as sacrifices（供品）to the moon. In ancient Malaysia，people believed pigs supported（支撑）the earth and also caused earthquakes.

In the 14th century when many Europeans died in the Black Death，people tried hard to find ways to stop the disease. One of them was to put a pig next to the dying person. Irish people also believed in the healing powers（治病能力）of pigs. In Southern Ireland people thought pigs could see the wind and cure（治愈）illness. If a sick man walked three times around a pig，his illness would be gone!

In some parts of America，farmers once observed their pigs to tell if it was going ti rain. If their pigs picked up sticks and walked around with them in their mouths，then it would rain soon!

Guess the meaning of the words which are underlined.

Answer the question:

How many folk tales are there in the passage?

（二）教学反思

今年我校成立了英语学科项目组，我们英语项目组本学期研究的专题是：新课程背景下英语课堂教学实效性的研究。六年级研究的专题是：初中学生英语课堂阅读兴趣的培养。

本学堂教学内容是三篇有关“猪”的课外阅读文章，旨在通过阅读训练，唤起学生对英语阅读的兴趣，同时，简单地让学生接触一些猜词和找出重要句子，为今后进一步培养和训练学生的阅读能力、阅读技巧做准备。在初中起始年段六年级上英语的课外阅读，是一次大胆的尝试，因为，一般来说这种类型的课在初中八、九年级或者是高中阶段进行，所以上课前，心理一直是忐忑不安的。课后回顾，觉得本堂课的设计有几个特点：

1. 材料选择趣味化。今年是猪年，课堂上阅读的三篇材料选自于《上海学生英文报》。有创意，课程资源的拓展意识强，能利用网上材料、报纸杂志作为载体加以运用。并对所选的三篇阅读文章根据学生的生活实际，符合学生的认知规律，能激发学生英语阅读的兴趣。在初中的起始年段六年级进行英语的拓展、探究活动是有一定的创新精神。

2. 训练活动多样化。为了激发学生的学习兴趣和参与的积极性，从篇章的呈现顺序到练习设计，采用了多种活动形式，Passage A 让学生猜词，Passage B 主要是回答问题，Passage C 让学生找重要的句子及给出文章的标题。其间还穿插了 Jigsaw Reading，通过 Jigsaw Reading 让学生对 Passage C 排序。活动形式多样，内容丰富，容量很大，高质量的输入，把英语中的读和说紧密地结合在一起，很好地激发了学生学习英语的兴趣，提高了学生的参与度。

3. 教学过程递进化。教学设计紧紧围绕教学目标，本着“以学生为本”的思想，遵循学生的认知规律，教学过程由易到难，层层铺垫，环环递进。如 Passage A 让学生回答老师的问题，Passage B 让学生互相问答，上完 Passage C，让学生 Say something about pigs。还有老师把 Passage B 的第二段的中心设计成了三个选项让学生进行选择，这样为学生在 Passage C 的二、三段找出主题句做了很好的铺垫。所以设计坡度很好，让学生增长了知识面，体验到了成功的喜悦。

4. 阅读能力渗透化。主要训练学生根据词性、上下文猜测词义的能力以及找出主题句、归纳文章中心的能力，为今后培养学生的阅读猜测能力以及归纳能力打下了基础。

5. 师生关系和谐化。任教六年级 5 班的英语课将近 4 个月，虽时间较短，但是值得高兴的是整堂课教师和学生关系融洽、和谐。教师以饱满的热情驾驭着课堂，学生以高涨的激情展示着课堂。课堂是智慧的课堂，是魅力的课堂。只有创建了和谐的师生关系，才能有助于激发学生学习英语的兴趣。

当然以下的几个方面有待于改进：

1. 原本把《上海学生英文报》的三篇阅读材料加以改编，为了激发六年级学生英语阅读的兴趣，把文章中出现的单词用图片进行了替代。但是带来的弊端是文章改得过于简单，英语原汁原味的东西就减少了，这样不利于学生欣赏文本中优美的语句，体现文本中的意境。

2. 这堂课主要落实了英语中读和说的能力。其实也可落实写的能力，如上课一开始让学生 Say something about pigs。学生很有创意地讲出了许多的形容词以及有趣的句子，这时教师应该及时小结让学生成文，这样才是真正地做到了英语的学以致用。

3. 这堂英语阅读课的一个教学目标是激发学生英语阅读的兴趣。一节课下来，应该说这一目标很好地达成了。整堂课学生活动的参与面、学生学习的积极性、学生学习英语的兴趣都得到了很好的体现。但是在起始年段六年级进行英语阅读能力的渗透为时过早，没必要让六年级的学生去找主题句。对 Passage C 第二、三段的处理可改为：我们应该向猪学习些什么？这样的话，对于六年级的学生可能会更具体、更形象，也更能理解。

上完这堂课最大的收获是：通过专家们的点评、指导使自己打开眼界、豁然开朗，自己迷惑的地方变得清晰了，自己不如的部分变得了解了，对英语阅读课题的研究起到了很好的指导和推动作用。

（三）专家评点

1. 优点：

青浦区实验中学校本研修搞得很务实，"二期课改"的理念深入课堂，教师的基本功扎实、深厚；教师的教态亲切自然；课堂驾驭能力强，这是大量实践积累的效果。阅读课本来就很难上，阅读教学在六年级上更不容易，更何况是课外报刊的阅读，在务实基础型课程上开展了拓展型课程，戴老师大胆尝试的精神值得学习。

教师身上体现了三方面的热情：对学生的热情、对英语专业的热情和对教师职业的热情。教师注重学生学习方法的改善；关注了学生学习习惯的培养和学习兴趣的激发；在活动中注重学生的参与、体验和交流，课堂的实效性很高。

上课内容选材很好，容量很大，板书恰当，设计有坡度：从猜测生词，回答问题到分析 topic sentence，培养了学生猜词、抓 topic sentence 的能力，这对学生阅读能力的提高将有很大的帮助，极大地激发了学生的阅读兴趣。

2. 商榷：

教材修改得太多，少了原汁原味。阅读教学整体性要强，形式要丰富，内容要充实。可以挑一段朗读一下，背诵一下，设计一些中心词，听说读写交织起来。作业可以让学生写一篇同一类型的文章，如狗的文章。这节课学究气过浓，低年级的阅读主要是激发兴趣，让学生乐意读，愿意读，阅读的目的就达到了。

课例3：微生物(一)

执教：计顺娟(8年级 生命科学)

(一) 教学设计

1. 教学目标

(1) 知识与技能：识记青霉和酵母菌的形态结构、营养方式和生殖方式，知道真菌的主要特征；观察并认识常见的真菌；学会观察青霉，酵母菌。

(2) 过程与方法：通过观察青霉和酵母菌，养成善于观察生命现象的习惯和实验操作技能。

(3) 情感、态度与价值观：通过观察和学习、感悟生命的奇妙，培养尊重生命、热爱自然的情感和乐于探索生命奥秘的科学精神，初步养成求真务实的科学态度。

2. 任务分析

(1) 教学重点：真菌的主要特征。观察青霉和酵母菌。

(2) 教学难点：真菌的营养和繁殖方式。

(3) 教学技术与资源应用：用糖水、柑橘培养的真菌，有关实物资料，电脑及多媒体课件，网上资料，显微镜和放大镜等。

3. 教学过程(见表3－9)

表3－9 教学过程表

教学内容和程序	学生活动	教师行为
导入：寻找校园里的生命、列文虎克发现显微镜	进入学习情景，体会另一生命世界——微生物世界的存在	导出“微生物”概念，引入课题——真菌。
认识酵母菌的形态结构特征	思考、回答：酵母菌 观看、思考、记忆 观察活体酵母菌；总结酵母菌的细胞结构特征；完成学习单。	你知道吗？人类食用得最多的微生物是？出示图片、提供资料；让我们一起来认识这神奇的小生命，看一看我们自己培养的活着的酵母菌。提供实验材料，指导学生观察、比较。
认识酵母菌的生殖方式	试着用高倍镜观察； 观看、思考、记忆。	你有没有看到具有芽体的酵母菌？如果没有，请试着用高倍镜观察。视频播放酵母菌的出芽生殖。
认识酵母菌的营养方式	没有/有。 观察酵母菌的培养液，闻一闻散发的酒味，解释酵母菌的营养方式。	酵母菌体内有没有叶绿素？ 它如何获得能量呢？ 演示小实验、提供实物资料和视频，指导学生观察、感觉、学习和分析。

续 表

教学内容和程序	学 生 活 动	教 师 行 为
了解青霉素的发现。	思考、回答：青霉素。 弗莱明，很偶然的机会。	在20世纪40年代有一种药比黄金还贵，能治疗多种疾病，被称为灵丹妙药，你知道是什么药吗？ 青霉素在第二次世界大战中拯救了大量的伤病员，是谁发现了青霉素呢？怎么发现的？
认识青霉的形态结构特征和生殖方式。	观察、思考、识记， 并完成学习单。 观察青霉，总结青霉的形态结构特征，生殖方式。	这神奇的生命是怎样的呢？让我们走进它； 请观察自己培养的青霉。先用肉眼和放大镜观察；再用低倍镜观察青霉的永久装片，提供图片和视频资料，指导学生观察、学习和分析。
认识青霉的营养方式。	观察发霉现象，解释霉菌的营养方式；感觉、思考、分析青霉的营养方式——腐生生活。	请你用手触摸发霉的橘皮，它比新鲜的橘皮硬还是软？为什么？ 指导学生观察、学习和分析。
认识常见的食用菌，巩固对真菌主要特征的理解。	辨别各种常见的食用菌，描述蘑菇的主要特征和繁殖方式。	你知道还有哪些真菌呢？ 蘑菇个体较大，为什么属于真菌？ 提供图片、视频和实物资料，指导学生观察和分析。
作业。	完成课后作业。	布置作业。

学习单

1. 酵母菌的观察提纲

① 你找到酵母菌了吗？________。

② 酵母菌的形态：________、________(单 cell 或多 cell)。

③ 酵母菌的颜色：________。

④ 你观察到带有芽体的酵母菌了吗？________。

2. 青霉的观察提纲

① 青霉的颜色：菌体________，孢子________。

② 青霉的形态结构：菌体由________组成，菌丝内有________，因此它是________(单 cell 或多 cell)的。

③ 你看到了吗？青霉有一特殊的结构：________。

④ 青霉含叶绿素吗？________。它能自己制造有机物吗？________。

(二) 教学反思

这节课内容不多，但容量还是蛮大的。因为它们微小，显得很难入手，所以必须安排观察实验，才能让学生真正认识真菌这类神奇的生命及其生命现象。这是一个完整的教学程序，无法删改，这样就显得容量大了，所以必须精心设计教学过程，既要突出重点，又要突破难点，关键还要让学生真正受益，学到了知识，学会了技能，这才达到教学目的。

我的设计思路是这样的：

教师们觉得在网上很难寻找现存的课件和视频，但只要有心总能找到，要做课程资源开发的有心人，于是最终找到了关于真菌的录像。微观世界的教学如果没有视频资料效果就肯定好，因为视频非常生动形象，完全能弥补学生的观察条件、设备和时间的不足，就能收到很好的教学效果。

这里要说明的是：(1) 关于腐生、寄生的概念。后面的教学内容会详细学习，这里只是为后面作铺垫的，所以只是口头传授没有板书出现，而且也不是本节重点。

(2) 资料可以拓展学生学习视野，也可引导学生自己去收集资料，自主学习。现在这些资料是我精心挑选的，有一定教育和参考价值的，所以提供给学生。

在开展以课例为载体的任务驱动下的校本研修过程中，今年的研究主题是以实验为手段的概念教学的研究，所以选了这么一节课。我认为概念教学不一定是狭义意义上的生物概念，对于学生来说这节课上出现的微生物、真菌、孢子、菌丝、芽体、单细胞个体、多细胞个体、分解、腐生、寄生都是概念，所以都必须让他们理解，那么实验是最好的手段，尽管只是简单的观察实验，但最直观、形象、生动地呈现了这些概念。

不足是：(1) 意外的发生。由于不是危险品，所以操作时我就胆子大些了，却没想到酵母菌代谢过程中产生的大量二氧化碳气体会喷到身上，但这样学生倒也不会忘记了，操作上一定要规范。

(2) 一位学生说到酵母菌的形态时，可能绝对化了一点，确实他看到的是椭圆形的(平面的)，有的确实是球形的，应该肯定他的发现。

(三) 专家评点

1. 优点：

抓住学生关注的、已了解的现象引入，学生兴趣有了，学习就不成负担。

传统的实验没有放弃，小插曲很好，虽然狼狈些，但学生终生难忘。

引导、指导中实验要点非常到位，学生操作成功率很高。对实验的重视，学生动手能力的培养，非一日之功。

层次清晰，学生注意力集中，师生活动广泛，问题层层深入，逐步解决。

学科知识学习中背后要给学生什么，目标中有体现，过程中有体现。引导学生学习时，细节特别到位，学生完成效果好。

2. 商榷：

我们教给学生具体的生物类群后，还要给学生什么东西，因为课堂是有限的，比如芽体、青霉的两种方式为什么不一样，让他们去思考。适应性的强调，孢子轻，可广泛传播。生物在自然界的作用，如不要碰发霉的橘皮，可引导他们，不适合探究的还是以讲清楚为好，如芽体。

课例4：“我们身边的化学变化”

执教：朱敏鸣（9年级　化学）

教材说明：

（一）教学设计

1. 教学目标

（1）知识与技能：①以学生学过的丰富多彩的化学变化入手，学生通过简单的实验设计，了解化学变化的规律。

②通过对“除氧剂”的成分的探究，学会应用学科知识解决化学实际问题的能力。

（2）过程与方法：通过对身边化学问题的实验探究，认识学科探究的一般过程和方法。

（3）情感、态度与价值观：①培养学生积极思考，勇于探究的良好习惯，在讨论与交流中培养团队合作的精神。

②体验生活和化学紧密相连，从而进一步提高学习化学的兴趣，形成科学的化学观。

2. 任务分析

重点和难点

学生对学过的化学变化进行归纳、总结和运用

3. 教学过程（见图3-3）

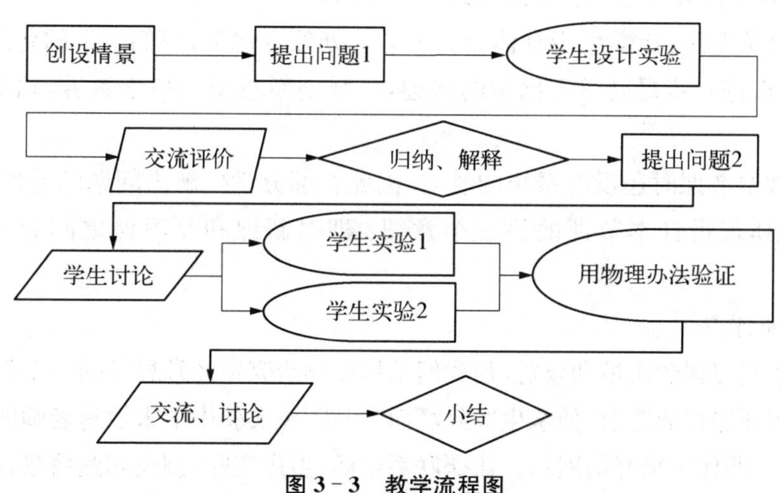

图3-3　教学流程图

（1）通过情景创设，激发学生学习兴趣，明确学习目标；

（2）小组讨论配制三种“饮料”的方法；

（3）通过交流汇报，使学生知道设计的方法是根据反应现象来确定的；

(4) 通过交流汇报,使学生感受到化学变化的规律;

(5) 提出问题,使学生对“除氧剂”的成分进行探究和讨论;

(6) 根据学生设计的方案进行实验;

(7) 用物理方法进行验证;

(8) 小结,布置作业。

4. 实验设计说明

本节课自始至终,让学生能亲身体会到生活中处处有化学,我们所学的化学知识是非常有用的。在整个教学过程设计中,始终体现学生是活动的主体,教师只是起组织、引导的作用,充分发挥学生的主体作用和教师的主导作用,使之相互促进,协调发展。

在教学设计过程中,通过配制“饮料”、归纳学过的化学变化、设计实验证明除氧剂的交流活动,使学生知道自己所学的知识能够得到运用,也提升学生解决化学问题的能力,从而提高学习化学的兴趣,增强创新意识和科学素养。

(二) 教学反思

“我们身边的化学变化”是一节于新课结束,总复习即将开始前的专题复习课。

本节课紧密联系生活实际、从配制三种“饮料”开始进行主题研究,以设计得到“饮料”的方案为载体,让学生对常见的酸、碱、盐等物质的性质进行梳理,从而达到对知识结构的巩固和提高,避免了对知识进行简单的重复和再现。

通过对“除氧剂”的成分的研究,使学生在切实解决生活实际问题的过程中,对物质的知识进行巩固,既能让学生运用学科知识解决生活实际中的问题,体会到化学就在我们的身边,又能对科学探究的过程和方法得到进一步的认识。

本节课自始至终,让学生亲身体会到生活中处处有化学,我们所学的化学知识是非常有用的,从而进一步提高学习化学的兴趣,增强创新意识和科学素养,培养正确的化学观。

由于执教本节课时还没有系统的复习,因此有部分学生解决问题的速度还较慢,不够熟练,却能体现设计本节课的另一个意图:即对新课和复习课之间起承上启下的作用。

(三) 专家评点

提高化学复习课的质量和效益,是我们学科教学研究中经常思考的一个问题,在复习课中怎样体现新课程的要求,使学生“温故”而“知新”? 实验中学朱敏鸣老师的“我们身边的化学变化”一课作了很好的展示。该课联系生活、生产实际、创设问题情景,提出了实际生活中的一个问题“食品中常用‘除氧剂’成分的探究”,让学生联系已有的学科知识去分析问题的过程中,完善了认知结构。更重要的是在“温故”的同时注重培养学生用科学的思想和方法去思考问题,设计解决问题的方案,体验解决问题的过程,发展解决问题的能力。充分体现新课程中态度与价值观、知识与技能、能力与方法的三维目标。

课例5:"20世纪的文化"

执教：姜丽芳(8年级　历史)

教材说明：

(一) 教学设计

1. 教学目标

(1) 知识与技能：通过本课的学习，了解奥运会作为一种体育现象的同时，也是一种文化现象，对世界文明所产生的影响，加深对现代文明的理解。

(2) 能力与方法：通过对奥运会历史材料的收集，整理，归纳出奥运会的宗旨，格言和精神，培养学生从材料中提取信息的能力，体会"论由史出"的观点。

(3) 情感、态度与价值观：① 通过本节课的学习，使学生理解奥运会的产生和发展过程，折射出人类文明的历程，同时又促进了文明的发展，从中感知人类向往和平的愿望，认识世界历史发展的美好前景。

② 从中国的奥运历程，使得学生不仅看到中国体育事业的高度发展，也显示了中国综合国力的增强以及国际地位的提高，激发学生的爱国心和自豪感。

2. 任务分析

重点和难点：奥运会——作为一种文化现象，对20世纪人类的社会活动和文明产生了深刻的影响。

3. 教学过程(见表3-10)

布置学生在预习课文的基础上查找有关奥运会历史的资料，同时进行归纳和整理，并通过演示文稿呈现。

表3-10　教学过程表

教学内容	教师活动	学生活动	教学意图
导　入	1. 利用多媒体打出毕加索的壁画《格尔尼卡》; 2. 打出油画《和平》。	学生观察，说出自己的感受。 学生观察和谈自己的感受。	根据学生对《格尔尼卡》和《和平》的理解，引导学生感受作者创作此画的历史背景，作者通过《格尔尼卡》，淋漓尽致地表现了法西斯的残暴以及对法西斯罪行的控诉。而通过《和平》表现出作者对和平、美好生活的热爱和向往。从而引入本课的主题。
奥运会	1. 通过问题的提问，和学生一起对奥运会历史进行回顾；	学生在教师设置的一个个问题的解答中了解奥运会的起源以及现代奥运会在当代世界中的作用。	通过这个环节，帮助学生在探究历史事件的发生发展过程中，知道只有了解历史，才能借鉴历史。

续 表

教学内容	教 师 活 动	学 生 活 动	教 学 意 图
奥运会	2. 请小组上来展示中国奥运会的发展历程；	学生上来展示他们小组所查找的资料。	通过这个环节，锻炼学生课外查找历史资料并进行整理的能力。并且在这个过程中，体现小组中每个同学之间的团结协作。而且对中国奥运会历史的回顾，使得他们对2008年的北京奥运会的内涵有更深的理解。
	3. 组织学生讨论；	通过刚才学生的交流和发言，回答奥运会的举办对于世界的意义，2008年的北京奥运对于中国的意义。	在这里，使得学生不仅看到中国体育事业的高速发展，也显示了中国综合国力的增强以及国际地位的提高，激发学生的爱国心和自豪感。
	4. 让学生课后编排小报《2008我心中的奥运》。		通过小报的编排，使得学生巩固本课所学的知识，并在完成作业的过程中锻炼学生的学习能力。同时，教师也能通过这份作业，对学生所学知识的掌握程度和运用能力评估。

（二）教学反思

“20世纪的文化”这节课，内容包罗万象，从奥运会到现代的文学，艺术，音乐，内容多而杂，我在处理这节课时，结合当前热点，通过奥运会发展的历程，使学生了解到，奥运会不仅是一种体育现象，它发展到今天，更是一种文化现象，成为世界各国交往、交流以及相互了解的舞台，又表达了世界人民要求“团结、友谊、和平”这样一个共同的心声。课前，我希望学生通过小组合作引导，找到奥运会历史发展的渊源并用查找的史料来论证自己的观点，然后对课堂内容进行拓展，完成“中国奥运历程”，提高学生对史料的收集，归纳和整理的能力。课后我发现学生们基本完成教师的要求，尤其是，自己能在课外查找了大量有关奥运会的发展史料，并用自己所收集的史料来论证自己的观点，基本做到“论由史出，史论一致”。并在拓展的内容“中国奥运历程”这一专题上，以小组为单位，很好地完成了课堂拓展的内容，并在课堂上通过媒体的方式和其他小组进行展开和交流，共享学习成果。但是，可能因为有好多听课教师在座，学生略显拘谨，交流和讨论没有平时放松和自在，尤其一开始在谈对毕加索的画《格尔尼卡》的时候，不敢大胆说出自己的感受。在今后的教学中，我会更高地要求自己，使得学生能学到更多的知识。

（三）专家评点

“20世纪的文化”一课教学目标明确，清晰。三维关系把握较好，教师能以学生学习兴趣和认知规律出发，围绕教学难点和重点，精心组织和优化教学内容。而且通过学生大量的课外和课内的活动，使得学生能更深层次地了解20世纪文化的深刻内涵。尤其是通过奥运会这一载体，结合当前热点，激发学生的兴趣。并精心设计问题，帮助学生对所收集的材料进行分析和探究，培养学生历史思维的能力。另外，在整节课中，师生关系融洽和谐，教学效果良好。

课例 6：电学复习——电路分析

执教：顾学军（9 年级　物理）

教材说明：

（一）教学设计

1. 教学目标

（1）知识与技能：

① 知道部分电学基础知识；

② 掌握判断串、并联电路的方法；

③ 初步理解分压和分流的电路特点，学会用实验的方法检查、分析简单的电路。

（2）过程与方法

① 以“分析电路故障”活动来感受观察、猜想和实证的物理方法；

② 对物理现象的分析和类比，明白分析串、并联电路的关键所在；

③ 运用学习任务单，开展学习交流活动，解释电路变化规律。

（3）情感、态度与价值观

① 从学习活动中体验“电路”物理规律产生的过程；

② 从“分析电路故障”中懂得物理世界的实践问题的处理方法；

③ 从合作学习中养成相互学习、相互欣赏，形成“和而不同，为而不争”的班级学风。

2. 任务分析

重点和难点：电路故障分析。

3. 教学流程（见图 3－4）：

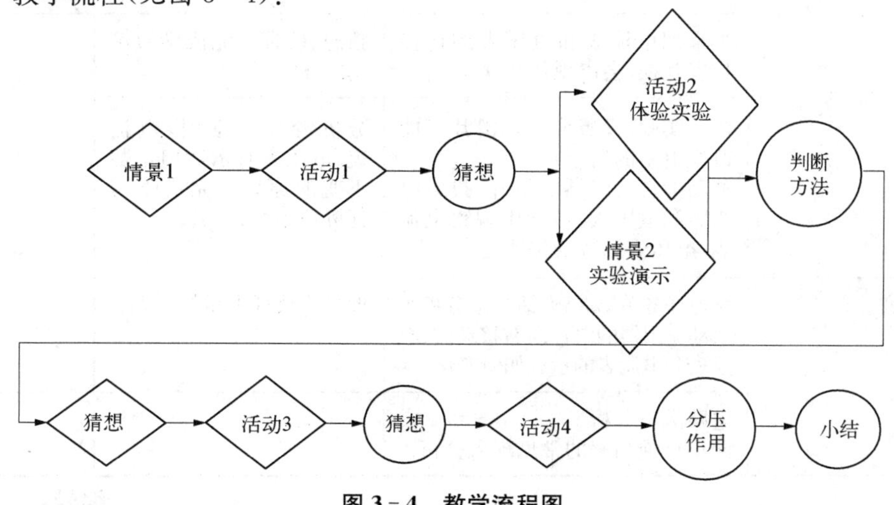

图 3－4　教学流程图

4. 教学过程(见表 3 - 11):

表 3 - 11　教学过程表

知识与技能	方法过程		时间分配
	教师活动	学生活动	
创设情景: 由电路故障,引出课程——电路分析。	设置串联电路故障。 故障(1):电键闭合时,只有一个灯亮。 故障(2):电键闭合时,两个灯都不亮。	闭合电键,观察小灯发光情况。 猜想可能发生故障的原因。	
进行电路故障分析,复习串联电路的分压作用和局部短路、电阻的概念。	(1) 先请学生回答猜想结果。 (2) 请学生分析一灯发光,一灯不发光的电路故障原因(说明:电路中只有一个元器件发生故障)。 (3) 对两灯都不发光的电路,请学生在不拆开电路的情况下,自选一个元器件去检查发生的电路故障。	回答猜想。 分析一灯不发光的原因。 用实验验证故障(2)的猜想,并说明原因。 完成学习任务单第 1 题。	
动态电路中常见现象分析。复习测小灯泡电功率相关知识,滑动变阻器的使用和作用。	连接电路时的注意点。 ① 在连线过程中电键应该是断开的。 ② 在电键闭合之前,滑动变阻器的电阻应处于阻值最大。 请学生缓慢移动滑片,观察电流表和电压表的示数变化情况。	画出测小灯泡电功率的实验电路图,并用导线连接实物。 移动滑片,观察电流表和电压表的示数变化情况。 再进行讨论、分析。完成学习任务单第 2 题(1)、(2)。	
	演示实验(设置成把电压表连接在滑动变阻器两端)。 移动滑动变阻器的滑片,投影电流表和电压表,请学生观察电流表、电压表示数变化情况。	分析电流表示数在增大,而电压表示数减小的原因。 完成学习任务单第 2 题(3)。	
	如果把电流表和电压表的连接位置互换,会出现什么现象?	猜想、验证。完成学习第 2 题(4)。	
	演示实验(设置成移动滑片不能改变电阻的情形)。 移动滑动变阻器的滑片,投影电流表和电压表,请学生观察电流表、电压表示数变化情况。	分析滑片移动时,电流表、电压表有示数但示数不变的原因。完成学习任务单第 2 题(5)。	
拓展探究	学习任务单第 3 题,请学生分析当滑动变阻器的滑片向右移动时,电流表和电压表的示数如何变化。	课外完成任务单第 3 题。	
小结	电路故障分析。 测小灯泡功率的常见现象分析。		

编号:________

物理课堂学习任务(操作)单

学校________ 姓名________ 年级________ 班级________ 执教教师________

时间________上午/下午 第________节 地点________

1. 串联电路的故障分析

(1) 闭合电键,观察两灯发光情况。

现象____________________。

(2) 讨论、猜想可能发生故障的原因。

可能产生故障的原因有:____________________。

(3) 在不拆开电路的情况下,选择元件检查电路故障。(注:只有一个元件坏)

检查方法:____。

检查过程中看到的现象:____。

由此现象判断的故障是____。

原因分析____。

(4) 从猜想到实验结论,你对自己组的操作评价:____________________。(选填“正确”或“有待改进”)

2. 动态电路中的一些常见现象分析

(1) 正确画出测小灯泡电功率的实验电路图,并用导线连接实物。

A. 在方框内画出电路图

B. 根据电路图连接实物:在连线过程中电键应该是________的。在电键闭合之前,滑动变阻器的电阻应处于阻值________。

(2) 缓慢移动滑片,观察电流表和电压表的示数变化情况。

记录:电流表示数变________,电压表示数变________。

原因分析____。

(3) 分析教师演示实验中滑片移动时,电流表示数在增大,而电压表示数减小的原因。

演示实验中的现象分析____。

你对上述实验还有什么想法?

(4) 如果把电流表和电压表的连接位置互换,会出现什么现象?

先猜想:可能出现的现象是____。

再实验验证:原因分析____。

(5) 分析教师演示实验中滑片移动时,电流表、电压表有示数,但示数不变的原因。

学习任务(操作)单评价________ 评价人________

评价日期________

（二）教学反思

本节课基本上是按照教学设计去上的，符合“二期课改”理念，从猜想到实验，始终使学生积极、主动地开展活动并开动脑筋，使学生在活动中学习，在活动中发展，体现了以学生为主体的学习模式。实际上课时我有一个地方略作改动，即把“任务单”上第2题中的第(4)小题与第(5)小题顺序对换，这样，两个利用投影仪的演示实验可以先后进行，有利于教学的连贯，可由于紧张的缘故，忘做了一个演示实验，只是看着题目分析。一节课下来，总体上，我感到达到了预计的教学效果，课的结构设计，知识点的兼顾，难易度的递进，都把握得较好，师生的互动，以实验为主线开展的活动，都很有序。不足之处是：语言还不够精练；黑板上写下学生的不同猜想，后来没有对错误猜想明确否定；对电路分析中学生出现的错误判断没有做进一步的引导和纠正，深入不够；电脑与投影仪的切换操作不太熟练等。通过这样的公开课，我付出很多，但得到更多，我的教学日趋成熟。

对我来说这节课上得是否成功已经不是很重要，重要的是在“磨课”过程中得到了有经验的老师的帮助和指导，对我的教学水平的提高起到促进作用，更丰富了我的教学经验。

（三）专家评点

现代课堂教学中较难把握的是复习课教学，它既不同于新授课的以双基知识为主要内容的铺陈模式，又不同于其他有明确载体和平台的课型，如习题、实验、练习、讲评等课型。而难度更大的是综合复习课，本课“电学复习——电路分析”复习课正是如上所述的高难度的综合复习课。特别是“二期课改”背景下的物理课堂复习教学，它必须能体现现代教学活动的理念，以学生为主体，强调学生自主学习，在学习活动中体验、享受学习过程，从而达到发展自我的目标。

本课在执教教师和实验中学物理组、区进修学院老师的共同努力下基本上达到了上述研究课的要求。

1. 复习课教学的设计指导思想有创新

以往复习教学活动着眼于“双基知识”的进一步巩固与落实，都是以知识和操练为目标指向，对学生来说是一种“重复”劳动，会产生“课堂疲乏症”，因为课上没有新鲜的学习材料刺激他们，而本堂复习课的设计是从“排除电路故障”出发，即为学生创造了新的学习情景，提供新的物理学习背景，同时又对学生在知识的学习应用上提出了更高的操作要求，激发了学生学习的积极性，促使他们主动地思考探索在新的物理背景下的旧知识巩固与应用。

2. 复习教学内容的有机整合

以往复习教学内容无非是“重炒冷饭”，由老师帮助学生一起整理知识脉络，在记忆、背诵和解题的层面上反复操练，学生多有厌学的感觉。而本课对电学中的电路部分知识从自主学习角度予以重构和组合，并以实验案例为平台，反映知识间的内在联系，让学生进入新的视角来透视和体会物理学中的电路变化规律，使旧知识翻新，从方法论的角度拓展学生的视野，在学生复习知识内容的同时学会物理方法和操作。

本课的技术着眼点还在于操作训练，培养学生综合操作能力，即思维与操作的整合，在处理故障的同时必须学会思考和知识的应用，这是一般复习课对教材处理方法所不能达到的教学水平。

3. 融合“课程复习作业单”的课堂教授系统

以往复习课只提供给学生训练的练习题或干脆就是解题操练。而本复习课专门设计了关于“电路复习”的“课程学习作业单”，这是一种比较科学的课堂复习教学的创新技法，“课程学习作业单”实际上是为复习课有序展开而设计的学生一方使用的“学习平台”。通过复习作业单的实施，使学生在学习活动过程中有一个学习依据和类似科学家探究问题时操作的记录，它可以直接有效指导学生、思考、操作、讨论、评价、互动和交流，使课堂结构更为有序和有效。学习作业单突出了课堂复习内容的重点、难点和操作的关键点，为学生分析、研究和解决问题提供铺垫材料和依据。学习作业单也是学生的学习成果，对它的确切评价可以更有效地激发学习兴趣，培养学生良好的科学学习习惯和严谨的治学作风，它的意义远远超过一般复习课的低层次目标——达到进一步学习和巩固知识。

第三节　对“活动—发展”教育模式的再认识

由于我们认定方向，坚持不懈地进行“活动—发展”教育模式的有效实施，使我们看到了学生学习质量大面积提升、学习能力显著提高、学习兴趣明显增强等可喜现象。同时，随着教育模式的深化实践，尤其是拓展型和探究型活动课程的实施，使我们努力在课例研究、校本活动课程开发、课题研究机制建设等四个方面有了重点突破；教师的执教能力、活动设计能力和活动指导能力有明显质的飞跃。我们确实感受到“活动—发展”教育模式巨大的实用价值和诱人前景。同样，随着时间的推移，学校教育改革的力度不断加大、教育实践不断深化，我们似乎感到逐步接近学习教育的本质内涵，对“活动—发展”教育模式中关键因素，即教与学的关系，有了进一步的认识。

一、效果：实施“活动—发展”教育模式的成果

我们学校十分注重传承与发展，始终进行深入学校内涵发展的改革与实践，不断通过改革、实践、总结、探索、再实践、再总结，进一步探索的改革之路。从一所教学质量比较薄弱的学校演化为区内始终处于前列的学校。同时，也使我校逐步成为市实验性示范性初中。著名教育家吕型伟先生勉励我们：“用科学态度坚持改革”；著名教育家刘佛年先生为

我校题词:“教育改革的楷模”。这鼓舞着全校师生纷纷自觉地投入学习和实践“活动—发展”教育模式中去,使学生、教师与学校,都在“活动—发展”教育模式实践中获得共赢。

(一) 学生: 大面积提升教育质量

1. 学生素质有明显的提升

在办学过程中,我们深切地感到,学校体现出大纲规定知识质量的高低,虽然不是评价一所学校成功与否的唯一标准,但这个知识质量水平也是目前学生、家长甚至是社会大众梦寐以求,至少是一个影响学校立足社会,完成基本教学任务的关键性指标之一。我们认真梳理一下,从本校 1998—2007 年的中考均分和青浦学生、家长向往录取青浦高级中学的人数来看,发现我校无论在教学质量,还是家长、学生迫切向往的最佳学校——青浦高级中学的录取数在全区内都是名列前茅的。这对一所划区就近入学、班级平均人数达 50 人左右,每个年级相当一所农村校的且建校不久的学校来说,要获得青浦区家长及学生满意的教学质量确实是不易的。

2. 重视学生基本素质(德智体)和谐发展

长期的教育经验告诉我们,学生的基本素质必须包含德、智、体诸方面,因此,我们在教育过程中十分重视德、智、体诸方面的培养和教育。

因此,在整体教育教学质量提高的过程中,水涨船高涌现出一批出类拔萃的优秀学生。例如:全国少先队十佳标兵程千里,上海市文明好少年标兵方费佳,宋庆龄奖学金获得者宋晓东、范健翔,上海市百佳好事获得者陆维晨,全国十八省市中学语文听说读写邀请赛特等奖获得者庄瑾,上海市中学数学竞赛一等奖获得者陈理军,上海市青少年运动会 400 米金牌获得者金雷,校足球队获上海市第七届中学生运动会郊区组冠军等德、智、体全面发展优秀学生。据不完全统计,在 1997 年 12 月—2007 年 5 月的十年里,共有 92 人次的学生获市级以上的荣誉称号,占十年学生总数的 26.94%,即超过四分之一的学生受到区、市、全国在德育、智育、体育等三级奖励。这充分说明我校的教育的质和量都是获得教育专业部门、家长的赞赏和社会认可的。

(二) 大面积提升全体教师的自身素质

“实验中学是个‘泡菜缸’,到这里来之后就了不得。”在实验中学任教的教师如是说(摘自 2007 年 8 月 3 日《解放日报》)。事实确实如此,“活动—发展”教育模式全面实施,对教师的知识、能力和心理等方面提出更高的要求。因此,我们对教师的研修始终贯穿一条“抓两头、促中间”的思路。“两头”,一头是新任教师,另一头就是骨干教师。“中间”,则是有一定教学经验的教师。对新任教师,学校特别强调让其学习体验更多的内容,加大培训量,提供经受各种磨炼的机会,缩短其成长周期。而对骨干教师,则以校内外学科“领军人物”作为目标,在完成学校规定的学习量之后,还需学习更多更高层面的理论和方法。这样的研修对每个教师的内涵发展作用确实很大,正如刚工作一年的黄老师在其一篇课后反思文章中这样说,“师傅”们(指带教的指导老师)的帮助和关爱,不仅是教会了她一节课怎样上，更多的是在教学理念、教学方法和工作态度、为人之道上，给她上了生动而难忘的一课。

水涨船高，在教师们的努力下，逐步形成一支胜任实施“活动—发展”教育模式的教师队伍。20 年来，我校获市级以上荣誉及奖励的教师共 37 人次(见表 3-12)，获区级荣誉及奖励者达 197 人次(大大高于区内学校平均获奖人次数)。

在学科评奖方面，建校以来，在课堂教学评比中，我校教师获得市级以上等第奖的有 32 人次(其中一等奖 11 人次)，区级一等奖 30 余人次。我校近年来被评为区示范教师、教学能手、教坛新秀等共有 25 人次，被聘为区兼职教研员、学科中心组成员约 100 人次，区讲师团成员 30 人次，入选上海市普教系统名师名校长后备人员有 4 人。同时，建校以来，我校教师共拍摄 100 多节课堂实录，数十节视频课例已入选市、区教育资源库。我校现任中学高级教师 24 名，占任课教师 24.2%。

表 3-12 历年来教师个人荣誉称号

年份	荣誉称号	姓名
1987	上海市优秀教育工作者	沈君佑
1988	上海市园丁奖	朱宽良、史德芳、沈君佑
1989	上海市园丁奖	李新祥、吴定一
	全国教育系统劳动模范	翁志勋
	上海市优秀教育工作者	李新祥
1990	上海市优秀工会积极分子	李新祥
	上海市体育耕耘奖	王兴根
	上海市中学特级教师	翁志勋
1991	上海市园丁奖	张基石
	上海市优秀科技辅导员	宋建兴
1992	上海市中小幼卫生保健先进工作者	方吉英
1993	上海市园丁奖	钟国珍、杨义通
	上海市德育先进工作者	钟国珍
1994—1995	上海市 1994—1995 年度学生民防知识教育先进工作者	张东明
1995	上海市优秀教育工作者	孙志远
	上海市模范班主任提名奖	沈君佑
	上海市“高露洁”杯学校卫生先进工作者	方吉英
	上海市优秀科技辅导员	张盛友
1996	上海市第八届体育耕耘奖	吴国强

续 表

年 份	荣 誉 称 号	姓 名
1996	上海市优秀艺术教师	梁晚义
1997	上海市园丁奖	吴增荣
1998	上海市 1996—1997 年度学生民防知识教育先进工作者	沈希杰、张东明
1998	上海市优秀教育工作者	周一凡
1999	上海市 1997—1998 年度学生民防知识教育先进工作者	张东明
1999	上海市普教系统优秀班主任	沈君佑
2000	上海市教育系统比翼双飞模范佳侣	沈君佑
2001	上海市园丁奖	林昶
2004	上海市优秀教育工作者	金以昭
2005	上海市贯彻《学校体育工作条例》先进个人	庞利荣
2007	上海市学校艺术教育先进个人	祁皆欢
2007	上海市园丁奖	刘明、吴国强

从上述数字清晰地反映我校教师在实践“活动—发展”教育模式过程中，理念先进，既十分有利大面积提高学生的教育质量，也有力地提升教师自身的素质，初步形成持续实践“活动—发展”教育模式的师资队伍。

（三）让学校成为教育改革的志愿兵

我们时刻牢记，在努力学习现代教育理论的前提下，结合学校的现状，沿着区教育局的办学思想，通过教科研联合体，校际联动，结对合作，协助区教师进修学院为提升青浦义务教育阶段的教育教学整体质量而积极努力。

我们向区教育局领导、区教师进修学院专家们郑重承诺，向所有人开放校门，开放所有教研组，开放所有教室。仅去年一年，在青浦一地约有 80%的初中各学科教师来我校听过课，参加各类评课和研讨活动。我们真诚地认为他们在形式上是来听课、来活动，实质上是不断引来新的经验，也促使我校的教育改革深入发展。为此，近 20 年来我校获得上海市文明单位，新一轮上海市行为规范示范校、上海市教育科研先进集体、上海市艺术特色学校、由国家体育总局批准的青浦实验青少年体育俱乐部等荣誉称号（详见表 3-13）。

总之，前途是光明的，困难也不少。但我们坚信，在区教育局领导指导，区教师进修学院帮助下，坚持不懈，努力学习，团结合作，创新实践，让所有学生良好发展，让每个教师都优秀，让学校成为品牌的目标肯定能实现。

表 3-13　历年来学校荣获的荣誉称号

级别	荣誉称号	年份
国家级	少儿“心中有祖国、心中有他人”主题教育活动先进集体	2001
	贯彻《学校体育工作条例》优秀学校	2002
	现代教育技术实验学校	2002
	青少年体育俱乐部	2003
市级	加强初中教育先进单位	1988—1990
	卫生工作先进单位	1988
	中学体育工作先进单位	1988
	体育传统项目学校(田径)	1988—2007
	农口系统先进党支部	1989
	行为规范示范学校	1989—2007
	普通教育科研工作先进集体	1989
	数学优秀教研组	1989
	农口系统文明单位	1989—1990
		1993—2000
	上海市模范集体	1991
	物理优秀教研组	1992
	社会实践先进集体	1993
	中小学开展自制教具活动先进集体	1994
	中学生民防知识教育工作先进集体	1994—1997
	群众体育先进集体	1995
	初三数学竞赛团体成绩第一名	1997
	市友谊数学通讯赛团体成绩第二名	1997
	中学体育工作先进集体	1997
	社区教育先进集体	1997
	文明班组	1998
	第十六届青少年模型竞赛优胜学校	1999
	红十字工作达标学校	1999
	中小学心理辅导协会实验校	2000
	文明单位	2001—2006
	“二期课改”基地学校	2001
	第四届青少年科技节先进集体	2001

续　表

级　别	荣　誉　称　号	年　份
市级	联合国教科文组织环境人口与可持续发展教育(EPD)项目成员学校	2001
	野生动物保护科技特色学校	2002
	英特尔青少年科普教育基地学校	2002
	素质教育实验校	2003
	艺术特色学校	2005
	第六届教育科研工作先进集体	2005
	普教德育工作先进集体	2005
	“健康少年”评选活动优秀组织奖	2005
	“人人运动、学会游泳”活动优秀组织单位	2005
	第三届学校心理健康教育先进集体	2006
	绿化合格单位	2006
	中学生时政知识大赛优秀组织奖	2004—2006
	花园单位	2007

二、启示：实施“活动—发展”教育模式后的几点反思

我们学校在市教委、区教育局、区教师进修学院领导的指导和顾泠沅教授的引领下，无论是对“活动—发展”教育模式的研究无论在理论探索方面，还是在实践操作方面，都在不断地拓宽、深化、创新，使学校在办学理念、管理特色，学生成长、教师发展上均取得令人瞩目的成效。总之，锐意改革、与时俱进、和谐发展的学校现状越来越博得社会的赞扬、家长的信赖、学生的喜爱和教师的信任。

但是，毕竟“活动—发展”教育模式是一个前无样板的新生事物，需要不断地创新，不断地完善。所以，我们在实施“活动—发展”教育模式的过程中，十分注意理论学习、实践探索，进行不断小结反思，因此在实施“活动—发展”教育模式的过程中，逐步在思想、实践上形成新的认识，归纳起来主要有以下几点启示。

(一) 课程改革是学校改革的核心

新课程培养目标的落实需要学校有序推进课程教学改革。十多年来我校以创造性劳动克服种种困难，全面稳定推进以课程改革为核心的学校教育改革。在市“二期课改”新理念和新课程背景下，我们积极实施基础型课程的教学，学校坚持开足、开好各门课程，促进学生科学、人文、艺术、身心等素养的不断提高。我们始终重视常态课教学质量的提高，重视课堂教学过程中的学生活动、体验和探究，让学生在教师引导之下，学会对每一门课程的学习，培养其终身学习的能力。我们学校以三个领域为突破口，实施拓展型课程的教

学,即学科拓展活动、主题教育活动和社会实践活动。其中,学科拓展有自主拓展与限定拓展。而主题教育活动和社会实践活动,则根据不同的年级学生身心特点设置不同的主题,分年级段加以实施。

案例1:学科拓展

在学科拓展方面,如2002学年度第二学期,我们聘请区教研员为课例研究合作小组专家成员,学校教研组其他老师共同参与,请七年级青年教师执教《探索规律——1、2、4……后面是什么数?》作为数学课的拓展。选择这一课例的主要依据是:本课题涉及近年来中考有归纳数字规律内容的题目(有点像数列通项)。平时的数学教学中,这种练习较少。真正较多出现这类题目,要到初三复习的时候。由于这一课题没有框架,没有最后明确的唯一答案,所以,可激发学生的兴趣,培养发散思维、创造思维。更重要的是,本课题重点体现了"二期课改"及当前先进的教育理念,为学生提供学习经历并获得学习经验,体现以学生发展为本的教育理念,重点培养学生的创新精神和实践能力。

教学目标:

1. 实际生活中寻找数学,从数学联系到实际生活。

2. 学生多角度地考虑问题,学生的散发性思维得到了进一步的锻炼。

3. 注重合作学习的精神,加强小组之间的交流。

教学过程:

1. 引入

今天我们上一堂数学活动课,研究的内容是"数字的联想"。从一组数字引发使你想象到的东西。如"1,2,3,4,5……"可以使你想象到楼梯、电梯、报数等。

2. 寻找规律

(1) 假设故事情节(上体育课,体育老师抽到了1号,2号,4号……接下去体育老师该抽几号?)

同学们可以按照一定的规律说出"1,2,4……"下面的数是几?

1,2,4,5,7,8,……(不能被3整除的自然数)

1,2,4,8,16,……(2的n次方,n为整数)

1,2,4,1,2,4,……(循环)

……

(2) 结论:每个人的想法不同,规律也不同,所以得到的数字也不同。

3. 延伸(左为课后思考题)

从数组联想到实际生活,如:

1,2,4,1,2,4,……像屋顶

1,2,4,2,3,5,3,4,6,……像海浪

1,2,4,1,2,4,像心电图……

案例2:系列主题教育课程化

在主题教育方面,我们紧紧围绕"爱""诚""美""志"四个主题,依次在六、七、八、九这四个年级中进行,大力开展以革命传统教育和中华传统美德教育为重点的爱国主义教育活动,积极弘扬和培育民族精神。学习在不断实践的基础上,逐步形成校本课程框架体系,提高了主题教育的实效性。

例在《美的足迹》——主题活动中,我们为学生提供了一些主题参考如下:(1) 发现美的存在,塑造美的人生;(2) 我爱祖国语言美;(3) 美丽人生(以小组为单位分别寻找各类艺术家及介绍,了解欣赏其艺术特点);(4) 我的宝贝(学生各类收藏交流欣赏会);(5) 我眼中的世界(自然旅游、文学欣赏、季节描绘、心灵鸡汤等);(6) 发现衣食住行中的美。我们感到这样的主题活动,可以丰富学生课余生活,提高对美的感悟力,健全心智。在自主活动中,提高学生自然、艺术、人文的综合素养,培养学生敏锐的观察力及艺术直觉力;同时,在活动中增强小组合作能力、沟通能力,能彼此取长补短,促进共同进步。而我们学校要做的,就是为学生搭建这样一个提供展示、交流,达到"教学相长"的舞台。

在学校改革的整体框架下,我们逐步构建以"军政训练""志愿服务""生存体验"和"红色旅游"为系列的分年级的社会实践体系,让学生通过系列社会实践活动的体验来进一步认识社会、适应社会、融于社会,并立志改造社会。如我校八年级学生在东方绿舟素质教育基地开展"生存训练"的实践活动,通过"十四岁青春节"入营式、龙舟竞渡、勇敢者道路探险、"实验之星"风采大赛等系列活动,培养学生的"生存"能力,提高学生的自理、自立能力,让学生在活动中锻炼自己、提高自己、完善自己。

同时,我们也概括总结学科拓展课程和系列主题教育课程的活动方式:第一,问题发现阶段。通过设置情景,收集分析资料,从中发现问题;第二,确定课题阶段。学生在教师指导之下确定课题,尝试着解决各种问题,运用创造技法进行小创造、小发明,培养学生的创造性思维;第三,产生方案阶段。小组合作交流互助互动,产生新的设想;第四,实施完善阶段。设计、实验、制作、调整和完善成果。学生在这样的探究学习过程中,学到了知识,提高了探究的能力和水平。同时,也培育了学生创新的智慧。这样的课程改革,确实受到绝大多数学生与家长的欢迎。

但是,在进行课程改革,尤其是在实施拓展型、探究型课程及主题教育活动过程中,我们隐隐地感到教育者过分重视学生个体经验的直接获得,事事尽量要通过学生亲身与事物接触,体验到所获"经验"是如何产生的。而相对忽视系统的学科知识或间接经验的学习。我们认为,在学习知识过程中强调动手、实践,这完全符合"学生的认识是在实践和活动中发展起来的,认识这一规律的重要意义在于必须使学生在教学过程中活动起来,全身心地投入,既动脑,又动手、动口,积极参与整个教育过程"的现代化教育理念。但并不是每个经验、每个知识点,甚至每个"真理"都要学生亲身实践获得,这在时间、经费上来说是绝对不可能的,这样的想法是千万要不得的。

所以,没有恰当的课程和实施策略,任何美好而周密的学校教育改革计划都将成为空话。因此,课程与实施策略自然地处于学校教育改革的核心地位。

(二) 始终注重学生有效发展是学校教育改革成功的关键

我们都清晰地知道,现在社会上评价一所学校的优劣,其主要指标往往是该校历年的毕业生在德、智、体诸方面的表现是否能获得绝大多数社会大众的认可,也可以这样说,在相同的教育教学时间内,学生是否为将来建设祖国、报效国家而真正得到相应的有效发展。要做到这点,长期的教育实践告诉我们,往往可能不是取决于使用什么教材(其实我们教育工作者深有体会,即使用相同教材也会出现千姿不一的学生),而是往往取决教育者对教材的如何挖掘或相应开发。

那么,如何能真正挖掘教材潜在的精华或内涵,我们既有我区数改实验小组的带头人顾泠沅教授独创的"三实践、两反思"的研究教材的策略,也有教育同行"同课异构"开发教材成功的经验。

我们以青年教师在初一年级执教的一堂名为《研所规律——1、2、4……后面是什么数?》的拓展课为例来说明如何用"三实践、两反思"策略,不断开发,不断挖掘新授教材的内涵,其研究教材过程如下:

确立该课题的主要依据是:

1. 本课题涉及近年来中考有归纳数字规律内容的题目(有点像数列通项)。平时数学教学中,这种练习较少。真正较多出现这类题目,要到初三复习的时候。

2. 这一课题的提出,因为没有框架,突破数学唯一答案传统,所以,可激发学生的兴趣,培养发散思维、创造思维。

3. 更重要的是,本课题重点体现了"二期课改"及当前先进的教育理念,以学生发展为本,重点培养学生的创新精神和实践能力。

在实施这一课例的过程中,我们循着"三次实践,两次反思"的研究思路。

(1) 第一次实践

确定课题后,先由执教教师独立思考备课。我们认为这次备课的教案,主要反映该教师强调立足知识点,罗列事实让学生探索规律,具体表现为一一罗列展示。

比如:开头部分的引出,由教师将一张纸对折,再对折……假设对折十次后有几层?(2,4,8,16……210 次方),再切入主题:1,2,4……后面应是什么?让学生进行自由想象,并说出为什么要排这些数,依据怎样的规律。

(2) 第一次反思

教研组对执教教师的说课,进行了讨论,认为这样的设计还是属于就事论事地让学生来探索规律,将学生所得到的数作原始展示,过于平淡没有引起学生的认知冲突,激发学生兴趣，求知欲力度不强且并未对数学规律有效揭示。

由此，大家提出了许多修改意见。例如，创设一个学生颇感兴趣的情景：一排学生，抽出来第一、二、四位学生后，接下来抽哪一位？由于还没有开展具体数学，对初一学生来说，这是一个从未遇到过的新问题，对老师来说，也从未上过这样的课，究竟是学生会列出怎样的一系列数，寻找出怎样的规律，大家心中并不是很清楚，抱着实践一下，从实践中发现问题再来加以讨论修改，据此上了第一节课。

(3) 第二次实践

实际教学过程是由排队抽人引出，先抽1,2,4号，接下来会抽第几号？发散思维，什么号都有可能，但要有个抽数规则。学生很感兴趣，不一会，许多学生纷纷提出抽法。例如1,2,4,7,11,16……(+1,+2,+3,+4,+5……)。1,2,4,8,16……(×2)。1,2,4,5,7,8……(两个一组)。学生的发散思维，想象能力得到了培养。

(4) 第二次反思

听课后，教研组及时组织了评课活动，肯定了这个课题设想，大家也提出了一些问题：1. 课上学生提出了一系列数，基本上是逐步递升，怎样引导学生的思维向纵深发展，体现诸如递减、循环等规律；2. 怎样在课堂上体现互相合作的学习精神，学习间要有小组讨论、交流；3. 归纳这节课学习要达到的目的，可以与社会实践、大自然结合，体现数学学习的作用等。

(5) 第三次实践

通过这几次活动——反思，接下来活动——再一次上课，效果有了很大的提升。课上增加了小组讨论，学生互相对所提出的一组数据共同探讨规律，在思维的碰撞中受到多向启发，从中培养与同伴合作学习的精神，这也是当前教育所需要关注的热点问题。

这堂课上，学生不仅想到了前一些数的规律，在教师的启发引导下，学生还提出了如：1,2,4,2,1,4……(循环)；1,2,4,2,1,−1,−2,−4,−5……(−2,−1,反向思维)等。教师还引导学生作一些联想(与大自然、实际生活等)，一些学生联想到了股票走势图、高山大海的起伏等现象，给枯燥的数据赋予了生命，体现了数学的作用。整堂课在此形成了高潮，充分调动了学生学习的积极性。学生谈这节课所得到的启发是：数学深奥，学无止境；数字是单调的，一旦与生活实际相结合，则多姿多彩，例如，网络的1,0(电脑程序)，能引出无穷知识等。

教师最后小结，数学是一门非常有趣而且很重要的学科，不断深入地学下去，将使我们获得更多的乐趣。我们发现，数学与现实生活密切相关，借助数学发展的规律，可以去研究探索自然界的奥秘，希望同学们能感悟数学学习的重要意义，保持浓厚的学习兴趣与求知欲望。

实质上，我们获得这样的启示，即“活动—发展”教育模式，是引领教师在课堂教学过程中运用先进的教育理论或先进的教育理念，而“三实践，两反思”，则是有力、有针对性解剖教材，开发教材，如果在教育过程中，这两者能有机结合，那我们的课堂教育教学一定会取得事半功倍的效果。这样我们学生通过先进教育理论、合适的教育方法和有效处理素材过程，学生有可能最大限度地获得真正有效发展，那么学校的教育改革有可能获得社会大众、家长、学生的共同支持，这时可以这样说，我们学校的教育改革成功了。

（三）师德修养、创新意识是教师专业发展的重要因素

时代在前进，社会在进步。随着新陈代谢的自然规律，一大批高学历的年轻教师，不断地充实到教师队伍中来。那么，现在合格教师队伍的素质结构该如何建设呢？我们有资料证实，1985年美国巴尔和琼斯曾指出，教师知识准备程度和质量与他们的教学效果只有低度相关。同时，我国华东师范大学教授邵瑞珍通过研究，进一步阐述："知识水平只有当它低于某一关键值时，才会影响教学的有效进行，一旦教师的知识水平超过某一关键值，例如大专毕业水平，教学效果就不再随着教师的知识水平提高而不断上升。"也可以这样说，达标（即合格）教师的知识水平不断提高与学生学习质量的不断提高，无显著性相关。

同样，合格教师的某些心理素质，如智力（一般指教师的IQ分值）与其教学效果，同样只有极低的相关度，这是莫斯、怀尔德的研究报告中的结论。而我区教育科学研究人员对本区顾泠沅教授数改实验小组的骨干教师的素质进行长期的研究，提出骨干教师素质因素，即忘我的奉献精神、强烈的科研意识、较高的业务水平，与其教学效果有紧密的相关度。无独有偶，我区《农村初中青年班主任队伍的现状及建设策略》的研究报告都认为，优秀班主任的素质是由政治思想品德、社会责任感等组成。一句话，合格教师只有具有较强的职业道德——师德，才与学生学习质量的提高有较高相关度。

同时，虽然教师的主要工作场所，三尺讲台决定其以个体劳动为主，但教师面对学生，传授知识的内容都决定其必须具有创新意识，进行创造性的劳动。因为教师讲授的知识点虽然有时相同，就是同一章的教案，但所教学生的现状是不断变化的、动态的，要在每个班级都取得理想的效果，教案必须适当调整，必须加入适合该班的内容，即必须有所变化，即创新。

所以，我们认为，在教师专业发展策略中，只有不断地加固师德（职业道德层面）、不断地改善创新意识（科研意识层面），才能有效地促使教师专业发展，才能有效地提高教学效果。那么，如何有效地寻找形成师德为核心、创新为目标的教师专业发展途径呢？

苏联心理学家维果茨基在实验基础上提出的关于人发展的两条规律：一是人们特有的被中介的心理机能不是从内部自发产生，而只能产生于人们的协同生活和人与人交往当中；二是人的心理过程的结构最初必须在人的外部活动中形成，然后才能转移到内部，成为人的内部心理过程结构，也就是一个内化过程。简而言之，人在良好团队里学习的受益度远远高于自学效果。我区顾泠沅数改小组成功经验也已证明这一点。同样，我校数学教研组的团队引领、语文教研组的团队带教都呈现出同工异曲之妙。为此，建议在良好的团队(小到备课组,大至学校)中,团队影响与个人需要密切合作,不断加固职业道德和改善创新意识,才能有效地适应未来教育发展的需要。

(四)良好的学校管理机制是学校教改有效的基本保证

我们认为学校管理制度的建立,目的是营造规范、有序、和谐的校园生态场,让学生、教师愉快地学习、愉快地发展。

在区教育局正确办学思想的统一指导下,目前学校的管理思想主要体现在:

1. 领导层以身作则,管理思想制度以人为本

学校领导尤其是校长,是办学思想的宣传者、实践者,他不仅是个管理者,更是一个引领者。一个学校教育理念的提出,体现一所学校和校长文化"魂"的力量,这是办学思路和适应未来趋势的超前思考与现实的结合,是教育文化在实践中对基本规律的认知。所以,校长就必须用自己的人格力量诠释教育理念,践行教育理念,在学校各方面建设中发挥导向作用。

学校管理必须坚持以人为本,依法治校。我们在积极培育良好的运行机制时,尽力使学校事务做到民主决策、科学规划、公证实施。同时,又使广大教师提高认识、形成共识、共筑学校发展的愿景和理想。

我们积极造就良好的动力机制,不断引进竞争机制,强化激励机制。同时,又给予教师人文关怀,鼓励教师以优质教育服务于学生、家长和社会,为办人民满意的教育作贡献。

我们建立起组织制约、目标制约、制度制约等机制来提高监督学校照章办事的能力和水平,促进学校形成良性的运行机制和竞争态势,使学校的发展在科学管理下有序推进。

2. 学生发展有章可循,教师工作有序开展

依据教育局领导新的发展思路,根据学校实际和特点修订原有的规章制度,形成新的制度体系。在此基础上,党政工团齐心协力,加强宣传和教育,提高全体师生执行各类制度的能力和水平,使制度自觉成为实验中学师生共同的信念和行为准则,尽力做到凡事有章可循,依章办事,规范办学,保证学校的规范发展。

3. 环境氛围健康向上,学校和谐发展

环境氛围,包括静态的物质环境文化和动态的人文环境文化。

我们对学校物质环境文化的建设做到整体设计和构思,体现实验中学改革发展历程和学校文化的底蕴。无论数字校园的建设、专用教室的环境布置、学校各类标识的设计等,都要体现特定的文化育人功能。

动态的人文环境文化,是指学校长期积淀而形成的风气和文化氛围。一所学校的文化是由这所学校历史积淀而成,我们将不断总结和梳理我们的学校文化,并在此基础上形成与时俱进的校风、学风、教风、办学思想、组织精神等,从而使之成为学校发展的精神动力。

但是,多年的办学经验告诫我们,统一的教学大纲、统一的办学理念作用在不同类型的学校,实施在不同背景下的管理者、教师和学生身上,不可能出现全地区统一的效果、划

一的现象。特别在我们原创的“活动—发展”教育模式实施过程中,更可能形成与众不同的个性化管理制度。什么叫个性?我们认为就是指个人稳定的心理特征的总和。每一个人的个性各有其不同于别人的特点。所以,个性化的管理机制有利于学校教育改革的顺利进行,这是特色学校发展的必然趋势。但个性化的管理制度(或体制),必须在教育大纲和区教育局办学思想的统领下,否则容易产生异化,损害学校教育改革正常发展。

所以,我们管理学校的经验告诉我们,学校要不断地探索研究管理机制,与时俱进地制定管理制度,不折不扣执行管理制度,这是保证学校改革成功的基石。

三、探索:在“活动—发展”教育模式中,师生有效发展一直是学校教改的聚焦点

纵观我校二十年的教育改革实践,经反复细想,我们是从实践和经验出发,以“套筒式”课程结构研究起步;把课堂教学的单一性改造成课堂内、课堂内外结合、校外综合课等多样化课堂形态,后逐步在中西方现代教育理论的指引下,结合本区、本校教育改革经验和实践,从“活动—发展”新格局的实践尝试,在众多课堂教学的成功案例中,进行归纳和理论提炼,提出切合学校实际的“活动—发展”教育模式。所以,我们认为在二十年里,我们教育改革思想、理念对路,问题发现及时,研究方法、策略科学,所以,学校在各方面都取得理想的成效。

但是,在研究过程中,我们时有发现,在学校教育改革时我们提出的改革措施或解决策略,如课程多样化配置,课的形态结构的变化设想,有计划地办特色班等。这一般都是对学校教育对象的外在因素进行改革或适当变化,从而来影响或作用于教育对象,达到提高教育质量的目的。其实毛主席在《矛盾论》一文中早已明确地指出,事物变化真正的因素是内因,客观条件要通过事物的内因才能发生真正的变化。现今存在一种共识,说美国学生负担轻,其实不是这样,在那留学的初、高中生,有很多人每天作业要做到很晚,甚至达到挑灯夜战、闻鸡起舞的地步。可关键是他们并没有感到辛苦或负担很重,原因在于这些课以及关联的作业都是学生自己选择的、自己喜欢的。因为他们对这些课十分感兴趣,因此花费再多时间,再辛苦学生也乐意。而在我们学校存在同样的负担,有的学生会认为太苦,负担太重,而有的学生,因为对这些课有兴趣,就不觉得负担重。

所以,我们认为要有效地提升教学质量,其研究思想或思路能否从学生的学习外在因素转化到研究学生有效学习的内在因素,也就是我们是否对学生学习的内外因进行和谐结合的研究思路,可能会取得事半功倍的效果。

为此,我们召开校行政会、教科研积极分子会、教师座谈会、特色教师职业等会,集合大家的智慧,从 2007 年后我们准备研究管理、研究教师、研究学生三方面,对提高学生教学质量的内在因素进行案例的探索,达到减轻负担、提高学生质量、使学生真正地有效发展。

第四章 运用“三研究”策略，实现“减轻负担、个性发展”目标

第一节　研究管理——是学校改革的基本保障

一、与时俱进，完善课程管理

（一）课程计划方案的四次修订

1. 我校课程管理发轫于：

（1）秉持了顾泠沅教授数学教改经验与四条“教学原理”；

（2）课堂教学改革催生了“活动—发展”的课堂教学模式；

（3）学校教改孕育了“套筒式”架构的课程改革方案；

（4）学校课程管理进入了循序渐进、日趋完善的机制。

2. “活动—发展”套筒式课程框架的建立（1987.9—1990.6）

我校前身是青浦中学初中部，于 1987 年易址独立建制。我们在顾泠沅老师的引领下，努力学习东西方教育理论，认识到两大教育理论流派（赫尔巴特高效率的“接受式”教育方式和杜威注重做中学的“活动式”教育方式）各具特色，于是，我们在学习、比较和消化理论成果的基础上，尝试将两者优势结合起来，探求适合学生主体发展的课程教学模式——“活动—发展”套筒式课程教学模式，如图 4-1 所示。

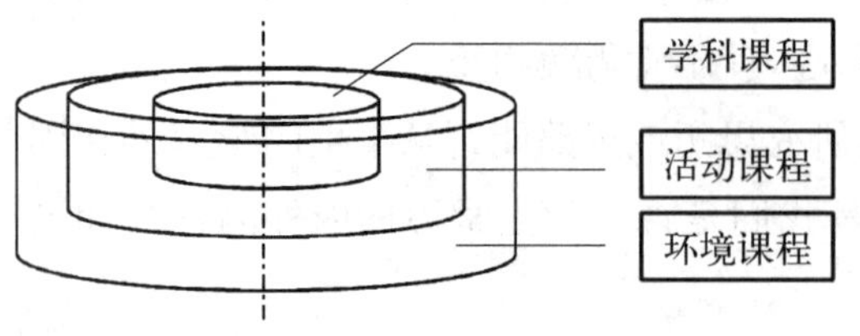

图 4-1　套筒式课程教学模式图

这个套筒的内核是学科课程，我们提倡优化“学科课程”。具体措施，一是调整结构、强调基础、适度要求；二是加强教学策略研究，重视观察、试验、推理、想象、表现及实际应用等学科活动，让学生通过内心体验和创造去学习。套筒的外围是环境课程，我们把这类课程划归实践的范围。努力开发环境中的教育资源，让学生通过亲自设计、组织和开展丰富多彩的综合活动，走向生活、走向劳动、

走向自然、走向社会。从内核到外围，套筒式中间层次是学生专题项目学习活动，即教师指导下的“自主学习活动”。第二层跨度大，需要由教师指导组织各种专题活动，从作用看，加强中间层次的活动是课程改革的突破口。三类活动课的安排如表4－1所示。

表4－1　青浦县实验中学三类活动课安排表(1988.2)

	场　域	形　态	内　容	方　式	教师	学生	评价
第一类活动	课堂内	基本课	学习系统的知识技能为主，同时培养获得知识的能力	知识技能的系统教授为主，辅之指导探究、辅导自学、互相讨论等	传授者	提高自主性	知识技能为主
第二类活动	课堂内外结合	专题活动课、弹性课	兼顾各类知识和能力	开设专题活动课程；学科知识课课时分段，腾出时间开展活动	指导者	基本自主	兼顾知识技能
第三类活动	课堂外走向社会	课外活动、其他生活时间	培养综合的、因地制宜、因人而异的实际能力为主	组织丰富多彩的课外活动；开展与社会紧密联系的活动	促进者	自主	能力评价为主

三类活动课程的实施，从起始年级开始，逐步向全校各年级拓展。其间对教师的校本研修、实践加以机制保障，并形成特色的操作样例，如“我与自然”“我与社会”“我与自我”等系列特色课程。

第一次修订：构建积极探索与社会生活紧密联系的课程教学计划改革方案。

“活动—发展”课程教学的核心理念就是倡导学生的自主学习活动。为了使课程实施有效且具有科学性，学校与教师进修学院组成了教育科研联合体，联手开展课程方案实施研究，探究全面提高学生素质的有效方法和途径。按照马克思主义的观点，人的发展的实现，一定要通过主体的活动，人只有在与环境相互作用的活动中才会显现其素质，同样人也只有在与环境相互作用的活动中才能提高其素质。为此，在实施过程的研究中，我们把着眼点放在拓展学生的主题活动上，由三类活动课为纽带实施“活动—发展”课程教学。

架构的课程改革方案，如表4－2所示。

其重点为：(1) 注重学校课程与社会生活的联系；(2) 加强课程结构的主干——基础知识学科；(3) 学科知识和活动课的有效结合；(4) 注意因地、因人制宜，实施课程弹性化。

套筒式课程框架的建立，初步实现了“接受式”教育方式与“活动式”教育方式的有机融合，使得学生“听中学”“做中学”相互贯通。在整个课程设计中，我们尽力做到致使形成“纵向成序、横向沟通”的结构，以利提高活动课的效度、挖掘活动课程的深度、丰富活动的方式。

表 4-2　青浦县实验中学三年制初中教学计划方案(1989.8)

课程	学科	周课时	一	二	三
学科课程	工具学科	语　文	4(+2)	4(+2)	4(+2)
		数　学	4(+1)	4(+2)	4(+2)
		外　语	4(+1)	4(+1)	4(+1)
	社会学科	思想政治	2	2	2
		历　史	3	2	
		地　理	3	2	
	自然学科	物　理		2	3
		化　学			3
		生　物	2	2	2
活动课程	周学科总课时		22(+4)	22(+5)	22(+5)
	考察和实践		全年三周		
	班团队会		1	1	1
	体育、健身		4	4	4
	音乐、美术		2	2	2
	劳动技术		2	2	2
	兴趣和技能活动		4	3	3
	周活动总课时		13	12	12
环境课程	利用课余或节假日期间,学生在教师预先布置的情况下,进行主题式的环境课程自主学习,学习成果以调查、记录报告等形式呈现。				

注:4(+2)、其中 4 为基本课时,(+2)为增加 2 节弹性课时。

本方案的工具学科中有 1—2 节是弹性课。学校规定了弹性课内容,要求各任课教师,联系社会生活实际,自行设计相关的教学内容与形式。比如语文(+2)课,教师们就设计为“小品表演课”“现代小说阅读课”“话语课”“写字练习课”“人际交流课”等。教师个人认为学生是最缺乏与社会生活哪一方面的联系,就用自己的弹性课对其进行补充教育。在“兴趣与技能活动”的几个课时中,学校也根据当时社会的需要,开设了“缝纫兴趣班”“毛衣编织班”“剪纸兴趣班”“小机床制作班”等。

我们认为该方案的特点主要是注重课程与社会生活的联系。首先,体现了课程结构中对能力培养不足的补充;其次,实现了学科知识和实践活动课的有效结合,并且根据学生实际需要,实施课程的弹性化,又达到了学生多元发展的需求,实现学生知识转化为能力的目的。

在本课程计划方案的课时数中，我们发现：基础型课程占总课时数的66.7%—69.2%，实践活动课占周总课时数的30%以上，我们认为这样的比例是比较合理的。但仔细推敲后发现，该方案中，我们把本应属于基础型课程的音乐、体育、艺术等学科划入活动课的范畴，约占50%，使真正意义上的活动课课时数就相对比较少，且内容显得比较单一，不能满足学生多样化的需求。

经过近十年的实践，根据学生在课堂上的表现，我们对三个不同表现层次（优秀、合格、需努力）的学生进行抽样调查，并对部分教师、学生进行访谈后发现：方案中基础型课程工具学科的4（+2）、4（+1），其中的（+2）、（+1）只说明是有弹性课时，但实际上是缺少学科内容、学科教学方法等方面的深入导向，因此，导致了部分教师不知道该如何处理这些课时，不利于教师的领悟与发挥。又由于学生个体的需求不同，而学校开设的活动课类型有限，所以该课程计划方案既不能满足全体学生的需求，又在学科、课时等方面存在着较大的局限性。使部分学生认为这样的课程并不是自己所需要的，影响了学生学习兴趣。同样部分教师也认为某些课程由于课时的限制，教学要求不能落实到位，教学困难重重，使整个学校课程缺乏本校应有的特色，不能适应学生发展的需求，致使学校课程计划的修订迫在眉睫。

第二次修订：构建注重课内外结合进行学习实践活动的课程教学计划方案。

2001年，随着市“二期课改”的推进，先进的理念引导我们进一步探索学校课程的发展规律，力求注重学生的经历，有力地发展学生的学习实践活动，也就是构建了以课堂内的基本活动、课内外密切联系的专题活动、校内外结合的综合活动的由内向外的相互补充、相互促进的三类课程教学计划方案（见表4-3）。

表4-3 青浦区实验中学三类课程教学计划方案(2001.8)

课程、科目			年级			
			六	七	八	九
(1)	基础型课程	语文	4+2	4+2	4+2	4+2
		数学	4+2	4+2	4+2	4+2
		英语	4+2	4+2	4+2	4+2
		政治	1	1	1+1	1+1
		科学	2	2		
		物理			2+2	2+2
		化学				2+2
		生命科学			2	
		社会				2

续 表

课程、科目			年级			
			六	七	八	九
（1）	基础型课程	历 史		2	2	
		地 理	2	2		
		音乐（艺术）	1	1	1	1
		美术（艺术）	1	1	1	1
		体育与健身	2	2	2	2
		劳动技术	1	1	1	
		信息科技	1	1		
		心理健康教育	1			
（2）	拓展型课程	学科活动	2	2	2	2
		主题教育	1	1	1	
		社会实践	1	1	1	1
（3）	探究性课程	课题研究	2	2	2	2
（4）	思想品德与行为素养		4	4	4	4

在本课程教学计划中，需要做出说明的是：1. 学校现有基础型课程17门，其中包含工具类科目三门（语、数、外），自然类科目四门（物、化、生、科学），社会类科目四门（政、社、史、地），体艺类科目三门（体育与保健、音乐、美术），劳信类科目二门（劳技、信息），心理类科目一门（心理辅导）。4＋2学科中的（＋2），语文为阅读、书法课；数学为思维拓展练习指导课；英语为口语课。17门课程按课程标准要求分年段实施，为学生所必修，学校按计划名副其实开足、开好各门课程，努力促进学生科学、人文、艺术、身心等素养的不断提高。2. 拓展性课程包含学科拓展、主题教育和社会实践等三类活动课程。其中学科拓展活动为学生自选内容，可以以班级授课的方式进行，也可以课外社团形式组织活动（学校先后成立了文学社、书法社、制作社等近十个课外社团），而主题教育活动和社会实践活动为学生所必须参与。3. 探究性课程：是指“生活”“生命”“自然”“社会”四个系列专题课程，是一门在教师指导下学生自主探究，培养探究和创新能力的课程。

我们认为《三类课程教学计划方案》重视了不同层次学生的学习需求，能利用本校师资特色，增加了拓展型课程、探究型课程的活动模块，采用了课内外结合的模式，提出以终身教育思想为指导，努力培养适应学习社会化的能力目标。

从以上课程计划方案的课时数中，设置的“基础型课程”占周总课时数的75％，其他类型的课程占周总课时数的25％。从数据看，基础型课程周课时数的占比增加了。从实际内容来看，本方案中的基础型课程不仅包含了更丰富的学科，还包含了学科拓展与学科活动课程的内容，容量也增大了；尤其是4(+2)课程中的(+2)课程内容有了明确的规定，又引领了教师对教学活动内容、形式的探索。开放的课程，开放的教材，开放的教法，形成开放的特殊性，故在这期间，我校出现了一批富有特色的校本课程，如《民防教育》《地震科普教育》等，逐渐形成了本校的科技、体育、艺术的特色。

我们在课程计划的实施过程中发现，没有完善的评价机制，课程实施缺乏针对性、有效性等。例如我们大致知道学生喜欢哪类课程，但到底在这类课程中哪一门学科学生最感兴趣，学习也最有效呢？如何判断学生的学习效果？以后该往什么方向发展？对于这些问题，我们不能由主观的推测替代客观的评价。此时，我们认识到课程改革能否积极、稳妥推进，其重要的动力措施，就是应对课程改革的效果进行合理、有效的评价，故必须要有创新有效的学业评价方案。

从2004年起，我们对课程的管理由先设置阶段进入评价修订阶段的管理。课程评价首先由学生评价始行。我们研究、制定并实施三类课程的学业评价改革相对称的学分制评价方案，其目的是通过基础型、拓展型、探究型课程，学生思想品德相应的评定学分作为学生在校四年学习所有课程的总学分，成为学生是否合格毕业、能否推优与评优等项目的重要依据，从而逐步打破社会上大多数人都认为不合理，但又无奈地以一次考试成绩定“终生”，即决定学生升学、毕业与否的“标准”。

例如：学分制评价的实施办法中的“课程学分结构”，学生的学分按照课程的不同，分为基础型课程学分、拓展型课程学分、探究型课程学分与思想品德学分四大类。基础型课程不高于75%，拓展型课程10%左右，探究型课程5%左右，思想品德学分不低于10%。具体分配如下：（见表4-4）

表4-4 课程学分结构表

课　程		基础型课程	拓展型课程	探究型课程	思想品德与行为素养	总　计
学分	六	120(70.58%)	20(11.76%)	10(5.88%)	20(11.76%)	170
	七	125(71.43%)	20(11.43%)	10(5.71%)	20(11.43%)	175
	八	125(71.43%)	20(11.43%)	10(5.71%)	20(11.43%)	175
	九	120(70.58%)	20(11.76%)	10(5.88%)	20(11.76%)	170

*注：以六年级为例该年级一学年课程学分是170分，其中基础型课程为120学分，占整学年课程学分的70.58%，拓展型课程为20学分，占整学年课程学分的11.76%，探究型课程为10学分，占整学年课程学分的5.88%，思想品德与行为素养学分为20分，占整学年的11.76%。

我们先后制定了青浦区实验中学学生学分卡、拓展型课程学业评价表(分学科、活动二类)、探究型课程学业评价表、学生思想品德与行为素养评价表和学生学分奖励方案等评价措施和建立逐步完善教师、家长、社会等群体的评价反馈系统，初步实施后，学生、家长、教师等反响较好。

经过一定时间的实践、探索，我们预设的学校课程计划与相应的评价措施是按照课程→实施→评价流程框图(见图 4-2)有序地进行。

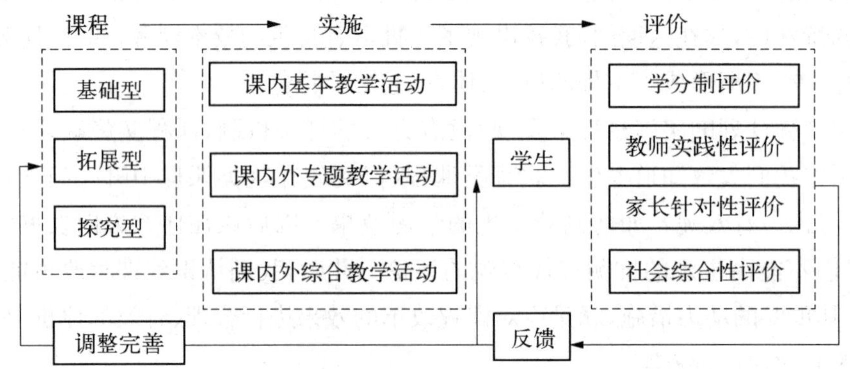

图 4-2 青浦实验中学课程、实施、评价流程操作框图

在此流程框图中明确显示,要进一步完善或改进学校课程计划,真正有发言权的是课程的受益者——学生;课程的实施者——教师,他们的感受、想法和建议应具有举足轻重的作用。为此,我们组织四位老师,分工合作,负责设计学生、教师的样本群。由于工作细致到位,样本总体的问卷回收率达 92%。现经初步统计、分析,我们获得以下信息:

有 95%教师认为本课程方案是更具有注重过程,降低分数是唯一标准的选拔功能,更体现人本化等优点,使学生获得比较正确、合理、可接受的评价,极大地促进学生良好、持续地发展。有 79%的学生对三类课程的科目实施感到喜欢和满意;同样在与课程相配套的作业与调查问卷中得到印证。71%学生喜欢学分制或学分与分数相结合的评价方式,非常满意和比较满意学校现行的学分制课程评价制度,而只有 12%的学生说不出理由,还留恋单纯分数评价制,这更说明学分制是深受大多数学生喜爱,是适合学生学习评价实际的。

我们现在的课程改革实施现状和管理受大多数学生欢迎和满意;被大多数教师欢迎和接受。由此,也增强了我们继续进行课程改革、管理的信心。那么,继续课程改革的道路又在哪里?

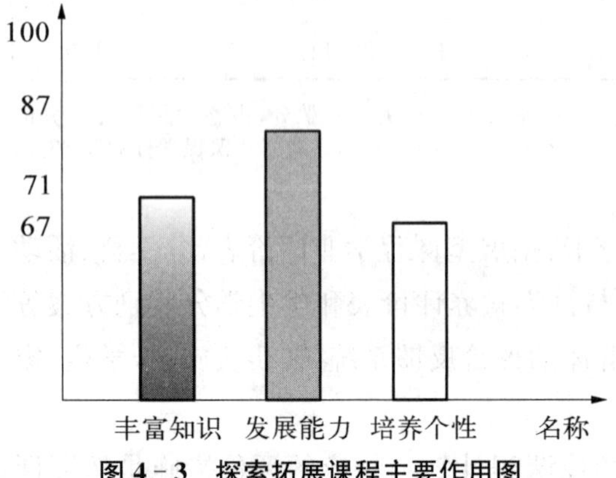

图 4-3 探索拓展课程主要作用图

我们在对教师"你觉得在实际教学中,探究、拓展课程能起主要作用的是什么呢?"的问题时(见图 4-3)。发现在教育教学过程中,虽然探索、拓展课程在发展、培养学生能力方面起着举足轻重的作用,但在培养学生个性方面仍不够明显。我们设置的探究型、拓展型课程时既要考虑到大多数学生的共性需求,又要适合不同学生的个性需要,这可能为我们继续改进课程计划找到了方向。

鉴于上述两方面的因素，我们对 2001 年学校三类课程教学计划的实践、经验进行评价与反思，感到基础型课程重视基础知识、基础学生、缺乏有针对性的因材施教；拓展型、探究型课程关注学生德、智、体、美、劳各个方面的共性需求，缺乏针对学生个性潜力、特长的激发与培养。为此我们就加强对拓展型、探究型课程的进一步细化，也就是加强非限定拓展课程种类的设置（见图 4－4）。

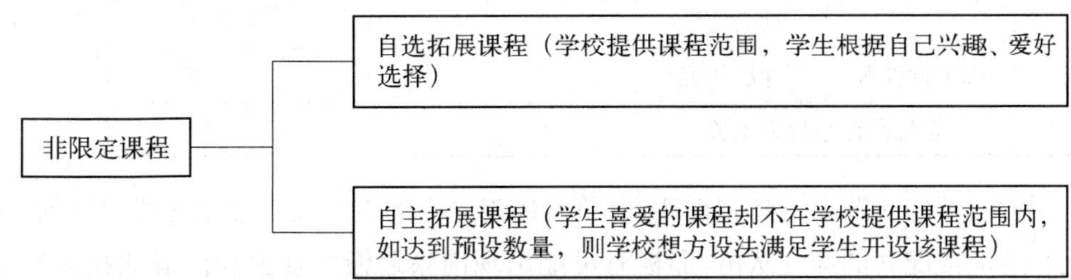

图 4－4　非限定课程种类的设置

第三次修订：青浦区实验中学增设“非限定课程”教学方案，见表 4－5。

表 4－5　青浦区实验中学增设“非限定课程”教学方案

课程、科目			年级			
			六	七	八	九
（1）	基础型课程	语　文	4+2	4+2	4+2	4+2
		数　学	4+2	4+2	4+2	4+2
		英　语	4+2	4+2	4+2	4+2
		政　治	1	1	1+1	1+1
		科　学	2	2		
		物　理			2+2	2+2
		化　学				2+2
		生命科学			2	
		社　会				2
		历　史		2	2	
		地　理	2	2		
		音乐（艺术）	1	1	1	1
		美术（艺术）	1	1	1	1
		体育与健身	2	2	2	2
		劳动技术	1	1	1	
		信息科技	1	1		
		心理健康教育	1			

续 表

课程、科目			年级			
			六	七	八	九
(2)	拓展型课程	学科活动	2	2	2	2
		主题教育	1	1	1	
		社会实践	1	1	1	1
(3)	探究性课程	课题研究	2	2	2	2
(4)	思想品德与行为素养		4	4	4	4

课程改革的实践在不断告诉我们，单有体现先进的教育教学理论的课程计划，如缺少与之相适应或配套的师资队伍，那极有可能出现南辕北辙的现象和南橘北枳的结果。为此，由于区教育局领导持续坚持“强队伍”的各项优惠政策，使我区师资队伍的素质发生变化。

历年来，我们学校一是连续不断进了几十名具有各类大学本科、研究生学历的新教师，使教师队伍的年龄、心理、文化等结构方面发生自然的变化；二是邀请区内外著名学者、专家、名师进行本土化的校本培训，有计划地促进教师共性素质的良好发展；三是积极引导，广泛开展校本研究、教育科研等活动，有目的地提升教师个性化的素质水平。由此，教师的教育教学专业的发展呈现出可喜的趋势。

这样，给我们学校进一步课程改革、修订与管理提供了既遵循国家的课程指导思想，又贴近学生实际，提供了可行的新思路。

第四次修订：构建关注“个性”，注重学生“个性”与“共性”融洽发展的课程计划方案。

2009 年 9 月我校迁入新的校址，教学环境与教学硬件设施有了很大的改善。我们继续在学校“活动—发展”教育模式的背景下，根据学校当前环境条件、与初中生的发展目标，学校建立新一轮思想道德教育体系、学校课程改革的推进和课程形态、发展性学业与评价制度等内涵为主要抓手，全力构建支撑学生发展的培育体系，达成培养全体学生个性凸显、人格健全、全面和谐、终身发展教育目标，为每一个孩子都受到优质均衡的教育提供师资的保障的基础上，重新思考学校课程计划的宗旨；为了促进所有学生全面而富有个性的终身发展，学校全力构建既为所有学生提供丰富学习经历，又能满足所有学生自身发展需求的课程体系。制定与之相配套的学校继续改革的课程计划。（其中拓展、探究部分见表 4－6）

该课程方案是依据上海市初中课程计划和学校办学实际特点而形成的。学校全年各安排一次体育节、艺术节、科技节、英语节、读书节等活动。学校规定学生必须参加限定性学科课程。对于非限定性学科课程，学生依据本人兴趣、个性特点可以自由选择参加。

表 4－6　青浦区实验中学拓展、探究型课程实施计划方案(2010.8)

课程类别			周课时				备　注
			六年级	七年级	八年级	九年级	
拓展型课程	学科类	限定	5	3	4	4	
		非限定	2	2			
	主题教育		1+1	1+1	1+1	1+1	1 节为班团队主题活动教育，1 节为学校或年级综合教育活动
	社会实践		每学年 2 周				
探究型课程	课题或项目研究		1+1	1+1	1+1	1+1	其中 1 节为课内指导课，1 节为学生小组课外探究学习活动
广播操、眼保健操、体育活动			每天 45 分钟				
周课时数			10	8	7	7	

每学期，都会开设如“乒乓”“管乐”“国画”“机器人”“小发明”等五十多种拓展型课程，同时根据不同学生、不同时期的需要，成立了“晨韵艺术团”“墨香书画社”“晨光摄影社”“灵之窑陶艺社”等十多个学生社团。以拓展课程为例(见图 4－5)。

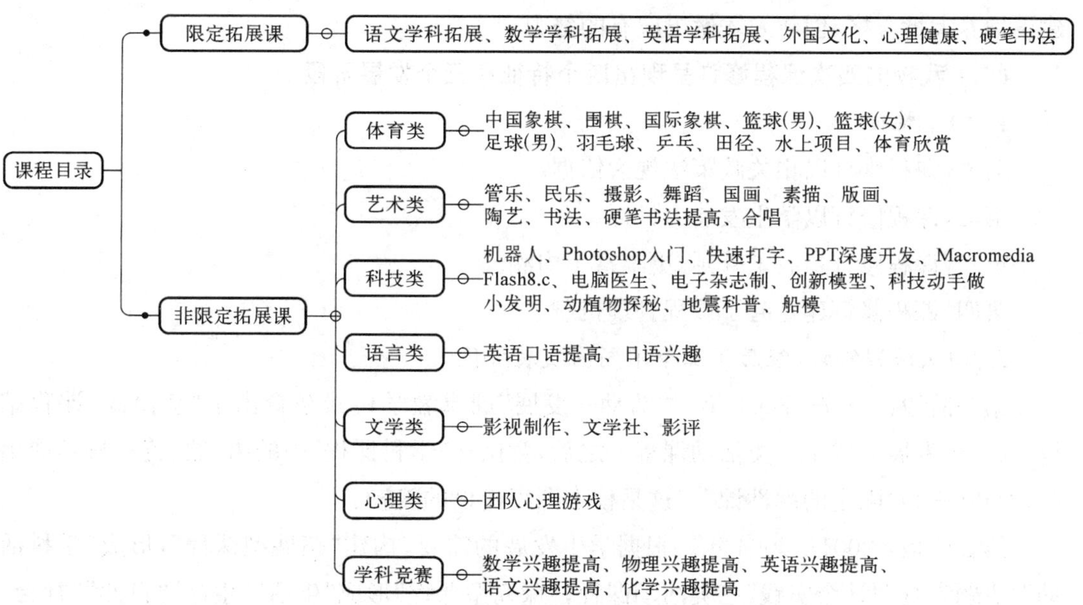

图 4－5　青浦区实验中学 2010 学年度学科类拓展型课程结构图

从新的课程计划方案课时数中，我们的基础型课程占周总课时数的 69%—79%，其他类型课占周总课时数的 20%以上，在 2004 年的课程计划基础上，加强对拓展型、探究型课程的进一步细化，也就是加强非限定课程种类的设置，有利于满足学生多样化的个性需求。目前课程方案的语言表述更加精准，有利于对教师教学的直接指导；十分注重学校的办学特色，适当增加运动会、科技节、艺术节、英语节、读书节等活动的安排，有利于学生的全面发展。

3. 结果与反思

在制订课程计划与管理的过程中，我们试图通过 1. 强化对新课程规划的实施与管理；2. 建立学校开发校本课程的制度与机制；3. 深入项目工作室与校本研修制度建设；4. 确立教师发展性评价机制；5. 继续改革学生学业评价制度等措施，使之有力地保障学校课程计划的顺利有序地实施，同时定期运用问卷、调查、座谈会、访谈等有效方式，及时获取课程计划实施过程的信息，真正做到不断地吐故纳新、与时俱进，期望形成一个学生、家长、社会、教师都认可、欢迎的科学、合理、可行、有效的学校课程计划。

但事实上，我们发现愿望是美好的，具体实施过程中的困难是随时存在的。如课程的成熟度，证据搜集上的准确度等方面，都需要我们有一个整体的规划和行之有效的方法。而目前我们只能在摸索中前进，在探索中发展。

选择一种课程，就是选择一种未来。我们实验中学对未来充满了希望与憧憬。尽管在课程计划的实施与管理中，还会遇到各种困难，但我们认为只要能勇于实践、不断反思，坚持不懈，在上级领导、专家们的引领下、指导下，我们期望能修订出符合"以学生发展为本"的课程计划，并在实施策略与管理体系等方面的不断改进、完善，以便为国家社会主义建设培养大批合格、创新人才做出应有的努力。

（二）我校的四次课程修订呈现出四个特征和三个发展阶段

1. 四个特征

第一，课程修订以相关政策法规为依据。

第二，课程修订以学生发展为目标。

第三，课程修订拓展了外延，更丰富了内涵。

第四，课程修订建立起了课程管理机制。

2. 四次课程修订，经历了三个不同的发展阶段

第一阶段：1987—2001 年。"活动—发展"课堂教学模式孕育出了"套筒式"课程结构，为学生发展形成了三类活动课程。之后，尝试在"学科课程"中的语、数、英三科延展出(+2)和(+1)"限定的弹性课"。这是校本课程建设的发轫。

第二阶段：2001—2004 年。根据学生发展的需要，构建"拓展型课程"，形成"学科活动""主题教育""社会实践"三类活动课程；"探究型课程"形成"生活""生命""自然""社会"四个系列的主题探究活动。此时，学校课程初步呈结构化趋势。

第三阶段：2004—2010 年。在夯实学生核心素养的基础型课程的前提下，先行开拓"拓展型课程"中的"非限定拓展活动课程"，以满足不同个性、特长、志趣、潜质的学生选

学。这一阶段，先后开设具有特色化、多元化的拓展课程多达52门，其中开设“FUN课程”10门，“STEM课程”13门，这两类课程合计达23门。此时学校初步实现了课程体系化。

第一，学校课程修订依据相关政策法规，如表4-7所示。

表4-7　学校课程修订依据

第一次课程修订：1989年8月 1988年4月江泽民同志在上海市九届人大《政府工作报告》中指示：“要抓好中小学课程教材的改革”的讲话，拉开了上海中小学课程教材改革的序幕。不久“上海市中小学课程改革方案(草案)”出台。上海中小学课程教材改革第一期工程开始。	上海市中小学课程教材第一期工程的实施，为学校课程教材改革提供了必要的政策法规，就此，制定了三类课程：即“学科课程”“活动课程”和“环境课程”。之后还设置了“工具学科”(语、数、英)(+2)和(+1)的弹性课程。 这一课程修订体现了积极探索与社会、生活紧密联系的特点。
第二次课程修订：2001年8月 1998年7月上海中小学课程教材改革委员会颁发了《全日制九年义务教育各学科课程标准(修订本)》。 该课程标准“课程设置”中明文表述“课程体系坚持以学生发展为本，以社会、学科、学生为基点，以提高学生的素质为核心，重视学生个性爱好的健康发展”。 在“优化课程结构”中指出：“加强选修课程和活动课程的建设，增加课程弹性。”另外，又在“教学科目”条中明文规定：“九年制义务教育的课程由学科课程的必修课、选修课程和非学科课程类的活动课程三部分组成。”凸显“非学科课程类的活动课程”。 “教学科目”条文中还指出：“选修课不再规定在‘知识学科’和‘技能学科’两类课程内进行开发。” 另在“说明”一节中指出：“学校可根据条件在统一提供的选修科目中选开若干科目，还可另设其他选修科目，学生可按照自己的意愿或在教师指导下选修。”不再规定“八年级以上学生每学期必须选修1—2门科目”。	1998年7月颁发的《全日制九年义务教育各学科课程标准(修订本)》；与同年学校成为上海市“二期课改”先行学校，给学校课程改革注入了新的“活水”。 学校将原制订的“学科课程”“活动课程”和“环境课程”修订为“基础型课程(必修课程)”“拓展型课程”和“探究型课程”。 基础型课程中的“语、数、英”三科的(+2)(+2)与(+1)弹性课程修订为必修限定课；同时，基础型课程中的“政、物、化”三科，依次增设(+1)(+2)与(+2)必修限定课，以增强基础型学科，为后续开设更多的自选拓展课奠定扎实的基础知识。 这次修订注重课内外结合进行学习实践活动。期望达到“以终身教育思想为指导，努力培养适应学习社会化的能力目标”。
第三次课程修订：2004年8月 1999年10月，上海市《面向21世纪中小学新课程方案和多学科教育改革行动纲领(研究报告)》出台，迎来了21世纪的课程教材改革的新高潮。	2002年学校正式成为上海市“二期课改”实验学校。先进的理念和完整的课程架构引导我们进一步完善了学校课程体系。对2001年课程方案，经教师、学生、家长和社会等群体对学校课程设置、实施进行全面而较科学的评价、反馈，决定修订2001年课程教学方案。 修订后的课程教学方案关注学生德、智、体、美、劳各方面的共性需求；增设了利于学生个性的激发与培养的“非限定拓展课程”。

续 表

第四次课程修订：2010年8月 “21世纪行动纲领”强调“拓宽课程的渠道”，要求“新课程标准能满足不同层次学生个性发展，有利于培养学生的创新精神和实践能力”，还指出“教育不能满足课堂教学和教材内容的学习，应将学生课堂的学习与课外的学习、实践紧密结合一起”。 应“树立正确的价值观”“课程价值的实现主要体现在学生的发展上”。	2009年9月我校迁入新校址，教学环境与教学硬件设施有了很大的改善。全体教师经有计划、有目的的校本研修、教科研活动，共性素养有了显著提升，再难能可贵的是形成了一批具有个性化特色的教师。这为完善学校课程改革与修订创造了极好的条件。 学校在遵循国家课程指导思想的前提下，为关注学生“个性”，注重学生“个性”与“共性”融洽发展而进行了第四次学校课程修订。其中突出、可喜的是“非限定拓展课程”经过循序渐进的改革，拓展出了五十多门课程，真正实现了校内的教育公平，让所有学生的教育权益得到了切实的保障；让“教育优质均衡发展”首次在校内实现。

第二，学校的课程修订必须坚持“以学生发展为本”这一目标，因此，修订的课程也必须体现与之相应的特点，且应彰明较著。

众所周知，学生要实现自身的发展，首先必须提升学生的学习能力，而学习能力的提升主要是通过实践、探究、发现等主体活动而获得的。学习活动是提高学生素质，进而实现发展的可行途径。学校的三类课程的实施是鼓励和促进学生使之在学习中由生理、心理、社会文化三个层面参与活动，做有机统一的运动，致使学生的生理素质、心理素质和社会文化素质得到提升，从而使学生综合素质得到发展。这样，课程价值的意义才得以彰显。此外，学生在活动中还培养了自己具有竞争、互动、团结、合作、钻研、创新、坚韧、顽强等情感意志的人文精神品质。

下面是课程修订的特点与学生发展的目标对比（见表4－8）。

表4－8　课程修订的特点与学生发展的目标对比表

	名　称	课程特点	学生发展
1988.2 初定方案	《青浦区实验中学三类活动课安排表》	① 设置三类活动课程：基本课；专题活动课（弹性课）；课外活动课。 ② 课堂教学体现“活动—发展”的教学模式；课堂内外、校内外结合，实现知识与知识、知识与能力的“耦合”功能；课堂外走向社会，体验、融入社会。 ③ 创生“纵向成序，横向沟通”的“活动—发展”课程序列。	① 倡导学生自主学习活动；促进学生“活动—发展”。 ② 让学生由课内走向课外，由校内走向校外；拓展自主活动，走向社会、生活。 ③ 让学生参与活动，既动手又动脑；让学生感受到学习活动所具有的特色与活力。

续 表

	名 称	课程特点	学生发展
1989.9 第一次修订	《青浦区实验中学三年制初中教学计划方案》	① 注重课程与社会相联系。 ② 设置“工具学科”的“延展性课程”，如(+2)(+1)，加强“工具学科”的基础。 ③ 学科知识与活动课有效结合。 ④ 因地、因人制宜，实施课程的弹性化，促使特色活动课的形成。	① 让学生借助活动课程走进社会，走进生活。 ② 倡导学生“听中学”与“做中学”相融通。 ③ 实现学生“知识”转化为“能力”的目的。 ④ 培养学生具有学习上的“个性”。
2001.8 第二次修订	《青浦区实验中学三类课程教学计划方案》	① 基础型课程延展出了学科活动课程。 ② 学科拓展活动反映出内容广泛性，形成多样性特征。 ③ 拓展型课程又衍生出“学科活动”“主题教育”“社会实践”等三类活动课程。 ④ 探究型课程又派生出“生活”“生命”“自然”“社会”四个系列的专题课程。	① 培养学生具有适应社会的能力。 ② 让不同层次的学生获得学习的需求。 ③ 培养学生具有探究和创新能力。
2004.8 第三次修订	《青浦区实验中学增设“非限定课程”教学方案》	① 细化“拓展型”“探究型”课程。 ② 设置“非限定拓展课程”，分为“自选拓展课程”和“自主拓展课程”两类，极大地丰富了学生可选修的课程类型。 ③ 制定了《学生学分制评价标准》。	① 满足学生“个性”需求，培养学生的“个性”与“特长”。 ② 合理、科学地全面评价学生的学习成绩。
2010.8 第四次修订	《青浦区实验中学拓展、探究型课程计划方案》	① 限定性学科课程为学生必选课程，以增强基础学科；非限定性学科课程，学生可凭兴趣、个性、潜质等特点自由选学。 ② 开设五十多门“非限定拓展型”课程可供学生自由选学。 ③ 建立起了“FUN”与“STEM”两类现代特色的课程，为打造具有时代特色课程的学校而创造条件。	① 让学生整体具有扎实的基础学科知识、能力的前提下，“个性”得到发展。 ② 为所有学生提供丰富的学习经历，满足自身发展的需求。 ③ 让每个学生受到优质、均衡的教育。 ④ 实现全体学生“个性凸显、人格健全、全面和谐、终身发展”的育人目标。

第三，课程修订拓展了外延，丰富了内涵。

我校课程修订自1989年始至2010年，历时二十年，不仅发生了拓展型课程设置科目由少到多的变化，体现了量变的过程，也极大地丰富了课程的内涵。课程门类和内容分别由单一到综合，由简单到繁多的变化，这正体现了学生因潜能的层级、个性特长等的差异，而能各自得到满足自身需求的选修课程。

当然，课程设置应注重培养学生的学习主体性，主要是指学生所表现的三个特性，即学习的自觉性、主动性和创造性。

学校课程改革伊始，基于“套筒式的三类课程”的实施，建立“纵向成序，横向沟通”的序列。随着课程改革的不断深入，校本课程不断地发展，并明确把学生发展作为办学的宗旨，从中还认识到：学校教学改革与课程设置远跟不上现代社会日新月异的发展趋势，表现在：其一，与实现教育现代化的背景不相符；其二，与改革开放的经济腾飞现实不相称；其三，与培养适应现代社会发展所需的人才要求不相应。

自20世纪80年代末，学校课程改革进入稳妥、合理、有效、科学的轨道。具体表现在：先由“基础型课程”中的工具类课程：语文、数学、英语三科延展出“限定拓展课程(+2)(+1)”弹性课。如语文(+2)课有“现代小说阅读课”“话语课”“写字练习课”。这些(+2)或(+1)课都由基础工具科“延伸”“展开”而拓展而来的，这就如金属所具的“延性”和“展性”的特性，故名“延展型课程”。之后又延展出“政治”“物理”和“化学”三科的(+2)课。这类衍生于基础工具类学科的课程，故定为“限定拓展课程”。这时期的课程改革仅是“点状”水平的课程改革，其特征是：仅限定在基础类课程的学科作些“增设”“延展”。

进入新世纪以后，才在其他基础型课程中延伸拓展课程，诸如：学科竞赛类课程、语言类课程、体育类课程等。此时，学校课程变革创生出的是“线性”课程，这类具有相应的基础学科为支撑，具有共同的特征，即它们都与基础型课程“关系密切”，也就是说它们都有基础类学科的“基因”。之后，创生出“FUN”课程如：文学类课程、艺术类课程、心理类课程。所谓“FUN”课程，是指Free(自由)、Unique(唯一)、Natural(自然)，三个关键词为核心构建的基于学习立场的——“FUN课程”。它致力于让每个学生自由飞翔，自然成长。这是学校新开拓的课程并非由基础型课程延伸、拓展而来，而是开创、拓展的。又如，体育类的赛艇课程，按九年制义务教育，中小学体育学科没有这类教学与训练项目，它不比乒乓、田径、球类项目普及、普通，体育课都设赛艇教学、训练。再如艺术类的“管乐团”“民乐团”“舞蹈”“摄影”“陶艺”等，这些除赛艇项目外，都是“FUN”课程。

学校课程建设不仅要体现学生发展的共性特征，更应充分重视每个学生的个性差异。在不断的实践与研究中，选择最有效的课程教育，使具有各种个性差异的学生能各得其所地获得最大限度的发展。我们承认：每个学生都有自己的优势、潜质；都有自己独特的爱好；都有自己独特的性格特征；即便相同的潜质，反映在同一领域也会呈现出不同层级的潜能差异。因而面对相同的课程活动，常反映出不同的潜能，不同的潜能层级。这是不容置疑的现状和不可违背的学生间共性和个性所具的相异的一面。这一现实，促使学校思考如何提供学生展示自己所学的知识、所具的能力和形成的意志品质的机会。学校应做的是创造条件，开设可由不同学生选择的，多层次的、多样化的、丰富的课程，为学生的个性发展提供必要的机会。为此，学校当义不容辞地开辟结构合理、体系科学、内容丰富的人才孕育与发展的空间。

2004年校本课程的修订，意义重大，为以后的校本课程的改革，校本教材的编撰奠定了基础，也引领了新世纪课程的修订、拓展起到了决定性的作用。

20世纪第一个十年，随着教育改革的飞速推进，社会高科技的蓬勃发展，学校又创设了13门科技类的“STEM课程”。“STEM”是Science（科学）、Technology（技术）、Engineering（工程）、Mathematics（数学）的简称。这是一种集成化教育，特点是：学生参与，以项目学习为载体；运用科学探究过程和工程设计的教育；采用团队合作的形式，在解决问题的过程中学习、创造与创新。如“机器人制作”“航模”“创新模型”“科技动手做”“电子杂志制作”等。

至此，学校课程呈现“鸟巢状”，它多维联动，以逻辑的课程体系为标志；将课程、教学、评价与管理及师生发展融为一体的课程结构体系。这是一种课程发展与文化创生相生相融的一种课程改革。特别是“STEM”课程的实施，让我们体会到了其对学生具有以下诸方面的影响：① 以学生为主体；② 项目学习是载体，而非终极目标；③ 学习方法运用高科技、探究型；④ 学习形式——师生动手，团队合作；⑤ 学会创造与创新。“STEM课程”学习使师生关系出现“革命性”的变化——教师和学生在学习中成了“学习共同体”，他们之间地位平等，共同学习，相互倾听，共享成果，师生情感融合，真正体现了课程价值的最大化，实现了学生发展的最优化。

随着学校课程改的不断推进，学校课程建设的日趋完善，但我们仍然清醒地认识到：课程设置应正确处理好“基础型课程”“拓展型课程”与“探究型课程”三者之间的内在关系，即把握好它们各自的教育内涵及相互作用。基础型课程应注意挖掘各学科中的科学、技术、艺术、心理、体育等诸多教育因素，努力寻找和研究与拓展型课程和探究型课程之间的联结点，并在学科教学中强化这些联结因素。故此，加强基础型学科教学是保障拓展型课程、探究型课程茁壮成长的根本。

在拓展型课程建设中，首先应充分体现课程的多样性和可选择性。开发设置丰富的科技类、艺术类、体育类、心理类拓展课程和探究课程供学生选学和习修；在主题教育、主题活动及社会实践的探究活动中，均离不开基础型课程中的学科知识、技能的支撑，它们是探究活动的载体。唯此，三类课程之间才得以相辅相成、相得益彰。

综上所述，我们得出：三类课程间因基础型课程的学科教育因素关系到拓展型课程和探究型课程的开发、设置和实施，故三者之中的基础型课程的相关学科因素与拓展型课程和探究型课程之间，存在着一种内涵和外延的逻辑关系。这种关系是我们在设置与实施三类课程时必须认识的特征和课程建设中必须正确把握的原则之一。

以上是我们对三类课程之间的一种逻辑关系的认识。正确处理好它们之间的关系利于课程改革与实施。我们不妨再进一步认识一下处理好这课程间的逻辑关系对学生、教师乃至学校这三者有什么意义呢?

这也值得我们深思,以便认识到:基础型课程与拓展型课程、探究型课程的科学、合理的关系,影响到① 能否正确处理好基础与发展的关系,能否体现出学校教育的发展特征;② 能否充分发掘师生潜能和充分调动主观能动以体现学校教学的可持续性。其也关系到学生是学习的主体,是人生发展的主体;教师注重对学生的主体意识和主体活动能力的培养。最终学生发展的根本和教师教育基本观念发生彻底改变。

学校注重对全体学生的全面发展,这是学校立校之本,所谓“十年树木,百年树人”正合这一意涵。为此,在开发拓展型课程、探究型课程之前,先应加强基础型课程,在开发拓展型课程时,不忘加强基础型课程这个“初心”。始终坚持以“基础型课程”为主体,它是整个课程体系的“根基”。它“萎缩”了,将使整个体系成“无本之木”,到后来不仅会“萎蔫”,还将会有“大厦倾覆”的危局,这是不可想象的可怕后果。

我校经近三十年的课程改革,最终期望形成一个学生、家长、社会、教师都认可、欢迎的科学、合理、可行、有效的学校课程计划(见图 4-6、图 4-7)。

(三) 不断完善学校课程管理机制

课程修订是对实施的课程经评估,做出必要的增删变更:或优化,或创新后重新编制新课程的一项管理工作。我校先后四次与时俱进的课程修订,都经由对课程的评价等管理措施后做出修订的。历时四次较为重要的课程修订,不断改进管理机制,使之渐趋健全,不仅与时俱进,更使课程管理日臻完善,建立起开发校本课程的制度与机制。

我校课程管理是伴随课程改革而发端的,其间经历了三十年之久的不断改革:从无到有,由单一管理到综合管理,逐渐建立起学校课程评价机制。至今,无论从形式到内容产生了量变到质变的飞跃。今天,学校课程管理已上升到科学而有效的管理,切实保障课程改革的高质量实施与修订,也使课程教育的核心内涵推进到了学校发展与学生培养的关键。

我们深刻地认识到:课程实施是学校发展和学生发展的基本保障;而课程管理的优劣既决定课程实施的高度,也决定学校办学的高度。此外,一所学校办学是否有特色,由课程的实施和管理所决定的。因而,学校课程管理决定了学生发展,教师发展和学校发展的根基的坚实与否。

1. 初期课堂教学的公开、观摩展示评价

我校建制前(系青浦中学初中部),在顾泠沅教授的指导下进行数学教改,后由数学学科“活动—发展”的课堂教学实验成功,之后推广至各科课堂教学改革。至 1987 年青中初中部易址建制青浦县实验中学。此时,学校已催生了“活动—发展”的课堂教学模式,也孕育了“套筒式”三类活动课程。之后,各科推广这一课堂教学模式,由一育向多育并进,并

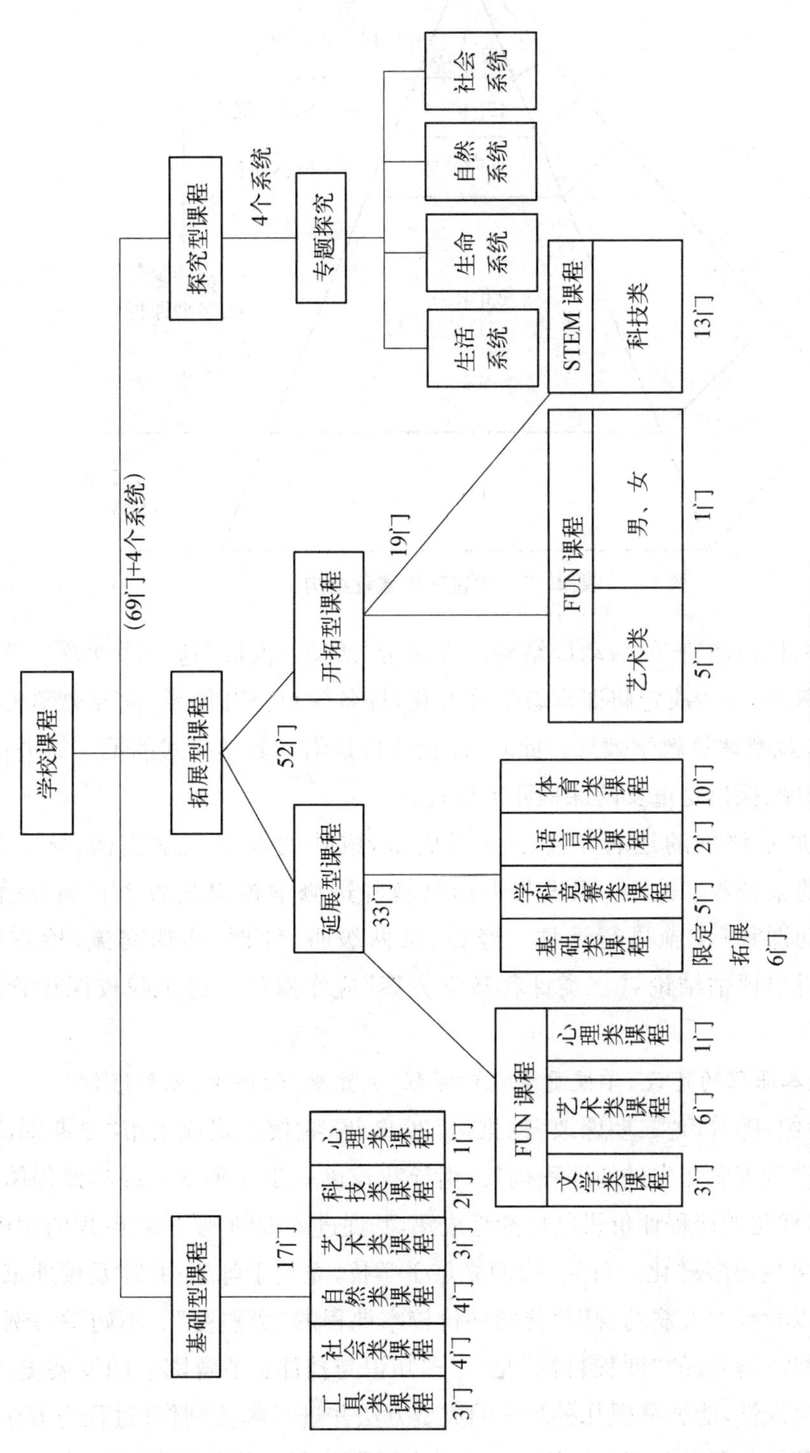

图4-6　学校三类课程结构图系

(注)除拓展型课程中的“延展型课程”中“基础类课程”6门为“限定拓展课程”外，其他“拓展型课程”“探究型课程”均为“非限定拓展课程”。

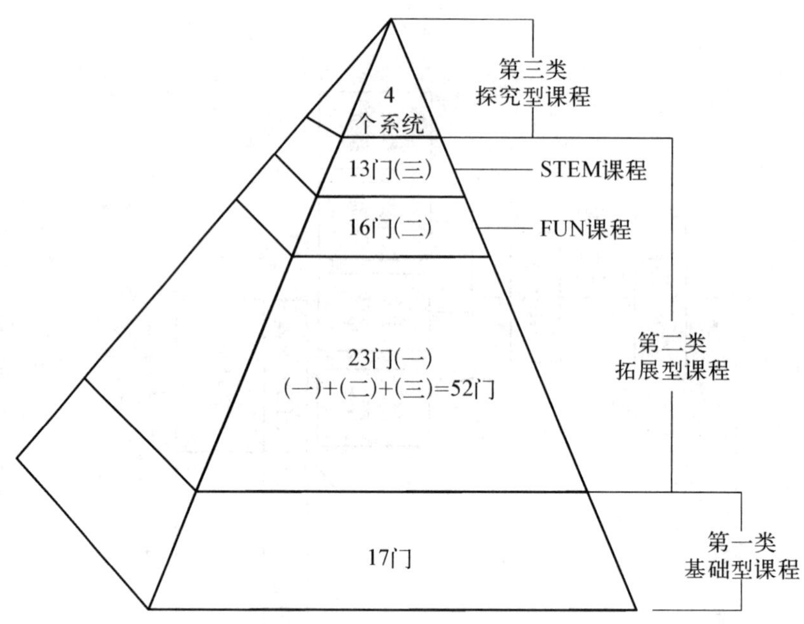

图 4－7 学校三类课程结构

形成“纵向成序，横向沟通”的活动课结构。为评价“活动—发展”这一课堂教学模式和三类活动课程的效果，学校决定将课堂教学公开化，即各学科公开展示，向兄弟学校公开展示，鼓励大家来观摩评价教学效果。此时，课程评价是借助教学模式的推广而进行的，课堂公开展示、观摩、探讨是重要的课程评价形式。

这一时期展示评价的还有学生的学习成果，成功的课堂教学实例，优秀教师范例，学校获得的荣誉等。之后，积极与青浦县教师进修学校组成教育科研联合体，联手对“三类活动课程”实施进行评估。经校、县两级听、评课，座谈交流，检查等形式的评估，最后得出评估结论：“三类课程教学方案”应作修订。这是我校课程管理的初期状态。

2. 随着校本课程的建设，学校更重视对课程“成熟度”的评价，以利修订

进入 21 世纪，随着市“二期课改”的推进，2002 年，我校正式成了市“二期课改”的实验校。先进的教改理念和先进的课程构架，引导我校进一步完善学校教学课程体系的构建，与此同时多样化的课程评价机制也渐趋成熟，其促进了教师、学生对课程的积极评价，评价的形式也呈现出多样化。首先，我们立足于学校，立足于师生；并涉及校外家长与社会，组织参与“以学校主人翁的身份”共同评价校本课程的“成熟度”。不妨举一例子以证事实，拓展型课程《陶艺》的“课程目标”是——“知识与技能：了解陶艺的发展史，陶艺的艺术形式特征及泥性，能够掌握几种基本的成型方法并进行陶艺制作；过程与方法：学会在网上收集整理相关资料并充分运用：通过对大量陶艺图片的欣赏更直观地认识陶艺这种艺术形态的特征。在玩泥巴过程中感受泥性，能够进行简单的陶艺制作；情感、态度价

值观：培养学生品味陶艺的乐趣，热爱陶瓷文化，提高了想象力、创造力及对美的欣赏能力，陶冶了情操，增强了民族自尊心和自豪感。”

以下是该课程的学习评价表，供师生评价用（见表 4－9）：

表 4－9　拓展型课程《陶艺》学习评价表

评价项目	具体指标	学生自评	同学互评	教师评价
学习态度	有好奇心和求知欲，善于提出与主题相关的新问题。			
	能主动运用已有的知识，通过查找资料等方式学习新知识。			
	乐于与同伴讨论，积极发表意见，并能认真倾听同伴发言，提出好的建议。			
	能主动关注陶艺发展的趋势，有浓厚的兴趣。			
	在活动中能与同伴很好合作，努力达成共同目标。			
学习成果	学会多角度地欣赏陶艺作品，并发表自己的看法作适当的评价。			
	能够运用多种制作方法，发挥想象力和创造力完成陶艺创作。			
	能独立写出一定质量的赏析短文和学习体会。			
值得记载的学习成果		家长的话：		

说明：评价可用“好、较好、合格、须努力”表示

上述课程教学的三个目标的达成度是对课程实施的成熟度的三项评价标准。《学习评价表》是由学生、教师、家长三者对陶艺课程作评价用。评价分四个等级：“好、较好、合格、需努力”，经统计可得出对课程“成熟度”的评价之一。因为，这只是从课堂教学方面所作的评价，还需其他方面的评价，如“教师反思”“教学成果”“教材编写”“活动效果”“社会反响”等综合的调查、研究来综合评价该课程的成熟度，这才能作为修订的依据。

课程评价发生了质的变化，是因为课程改革向广度和深度的发展。课程的“广度”发展，是指“拓展型课程”中“非限定课程”增设了“自选拓展课程”。在学校提供的课程范围内，学生可根据自己的兴趣爱好选择学习；另增设了“自主拓展课程”，学生喜爱的课程都不在学校提供的范围内，学校则想方设法为满足学生的需求而开设新课程。课程的“深度”发展是指“拓展型课程”分成“延展型课程”和“开拓性课程”两类。这是课程的“深度”发展之一。此外，为满足学生的不同需求，还开设了“FUN 课程”和“STEM 课程”。这样相应地为课程施行的评价提高了需求。我们在课程的外延不断拓展，内涵不断丰富的前

提下，在管理上坚持把选修类课程的周课时数控制在周总课时数的20%左右，决不因拓展型课程的增设而松懈课程管理的标准。

3. 2004年起，我校课程管理进入一个新阶段

第一，由原来的先设置，后评价；进入先评价，后修订的课程管理模式；第二，研究、制定对三类课程综合的评价，创建“学生学分制评价方案”对课程进行评价。把课程评价转向至课程，感受最深的学生，让他们成为重要的评价者之一。与此同时，我们还实行诸多形式的评价途径和方法。如考试、考核式评价，参赛、考评式评价，专题活动课开设展示式评价，定期对学生、教师、家长、社会进行问卷调查访谈、座谈会形式评价、学校运动会、科技节、艺术节、英语节、读书节向全校师生展示式评价。学校文化、艺术走向社区、社会展示式评价等。这其中有的是突出课程教学成果的；有的是显示学生发展现状的；有的是反映课程教学效果的等。总之，诸多课程管理措施最终形成学校课程科学、合理的管理体系，让学校课程管理日臻完善（见表4-10）。

表4-10 课程管理表

课 程 管 理	课 程 修 订
学校除公开展示评价外还与区教师进修学院组成教育科研联合体，联手开展“三类活动课程”实施进行评价。评价结论：课程教学方案实施反映出学生与社会生活联系欠紧密。课程教学应反映：“探索全面提高学生素质的有效方法和途径”，明确“人的发展的实现，一定要通过主体活动，人只有在与环境相互作用的活动中，才会呈现其素质；同样，人也只有在与环境相互作用的活动中才能提高其素质”的马克思主义观点。 由此，初订的“三类课程教学方案”应修订。	第一次课程方案修订(1989.8) 目标：注重课程与社会生活的联系。体现课程结构中对能力培养不足的补充；实现学科知识和实践活动课的有效结合，并根据学生实际需要，实施弹性课程，达到学生多元发展的需求，实现学生知识转化为能力的目的。 修订：建立学科课程、活动课程、环境课程三位一体的“套筒式”课程框架。学科课程中的工具学科——语、数、英三科设置1—2节弹性课；开设“技能”“兴趣”类活动课程，作社会生活教育的补充。
对第一次课程方案作调整。 配置三类课程的周总课时比率，使之合理科学。 基础型课程的音乐、体育、艺术等学科划入活动课范畴；增设基础型课程工具学科的(4+2)(4+1)课程。(+2)(+1)仍是弹性课，但改观真正意义上的活动课。是活动课约占课时总数的50%。 对部分教师、学生访谈，获悉该课程计划方案既不能满足学生的需求，又在学科、课时等方面存在较大的局限。导致学生学习兴趣不高，也影响教师教学实施。 决定对第一次课程方案应做出第二次修订。	第二次课程修订方案(2001.8) 目标：以市“二期课改”改革的进程、先进的理念引导，进一步探索学科课程的发展规律，注重学生经历，着力发展学生的学习实践活动，构建以课堂内的基本活动、课内外密切联系的专题活动、校内外结合的综合活动由内向外的相互补充、相互促进的三类课程教学计划方案。 修订：课程分三类：基础型课程、拓展型课程、探究型课程。另设“思想品德与行为素养”一个科目。基础型课程中的物理、化学两门增设了(+2)课程。探究型课程是指“生活”“生命”“自然”和“社会”四个系列专题活动课程。

续　表

课　程　管　理	课　程　修　订
对第二次课程方案作调整。 经学生、教师、家长、社会等群体的评价显示：基础课程重视基础知识、基础学生，缺乏有针对性的因材施教；拓展型课程关注学生德、智、体、美、劳各方面的共性需求，缺乏针对学生个性的激发与培养。 为此，应对第二次课程方案做出有针对性的修订。	第三次课程方案修订(2004.8) 目标：让不同潜力、不同“个性”、不同爱好的学生获得适合自身发展需要的课程教学。 修订：对拓展型课程、探究型课程进行细分，即增加“非限定拓展课程”类别的设置。 “非限定拓展课程”分为“自选拓展课程”和“自主拓展课程”两类，供学生选择。
随着“二期课改”的日益深化，又因社会发展对人才的高要求，再自 2009 年 9 月学校迁入新校址，教学环境等教学硬件设施有了很大的改善；教师队伍经历了有计划、有目的的校本研修，教育、教学、教科研等共性素养有了良好的发展，还脱颖而出一批年轻而有个性化特色的教师。以上诸多变化促进了学校课程教材改革向纵深方向发展。具备构建关注学生“个性”，注重学生“个性”与“共性”融洽发展的课程计划方案。 自第三次课程方案实施五年多来，经展示、反思、评价等管理措施，认识到第三次课程方案已不再适用，当另行修订。	第四次课程方案修订(2010.8) 目标：培养全体学生“个性”凸显、人格健全、有创新精神，全面和谐、终身发展。 让每个孩子都能受到优良、均衡、公正的教育。 修正：青浦区实验中学三型课程计划方案； 一型：基础型课程六类 17 门； 二型：拓展型课程十类 52 门； 三型：探究型课程一类四个系统，四个专题课程。 另有：器乐、摄影、书画、陶艺等十多个学生社团。

我校的课程建设与管理，始终坚持建设与实施相结合；实施与评价相结合的课程建设、管理的原则。为了评价课程实施的成熟度；为了检验课程目标的达成度；也为了更好地检验、提升学校课程的领导力，2010 年 11 月 30 日，上海市教育委员会基教处、教学研究室和青浦区教育局联合在我校举行《提升学校课程领导力行动研究项目——丰富学生学习经历的探索》的展示交流活动。

交流活动有：课堂教学展示，专家点评，校长作了关于课程改革、实施、管理的汇报等(见图 4-8)。在市教委领导的总结讲话中，高度肯定、赞赏了学校课程改革、实施的执行力，也肯定了校本课程实施极好地落实了学校关于学生发展的目标：“学校课程改革的推进和课程形态的建立，全力构建支撑了学生发展的学校培育体系，培养全体学生个性张扬、人格健全、全面发展、终身发展。”

二、有效评价，健全合理的评价制度

“学分制评价制度”是学校为适应教育教学改革发展需要而创新的一项管理制度。这项制度的建立关系到学校管理制度建构既科学，又高效，更具特色的现代管理体系的大事。为此，学校领导层经研究决定由戴颖川副校长负责牵头组成专项小组，着手研制，试

图 4-8 刘明校长在“展示交流活动”会上的讲话

行。后经调研、评价，于 2004 学年第一学期，由起始的六年级正式实施，至今已逾十余年。“学分制评价制度”，是一项对传统的学生评价采用考试为主要制度的改革创新。传统的学生评价，学业上往往采用以学科考试成绩作为测量学生学业优劣的标杆，“推优”、选拔学生升学也以考试结果为标准；“思想品德”则以班主任老师采用等第来评价，没有对学生日常行为规范进行较精准的数字化评价。凡此种种评价，对学生既有局限，又失公允；既不全面，又不公正。“学分制评价制度”不仅对学生从“基础课程”“拓展课程”“探究课程”三类课程的学业进行评价，还对学生思想品德与行为素养也进行评价。这样，对学生进行全面、综合的评价，是对以往评价局限于考试的一项制度性的改革创新。

(一) 对学生学业评价的反思与改革

随着学校课程改革的不断深入，为学生全面发展，为学生个性、潜质、特长所需而开设的“拓展型课程”和“探究型课程”，不是光凭一两次考试、测验就能对学生作出正确、公允的评价的。拓展型课程中的“FUN 课程”和“STEM 课程”更不能仅以考试成绩来评价学习的优劣和收获。再者，评价学生的思想品德、行为素养也非凭借考试即可作出正确、客观的评价的。

实施“学分制评价制度”更重要的还在于科学地、全面地评价学生的发展水平；及时发现学生特长、天赋，挖掘其潜质潜能。此外，通过学分制评价能及时反馈给学生，让学生得以及时补救学习上的不足，例如有的学生只重视所谓“三大门”，只重视“中考”应考的学科，而轻视其他所谓的“小学科”——不列入“中考”的学科。学分制评价较有远见的是：突出学生均衡发展、全面发展，并能帮助学生纠正学习偏科，还能“校正”思想、行为上的缺失或偏差等遗憾，促进学生综合素质的全面提升，个性健康的全面成长。

为此，在实施中，要力求使学分制评价贴近学生实际，体现其科学性和全面性。我们试从以下四方面具体地谈谈学分制评价的理念、意义、原则和功能。

1. 学生思想品德与行为素养纳入学分制评价范畴

“以德树人是学校的根本任务。”据此，将《中学生守则》《青浦区实验中学一日常规》等作为学生思想品德和行为准则、规范而纳入学分制的评价范围之中，真正体现素质教育以德育为核心、促进学生全面发展的教育理念。

2. 两类课程的建设和实践与学分制评价的实施同步推进

加快拓展型课程和探究型课程的开发与实施，逐步形成富有本校特色的课程体系理当与配套的评价制度同步进行，并制定好学分标准。

例如，分年级推进探究型课程的实践：六年级开设“关注生活”，七年级开设“关注生命”，八年级开设“关注自我”，九年级开设“关注社会”，形成系列，评价跟进，从而培养学生的兴趣爱好、探究能力、道德修养、爱国意识和社会责任感。

3. 淡化基础型课程质量评价的选拔功能

学分制评价把基础型课程（考试类科目、考核类科目）、拓展型课程和探究型课程（考核类科目），都纳入对学生综合素质的考核范围，并关注学生学习过程中的态度与情感。同时，把三类课程的考核成绩都折算成一定的学分，这样就淡化了基础型课程考试的选拔功能，强化了测试与诊断功能，有利于学生个性特长的发展与综合素质的提高。

4. 课程计划统筹三类课程，学分制评价保障三类课程

首先，将三类课程全部纳入学校课程计划中，在人力、物力、课时上加以保证。其次，根据学校实际情况，适当减少基础型课程的学习课时，增加拓展型课程和探究型课程的学习课时。把三类课程全部纳入学分制评价体系，真正实现学分制评价标准的功能。

（二）与新课程评价相匹配的学分制评价制度

学校于2004学年起制订并实施与新课程的评价改革相配套的学分制评价方案。该方案结合学校教学改革实际，探索与新课程三类课程实施背景相配套的学生学业质量评价体系，以保障和有效推进学校课程改革，促进全体学生全面而富有个性地健康发展。

所谓学分制就是根据课程的自身特点，以量化的分值方式，通过不等的学分值来记录学生在相应课程领域的发展经历，以及达到的发展程度；通过不等的学分值使学生了解自己学业的不足，明确今后努力的方向。

本校实施学分制评价改革的目标是：改变用划一的管理措施与评价方案来衡量每一位学生的发展水平，真正达到能及时发现每一个学生的天赋，挖掘每一个学生的潜力，促进每一个学生的健康发展。

第一，学分制评价的实施策略：

为减轻学生的分数压力和过重的课业负担，为培养全面发展并富有个性特长的学生

创设良好的学习与评价环境，促进学校的整体改革，拟将学分与学生毕业质量挂钩，与学生推优挂钩，与学生评优挂钩；并在评价实践过程中尽力做到“四变”：一是变问题评价为学习活动行为评价；二是变形式评价为诊断评价；三是变唯分数的传统评价为学分、能力综合素质的创新评价；四是变消极汇报式评价为积极鼓励式评价。

第二，学分制评价的基本原则：

1. 目标性原则

宏观上，一定要体现党和国家提出德、智、体全面发展的教育方针，考虑现实社会对不同个性特长的人才素质的要求，体现开放、改革、和谐的时代整体目标特点。微观上，要客观、准确地评价学生在三类活动课程学习背景下良好发展的效果。

2. 前瞻性原则

评价不但要针对目前学生存在的倾向性问题及特殊性（或个别的）问题“因材施教”式地进行；更要以学生现状为基础，准确预测其今后可能出现的负面问题，加以预防性教育；同时，还要善于发现某些学生的潜力、特长，进行前瞻性鼓励和培养。

3. 激励性原则

评价语言要充满真实情感，使学生在被评价过程中获得一种平等、激励的感受，形成积极向上、良好发展的持久内驱力。

4. 准确性原则

准确性是评价方案的重要目标之一。对被评价对象的评价结果决不能出现拔高、贬低的虚假、泡沫现象，也不能出现模棱两可的文字和毫无意义的数据，要尽可能使评价达到客观、公正、实事求是。

5. 及时性原则

要注意发现学生在学习过程中表现出的不足或特长，通过评价及时反馈给学生，使其在今后继续学习过程中能及时地纠正不足，或在更高的标准下持续地发展特长，不断地完善自己。

第三，学分制评价的实施办法：

1. 课程学分结构

学生的学分按照课程的不同，分为基础型课程学分、拓展型课程学分、探究型课程学分与思想品德与行为素养学分四大类。基础型课程不高于75%，拓展型课程10%左右，探究型课程5%左右，思想品德与行为素养学分不低于10%。具体分配见表4－11。

2. 各科目学分分配

基本以各学科每学年每周的授课课时、实验或实习时数、课外制定自学时数和课程性质为学分的计算依据，并根据市颁《课程标准》的不同要求确定具体学分（具体见表4－12“各科目学分分配表”）。

表 4－11　课程学分结构表

课　程		基础型课程	拓展型课程	探究型课程	思想品德与行为素养	总　计
学分	六	120(70.58%)	20(11.76%)	10(5.88%)	20(11.76%)	170
	七	125(71.43%)	20(11.43%)	10(5.71%)	20(11.43%)	175
	八	125(71.43%)	20(11.43%)	10(5.71%)	20(11.43%)	175
	九	120(70.58%)	20(11.76%)	10(5.88%)	20(11.76%)	170

＊注：以六年级为例，该年级一学年课程学分是 170 分，其中基础型课程为 120 学分，占整学年课程学分的 70.58%；拓展型课程为 20 学分，占整学年课程学分的 11.76%；探究型课程为 10 学分，占整学年课程学分的 5.88%；思想品德与行为素养学分为 20 分，占整学年学分的 11.76%。

表 4－12　各科目学分分配表

课程、科目			年　级			
			六	七	八	九
(1)	基础型课程	语　文	20	20	20	20
		数　学	20	20	20	20
		英　语	20	20	20	20
		思想品德	5	5	10	10
		科　学	10	10		
		物　理			10	10
		化　学				10
		生命科学			10	
		社　会				10
		历　史		10	10	
		地　理	10	10		
		音乐(艺术)	5	5	5	5
		美术(艺术)	5	5	5	5
		体育与健身	10	10	10	10
		劳动技术	5	5	5	
		信息科技	5	5		
		心理健康教育	5			
(2)	拓展型课程	学科活动	10	10	10	10
		主题教育	5	5	5	5
		社会实践	5	5	5	5

续 表

课程、科目			年级			
			六	七	八	九
(3)	探究型课程	课题研究	10	10	10	10
(4)	思想品德与行为素养		20	20	20	20
学年度学分			170	175	175	170

(注：阴影部分为该年级还没有或不开设该项目)

说明：根据各科目的周授课时数给予学分，如果考核通过，就可以拿到相应的基本学分(具体见学分评定方法)。学生学习该课程的质量可以通过该生的考核成绩、课堂表现及获得相关奖项给予奖励学分来鼓励。(竞赛获奖的学分奖励，一般由任课老师在相关科目中把握，特殊贡献者，则由校行政会议讨论决定。)

一学年评定一次学分，四年合计成一个总学分。

3. 学分评定方法

(1) 基础型课程：

① 考试类科目，由专任老师将 100 分制折算成相对应的分值再乘以权重即周课时数而成(周课时数依据市颁 2008 学年中小学课程计划规定的周课时数定)。

学年总评分	分值	权重	学分
90—100	5	周课时数	5×周课时数
80—89	4	周课时数	4×周课时数
60—79	3	周课时数	3×周课时数
50—59	2	周课时数	2×周课时数
49 以下(含 49)	1	周课时数	1×周课时数

案例：甲生七年级语文学分评定

学期＼成绩	平时成绩	期中考试成绩	期末考试成绩	学期总评成绩	学年总评成绩	学分
七年级第一学期	82	86	79	83	82	16
七年级第二学期	80	77	83	81		

七年级第一学期甲同学的语文成绩按照 3(平时成绩)∶3(期中考试成绩)∶4(期末考试成绩)得出第一学期总评成绩 83 分，同样方法得出第二学期总评成绩 81 分；再按照与(第一学期总评成绩)∶5(第二学期总评成绩)得出学年总评 82 分；最后是 4(分值)×4(周课时数)＝16(学分)。

② 考核类项目具体见拓展型课程、探究型课程考核标准。

(2) 拓展型课程、探究型课程属考核类科目，由任课老师或班主任老师将等第折算成相应的分值再乘以权重即周课时数而成。或由专任老师直接以5分制打分，再乘以周课时数获得。

学年等第	分　值	权　重	学　分
优	5	周课时数	5×周课时数
良	4	周课时数	4×周课时数
中	3	周课时数	3×周课时数
不及格	2	周课时数	2×周课时数

*注：① 拓展型课程、探究型课程的周课时数是取该课程在一学期里课内和课外总课时数的平均值；② 学生所获等第值应包含3(课堂表现)：2(作业情况)：3(努力程度)：2(学习成果)。

(3) 思想品德与行为素养——由班主任将品德评定的等第按如下方法折算成学分。

品德等第	优	良	中	需努力
学　分	20	16	12	8

第四，学分制评价的实施说明：

学分制评价旨在真正落实以学生发展为本的理念，建立与“二期课改”方案相匹配的评价制度，促进培养综合素质全面提高、个性健康发展。为此，在实施中，要力求使学分制评价贴近学生实际，体现科学性和全面性。

1. 学生思想品德与行为素养纳入学分制评价范畴

“以德树人是学校的根本任务。”据此，将中学生守则、青浦实验中学一日常规等为代表的学生思想品德和行为表现全部纳入学分制的评价之中，真正体现素质教育以德育为核心，促进学生全面发展的教育理念。

2. 两类课程的建设和实践与学分制评价的实施同步推进

加快拓展型课程和探究型课程的开发与实施，逐步形成富有本校特色的课程体系及配套的学分标准。

例如分年级推进探究型课程的实施：六年级开设《关注生活》，七年级开设《关注生命》，八年级开设《关注自我》，九年级开设《关注社会》，形成系列，评价跟进，从而培养学生的兴趣爱好、探究能力、道德修养、爱国意识和社会责任感。

3. 淡化基础型课程质量评价的选拔功能

学分制评价把基础型课程(考试类科目)、拓展型课程和探究型课程(考核类科目)，都纳入对学生综合素质的考核范围，并注重关注学生学习过程中的情感与态度。

同时把三类课程的考核成绩都折算成一定的学分，这样就淡化了基础型课程考试的选拔功能，强化了测试与诊断功能，有利于学生个性特长的发展与综合素质的提高。

4. 课程计划统筹三类课程，学分制评价保障三类课程

首先，将三类课程全部纳入学校课程计划中，在人力、物力、课时上加以保证。其次，根据学校实际情况，适当减少基础型课程的学习课时，增加拓展型课程和探究型课程的学习课时。把三类课程全部纳入学分制评价体系，真正实现学分制评价标准的功能。

（三）对学分制评价制度实施的再认识

我校学分制评价制度自2004年实施至今，已有四届学生经由这一制度的评价，学生、教师、家长乃至社会反响强烈。原因是这套制度的实施，确实着眼于学生的综合素质的科学、全面的评价，对“学分”赋予了新的内涵，对评价办法营造了积极的评价环境。此外，有意义的是对学生片面注重“中考”学科，忽视乃至放弃“中考”以外的学科的偏见，起到了警示的作用，也符合了学校一贯的办学方针，让全体学生得到发展；力求促进全体学生德、智、体、美、劳全面发展，促进个性特长、潜质潜能的健康发展。此外，学分制评价进一步完善了课程管理机制；也进一步营造了学校的人文环境。总的来说，学分制评价制度的实施，对学生科学、全面地评价，是一种新的教育评价价值观的体现，也是对新课程评价管理的一种探索。对此，我们的一些反思认识如下：

1. 学分制结构组成与新课程方案的课程结构紧密相关，包含了学生基础型、拓展型和探究型三类课程的学习状况及其思想品德与行为素养养成状况等四部分；并且具体的学分配比也明确体现了相关课程标准、课程纲要对学生课程学习在质与量上的规定要求。

2. 在学分评定中，充分关注了对知识与技能、过程与方法、情感态度与价值观三维目标的全面评价。每一门课程学分的认定，都必须经过对考试或考核成绩、平时的学习态度和学习表现、平时的作业与测验情况以及特殊获奖情况等的综合评价而确定。

3. 该学分制评价的结果，包括对学生学期、学年以及初中阶段的综合评价，均以学分来表述，因而揭示的是一名学生综合的素质状况和发展状况，其中学生丰富的个性、特点、特长都得到了价值肯定。这在一定程度上减缓了考试学科对学生造成的片面压力，淡化了考试分数，强化了评价的测试、诊断与激励功能，所以利于学生个性特长的健康发展与综合素质的有效提高。

三、发扬民主，探索合适的管理结构

进入新世纪的第一个十年，学校以科学发展观的理念，创新管理制度，使之逐步形成学校现代化的既科学、高效且又具特色的管理体系。其中最有代表性的诸如：“学生学分制评价制度”与“年级组扁平化管理”。这两项创新的管理制度，有力地促进了学生发展、教师发展与学校发展。在此，探讨“年级组扁平化管理”。

我校的年级组扁平化管理创建于2012年秋。自2009年秋迁入新校址后，学校就呈现出“一大二多”的状态。“一大”是指学校规模大，占地面积近23 000平方米；“二多”是指班级，全校四个年级，达48个班之多，学生达2 200余人。这样一所特具规模的初级中

学从客观上迫使我们实施“扁平化”管理。

（一）什么是“年级组扁平化管理”？它与现行的“多层级管理”有什么区别与特色呢？

图4－9为“多层级”“多主管”的学校管理组织结构。这一管理机构繁复、重叠，管理效率相对低下，资讯上通下达缓慢。当班级学生有事发生，且班主任无权、无力处理，需逐级向上反映，待学校领导下达指示或亲临处理，可能已经贻误处理的好时机了；如校长室有急事，需特办，可传达至各班主任，因要逐级下传，行至班主任处，可能已去时半天了。由此，因管理机构的繁复、重叠带来的负面影响，有悖于学校管理工作的快速、高效的推进，也不利于学校科学与人文相结合的管理文化的形式。

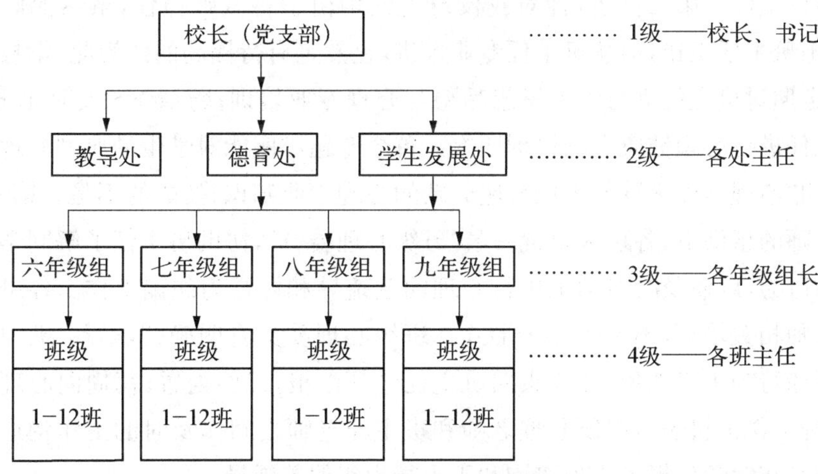

图4－9　校长(党支部)责任制四级管理组织结构层级——主管

图4－10显示年级组扁平化管理结构单一，管理精简，上通下达便捷，提高了管理效率，彰显了管理特色。以上两种不同的管理机制的比较，显而易见其优劣。所谓“扁平化”管理，是取其管理层级仅一个，管理的运作在一个平台(平面)上，管理人员精干，运作起来简易、通畅；另一个含义是它相对于学校原先的“校长(书记)”四级管理结构机制而言的。

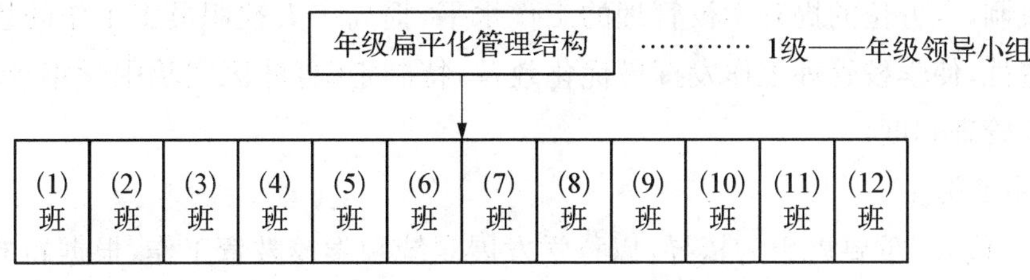

图4－10　年级组扁平化管理结构图

(注)：“年级领导小组”成员构成：校分管领导、年级组长、年级德育助理、体育主管教师、各班班主任。

年级组工作责任：班主任会议、班会课、奖励经费申请等，都有明确的实践、地点、次数、形式、内容等意涵。

年级组管理项目：制定年级组工作计划，加强年级组值日制、落实年级组“问题学生”“学习后进生”教育转化工作，加强班级管理与评比等，条条落实，件件清楚，切实可行。

由此可见，“年级组扁平化管理”是顺应学校教育、教学、学生管理改革形势的一次创新的举措，可进一步深化与优化学校管理体制的形成。

但在具体实施上尚需解决班主任管理学生的专长与技能。为此，我们先做了以下三件事。

第一件事，为新入行的青年班主任“牵线搭桥”，聘请老班主任为师，请老班主任传帮带年轻的新班主任。第二件事，针对我校班主任均由学科教师担任，虽然他们工作热情高，勇于承担班主任工作，但从班主任专业来讲，显然是有待提高的。为此，学校领导与德育处商定，定期对班主任进行学生思想品德与心理专业培训；聘请学校专职心理教师，每学期为班主任进行心理健康专题培训四次。每个专题讲座能对学生的典型心理作正确的分析、有效的“治理”，以弥补班主任普遍欠缺的心理专业知识、技能的不足。第三件事，在专职心理教师的帮助下，各班级设置一名“班级心理委员”，协助班主任了解同学间的一些心理问题与行为，以便及时对学生进行心理问题疏导和做行为纠偏工作。各班心理委员须经心理老师相关培训，不至于流于形式。班级心理委员有明确的职责：班中发现同学有心理问题和行为失当现象，即口头向班主任老师汇报，以便处置；每周向心理老师交一份“班级心理工作汇报表”，以便心理老师和班主任老师之间作及时的工作沟通，必要时，心理老师可给相关学生提供心理咨询和不当行为纠偏等辅导。

学校的这些举措让班主任工作能得心应手一些，也使“扁平化管理”的效率得以提升，使班主任工作专业化有所提高。这既是学校提升班主任管理工作的一项举措，也是学校发扬民主，强化年级组管理，实施“扁平化管理”的切实保障。

（二）青浦区实验中学年级行为规范教育“扁平化管理制度”

随着办学规模的不断扩大，学校管理面临着巨大挑战，为进一步完善学校的行为规范教育管理机制，全方位的提升学校管理的工作水平，提高广大教职员工工作的积极性、主动性和创造性，使学校管理工作发挥最优化效益，特制定《青浦区实验中学年级行为规范教育扁平化管理制度》。

1. 指导思想

以“三个代表”重要思想为指导，以科学发展观统领学校教育工作，根据新的形势，在原有的由校长室（党支部）、德育处、年级、班级组成的四级管理网络当中，进一步强化年级行为规范教育的工作力度，实现学校行为规范教育的扁平化管理，创新管理流程，形成管理特色，提升管理效益。

2. 目标要求

通过扁平化管理，充分挖掘年级组的行为规范教育的管理资源，进一步落实实验中学行为规范教育的各项任务，强化对学生日常行为规范的过程化管理，在各年级形成“人人有事做，事事有人管，任务具体化、责任明确化”的行为规范教育管理工作的新局面，进一步提高行为规范教育的实效性。

3. 组织机构设置

实验中学年级行为规范教育工作领导小组

组长：各年级组长

组员：年级分管领导、年级德育助理、体育主管教师、各班班主任

4. 各年级行为规范教育工作要求

(1) 制定年级行为规范教育工作计划；

(2) 落实学校各项安排，监督检查学校各项工作在年级中的落实情况；

(3) 合理分工，建立年级行为规范教育工作领导小组成员轮流值日制度，检查各班级早、午自习情况，督促各班广播操、眼保健操、体育活动课的正常开展；

(4) 负责本年级师生行为规范管理。抓好本年级教师队伍建设，了解教师思想状况，做好教师思想工作，及时解决处理教育教学过程中出现的不和谐现象。编排班次，坚持对年级纪律、卫生、安全情况进行检查督导；

(5) 开展年级文化建设工作、开展形式多样的活动，鼓励学生积极参与校园文化活动和年级集体活动，努力提高学生的综合素质，形成积极向上、团结进步的良好风尚；

(6) 经常开展行为规范教育，针对年级中出现的问题，要大张旗鼓、理直气壮地开展教育活动，发现学生中出现的重大问题和重要情况要及时向有关部门汇报，并在第一时间予以合理的处置。协助班主任妥善做好违纪学生的处理工作；

(7) 关心年级中的困难后进学生，并做好教育转化工作；

(8) 每月月底召开一次工作研讨会，要有充分的准备和周密的计划，总结分析本月本组各项工作，具体落实下一个月的主要工作；

(9) 每月完成一次本月的总结反思，在校长室组织的相关会议上交流，公布在校园内网。

5. 考核内容

(1) 领导小组工作计划；

(2) 领导小组每月会议记录；

(3) 年级行为规范教育活动开展的计划、方案；

(4) 年级值日记录表；

(5) 有无重大安全事故、重大违纪、人身伤害事故；

(6) 有无流生。

以上是“年级组扁平化管理”实施时，年级行为规范教育的管理制度以及年级组领导小组的职责要求。制度制订得规范、明确、具体，便于执行、检查、交流与评比。

附：

预初年级组行为规范教育工作计划

一、基本情况

年级组共有教师42人，其中以中青年教师为主体。教师们爱岗敬业，乐于奉献，老教师有着较为丰富的经验，老当益壮；青年教师朝气蓬勃，斗志昂扬。

年级组共有13个教学班，学生720人。开设特色课程如美术班、音乐班、体育班、棋类班等。同学们天真纯洁、活泼好动、遵规守纪、酷爱学习。然而，不可否认的是也有极个别同学素质较差，学业不求上进，偶有违反纪律的现象发生。

二、指导思想

根据学校德育工作扁平化管理制度的要求，凸显年级“自理自强、荣己荣校”的育人目标，以学习贯彻中共中央《中小学班主任工作规定》为引领。充分发挥班主任的工作积极性，明确班主任工作的权利与义务，大力抓好班级管理工作，建立良好的班风、学风。树立全员德育意识，任课教师要形成以班主任为核心的班级教育、教学管理的同心力量。并通过家访、家长会、家校互动平台等方式加强与家长的沟通与联系，争取使家长能够在学校的教育工作中起到积极的配合作用，成为搞好年级工作的合作动力。

三、工作安排

1. 召开年级组、班主任工作会议，布置本学期具体工作，并要求班主任根据本班情况写出详细的工作计划。

2. 开学初及期中考试后分别召开预初年级组家长会，及时了解学生思想、学习、生活及个性等情况，与家长共同确定阶段性德育主题及教育内容。

3. 进行新生文明礼仪训练、仪容仪表检查，个人卫生检查以及贵重物品的清查工作。

4. 班级文化建设，出好墙报及布置好宣传栏、公告栏，保持教室整洁卫生，让学生能够在清新干净的环境中学习。

5. 班主任在两个月内要与班上每个学生进行一次谈话沟通，并做好与部分学生家长的联系工作，齐抓共管，努力防止后进生的产生。

6. 规范学生的考勤管理，确保眼保健操、广播操、上正课、自习课的出勤，规范课堂纪律、考试纪律、自习纪律，确保教学有序有效进行。

7. 各班要充分利用校、班会，继续加强对学生良好的行为习惯、学习习惯的养成教育，促进优良班风学风的形成。

8. 班主任要经常和任课老师沟通，反馈情况，互相配合、协调工作，形成教育的合力。

9. 依靠我校心理咨询室，以月为单位，进行集体心理辅导讲座，帮助学生调整好心态。

预初年级组
2012.9

表 4-13　扁平化管理年级值日老师记载表

日期：________　第________周　星期________　值班老师：________

	晨检								广播操								学生用餐			值日生工作						班级总分	班级偶发事件记录
	教室秩序			校服、红领巾			晨读管理		进、出场			做操情况			班主任					班级卫生			灯、窗、门				
	优	良	中	优	良	中	到位	不到位	优	良	中	优	良	中	到位	不到位	优	良	中	优	良	中	优	良	中		
1班																											
2班																											
3班																											
4班																											
5班																											
6班																											
7班																											
8班																											
9班																											
10班																											
11班																											
12班																											
13班																											

备注：1. 值日时，根据检查情况在相应位置打个"√"；2. 班级总分为百分制，根据班级的具体表现给被检班级打出总分。

各年级组管理到位，检查落到实处，工作严谨细致。

以下为年级组扁平化管理配置一名“德育助理”以强化年级德育工作的具体事项。这份工作条例细致，扎实，利于“德育助理”到年级组明确、有序地履行工作职责。不仅职责明确无误，连“考核和待遇”也订到实处，便于执行，落实。

附：

青浦区实验中学年级德育助理工作条例

随着办学规模的不断扩大，学校德育管理面临着巨大挑战，为此，学校在原有年级组分管领导和年级组长组成的年级德育工作领导小组内，增设一名年级德育助理，以加强年级组的德育工作，强化年级学生日常行为规范的教育和管理，提高年级德育工作的针对性和实效性。

一、选聘对象

各年级德育助理从本年级青年教师中选拔。

二、选聘条件

1. 关心学生，具有奉献精神，责任心强；

2. 具备一定的沟通交际能力、组织管理能力，有创新精神，肯吃苦，勇于实践。

三、聘任期限

助理聘期为一学年。

四、工作职责

1. 配合学校工作，在年级组长的指导下开展工作，做好年级德育助理的工作记录；

2. 发挥自身优势，利用与学生年龄差距小便于交流的优势，勤与学生沟通，积极深入年级、班级了解学生的思想、学习、纪律等各方面的情况，加强对学生的教育；

3. 协助年级组长对本年级学生进行校纪校规教育。参与组织学生学习学校的有关规定，教育学生遵守校纪校规，协助学校调查处理年级学生的违纪事件。发现学生中出现的重大问题和重要情况要及时向年级组长、有关部门汇报，积极予以配合、处理；

4. 协助年级组长做好年级的学风建设工作。参与指导本年级学生制定明确的学习目标，关心学生的学习状况，采取有效措施不断提高学习成绩，在年级内树立刻苦钻研、奋发进取的优良学风；

5. 协助年级组长做好本年级的文化建设工作，开展形式多样的活动。鼓励学生积极参与校园文化活动和年级集体活动，努力提高学生的综合素质，形成积极向上、团结进步的良好风尚；

6. 协助年级组做好年级内“问题学生”“学习后进生”的教育转化工作。

五、具体要求

1. 早晨7点15分左右到校，巡视年级各楼面，关注早自修前各班级的情况。发现违纪行为(抄作业、打闹、使用手机等)，予以制止、批评教育，并及时联系班主任；

2. 课间休息期间，关注年级学生的休息状况；

3. 午间协助德育处进行食堂用餐管理。条件允许的情况下，12 点 30 之前，巡视各楼面，尤其关注卫生间的情况；

4. 各年级放学后，巡视本年级楼面，劝导学生及时离校，关心各班级值日生工作。

六、考核和待遇

由学校颁发德育助理聘书，聘任期间德育助理工作给予绩效工作量津贴 2 分、绩效奖励中的结构工资 2 分，记入其工资总量。

为进一步推进学校“扁平化管理”制度，从实施两年来，总结了成功的经验；也体验到了不足。为推进管理制度并获得良好的成效，学校依据《上海市学生民族精神教育指导纲要》和教育部颁发的《中学生日常行为规范》，学校制订了《青浦区实验中学行为规范教育三年规划》。三年规划突出两条：一、强化对中学生的基本伦理道德教育和基础文明行为训练；使学生养成良好的行为习惯——“双基”教育与训练。二、细化对学生进行“爱”“诚”“美”“智”的主题教育，结合课程教学，形成系列化的规范教育。以期在三年内达到全体学生全面发展，个性张扬、人格健全、终身发展的育人目标。

规划内容具体、细致、缜密、周到，涉及诸多方面；且可由各年级组在扁平化管理中切实操作相应内容。

为配合年级组扁平化管理，学校还制订了学生行为常规“月月评”评比方案，以使管理规范可行(下附《青浦区实验中学行为规范教育三年规划》与《青浦区实验中学学生行为常规“月月评”评比方案》)。

附：青浦区实验中学行为规范教育三年规划
(2014—2016 年)

一、指导思想

以《上海市学生民族精神教育指导纲要》和教育部颁发的《中学生日常行为规范》为指导，加强对中学生的基本伦理道德教育和基础文明行为训练，使中学生养成良好的行为习惯，促进他们身心的健康发展，进而提高中学生的思想道德素质。根据学校实际和学生现状，制定学校行为规范教育三年规划，努力营造一个健康、向上的教育环境，使每一个学生都能成为合格的中学生，进一步提升学校办学品位，努力把我校办成学生喜欢、家长满意、领导放心、社会认可的学校。

继续秉承“一切为了学生发展”的办学理念，遵循教育规律，研究学生特点，精心设计，从细节入手，以礼仪教育为突破口，抓早、抓紧学生行为规范教育；聚焦课堂，挖掘学科教学中的德育因素，找准知识与德育的最佳融合点，有效实施学科德育；紧紧围绕“爱诚美志”四个主题，形成校本课程，组织实施行为规范系列教育；以社团活动、主题活动为载体，培育校园文化，弘扬民族精神，发挥学生主体性，陶冶学生情操；发挥学生自主管理的作用，培养学生的自律精神；改革学生学业评价方式，促进全体学生全面发展、个性张扬、人格健全、终身发展；积极利用校外教育资源，广泛开展校外教育活动，和社区合作双赢。

二、规划内容

（一）从小处着眼，从细节入手，制定、落实植根于学生现实生活的行为规范要求

在制订具体的行为规范要求时，把目光聚焦在校内校外、课内课外，落实在学生日常生活的方方面面，脚踏实地而不急功近利；在落实行为规范要求的过程中，从小处着眼，从细节入手，把一件件看似琐碎的小事，实实在在地抓实、抓紧、抓好。

（二）抓师德师风，树先进理念，建设一支高素质高水平的育人队伍

建设一支教风“爱严、勤慧、精博、活实”的高素质师资队伍，进一步强化人人都是德育工作者的意识，充分发挥教职工在育人过程中的示范、榜样作用。另外，建立“青浦区实验中学青年班主任实训基地”，聘请德育专家左丽华老师，开展“班级文化建设主题”研究、“爱诚美志主题教育实践”研究、“学生个案分析”研究，提高青年班主任班级管理的能力和水平，打造学校一流的班主任队伍。

（三）重视学科行为规范教育，构建校本课程，站在课程的高度设计、组织和开展学生“行规”教育工作

在专家教师的指导下，组织学科备课组开展“学科育人价值研讨”，组织教师研读教材，深入挖掘教材中的思想教育因素，把知识教学与思想教育有机地结合起来，把行规教育渗透于学科教学之中。

深化“爱诚美志”主题教育活动实践和研究，在原先年级重点突破，抓实行为规范教育的基础上，思考将“爱诚美志”主题铺开在各年级中，全面实施，使“爱诚美志”主题教育活动成为一种螺旋形上升，不断深入的形态，真正做到横向融会，纵向贯通。通过三年的实践与探索，探索构建《青浦区实验中学以“爱诚美志”为主题的行为规范教育分年级目标与内容序列化要求》及《青浦区实验中学以“爱诚美志”为主题的行为规范教育实时实施细则》。

表 4-14　实验中学“爱诚美志”教育序列

序　目	主　题
爱 （以爱为本）	1. 爱党、爱国
	2. 爱学校、爱公物
	3. 爱师长、爱同学
	4. 爱学习、爱劳动

续 表

序 目	主 题
诚 （以诚取信）	1. 真诚待人
	2. 忠诚做事
	3. 诚实求知
	4. 诚恳改错
	5. 诚信守法
美 （以美修身）	1. 形象健美
	2. 语言洁美
	3. 情趣谐美
志 （以志立业）	1. 明志自主
	2. 励志自强

（四）以活动为载体，培育校园文化，发挥学生主体性，陶冶学生情操

进一步完善“军政训练”“志愿服务”“十四岁青春节”和“红色旅游”系列的分年级的社会实践体系，让学生通过系列社会实践活动的体验来进一步认识社会、适应社会、融于社会，并立志改造社会。

继续重视校园文化的建设，利用“晨韵”学生艺术团、墨香书画社、晨光摄影社、杏窗陶艺社等多个艺术社团，开展丰富多彩的活动；举办运动会、艺术节、科技节、小干部夏令营等各种常规活动，使校园文化活动常态化，对学生的成长与发展起着陶冶情操、砥砺德行、磨炼意志的作用，并逐步内化为学生的素质。

继续推进班级文化建设，从制定班级公约、谱写班歌、设计班徽等方面入手，营造班级个性化文化。关注学生在班级中的生命质量，关注他们的个性化成长，让每一个学生在班级中焕发生命的活力。

（五）激发学生自主意识，培养自律精神，努力实现学生自我管理

通过多渠道广泛宣传，严格把关，让更多有志学生参加到校园国旗班的建设中，继续在相关年级中选拔学生，进行训练，组成高素质、高规格的国旗班队伍；并且进一步规范国旗班制度，加强管理，使得国旗班成为“育优”的摇篮，学生展示自我的舞台。

“值周班制度”“值日班长制”继续贯彻执行并且需要不断深化。科技文化艺术节继续由学生设计、组织、参与，学校在时间和空间上为学生的自主活动提供更广阔的舞台，为每一个人提供了参与学校管理的机会和条件，锻炼了每位同学的能力，增强了学生的自我约束力和主人翁意识。

继续积极探索学生学分制评定方案，将学生参加的各项德育课程纳入学分制评定方案，引导教师进一步重视评价的重要性。这一阶段的关键是抓好德育学分评定的管理，做

到更加公平、公开、公正。引导学生自我评价、自我修正、自我管理、自我教育。

（六）学校继续借助社区德育力量，与社区（家庭）在合作、互动中共同和谐发展

和盈浦街道、青东农场武警部队、东方绿舟青少年活动基地、赵巷青少年活动基地、青浦交警支队、青浦刑侦支队团委等合作，利用各方提供的宝贵资源，拓宽行为规范教育的途径，丰富行规教育的内容，创造良好的行规教育的外部教育环境；继续做好“校讯通”的工作，利用现代化的手段，把班级、学校、家校很好地沟通结合起来；重视家校联系工作、强化家访制度，每学期召开家长会，传授家庭教育的方法，倾听家长心声。

三、年度具体目标

（一）2014 年，聚焦课堂，开展文明礼仪教育活动，培育上海城市精神，将学校行为规范教育与学校日常工作相结合；进一步完善“青浦实验中学青年班主任实训基地”，聘请专家教师，对我校青年教师开展班主任专业培训，促进青年班主任的专业成长，加强对青年教师育德能力的培养。

（二）2015 年，落实“十八大”会议精神，开展多种形式的课内活动和社会实践活动；改革并完善“执勤周”制度，充分发挥学生自主管理的功能，提升学生主体参与学校管理的能力，使学生在自我管理中得到锻炼；利用“青浦实验中学青年班主任实训基地”这一平台，深化“爱诚美志”主题活动的实践研究。组建“德体工作室”，开展“德体一体化”行为规范教育的实践和研究。

（三）2016 年，小处着眼，细节入手，进一步完善植根于学生现实生活的行为规范要求；开展“学科育人价值研讨会”，挖掘学科“行规教育”因素；面临学校规模不断扩大的现实，增设年级德育领导小组，加强实行“扁平化管理”。

附：青浦区实验中学学生行为常规“月月评”评比方案

为进一步加强管理，提高班级管理质量，建立良好的班级竞争机制，激发和调动班级学生的集体荣誉感，促进学生良好行为习惯和个人素养的养成，形成良好的学风、班风、校风，学校将以班级为单位，组织开展学生行为规范“月月评”评比活动，具体实施方案如下：

一、评比内容

1. 值周班每日行规检查（由各年级值周班进行检查）

2. 班级文化建设检查（每月一次，由少先队大队部组织检查）

3. 学生行为规范抽查（每月一次，由德育处、少先队大队部组织检查）

4. 班级卫生检查（每两周一次，由卫生室、少先队大队部组织检查）

二、评比时间：每四周一次，每学期四次

三、评比方法

根据评比内容里的 3 个评比事项分别进行排序，按照三项排序之和，由小到大再次排

列。如三项排序之和相同，则以评比内容2和评比内容3的分数相加之和进行排序，总分高者排列在前。每月每个年级分别评选前4名为优秀奖，颁发流动红旗以示优秀表彰，其他班级分获合格奖。

四、奖励方案

优秀奖：4名，班级奖励并获得流动红旗。

合格奖：其余班级给予班级奖励。

学校实行“年级组扁平化管理”至2016年，我们通过六年级学年度体育活动安排，考察年级组在开展的体育活动中，年级组的管理能力。年级组体育活动是一学年的统筹安排。自当年九月份至次年五月份，先后组织了以下诸项体育活动：1. 2016年九至十月份，新生集体体育活动；2. 十一月份，广播操比赛；3. 十二月份，冬季拔河比赛；4. 2017年迎春长跑；5. 三月份，接力跑对抗赛；6. 四月份，篮球运球接力赛；7. 五月份，跳绳比赛。每项体育活动都有进行或比赛章程、组织形式、活动内容等安排，可说是进行一场小型的运动会。实践证明，年级组“扁平化管理”可以组织、管理年级组的体育运动项目，且进行得很出色。

（三）年级组“扁平化管理”制度实施的一些认知

1. 学校自2012年秋，创建年级组扁平化管理制度至今仅五年，但实践证明：这一管理制度的创建、实施是成功的。它反映在：一方面，学校总体管理改革得以大步推进，它与“学生学分制评价”管理，共同形成了学生管理新机制；另一方面，学校班级管理专业化建设有了新的举措与途径。目前，全校四个年级，48个班级近五十位班主任老师的专业化建设上了一个崭新的台阶，初步形成了一支管理扁平化、业务专业化的班主任队伍。

“让班主任成为一名名副其实的班级管理专家。”这不是一句大话，也不是一句空话。学校自2012年实施“年级组扁平化”管理五年来，通过学校内每年班主任工作考核、评比等管理措施；学校外班主任工作先进事迹交流、推广等活动；至今已有13位班主任老师分别在市(省)、区级教科研刊物上发表的关于“扁平化”管理的专题文章。从中我们惊喜地发现，近十年来，学校班主任队伍发生了质的变化，全校近五十位班主任俨然成了一支层次井然的班级管理梯队。这个梯队可以分为三个层次，每个层次代表着一种类型的班主任老师。

这个梯队的两个层次，依次是第一层次：主要是成长型青年班主任。他们在年级的“扁平化”管理中成长，他们坚持扁平化管理，且结合本班特点，进行一些“建章立制”的改革实验；与老年资深班主任“结对子”，边学、边干，体验深切，收获颇多。在班级管理工作中认识到：“班级无大事，管理无小事”，牢记管理工作“细节决定成败”，时刻不忘“学为人师，行为世范”的教训。做到“天天与学生互勉，年年与班级共荣”。他们是成长的一代，是班级管理中涌现的新苗、好苗，是学校班级管理工作的“希望”。

第二层次：是具有班主任工作经验的成熟型班主任。他们班级工作多年，见多识广，累积起了多年的工作经验与教训，一旦掌握新管理模式后，即能针对本班学生的特点，便能有的放矢地开展班级管理工作，且工作条理井然有序。在实施扁平化管理过程中，还不时地向学校建言献策，利于管理机制的完善；致使管理方法更趋合理、高效。

2. 年级组“扁平化管理”不仅创造了学生管理工作，也在班主任工作管理上与班主任队伍建设上获得了可喜的收获，更为学生形成现代化科学、合理的管理工作提供了一个极好的范例。

当然，学校扁平化管理制度之所以收获颇丰，主要还由于学校领导重视，校长亲自参加年级组扁平化管理小组会议，使之管理组织严谨，举措有力，每有举措，必留下“脚印”以便反思改进(见图 4－11)。

图 4－11　年级组扁平化管理小组会议

第二节　研究教师——是促进学校良好发展的内驱力

一、形成“爱诚美志”系列活动，充分发挥育人功能

(一) 构建“爱诚美志”的育人体系，开展主题教育活动

曾子说：“富润屋、德润身。”从古至今，中华民族历来重视人的修身、养性，强调为人为事的本分，强调德才兼备，重视人的全面发展。在不断的探索、创新、实践过程中，我校逐

步打造出“活动—发展”的办学理念。自 2004 年开始，我校基于对文化传承与发展的深入认知，基于提高教育有效性的现实需要，积极探索符合学生身心发展规律的育人机制，在实践中初步梳理并提炼出“爱诚美志”这四大核心要素，围绕这四大核心要素构建“爱诚美志”的育人体系，开展“爱诚美志”系列主题教育活动。

“爱诚美志”育人机制是聚焦育人目标、课内课外横向贯通、纵向有序递进、多途径整合、双主体共同实施的教育框架。是学校根据党的教育方针和素质教育要求、基于学校“活动—发展”教育模式的思考、遵循初中学生身心发展的规律而进行整体架构的一种实践探索。以“爱诚美志”为主线，构建课内、课外德育体系，并落实于学生日常行为规范养成教育过程之中，形成学科育德和活动育德并举的格局。

这些年来，学校始终坚持着教育与引导学生学会做人、学会学习、学会自立、学会自强，以弘扬与培育“爱诚美志”品德作为实践社会主义核心价值观教育的基本内涵，努力改变与克服德育工作中存在的形式化倾向，以激发学生自主成长为育人目标取向，着眼于人性关怀，着力于内在要素的培养，通过创设系列化的德育活动，逐步形成潜移默化的教育运行机制。

为顺应课程改革的不断推进，学校将德育课程纳入校本课程体系建设的重要内容和重点突破口，建构了“爱诚美志”系列主题教育的纲目，并先后探索、构筑了围绕这四大要素、基本要求展开的主题班会课、社会实践活动以及学生行为规范教育的内容系列。十年磨一剑，如今，这基于“活动—发展”理念的“爱诚美志”四要素学校德育新格局已经有了雏形。相应的课程方案与教材，也在 10 多年时间的实践探索中，逐步趋向完善。

我们聚焦育人目标，以“爱诚美志”为主线架构育人机制，探索横向贯通、纵向有序递进、多途径整合、双主体共同实施的教育框架。实验中学“爱诚美志”育人体系由《青浦区实验中学“爱诚美志”主题教育系列活动操作指南》《青浦区实验中学以“爱诚美志”为主题的行为规范分年级实施细则》《实验中学分年级学生社会实践活动系列》三个部分组成，实践探索前后经历了 10 年时间。

在此形成实验中学“爱诚美志”育人体系的十年中，学校由刘明校长亲自挂帅，以负责德育工作的副校长王峥老师、负责教学工作的副校长戴颖川老师、学生发展处主任（原德育处主任）陆欢老师、德育处老师张海荣老师、教导主任凌华老师、科研处主任项志红老师为核心的“爱诚美志”育人体系学校领导小组，领导所有相关教师一起，不断艰难探索、反复修正，经历了“实践—反思—再实践—总结与提炼”的多个阶段，终于搭建起了相对完善的“爱诚美志”校本课程架构。

1. “爱诚美志”校本课程架构

（1）厘清“爱诚美志”育人机制的序目

2005 年至今十多年来我们的实践探索历程中，感到厘清思路至关重要。在学校聘请的德育顾问左丽华老师的指导下，我们先后组织年级组长、骨干班主任一起，着手梳理“爱诚美志”主题活动的序目，几经研讨与梳理，确定了实验中学“爱诚美志”教育序目（见表4－15）。

表4－15　实验中学“爱诚美志”教育序目

主　题	序　　目	主　要　内　容
爱	以爱为本	1. 爱党、爱国
		2. 爱社会主义、爱改革开放
		3. 爱民族语言、爱传统文化
		4. 爱家乡、爱学校
		5. 爱自然、爱生命
		6. 爱师长、爱同学
		7. 爱学习、爱劳动
诚	以诚立信	1. 真诚待人
		2. 忠诚做事
		3. 诚实求知
		4. 诚恳改错
		5. 诚信守法
美	以美修身	1. 形象健美
		2. 语言洁美
		3. 举止优美
		4. 情趣谐美
志	以志养性	1. 明志自主
		2. 励志自强
		3. 笃志向学
		4. 立志报国
		5. 矢志不渝

（2）设计并完善“爱诚美志”主题教育活动系列

德育处率先在班主任工作中进行尝试，在实践反思与研讨过程中，制定了《青浦区实验中学“爱诚美志”主题教育系列活动操作指南》。为了使该操作指南得以顺利实施，德育处召开全校班主任会议，印发了《青浦区实验中学“爱诚美志”主题教育系列活动操作指南》(讨论稿)，并进行了解读，发动全体班主任参与讨论，提出建议。使每个班主任理解操作要求，明确操作方法，便于组织实施。

为了充分发挥班会课德育主阵地的育德功能，提高青年班主任的育德能力，提升青年班主任的专业水平，进一步开发学生的潜能，促进学生的全面发展，提高班主任实施《青浦区实验中学“爱诚美志”主题教育系列活动操作指南》的执行力，学校德育处组织了青年班主任育德能力大比武，内容有：

◎ 方案设计。参赛班主任依据《青浦区实验中学“爱诚美志”主题教育系列活动操作指南》设计主题教育活动方案。

◎ 方案阐述。各年级参赛班主任按照指定时间讲述自己设计的活动方案，接受评委提问。

◎ 教育活动评比。进班级听课现场评分，并将全校班主任的优秀主题活动方案编纂成册。

◎ “活动感悟”征文评比。各位参赛班主任根据自己设计并实践的主题班会撰写主题教育活动感悟参加评奖。

◎ 举办教育论坛。2011 年 6 月 30 日，学校举办了青年班主任论坛，由政教处主任张海荣老师主持，全校老师一起参与。吴默、谢晨晨、黄晓芳、范莉花老师等四位班主任分别以爱班集体、友爱同学、诚实求知、诚信守法为主题，做了发言交流，分管德育副校长王峥做了点评，反响很好，展示了我校“爱诚美志”教育活动系列的阶段性成果，起到了积极导向的作用。

各年级班主任纷纷围绕“爱诚美志”系列设计各主题，参加了评比，我们邀请进修学院德育室的李国强、外区县德育室主任等为评委，评出了一、二、三等奖。通过主题活动方案的设计与说课、主题班会实践课评比、撰写主题教育活动反思、举办教育论坛等，不断完善“爱诚美志”主题教育活动框架。在近十年的实施中，我们的“爱诚美志”系列化主题教育活动不断完善，形成了比较成熟的运行机制，提高了班主任设计并组织主题班队会的专业能力，有效提高了教育的针对性和实效性。

以下是“爱诚美志”主题班会课例。

① 以爱为本

“银发领巾情浓浓”主题班会(有删改)

青浦实验中学七(7)班　陈佩

设计背景：“爱诚美志”是我校贯穿四学年的主题系列教育活动，其中“爱”的教育包括爱父母长辈。2014 年暑期，我校联合夏阳街道开展了“温暖时光”暑期慰老志愿者服务活动。我班 13 名学生积极报名参与，他们自愿组成四个小队，暑假里主动联系老人，拜访老人，服务老人，受到了被服务老人和夏阳街道的好评。该活动也被评为青浦区 2014 年未成年人暑期实践活动优秀项目。

学情分析：本班学生共56人，其中独生子女占绝大多数。部分学生在平日里表现出以自我为中心，对同伴、父母或家人不太愿意主动去关心，许多孩子缺乏敬老爱老的意识，这些使我感到进行敬老爱老教育尤为需要。

友善是社会主义核心价值观的重要内涵之一。在当前社会条件下，无论是针对个人或国家，提倡友善都具有重要的价值意义。而敬老爱老是对中学生进行友善教育的一个重要载体，让学生学会关爱家人、关爱社区里的老人，实实在在，触手可及，可以有效培养敬老爱老的习惯和品德。

一、教育目标

认知目标：引导学生进一步认识"尊敬老人"是我们中华民族的优良传统，知道初中阶段爱老敬老的具体要求，以及从情感和生活中主动关心、帮助老人的途径和方法。

情感目标：培养学生爱老敬老的情感和主动关心、帮助老人的态度，增强学生的家庭责任感和社会责任感。

行为目标：1. 学会主动关心自己家庭和社区需要帮助的老人，会从情感和生活中主动关心和帮助。

2. 在参与爱老敬老志愿者实践活动中，培养社会服务意识和社会交往能力。

二、前期准备

1. 指导四个志愿者服务小队总结今年暑期"给老人读报聊天"志愿者服务活动，利用班会课分享他们整个暑假活动的过程与收获体会。

2. 分享重阳节期间为爷爷奶奶或外公外婆所做的事情，并且制作成小报，在班级中营造关爱老人的氛围。

3. 指导学生进行主题班会的各项准备。

三、实施过程

(一) 银发领巾情，我们的故事才刚开始

1. 我们身边的好榜样——分享志愿者服务小队暑期活动

请志愿者服务队长代表和我们分享并介绍本次暑期活动。

主持人：2014年暑假，我班有四位队长组成了四个小队带领数名队员进行了非常有意义的暑期志愿者活动——温暖时光，就是给社区老人读报聊天。这个活动获得了青浦区2014年未成年人暑期实践活动优秀项目。

2. 有话大家说"银发领巾情浓浓"

由班主任主持现场采访节目，更多地了解暑期志愿者服务活动，以及志愿者们在服务过程中的收获和体验。

(二) 血脉情相连，我们的敬老故事正在继续

1. "家中老人知多少"调查汇报

以图表形式及同学汇报形式呈现班级中各个家庭的老人情况，如家庭结构调查结果、

老人与我调查结果等。

2. 我和爷爷奶奶的温暖时光

(1) 温暖瞬间

小徐同学分享与爷爷之间发生的温暖瞬间小故事。

(2) 重阳节里敬老情

3. 四代同堂情浓浓

观看采访爸爸妈妈孝敬他们爷爷奶奶的视频。

(三) 此情剪不断，我们的故事还在延续

1. 谈一谈：“平时我们能为爷爷奶奶(外公外婆)做些什么”

请一些同学联系实际说一说平时可以为爷爷奶奶(外公外婆)做些什么。

2. 观看情景剧《老人——“唠烦人”》，并讨论

观看一则发生在同学家里的改编的情景剧。并讨论“从这个小品中，你懂得了什么？生活中还有哪些不尊老现象？”并罗列 6 种平时可以为老人做的事情。

3. 演唱改编歌曲《常回家看看》

演唱由同学根据自身体会及身边所闻所见的故事改编填词的歌曲，把本课推向最高潮，也让他们再次体会浓浓的银发领巾情。

班主任讲话(小结)：今天这节班会课，让我们了解了社区奶奶与志愿者的故事，在感动我们的同时也让我们从奶奶和志愿者们身上学到了很多。让我感到欣喜的是，从你们关爱爷爷奶奶的一言一行中我感觉到了你们的体贴和懂事，也让我看到了敬老爱老在你们身上的传承。作为你们的老师，我也感同身受，我也会和你们一样关爱自己的爷爷奶奶，从细微之处做起，哪怕给爷爷奶奶打个电话问候一声或者陪他们吃吃饭散散步聊聊天。那就让我们一起行动起来吧，好吗？

② 以诚立信

“网络诚信在心中”主题班会(有删改)

青浦实验中学七(5)班　范莉花

一、教育目标

认知目标：通过本次主题班会，使同学们认识到什么是诚信，什么是网络诚信，以及懂得如何在缺失诚信的网络中保护自己。

情感目标：引导学生明辨是非，鄙视网络不诚信的行为，激发他们与网络诚信同行的愿望，弘扬中华民族诚实守信的文化。

行为目标：让学生能在上网过程中，能够牢记诚信这一准则，学会以诚信来规范自己的言行，培养学生诚信的品德。

二、活动准备

1. 撰写关于网络诚信的周记，找出学生中的典型事例。

2. 确定主题，竞选主持人，拟定节目，讨论整个活动步骤。

3. 排练节目。

4. 审查节目，将各节目有机组合，确定班会流程。

5. 通过问卷调查，在班内统计接触网络的学生情况。

6. 通过问卷调查，了解家长对孩子上网的看法。

三、活动步骤

（一）探讨网络诚信的经历，共商对策

主持人张、主持人孙：诚信是金，更何况你是在网络上。在这个互不相识的地方，更需要互相讲诚信。

主持人计、主持人高：不管是现实生活还是虚拟的网络世界，诚信都一种人人应该恪守的准则。不管你在网络上的个人形象有多漂亮，你若没有诚信，便失去了在网络上的立足之地。

合：七(5)班“网络诚信在心中”主题班会现在开始！

1. 了解什么是诚信。

2. 交流网络中碰到的诚信问题。

3. 聚焦网络问题，防微杜渐。

4. 给出建议，提高防范能力。

主持人：下面是我们搜集的一些防止上当受骗的建议。安全上网五个习惯 14 条守则。

请允许我为大家朗读一遍。（略）

（二）剖析个人上网的诚信度，自我反省

主持人张：前几天我们老师刚刚调查了班级里的同学在网上的行为。让我们一起来看一下吧！

1. 展示调查结果(略)

2. 观看小品《网络的诱惑》

主持人孙：我们自己也明白网络有诱惑，但在面对网络诱惑时自己很难控制自己。老师为我们提出了一些建议。让我们学一学《全国青少年网络文明公约》。

【媒体呈现，全班学生齐读《全国青少年网络文明公约》】。（略）

主持人：读完这些，相信大家都有一定的感触。所以今天让我们在这里做一个约定。做一个网络诚信的小小志愿者。

（三）网络诚信宣誓

宣誓词：（略）

班主任讲话：由于网络的隐蔽性和虚拟性，使得很多网民认为网络世界是虚幻的，在这里可以任意放纵自己，不需要像现实生活中一样遵守任何道德准则，这样就给众多网民带来了诚信问题。通过大家的讨论我们深刻地认识到了这一点，面对复杂的网络大背景，我们需要学会保护自己，远离黑广告、远离不良视频、远离不良网站等，要做到使用安全的电脑、运行安全的软件、访问安全的网站、切勿贪图小便宜，网购物品汇款须谨慎、交流中注意保护隐私；作为一名学生网民，我们的自制力还不强，更需要学会约束自己，不浏览不良信息、不侮辱欺诈他人、不随意约会网友、不破坏网络秩序、不沉溺虚拟时空。希望每位学生都能上诚信的网，能诚信地上网，做一名快乐健康的小网民。

主持人合："网络诚信在心中"主题班会正式结束。

附：

问卷调查（一）——在班内主持人统计接触网络的学生情况。（略）

问卷调查（二）——了解家长对孩子上网的看法问卷。（略）

③ 以美修身

“心灵美才是永恒的美”主题班会（有删改）

青浦实验中学八(2)班　陈娟

活动背景：初中学生正当青少年期，心理往往不够稳定，是非观念淡薄，易受不良习气影响。这个时期他们往往开始注重梳妆打扮，讲究穿着、行为开始张扬个性……正是这种心理特点使中学生注重自己的形象、人际关系，想让自己成为焦点人物。然而，学生这种衣着打扮的审美观会影响到中学生形成正确的审美观，影响到中学生综合素质的提高。

一、教育目标

认知目标：通过活动使学生懂得外在美与内在美的和谐才是真正的美。引导学生用心发现身边美的故事，并用笔写下来，帮助学生树立正确的审美观。

情感目标：通过身边不同的美丽小故事，引导学生享受美、崇尚美、追求美，激发学生对争做行为美、心灵美、语言美的现代中学生的热切向往。

能力目标：引导学生自觉做到《中学生日常行为规范》《两纲》、教育部制定的《中小学生文明礼仪教育指导纲要》中的相关要求，学会做一个外在美与内在美和谐统一的现代中学生。

二、活动准备

1. 小组为单位，收集与发现身边美的故事、美的画面（照片或文字），了解同学们对美的理解与憧憬；

2. 课前准备调查问卷设计与实施调查；

3. 准备“手机的魅力”小故事的编写；

4. 确定主持人：胡理勇、薛明皓及配乐朗诵曲目和朗诵文章。

三、活动过程

1. 多媒体展示人文美

2. 现场交流生活中的美

(1) 老师用奉献烙下的美

(2) 环卫工人用辛勤劳动烙下的美

3. 讲故事呈现身边的美

(1) 一份集体荣誉感凝聚的美

(2) 评头品足"你认为他美不美"

4. 体味世界上最美的父母之爱

5. 讨论我们应该追求怎样的美

6. 配乐朗诵——《心灵美才是永恒的美》(全班齐声朗诵)

作为一名中学生,我们应该用渊博的知识充实自己,高尚的行为感染别人。立志、进取、勤学守纪、尊师爱友、举止文明、博学多才,这才是真正的美!美不在外表,而在心灵,再美的鲜花也有凋零的时候,再美的容颜也有衰老的时候,只有心灵美才能经久不衰,让我们不懈地奋斗与追求,使自己的心灵净化,格调升华,创造经久不衰的、永恒的美。

班主任老师:同学们,今天很高兴你们能用自己的双眼和心灵去发现我们身边这很多的内在美。你们正处在人生的花季,如果刻意地追求外在的修饰,就会喧宾夺主,掩饰了你们最最珍贵的,也是其他年龄的人们最最羡慕我们的清纯、自然、花季之美。你们更应该多读书、认真学习,不断丰富自己的知识内涵,提高自己的品德修养,培养自己的综合素质,把自己塑造成一个心灵美、有涵养、有气质内在美的人!不要给自己的青春留下遗憾,不要给自己的人生留下阴影,努力做一个最完美的自我吧!谢谢大家。(主题班会结束)

④ 以志养性

"人怕无志,志患不为——初中生如何实现志向"主题班会(有删改)

青浦实验中学　王轶斐

一、教育目标

认知目标: 通过活动使学生懂得确立自己的奋斗目标是成功的基础,明确树立远大的志向的重要性。

能力目标: 学习、感受实现志向的一些具体方法。

情感目标: 激励学生追求美好的理想,形成积极向上的精神风貌。

二、活动准备

1. 收集一段舒缓的音乐;

2. 设计调查问卷,深入社会进行考察;

3. 收集名人与立志的故事，指导学生准备一分钟演讲稿。

三、活动过程

（一）以“我的未来……”为题，憧憬自己的未来

随着音乐伴奏，让学生分别描述5年后，10年后，20年后的人生，自己可能在哪里？可能在做着什么？

（二）“评理论志”——畅谈“我的理想”

1. 阐述志向：一分钟演讲——“我有一个梦想”

2. 评一评，比一比

谁的志向最现实、最符合自身实际情况，或最具争议……

（三）实现美好志向，路在脚下

展示收集的关于名人立志的资料和关于立志的小故事：如《为学》中的贫富二僧、周处等事例；通过资料展示及讨论，明确主观的努力与奋斗是达成志向的基础。

1. 探讨现状：我们做得如何？

出示事先准备的问卷调查结果，分析现存问题，并围绕以下三点进行讨论分析：

（1）你曾经有过哪些目标？

（2）哪些成功了？哪些失败了？

（3）你认为失败的原因有哪些？由主要到次要依次列举。

小结：根据学生的交流情况进行归纳，提炼，并导入下一个环节。

2. 用实际行动走向理想的彼岸

（1）榜样引路

邀请优秀毕业生及此次活动负责社会调查的组员交流他们的成功经验。

（2）审视自我

师生共同讨论以怎样的心态及行动帮助自己确立志向，修改各自的目标与志向。

（3）交流分享

全班学生把自己修改以后的目标与措施贴上“理想之树”，引导学生明确动机，确立目标——暗示成功，付诸实施——自我激励，实现目标。

中队辅导员讲话：

我们到底为了什么而学习？这样的一个简单的问题相信大家通过今天的主题队会已经找到了答案。一个缺乏目标与志向的人，做事会盲目而不计后果；一个空有理想、空有志向的人，只能讲大话而缺乏行动；一个真正有理想的人，就会具有奋斗的目标和动力，就会通过自己实实在在的努力去实现自己的理想——争取做一个合格的初中毕业生，考上一所理想的学校。

四、活动评价

本活动是针对初中生中普遍存在的缺乏目标意识，缺乏志向，缺乏行动力的现状所设

计的。旨在让学生畅想未来人生，在互评与探讨中对“有意义的人生志向”达成共识，并让学生从他人经验或自我实践中体会到立志——成功的过程，从而激发其学习动力，树立起积极向上的人生观念，以实际行动争取做一个合格的初中毕业生，考上理想的学校。

在《“爱诚美志”之立德树人》专辑（系列丛书之一）中，像以上的主题班会课例，我们共收集了36例，其中“以爱为本”11例，“以诚立信”9例，“以美修身”8例，“以志养性”8例。

2014年我校的《“爱诚美志”之立德树人》在青浦区学校德育“一校一品”评审中，被评为特色品牌项目之一。李铮老师设计的“我们用镜头聚焦家乡”主题队会在“丰富学习经历探索提升学生发展品质”市级现场观摩研讨会上展示；七(7)班班主任陈佩老师设计的“银发领巾情浓浓”主题队会方案在青浦区班主任基本功比赛中，获得一等奖，并作为优质课被推荐到市里参赛。

（二）以“爱诚美志”为主线的行为规范教育框架

立德育人是一项必须持之以恒、常抓不懈的奠基工程，我们以“爱诚美志”为主线架构学校行为规范养成教育的三级目标，使学校行为规范养成教育形成机制化、常态化。我们按照《中学生守则》《中学生日常行为规范》40条要求，结合《青浦区实验中学行为规范教育目标及实施途径》《青浦实验中学行为规范教育三年计划》，从六年级到九年级，由低到高、循序渐进，同时又兼顾各年级重点，编制了以“爱诚美志”为主线的、分年级行为规范教育的三级目标，使行为规范教育具有学校特色，更好地有序落实。以“诚”为例，见表4-16。

表4-16　以“诚”为主线的行为规范教育框架

<table>
<tr><td rowspan="2">诚</td><td rowspan="2">以诚取信</td><td>1. 真诚待人</td><td>8. 平等待人，与人为善。尊重他人的人格、宗教信仰、民族风俗习惯。谦恭礼让，尊老爱幼，帮助残疾人。
9. 尊重教职工，见面行礼或主动问好，回答师长问话要起立，给老师提意见态度要诚恳。
10. 同学之间互相尊重、团结互助、理解宽容、真诚相待、正常交往，不以大欺小，不欺侮同学，不戏弄他人，发生矛盾多做自我批评。
13. 不随意打断他人的讲话，不打扰他人学习工作和休息，妨碍他人要道歉。</td></tr>
<tr><td>2. 忠诚做事</td><td>6. 爱惜名誉，拾金不昧，抵制不良诱惑，不做有损人格的事。
12. 未经允许不进入他人房间、不动用他人物品、不看他人信件和日记。
28. 外出和到家时，向父母打招呼，未经家长同意，不得在外住宿或留宿他人。
33. 遵守交通法规，不闯红灯，不违章骑车，过马路走人行横道，不跨越隔离栏。
34. 遵守公共秩序，乘公共交通工具主动购票，给老、幼、病、残、孕及师长让座，不争抢座位。</td></tr>
</table>

续表

诚	以诚取信	2. 忠诚做事	37. 珍爱生命，不吸烟，不喝酒，不滥用药物，拒绝毒品。不参加各种名目的非法组织，不参加非法活动。 40. 见义勇为，敢于斗争，对违反社会公德的行为要进行劝阻，发现违法犯罪行为及时报告。
		3. 诚实求知	16. 按时到校，不迟到，不早退，不旷课。 17. 上课专心听讲，勤于思考，积极参加讨论，勇于发表见解。 18. 认真预习、复习，主动学习，按时完成作业，考试不作弊。
		4. 诚恳改错	13. 不随意打断他人的讲话，不打扰他人学习工作和休息，若妨碍他人需道歉。 14. 诚实守信，言行一致，答应他人的事要做到，做不到时表示歉意，借他人钱物要及时归还。不说谎，不骗人，不弄虚作假，知错就改。
		5. 诚信守法	19. 积极参加生产劳动和社会实践，积极参加学校组织的其他活动，遵守活动的要求和规定。 20. 认真值日，保持教室、校园整洁优美。不在教室和校园内追逐打闹喧哗，维护学校良好秩序。 21. 爱护校舍和公物，不在黑板、墙壁、课桌、布告栏等处乱涂改刻画。借用公物要按时归还，损坏东西要赔偿。 22. 遵守宿舍和食堂的制度，爱惜粮食，节约水电，服从管理。 35. 爱护公用设施、文物古迹，爱护庄稼、花草、树木，爱护有益动物和生态环境。 36. 遵守网络道德和安全规定，不浏览、不制作、不传播不良信息，慎交网友，不进入营业性网吧。

（三）围绕“爱诚美志”构建纵向成序学生社会实践活动系列

我们遵循立德育人知情意行的规律，强化学生的实践体验过程，围绕“爱诚美志”又设计了学生社会实践活动，形成六年级“军政训练”、七年级“志愿服务”、八年级“十四岁青春节”和九年级“红色之旅”社会实践系列。我们德育处制定了六、七、八、九年级的社会实践活动要求，如着装、乘车、参观、就餐、就寝、整理内务等。德育处要求每个年级的学生撰写社会实践活动体验文章，记录下自己的成长足迹。多年的社会实践活动中，积累了众多的学生体验文章，编写了《活动-成长火花集》，近十万文字记录下了多年来实验中学学生在社会实践活动中的真情实感、所思所悟，反映出学生良好的行为习惯和精神风貌。

学校大队部还开展了争优创先活动、志愿者服务活动，282 个雏鹰假日队在寒暑假期间开展丰富的小队活动，大队部要求每个队员做好寒、暑假生活记载册。开学初，大队部利用红领巾广播，向全校宣传假期活动情况，宣传一批精彩活动。前往敬老院慰问、去幼儿园组织游戏活动、居民小区进行卫生保洁、爱心服务等，赢得了很好的社会赞誉。

“爱”的主题：

六(5)小朱同学在2010年11月10日的日记《家务，让我们走近父母》中，抒发了自己的真实情感——

军训，挺令人难忘的。

我一直很清楚这一点：一旦军训开始，我们便不再是小皇帝、小公主了，一切都必须靠自己。果然，我们在教官的严格要求和悉心指导下，经受住了各种生活、训练等方面的考验。经历了这次军训，我感慨万千。

生活条件优越的我们，习惯于衣来伸手、饭来张口的生活，家务劳动似乎与我们无缘，最多也就叠叠被子、扫扫地，如果一直这样下去，我们会变得怎样呢？试着做做家务，体会生活的艰辛，你会开始认识到自己曾经的“游手好闲”是在给父母增添许多负担。家务，让我们与父母走得更近。

“诚”的主题：

今后……，将来……

——青春节的遐想

2011年八(8)班季同学

青春节已过，然其印象却仍在我脑海中不曾散去，如烟似雾般的思绪中，仿佛被填充了什么而更为缤纷多彩。回到家里的那种“劫后余生”的感觉过后，又是快要溢出来的喜悦感——一种难以言喻的满足叱咤于身体内，填满了身体全部的空隙。

一天半的日子，像是几年一般，甚至几年也不一定能有这种机会去体验。无论是伴随着那欢乐的兔子舞的开幕式，无比振奋的活动与激昂的热情，还是精彩万分的表演，有些许不舍的结营式，一切都是美好的，不曾拥有过的。

令我感触最深的，一是当晚尽心尽力的舞蹈与体现出自由的精神的强大的铜管乐；二是在午夜钟声敲响时，宿舍中的其他十四个人为那伊人四月三十号的生日祝贺的倒计时。

“还有半分钟……还有二十秒……还有十秒……倒数五个数……五四三二一，生日快乐！”

随后我们唱起了生日歌，送上精心准备的礼物，并取出生日蛋糕。我想这可能会成为她一生中最精彩的生日，也将在她的生命中绽放开的一朵鲜艳的花朵，现在还只是一颗欲开还羞的花骨朵儿，在其今后的人生道路上，必有不可磨灭的奇迹绽放！

今后，要为中考做准备；今后，要为高考做准备；今后，将要为未来而努力；今后，将要为梦想而勃发；今后……将来……都是一个未知数。

我只知道——这次青春节活动很有意义，万分精彩，这个时刻让我无比珍惜！希望我们这届学子能记住这个美好的时刻，记住团结的力量，记住彼此的友谊。

这，就足够了……

“美”的主题：

最美的十四岁旅程

2009年八(2)班马同学

眼前的景色让我们好奇地拉着伙伴的手，在这植被苍翠、水木清华、风光旖旎的一片净土上，有月亮湾，渔人码头等园林精品，有未来广场和知识大道，还有独具浓郁异国情调的地球村，我们兴奋地徘徊，十四岁的旅程已经开始了。

兴奋地拿起行囊，冲向自己的小屋，不知为何，当我走进去时，很大，但空荡荡的，是少了爸妈那宽广羽翼的呵护吧！整理床单，同时整理那空荡荡的心绪，然后和伙伴们出去了。

五月的太阳还有点羞涩，可足以让我们头晕目眩。山没有悬崖峭壁就不再险峻，海没有惊涛骇浪就不再壮阔，河没有跌宕起伏就不再优美，人生没有挫折磨难就不会坚强。在教室里的训练，稚气未脱的脸上写满了严肃和认真。也许，经过了这次旅程，就不再是整天幻想的懵懂小孩了吧！

灯光的照耀下，各自的才艺被展现，欢呼声，尖叫声，大笑声……青春的活力在此刻释放，热血动感的街舞，活力四射的歌唱……老师们一脸的喜悦。十四岁的旅程，是最活力的吧！

惊心的一座座奇形怪状的桥，胆怯的我在同学的鼓励下迈着沉重的步子一步步地走着，什么叫“万一”已无所谓，但挑战的心使害怕减少到最低点。十四岁的旅程，是最有勇气的吧？

最后便是寻宝，集体荣誉感使我们内心充满团结，“流血流汗不流泪，掉皮掉肉不掉队”。个个像吃了兴奋剂，找到一个目标，自然而然笑得很甜，也许这就是合作的乐趣吧，用最快的步子冲向终点，一口长气呼了出来，甜甜的笑容浮了出来。十四岁的旅程是充满挑战与团结的吧？

教官最后用甜美的微笑向我们告别，我们无不感怀着东方绿舟那一天24小时的每分每秒。十四岁的旅程是最美的吧？

“志”的主题：

金陵寻访——实验中学南京“红色之旅”活动方案

一、指导思想

今年的红色之旅是在中国共产党建党90周年、辛亥革命100周年的背景下开展的，旨在引导学生通过实地参观、考察和网络学习了解中国共产党带领全国各族人民战胜艰难险阻，取得了新民主主义革命和社会主义革命、建设和改革开放的伟大胜利的史实；了解20世纪中国的第一次历史巨变——辛亥革命结束了中国两千余年的封建帝制的史实。在实践体验过程中培养学生热爱中国共产党、热爱社会主义祖国、热爱改革开放的思想情感,以及继承辛亥革命精神,坚定实现中华民族伟大复兴的理想,明确历史使命感和社会责任感,努力做一名新时代的共青团员。

二、活动要求

1. 参观南京大屠杀纪念馆、中山陵、雨花台;

2. 完成探究小课题或活动感悟;

3. 组织探究小课题汇报交流活动。

三、活动准备

1. 组织培训,让学生事先了解南京红色之旅的目的要求;

2. 出发前,指导学生以班级团支部为单位选择探究小课题。

四、选题指南

(一) 走近孙中山

探究小课题要求:用历史事实分析国父孙中山先生不同阶段的理想追求和其思想发展,以及孙中山先生对整个中华民族强烈的历史使命感和责任心。从各个侧面还原领袖真实风采,从中领悟领袖人物在时代急剧动荡时期为挽救水深火热中苦难人民而不顾个人得失,为国为民鞠躬尽瘁的精神,从而感悟到时代赋予共青团员光荣神圣的重任。

参考小课题:《孙中山先生一生大事记》等共八个。

(二) 难忘国耻

探究小课题要求:通过寻访相关历史古迹、参观南京大屠杀纪念馆等,使每个团员深刻体会到中华民族历史上最悲痛的一页南京大屠杀的真相,了解国家之耻、民族之恨。从历史表象中深层次地分析为什么日本法西斯在20世纪30年代发动如此疯狂的侵略战争?为什么到今天为止日本军国主义的阴魂不散,企图抹杀、篡改历史,甚至污蔑:“南京大屠杀是20世纪最大的谎言?”我们每一个共青团员应该不忘自己的历史使命,为振兴中华而发奋学习,时刻记住千古名言“落后就要挨打”。

参考子课题:“沉重的历史——刺刀下的南京”等5个。

(三) 缅怀英烈

考察要求及指南(略)

五、活动日程安排(略)

实验中学德育处共青团委
2011年6月

(四)“爱诚美志”课程特色和发展规划

1. 课程特色

实验中学“爱诚美志”育人机制是聚焦育人目标、横向贯通、纵向有序递进、多途径整合、双主体共同实施的教育框架。是我们根据党的教育方针和素质教育要求、基于学校“活动—发展”教育模式的思考、遵循初中学生身心发展的规律而进行整体架构的一种实践探索，也是学校弘扬与培育社会主义核心价值观的有效途径之一。

实验中学“爱诚美志”育人机制由《青浦区实验中学“爱诚美志”主题教育系列活动操作指南》《青浦区实验中学以“爱诚美志”为主题的行为规范分年级实施细则》《实验中学分年级学生社会实践活动系列》三个部分组成，涵盖学校德育工作的全方位，既与落实《两纲》教育相结合，又与社会主义核心价值观教育对接，落实于学生行为习惯养成教育之中，具有系列化、递进性和机制化的特点，扎根于学会做人的过程中，如今已成为全校师生的共识，初步形成学校德育工作的切入口和归宿点。

2. 发展规划

作为学校德育工作特色，还需不断完善，走向成熟。我们将做好以下几项工作：

(1) 构建“爱诚美志”评价机制，制定年级“爱诚美志”主题活动评比制度与评价标准，有效提高主题班队会的水准；

(2) 围绕“爱诚美志”重新设计学校的春秋游活动；

(3) 将“爱诚美志”三个板块的评价予以量化操作，融入学校学分制的评价框架中；

(4) 将“爱诚美志”活动成效纳入班主任考核之中，使活动更深入而有效。作为育人的实施框架体系，更重要的是实施过程的保障，我们充分利用已有经验与反思，为育人工作打下坚实的基础。

附以下图表示例：

表 4-17(行为规范分年级教育要求)

表 4-18(因篇幅有限，仅以六年级“爱”的主题教育活动操作部分为例)

表 4-19(因篇幅有限，仅以六年级“目标与内容序列化要求”为例)

表 4-17　实验中学以“爱诚美志”为主题的行为规范分年级教育要求(意见征求稿)

主题	目标	内　容	实践途径	
			行为训练	活动践行
六年级	爱学习 爱同学	养成良好学习态度、学习习惯和学习能力，自觉学习有计划，按时、独立完成作业，有错及时订正，尽快适应初中学习；了解自己，了解同学，同学之间宽容大度，学会谅解，互相关心、主动帮助。	清晨进班级之后…… 培养良好习惯之…… 个人学习规划制定 互谅互让真奇妙 尊重他人，传递温暖	系列社会实践： 六年级： 1. 军政训练——“国旗在我心中”/感恩教育/逃生演练 2. 艺术起航——环保时装秀/沙雕比赛/水上音乐会/雕塑欣赏

(注：以六年级为例，其他年级略)

表 4-18 青浦区实验中学"爱诚美志"主题教育活动系列操作指南

年级	一级指标	二级指标	行为规范教育内容	《两纲》教育	教育部相关文件	社会实践
六年级	爱 以爱为本 以爱立德	1. 爱党、爱国	1. 维护国家荣誉，维护共产党，尊敬国旗、国徽，会唱国歌，升降国旗、奏唱国歌时要肃立、脱帽、行注目礼，少先队员行队礼。5. 情趣健康。不看宣扬色情、凶杀、暴力、封建迷信的书刊、音像制品，不参加迷信活动。8. 平等待人，与人为善。尊重他人的人格、宗教信仰和民族习惯。21. 爱护公物，不在黑板、墙壁、课桌、布告栏等处涂抹刻画。借用公物要按时归还。22. 爱惜粮食，节约水电。30. 遵守国家法律、法规，在社会生活中用各种规范约束自己的言行。34. 爱护公用设施，爱护文物古迹，保护生态环境。35. 尊重外地人、外国人。36. 遵守网络道德和安全规定，不浏览、不制作、不传播不良信息，慎交网友，不进入营业性网吧。	《民族精神教育指导纲要》——国家意识引导学生充分认识党在社会主义初级阶段基本路线的重大意义；了解我国全面建设小康社会的宏伟蓝图，懂得要走科教兴国、可持续发展和人才强国的富强之路；促进社会主义物质文明、精神文明和政治文明的协调发展，提升中华民族的凝聚力，把个人的进步成才同中国特色社会主义事业，同祖国的繁荣富强紧密联系在一起，为担负起建设祖国、振兴中华的光荣使命做好准备。 认识社会主义制度优越性，人民是国家的主人，中国共产党是国家的领导核心，要把国家利益放在首位。 引导学生了解捍卫国家主权和领土完整既是国家安全的首要任务，也是公民应尽的义务。		《民族精神教育指导纲要》要注重认知教育和实践体验相结合，榜样示范与环境熏陶相结合，引导学生在个性发展中了解、体验民族文化，感悟、认同民族精神。要通过社会调查、军政训练、农村劳动、企业实训等途径进行国防、法制、科技、能源、工业发展、现代农业等考察活动，培养社会责任感。

表 4 - 19　青浦区实验中学以"爱诚美志"为主题的行为规范教育分年级目标与内容序列化要求

<table>
<tr><th>年级</th><th>目标</th><th>主　题</th><th>内　　容</th><th>主要途径与方法</th></tr>
<tr><td rowspan="11">六年级</td><td rowspan="4">做学校好学生</td><td>热爱学习</td><td>按时上学不迟到，课前准备认真做，上课守纪勤发言；
课后做好预复习，认真按时做作业，读写姿势要正确。</td><td>行为训练、班队会、主题教育、家庭教育等</td></tr>
<tr><td>诚信节俭</td><td>有错会主动承认，及时改正并争进步；
节约用水和用电，随手关灯和水龙头。</td><td>思品课、专题教育、班队会、广播校会、行为训练等</td></tr>
<tr><td>形象健美</td><td>升起国旗要肃立，高唱国歌要认真；穿戴整洁又大方，尊敬师长懂礼貌；
友爱同学讲文明，受赠物品用双手。</td><td>升旗仪式、专题训练等</td></tr>
<tr><td>明志自主</td><td>天天学习有目标，自觉克服学习困难；
学会自己料理生活，会安排自己的作息时间。</td><td>行为训练、主题教育、小组学习等</td></tr>
<tr><td rowspan="4">做家庭好子女</td><td>热爱学习</td><td>回家作业认真做，不磨蹭，不马虎；
课外阅读能坚持，拓宽知识开眼界。</td><td>家庭教育、专题教育、晨周会课等</td></tr>
<tr><td>诚信守信</td><td>按时完成作业不对答案，考试做到不作弊；
实事求是、以诚待人，主动认错不撒谎。</td><td>家长会指导、行为训练、专题教育等</td></tr>
<tr><td>形象健美</td><td>称呼长辈用尊称，对待长辈有礼貌；
不发脾气不任性，心中要有父母亲。</td><td>行为训练、家庭教育、专题教育等</td></tr>
<tr><td>明志自主</td><td>学会料理个人生活，自己的事情自己做；
生活有规律，按时作息，学习生活态度积极。</td><td>家庭教育指导、专题教育等</td></tr>
<tr><td rowspan="3">做社会好公民</td><td>热爱学习</td><td>会去图书馆借阅图书，学会自觉学习；
平时多看勤问会观察，多问几个为什么。</td><td>学科教育、小队活动、专项比赛等</td></tr>
<tr><td>诚信守信</td><td>真诚待人、关心他人，守时、守信、有责任心；
捡到东西要交公，公共财物要爱护。</td><td>课堂教学、社会实践等</td></tr>
<tr><td>形象健美</td><td>穿戴整洁又大方，作客待人有礼貌；
养成卫生好习惯，公共场所守秩序。</td><td>行为训练、晨周会课、社会实践等</td></tr>
</table>

注：具体设计与详细内容可见已汇编成册的《"爱诚美志"之立德树人》一书。

（五）建学科育人体系回课堂教学本源

1. 学科育人价值的内涵研究

日趋激烈的国际竞争在本质上可以说是青少年综合素质成长的竞争，上海学生首次参加 PISA 测试，在阅读素养、数学素养和科学素养全部三项评价中，均排首位。但是，我们应该看到，学生的负担也是比较重的，所测试的内容并不代表全面的身心素养。教育现状显示：很多时候育分重于育人，缺乏有效的理想信念教育，缺乏鱼水交融的师生关系，缺乏主动学习的乐趣和兴趣，缺乏适合学生个性特点的学习条件等。一些社会导向，也让人在许多方面迷茫：什么样的人生是有价值的，什么样的人生准则是应该推崇的，什么样的生活是应该向往的，什么样的人物是应该崇拜的，在许多青少年中间，困惑颇多。

对学校而言，教育要回归育人的本质，它不只是知识的传递，老师眼中要有活生生的学生，要关注学生的全面发展，要把学生视作自己的亲人，老师的职责是教书育人，育人才是第一位的。

学生在学校教育中，最主要的时间是花费在学科学习中的，他们与学科老师接触最多，受影响最大，学科学习表现、方式、成果对其素养形成有重大影响。由此，我们认为，学科育人乃当务之急。

传统的观点，知识的教学与学生德育成长没有必然联系。除了一些显性德育课程，德育在许多学科中的渗透是有限的，甚至可以说是无力的。带给我们的问题就是，各个学科教学对学生德育成长作用机理需要作深入的研究。

2. 学科育人价值与“两纲”教育工作间的关联

民族精神教育和生命教育，是一段时间以来，以及在今后一段时期要坚持的学校德育的重点内容。民族精神教育的核心内容是爱国主义教育，生命教育的核心内容是生命意义和人生价值观的教育。民族精神教育和生命教育，其途径和方法，期盼与学校各科教育途径自然融合。

学科育人价值研究工作，是期盼通过学科育人价值研究，促使广大教师认识学科育人的机理和功能，认清所承担的教书育人具体任务，唤起每个教师自觉育人的责任心，形成学校育人的良好氛围，是对学校育人功能更深入的思考。

因此，“两纲”教育和学科育人价值研究工作，在教育价值追求上具有一致性，但在具体工作侧重上有所不同。“两纲”教育的侧重点在于从教育内容上提出明确要求；学科育人价值研究的侧重点在于从学科育人的自觉机理（我们理解重点是课堂教学的自觉策略）上提出明确要求。学科育人价值研究，是我们对学校德育工作，在实践基础上新的思考和追求。

3. 学校德育体系与学科育人价值间的关联

学校校长室于2005年即提出构建具有学校特色的育人机制要求。德育处率先在班主任工作中进行尝试，几经实践反思与研讨，先后制定了《青浦区实验中学“爱诚美志”主题教育系列活动操作指南》《青浦区实验中学以“爱诚美志”为主题的行为规范分年级实施细则》等，全校班主任积极参与实施。为了充分发挥班会课德育主阵地的育德功能，德育处组织开展青年班主任“爱诚美志”主题班会评比通过主题活动方案设计与说课、主题班会实践课评比、撰写主题教育活动反思、举办教育论坛等，不断完善“爱诚美志”课外育人体系。

我们强调“爱诚美志”在育德过程中的重要性，强化于学科教育活动中，但同时不忽视其他育德元素，形成学科育德和活动育德并举的格局。

在此，我们有必要先理清几个关系：即知识本身与学生德行成长有什么样的关系；知识传递的方式对学生德行成长有什么样的关系；知识传递者为人处事对学生德行成长有什么样的关系。

(1) 教学内容中的学科知识，应该成为学生精神和德行发展升华的智力基础。课堂教学中，让学生感受到学科知识的逻辑力量，学科知识独特的呈现形式美感，学科知识形成过程的意趣和艰辛。让学生在对学科知识和有兴趣的学习过程中，感受学科知识对个人成长的意义，对社会发展的意义。例如，美术课上一幅幅优美的作品；生命科学课上，显微镜下一个个微观世界中的生命，都为学生带来了“美”的精神食粮。

(2) 教学组织和形式应该对学生形成合作互动的心理品质起到潜移默化的作用。知识的传递方式，让学生有兴趣盎然的倾听过程，有静下心来的思考过程，有同学合作的探究过程，有持续的质疑和反思过程，有参与社会的体验过程，有修身养性的自我约束和调节过程。教学过程所营造的自由、民主、平等的氛围，有利于学生形成创新精神和对真理与正义不懈追求的品性。就像我校的民防课上，学生通过反复的思考、质疑、实践，最终形成了一个个国家专利作品，树立了学生将来面对社会挑战时的自信。

(3) 教师在教学中严谨的治学态度和敬业精神，在学校生活中体现的人生准则和处事规范，成为学生的示范和榜样。学校教育中，我们会发现这样的现象，一位老师带了一轮学生，到临毕业了，突然发现，这个班一部分学生的性格、脾气、处事方式等，与这位老师十分相似，这就是教师的示范力量。“爱”与“诚”往往具有“传染性”，反过来说，“不爱”与“不诚信”的传染性或许更高，我们要培养具有“爱”与“诚”品性的孩子，那我们教师本身就要成为这样的“传染源”。

4. 从实践研究到逐步形成学科教育育人体系的过程

实践，是改善、验证想法最直接有效的手段，我们尝试拓展理论广度与实际宽度。挖掘内涵深度，经历了这样一个研究的过程。

(1) 专家引领，指明方向

2012 年 1 月 17 日，在校长室的领导下，学校教导处积极组织各学科老师参与构建“爱诚美志”课内育人体系的实践。校长室会同教导处、科研处专门召集学校各学科教研组长召开了“学科育人价值研讨会”，邀请了进修学院课程教学研修中心主任徐建英、区内资深德研员左丽华现场指导，为学校的学科育人价值研究工作勾勒框架。

左老师向各位教研组长，就实验中学西校区在“爱诚美志”系列活动的实践与研究方面所做的工作及取得的成绩进行了介绍，并就学校构建落实“两纲”的课外体系和课内体系、创建具有实验中学特色的德育校本课程提出了建议。徐主任在肯定学校“爱诚美志”系列活动坚持数年的实践经验时，建议要进一步厘清思路，界定内涵、深入推进：并就学科教学在具有学校特色的“爱诚美志”系列活动载体中，如何发挥学科育人的功能，体现学科育人价值方面向实验中学的各位教研组长提出她的观点和建议。

在这次会议上，教导处和各科教研组长结合上海市教委教研室编印的《上海市中学各学科贯彻民族精神教育和生命教育教学指导意见》的要求，畅谈学科教学如何体现其育人价值观；还围绕如何与实验中学“活动—发展”模式的教育理念相结合，体现出实验中学课内与课外两个体系落实“两纲”的特色，进行了热烈的研讨。

通过专家的引领和骨干教师们的头脑风暴后，大家对接下来所要做的事情，有了一个比较清晰的了解，学校借此机会对各学科教研组长提出了结合学校“爱诚美志”系列活动，进行梳理教材的工作，对如何发挥学科育人价值问题提出了具体要求，使我们的教研组长在实际操作过程中，有了明确的方向。

(2) 教材梳理，挖掘素材

各学科教研组领到任务后，立即分头召开教研组会议。首先认真研读了《上海市中学各学贯彻民族精神教育和生命教育教学指导意见(试行稿)》及《青浦区实验中学以“爱诚美志”为主题的行为规范分年级实施细则》，领会学校的精神与要求。然后根据各位教师所教授的年段，分组进行教材中关于“爱诚美志”素材的研讨。在研讨过程中，也曾有小组发出质疑：像我们这样的隐性学科，挖掘德育的素材，会不会很牵强？有的小组却认为：我们是显性学科，几乎每堂课都有类似的德育教育的素材，每堂课都要写下来，岂不是没有多大的意义？

面对这些质疑，学校教导处、科研处给出了及时回应。我们要做的事情不是要求大家去“无中生有”、去“撑个门面”，而是要在日常的教学中，仔细思考，哪些教学知识点、教学环节、教学策略，是可以与学校的德育体系相联系的，并且通过联系后，可以达到更好的教学效果。并且我们强调：不是要求每一节课都要挖掘素材，也不要求挖掘的素材面面俱到，一定和学校德育体系“爱诚美志”直接相关，因为育人、育德、学科教育，还有很多的重要元素，我们每节课的侧重应有所不同，“爱诚美志”德育体系，只是给我们提供了一个研究的手段与平台。

当我们的教师理解了学科育人价值的内涵以后，大家在编制《青浦区实验中学学科育人价值框架表》时，就可以做到有的放矢，整个初编过程顺利进行。

(3) 教学尝试，寻找策略

2012 年 3 月中旬，第二学期共十多门学科的《青浦区实验中学学科育人价值框架表》基本成形。但编写框架表只是我们学科育人的准备阶段，如何真正落实到课堂教学中，这才是关键所在。

2012 年 3 月底，学校再次召开“学科育人价值教研组长研讨会”，布置下一阶段的任务：首先，要求各教研组、备课组共同备课与磨课，形成本学科、本备课组教学设计方案；其次，要求各教研组、备课组确定 1—2 名骨干教师，进行课堂教学尝试，所有老师进行听课与评课。教导处、科研处派人深入各教研组、备课组共同参加活动，帮助大家一起寻找教学策略，并且进一步强化在日常课堂教学之中的落实。

① 强调课堂教学设计中的落实。学校教导处及各教研组和备课组要求教师在教学

设计的过程中运用好学校编写的学科育德框架表，要让学科育德框架表成为教师教学设计过程中的有效资源，并将相关要求纳入课堂教学的过程中，实现无痕对接，使学科育人成为教师日常教学的一种习惯。

② 强化课堂教学过程中的渗透。学校通过教师的教学实践课、家长的开放日课堂观摩、公开课教学展示等过程，强化对学科育人的课堂教学评价，积极推进教师在日常教学之中育人作用的发挥，突出课堂育人主阵地作用。

③ 促进课堂教学研究中的深入。学校要求各学科在教学过程中积累相关学科育人的典型课例，以课例分析为突破，探索学科育人的有效途径、方法、策略，建立起各学科的日常操作的具体化措施，保证各学科育人功能的发挥，实现学科育人的价值。应该说多渠道的实践推进逐步形成教师加强学科育人的意识，也逐渐形成了一些实践层面的经验，使学科育人在课堂实践层面上得以落实。

④ 以下是四个体现学科育人的课例。

数学课例：“美在身边”

英语课例：“让德育之花盛开在英语课堂教学中”

社会课课例：“难道社会没有爱了吗？”

科学课课例：“让‘绿色’与科学课堂同行”

教学内容	爱	诚	美	志	教学建议
§14.1 三角形的有关概念			三角形在生活中体现出它的美，比如世博场馆建筑中的三角形等。	通过对世博会中国场馆的研究，增强对伟大祖国的热爱之情。	§14.1　三角形的有关概念

美在身边

——生活中简洁的数学之美

青浦区实验中学　钱海燕

一、设计思路

1. 背景分析：“三角形的有关概念”是上教版数学课本七年级第二学期的学习内容。纵观整个初中平面几何的教学内容，三角形是平面内最简单的直线形封闭图形，是进一步探究学习其他图形性质的基础。通过本节课的进一步学习，可以对已有的知识起到巩固的作用，同时也为接下来学习全等三角形、等腰三角形、直角三角形等知识和从实验几何逐步向论证几何过渡起着奠基作用。

2. 教材分析：三角形的有关概念较多，如三角形及其边、顶点、角等基本元素的概念，以及三角形的中线、高、角平分线等重要线段，同时也要求学生知道三角形的两种不同分类(按角、按边)、三角形的三边之间的关系和“三角形的三条中线、三条角平分线、三条高所在的直线交于一点”的结论等,教材安排了两课时。

3. 学情分析:由于七年级学生已经初步具备了操作、观察、归纳的能力,为了体现知识点的完整性和课程内容的饱满性,本节课在设计上将两课时的知识点进行了有机的编排与整合,依托“学习任务单”,围绕学生已有知识经验,并通过问题的尝试、解决,获取新知识,逐步增强推理意识,感受数学的魅力。

二、教学目标

1. 知道三角形的有关概念及三角形的分类,掌握“三角形的任意两边之和大于第三边”的性质并能初步运用。

2. 理解三角形的中线、角平分线、高的概念,并通过画图了解三角形的三条中线、三条角平分线、三条高所在的直线的交点情况。

3. 通过操作、观察、归纳和说理等过程初步体会分类思想,感受数学的美,逐步养成良好的数学思维习惯。

三、教学实录

片段一:观赏上海世博会场馆图片。

师:世博会在上海召开,我们可以在世博园见到许多国家的展馆。这些美轮美奂的建筑给予我们美的享受。(展示各国场馆图片,演示隐含其中的三角形)

师:三角形是最简单的直线形封闭图形,生活中处处存在。

评析:从世博场馆的图片中感受数学的图形之美,对建筑设计师的美的眼光表示钦佩,同时从美的图片中获得数学知识的简洁之美。

片段二:利用小棒拼接三角形。小组共同拼接三角形,讨论获得三角形三边之间的关系。

师:从四根小棒(12 厘米、8 厘米、6 厘米、4 厘米)中任选三根拼接三角形。(1. 先选择三根小棒;2. 再将选择的每根小棒的长度填入表格中;3. 最后拼接,观察能否围成三角形)

师:任意选取 3 根小棒,共有多少种取法?分别是哪几种?(表扬)有重复?有遗漏?有序地选取!

生:共有四种选择。

师:哪些取法能组成三角形?

生:第 1 和第 4 组可以组成三角形,其他不能。

师:你认为满足怎样数量关系的 3 条线段能组成三角形?(学生继续以小组为单位,进行讨论探究)

生 1:两边之和大于第三边。

生 2:较短两边之和大于第三边。

生 3：任意两边之差小于第三边。

生 4：任意两边之和大于第三边……

评析：在动手操作的过程中发扬团队合作精神，小组同学互帮互助、集思广益，小组之间互相评价、互补。在整个探究活动中，体现了团结的精神之美。

片段三：通过画图了解三角形的三条中线、三条角平分线、三条高所在的直线的交点情况。

师：请同学们在学习单上画出锐角三角形的高、中线、内角平分线，画完后观察，能得到什么结论呢？（学生动手操作）

生：$\triangle ABC$ 的三条高交于一点，$\triangle ABC$ 的三条角平分线交于一点，$\triangle ABC$ 的三条中线交于一点。

师：交点的位置是怎样的？

生：都在三角形的内部。

评析：动手操作，获得正确的结论，提高了学生学习数学的信心，并且从简单直接的结论中感受数学的简与美。

四、反思与启示

由于本节课的概念比较多，这就容易使课堂显得沉闷，不能调动学生学习数学的积极性。为此，在概念的形成、发现、归纳结论中，把动手操作与多媒体演示有机结合起来，加强了概念的直观性。在教学引入中通过“创设情境”，从世博场馆的图片中利用课件抽象得到三角形的形象，使得概念的学习比较生动和贴近生活，体会数学与日常生活的密切联系，以及数学不仅仅是抽象的更是美丽的。在学习三角形的高、中线、角平分线的概念时，利用学生的动手画图及几何画板的演示，更加直观地感受到这三者的内在本质。同时，文字语言、几何语言和图形语言三者之间的相互“转译”也显得自然顺畅，在整个探究过程中数学的纯粹性和简单之美体现得淋漓尽致。同时团队的合作活动，也是对促进学生团体意识起到积极的作用。

点评：在当前的新课程理念下，数学教师对“坚持学科育德”已经认同，但如何就学科特点进行“学科育德”，还存在诸多困惑。因为，就学科的特点而言，在数学教材中，育德内容并不明显。

本文作者结合学生的生活经验及活动经验，充分挖掘了教材内容的潜在德育因素，并在下面的两个环节中适时渗透，值得学习借鉴。

1. 新知引入环节：上海世博会场馆，是上海学生身临其境非常熟悉的场景，案例中涉及的几个场馆，建筑中确实蕴含了本节课的学科内容“三角形”结构。教师很巧妙地从世博场馆的图片中利用课件抽象得到三角形，既完成了学科本体性知识的教学，又凸显了数学学习的价值——三角形是最简单的直线形封闭图形，生活中处处存在及数学图形的简洁之美。

2. 新知探究环节：小组合作探究三角形的三条主要线段及其三边关系。学生利用小棒动手操作——拼接三角形，动手画图体会三条高、三条中线、三条角平分线的交点。在这个过程中，既激发了学生学习数学的兴趣，又有利于学生创造性思维品质的形成。同时，更增强了团队合作意识。

点评：青浦区教师进修学院肖彩凤

教学内容		爱	诚	美	志	教学建议
Module 1 Relationships	Unit 1 Relatives in Beijing	让学生了解中国的首都北京的几个名胜古迹，如长城、故宫、天安门广场和颐和园，增加学生的地理常识，培养学生热爱国家、热爱生活的丰富情感，同时增强他们的使命感和社会责任感。		帮助学生了解北京的人文美景，懂得欣赏，激发学生想了解更多美丽城市的欲望。	了解北京，拓展视野，热爱生活，鼓励学生为祖国的繁荣富强而努力学习。	通过一系列的美丽图片让学生了解北京这个大都市主要景点及其位置，顺便介绍一些世界上其他大城市或国家的名胜古迹。 通过 PPT 让学生了解北京的诸多名胜古迹以及喜欢的原因。 通过阅读有关北京景点的文章，能模拟当导游，向他人介绍这些景点。 查找自己感兴趣的大城市的信息，模仿课文内容作介绍。

让德育之花盛开在英语课堂教学中

——上海市牛津教材 7A Module One Unit One Relatives in Beijing

七年级英语备课组

一、设计思路

1. 背景分析：本单元选自牛津英语上海版(新版)7AM1U1 的第四课时，内容贴近生活，易于理解和掌握。本课围绕拜访北京的家人为出发点，最后落实到对北京这座城市的介绍，联系了 6B 教材中对于方位词的学习。北京作为我们国家的首都，在每一位公民的心中都有着神圣的地位，学生通过对北京 4 个著名景点的学习，增强了热爱祖国大好河山的热情，并通过对于升国旗、建造长城等具体事例，帮助学生建立强烈的民族自豪感和爱国情操。

2. 教材分析：本课选自牛津英语上海版(新版)7AM1U1 的第四课时，是整个 U1

Relatives in Beijing 的重点阅读课文，也是对于 6AU1 家人与亲戚和 6BU1 中方位词学习的一个贯穿和延续性学习，使得整个学习过程融会贯通，联系性强，丰富了学生的英语语言，并且通过对一些地理知识的了解，让学生更加热爱国家、热爱社会、热爱生活。本单元围绕拜访北京的亲戚为出发点，最后落实到本课时对北京四个著名景点的介绍，学生在学习了课文之后，能提升祖国江河巨大魅力而产生强烈民族自豪感和爱国情操。

从文本的语言来看，文章整体语句比较简单，生词不多，学生在整体理解上难度不大。本文的生词主要集中在 raise，ancient，national 几个，重点词组为 see sb. doing sth. 。从句子结构来看，简单句较多，学生理解起来比较容易。

从文本的结构来看，文章的结构比较清晰，共分成 4 个部分。每一个部分介绍一个著名景点，语言结构基本相似，篇幅长度基本一致，具有一定的统一性、整体性。

从文本的内容来看，每一个段落都短小精悍，把景点中最让人深刻的印象刻画出来，例如颐和园中昆明湖的景色，天安门广场升国旗的景象，古代劳动人民建筑长城的智慧和艰辛以及故宫博物院的历史地位，让学生能从历史、人文等方面进行深入的学习和思考。文章具有较大的现实意义，一方面让学生感受到自然以及人文景观的巨大魅力，另一方面为自己如今拥有的幸福生活而感到庆幸，从而激发学生的爱国热情和民族自豪感。

3. 学情分析：七年级学生经过了六年级牛津英语的系统学习，对于英语学习模式和教师教学已经基本适应了，本课联系祖国首都的地理以及文化知识展开，同学们比较了解，易于学习和掌握，学生学习兴趣也比较浓厚，学生通过联系语文、历史等学科以及自己的课外知识等方面，来达到对于民族文化、人文教育的学习与渗透。

二、Teaching Objectives

1. To enable students to learn some new words and expressions in the text.
2. To help students know more about the places of interest by reading.
3. To help students improve their reading and speaking abilities.
4. To stimulate students' interest in learning English and to develop students' strong awareness of loving their country.

三、教学实录

片段一：

1. Watch a video about the Summer Palace and enjoy the beauty of the Summer Palace.

2. Read the paragraph“the Summer Palace”, and answer the following questions.

Where is the Summer Palace?

What can you see at the palace?

What is the name of the lake?

What can you see on the lake?

Can we catch the swans on the lake? Why?

3. Do the pair work. One asks, the other answers. Then invite some goups to act out the dialogue.

4. Ask students to retell this paragraph according to some given words.

评析：通过读短文回答问题，小组表演以及复述短文多种形式，引导学生感受祖国古老文化的魅力，学会爱护并保护国家的文物。

片段二：

1. Watch a video about soldiers raising the flag in Tian'anmen Square and sing the song with the video.

2. Ask students to describe what they see in the video and invite some students to say something about their description.

3. Students are required to read the small text and answer the questions.

1) Where is Tian'anmen Square?

2) How many people can it hold?

3) What do soldiers do every morning in Tian'anmen Square?

4) What should we do when we see soldiers raising the Chinese national flag in the Square?

评析：让学生观看天安门广场升国旗的视频同时跟着视频轻轻地唱国歌，让学生感受升国旗时的庄严和神圣，激发学生的爱国热情。

片段三：

1. 请学生回忆历史上学习过的有关秦始皇时期建长城的内容。请同学讲述或者请同学唱《孟姜女哭长城》。

2. 展示一些关于长城的图片，请同学们尝试描述一下，可以围绕以下问题展开。

1) Where is the Great Wall?

2) When did people build it?

3) What did people build it with?

4) What can you see on the wall?

5) What can you see from the wall?

6) How did you feel when you climbed the Great Wall?

3. 让学生课后搜集一些关于长城的资料，进一步了解长城。

评析：让学生了解长城的建造历史以及其中的一些动人故事，并且让学生进一步搜集关于长城的资料，让学生感受到中国古代劳动人民的勤劳以及他们的伟大杰作，引导学生学会尊重他人的劳动，鼓励学生热爱劳动。

片段四：1. Show some pictures of the Palace Museum to let students enjoy the beauty of the Palace Museum.

2. Invite some students to share the information they found about the Palace Museum with the whole class.

3. Read the paragraph “the Palace Museum”, and answer the following questions.

1) Where is the Palace Museum?

2) What can we see at the Palace Museum?

3) What can we know by visiting the Palace Museum?

4) How did you feel after you visited the Palace Museum?

评析：展示故宫的图片以及让学生之间分享自己收集的关于故宫的资料，让学生们感受到故宫的宏伟和壮丽，领略中国古老文化的魅力。让学生在学习知识的同时，感受祖国灿烂的文化，激发学生的爱国热情。

四、反思与启示

本单元是七年级第一学期的第一课内容，主要功能是复习六年级的知识并衔接到七年级的教学内容。因此，前三个课时的教学内容主要以复习为主，新授为辅的。但是本案例的第 4 课时，出现了许多的新授内容，包括大量的生词，词组和句型结构，更加主要的是本课时的知识载体是与以往完全不同的长篇幅的段落文章。对于这类文章的教学，七年级学生第一次接触，相对于对话的教学，文章的教学会显得较为枯燥。为此，在设计教学活动环节时，对每一段文字的教学采用了不同的教学策略，使得学生在这种多变的教学过程中始终保持新鲜感的同时，将爱祖国的德育精神渗透在课堂中。

1. 调动学生多种感官参与学习，借助媒体，播放有关祖国大好河山的图片与视频，具体而又形象地将祖国的美好、繁荣和富强呈现于学生眼前，使学生对自己的祖国有一个深刻的印象，为书面的文本教学铺垫。例如，在片段三和四的教学中，分别借助视频和图片的播放，使学生通过视觉感官冲击对自己的祖国产生崇敬之情，在片段二的教学中，通过播放和跟唱国歌，诱导出学生的爱国之情。

2. 解读文本内容，升华学生的爱国热情。教师在课堂中通过师生问答、听力练习等形式，帮助学生准确而又深入地理解课文内容，同时配以图片说明，使学生对祖国的方方面面有一个更为全面的认知，最后要求学生有感情地朗读课文，表达自己对祖国的热爱之情。

3. 课后思考与实践，将爱国之情落实到生活中的每一处。在学生感受到以及深入理解了祖国的伟大和自己为祖国而感到骄傲的情感后，教师引导学生思考问题：我们能做些什么来使自己的祖国更加美丽与富强呢？使学生明白要从身边小事做起，比如说不乱扔垃圾、乐于助人、好好学习等，这些日常生活中的小事都是我们力所能及的，并要求学生课后或是在今后的生活中要一一落实，从而使得爱国精神转变为生活中的正能量出现在每一个角落。

点评：英语学科的德育渗透是一条隐性的线索，贯穿在课堂教学的始终。本案例所选择的教学内容是北京的四个景点介绍，学生可以通过本课的学习，初步了解北京的这几个景点，教师也可以通过文本的教学激发学生进一步了解首都北京的文化和历史的兴趣，因此，这一内容是一个培养学生对本国文化历史的兴趣以及民族认同感的绝佳材料。

在这篇案例中，教师对文本的处理做了很多的思考。首先，教师比较关注文本的理解，在四个景点介绍的处理中，设计了一些问题和任务帮助学生理解课文；其次，本案例所涉及的学习活动形式多样，有回答问题、对话活动、图片描述、录像观看等，这比较符合六年级学生的心理特征。

本课中另一个特点就是教师在教学过程中的育德目标的落实，教师通过对文本内容的深层挖掘，有机地将育德教学目标渗透在文本的学习过程中。比如，在教授天安门的升旗仪式时，播放了一段升旗仪式的录像，这是对课文内容的有利的补充，也是对课文深层理解和育德教学目的达成的有效手段，学生可以在观看录像的过程中，感受到升旗仪式的庄严肃穆，从而感受到一种民族自豪感，如果仅仅通过教材中的文本学习是无法有如此直观的感受的。

青浦区教师进修学院英语教研员：陆京炜

教学内容		爱	诚	美	志	教学建议
材料及其应用	6. 废弃材料带来的环境问题	关注废弃塑料造成的环境问题。	以事实说明对“人类是否”应该使用塑料这个问题的观点	形成对废弃材料的辩证认识和处理的良好习惯	乐于参与防止废弃材料污染环境的活动，增强社会责任感。	开展讨论。内容：人类文明发展与金属使用的关系。 进行一次社会调查。主题：废弃材料造成的环境问题；组织形式：小组；调查每个对象：邻居亲属等，不少于30户；调查问卷来源：自行设计；调查时间：1周。建议每个小组选择金属、塑料电池中的一项进行调查，调查除关注日常使用情况外，还要调查垃圾分类处理情况，给全校师生写倡议书等。

让“绿色”与科学课堂同行

——从“废弃材料带来的环境问题”中浅谈环保教育的渗透

青浦区实验中学　麻妍劼

一、设计思路

1. 背景分析：进入21世纪，环境问题逐渐受到人们的关注，并已成为全社会的共同问题。随着工农业生产的迅速发展和人类对物质资源的不断追求，诸如滥伐森林、滥垦草原、滥捕野生动物等现象造成的环境恶化事件接二连三地在世界各地“上演”着。有数据显示，我国因此造成的水土流失面积已达367万平方公里；与日俱增的垃圾已包围了我国三分之二的城市，如此下去，其后果是自毁家园！作为一名科学教育工作者，结合自身所教学科，加强学生环保教育，提高学生科学素养，义不容辞。

“废弃材料带来的环境问题”是以环保为题材的一节科学课，这节课是在认识了金属和塑料的特性基础上来探讨废弃材料带来的环境问题，并逐步引导学生养成正确的科学价值观和人生观。从目前的环境现状来看，人们的环保意识已有所提高，但环保行为仍处于“原地踏步”阶段。如何通过有效的教学活动使学生增强环境保护观念，且用行动落实到日常生活中，是这门课需要解决的关键问题。

2. 教材分析：本节课位于金属、塑料2节课后，是在认识了金属和塑料的特性基础上来探讨材料(教材以塑料和金属为例)带来的环境问题。从内容上看，这节课的知识结构并不是很强，它贴近生活中的环境问题，所以课堂设计重点放在对学生情感价值观的培养。此前，学生已经了解了塑料特性，对环境问题本身就有一定的浅显认识，在此基础上通过课堂交流，课外调查，小组讨论等活动帮助学生深刻认识废弃材料带来的环境问题，形成处理废弃材料的良好习惯，体会材料对人类生活质量的影响，并通过变废为宝的小制作养成处理废弃材料的良好习惯，为下节课“展望新材料的开发与研究”作铺垫。

3. 学情分析：初一的学生知识面广，有较强的语言表达能力，对问题又有自己独特的认识和思考，他们乐于去发现身边的问题并提出疑问。通过前面的学习，他们已经具备一定的调查问题和收集资料的能力，也乐于通过小组合作的方式来学习。所以，针对这种情况，发挥他们的特长，收集资料后以讨论交流为主，以课外调查为辅，在愉快的师生探讨中完成课堂教学。

二、教学目标

1. 通过对青浦的环境调查，课堂交流及废弃饮料瓶的数据统计，认识废弃材料带来的环境问题，感受处理废弃材料的必要性，并从中体会材料的发展与使用改变了人类的生活，科学技术是一把双刃剑。

2. 通过国内外处理废弃材料的资料收集和整理，学习一些处理废弃材料的方法，培养学生处理分析材料的能力。

3. 通过课前变废为宝的动手制作和课堂交流，提高学生的动手能力，养成处理废弃材料的良好习惯。

三、教学实录

片段一：利用社会资源帮助学生建立环保使命感

师：课前同学们也对青浦区的环境现状做了调查，大家用照片和文字记录下调查结果，现在就请小组代表上台介绍你们组的调查结果。

生：(*PPT 展示*)我们小组对校门口、门口马路以及学校附近的河道做了调查，我们发现很多人存在乱扔垃圾(*废弃材料*)的坏习惯。我们拍摄的照片很能够说明问题，请大家来看这些画面，无论是路边或是水中都有大量的塑料垃圾，如塑料袋、一次性饭盒、废弃的塑料板凳等，这些物品夹杂着其他生活垃圾，散发出阵阵恶臭……

师：如果每人每天扔掉一个废弃饮料瓶，那么一年下来全校、全区、全市人口一共扔掉多少个饮料瓶呢？现在请同学们拿出工作单，统计出个人、全校、全区和全市人口扔掉的废弃饮料瓶数量。

生：据我统计，一个人一年扔掉 365 个，全校学生一年扔掉 73 000 个，全区居民一共扔掉 73 000 000 个，整个上海市一共扔掉 69 亿个。

评析："废弃材料带来的环境问题"这门课的首要目标是让学生通过课堂学习深刻认识到废弃材料对环境造成的不良后果，真实感受处理废弃材料的必要性和紧迫性。课上教师如果只借助教材的几张图片泛泛而谈，那么学生面对那些静态而又普通的画面很难展开想象，这些画面不足以造成视觉冲击，激起思维火花，这样的教学是苍白无力的。教师也可以通过理论说教的方式让学生记住这些知识，但我们往往会看到这样的教育结果：当学生在车站等车时随手将食品塑料包装袋扔在了马路上；手里攥着一张废纸，附近却没有垃圾桶，看到草坪上有垃圾，就随手扔掉了。可见，没有深入内心的环保教育是不可能让学生在日常生活中建立起强烈的环保使命感，更不用说让他们深刻感受到处理这些废弃材料的必要性了。

既然 40 分钟的课堂教学不能达成预设的教学目标，那么我们就把课堂延伸至课外，引导学生利用社会资源，通过社会调查的方式强化他们的环保意识。放学后，在学校附近、居民小区、菜场马路周边以及车站等卫生死角到处可见学生拿着照相机和笔记本捕捉废弃物的踪影，用照片和文字的形式记录下他们的所见所闻和真实体会。当小组成员拿着这些照片在全班面前交流感受时，不少学生由此露出惊讶的表情；当小组成员最后提出环保口号时，学生的惊讶少了，更多的是沉思。

课堂的第二个活动是"废弃饮料瓶"的统计调查。按照教材设计，学生只需算出全校师生一星期内扔掉的饮料瓶数量，然而 10 000 个的统计结果并不具有代表性，该数据不足以反映出废弃材料带来的严重后果，学生对此没有多大的感性认识。要想使学生的环保使命感在此活动中建立起来，我认为把部分社会资源融入统计对象中是很有必要的，也就是把统计对象从全校范围扩大为全市范围，一星期的统计时间扩展为一年，这样算得的结果是 69 亿个（占据 3 300 万间教室），足以使大部分学生不约而同地爆发出吃惊的感叹，流露出夸张的表情。这些在他们平时看来并不起眼的塑料瓶居然会造成难以想象的资源和空间浪费，这的确是个不容忽视的环境问题。

片段二：利用信息资源帮助学生挖掘环境问题的本质所在

师：传统处理废弃材料的方法有哪些？

生：焚烧和填埋。

师：这 2 种方法合理吗？为什么？

生：不合理。它们会污染环境，污染大气和土壤。

师：哪些方法是环保又合理的呢？对于这些废弃材料应该如何处置呢？课前我请大家回家查阅关于国内外处理废弃材料的先进方法，现在请同学们做个交流互动。

生 1：挪威以收购饮料瓶的方式发放给市民相当价值的抵扣券。

生 2：芬兰利用高科技手段将塑料包装掺和到沥青中铺路，增强马路弹性。

评析：在这节课上，学生通过网络查阅发现废弃材料的解决方法多种多样。从操作方式上来说，传统的填埋和焚烧非常简便，这也是我国惯用的方法，但这 2 种处理方法造成的二次环境污染是非常严重的。相比之下，发达国家的解决方案就更环保、更经济，学生在整理分析资料的时候不仅学到了国外的先进技术，也认识到了人类将这些技术运用于不同行业和生产之中，产生的环境效益和带来的环境问题是截然不同的。“运用现代的科技手段可以给人类制造出很多先进的生活产品，可是这些产品报废后处理不当就会带来很多环境问题。相反，在处理废弃品的过程中运用好这些科技手段又会保护环境，造福人类。可见，科学技术是把双刃剑”，这是学生在查阅资料之后的真实感受。如果说借助社会资源是帮助学生建立环保使命感的感性认识阶段，那么利用信息资源是帮助学生挖掘环境问题本质所在的理性理解阶段。

片段三：借助动手实践活动培养学生良好的环保行为习惯

师：同学们家里的废弃材料可以有哪些利用方式？

生 1：我们家的饮料瓶可以用来插花。

生 2：我看到过用易拉罐做成的微雕艺术品，很好看，这也是废弃材料的一种利用方式。

师：课前，我也要求大家用这些废弃材料做了一些小物品，请部分同学上台做个展示交流。

生 1：我做的是个放鸡蛋的盒子。我用矿泉水瓶做原材料，把它纵向剪开，然后把另一半材料剪成一小条一小条，用透明胶将条状粘贴成圆环，把它们固定在纵向剪开的半个瓶身中，这样就可以放鸡蛋了。

师：你们觉得这个作品设计的如何？

生 2：非常有创意，而且很实用，制作也很简单，取材方便。

生 3：我用 2 个饮料瓶做了一个晾衣架。把 2 个相同的饮料瓶瓶口相对放置好，用铁丝穿起来，在铁丝中间在串一个挂钩，一个简单的晾衣架就完成了，它可以挂置一些轻便的衣物。

师：大家认可他的设计吗？

生 4：我很喜欢他的作品，打算回家也做一个，并尝试一下。

评析：通过社会考察和废弃饮料瓶的相关统计，学生已对废弃材料带来的环境问题有了较为全面、深刻的感性认识；通过资料查找和交流，学生理解了先进技术给环境造成的两面性问题。那么怎样才能将理论知识和实践行动结合起来，让学生亲身参与到环保活动中，并逐步养成学生良好的环保行为习惯呢？我认为利用废弃材料开展动手实践活动是个不错的选择，这是学生把理论知识纳入环保实践的应用过程。

在“变废为宝”行动中，学生通过小组合作的方式完成一件件艺术创作。一方面，学生的制作过程是增强他们动手能力、培养团队协作精神的过程；另一方面，学生对废弃材料的构思设计过程是培养他们想象力和创新精神的过程，而且作品的受欢迎程度很大一部分取决于学生的创造能力。课上，当他们自信满满地介绍着他们的“宝贝”(用废弃饮料瓶组装的衣架、用废报纸和纸板粘贴的鳄鱼模型)时，这些富有想象力的作品得到了全班同学的一致肯定和欢迎。这些鼓励对学生利用废弃材料开展实践活动起到一定的催化作用，良好的环保行为习惯在此基础上也就慢慢形成和培养起来。

四、反思与启示

反思：“废弃材料带来的环境问题”是接近于生活的绿色教育，要想使环保教育真正做实，教师在教学设计中需要从以下方面进行考虑：1. 学生的学习过程与实际生活紧密联系。利用多种社会资源开展环保教育不仅拓宽教学内容，有助于丰富学生的环保生活，而且增进学生对环境问题的关注程度，在“多看、多听、多闻”等过程中寻找并亲身感受，增强他们的环保使命感。2. 让学生在信息化渠道中有所学、有所得。利用社会资源进行环保教育学习，学生看到的只是现象而已，现象背后的实质需要利用信息化渠道去了解。收集资料的过程是学生主动参与学习的过程，在此过程中不断分析并转化为自己的理解。3. 动手实践是培养学生良好环保习惯的有效途径。把课堂教学与“变废为宝”等动手实践结合起来，激发学生学习兴趣的同时，也促进了他们的能力发展。

启示：环境问题随着经济和社会的发展而产生，保护环境，是一个持续不断的终身教育过程。对于教师而言，学生是未来世界的主人，是环境保护的生力军，诸如科学课堂那样，一些体现着显性学科育人价值的教学内容，教师们更应该好好揣摩，如何在科学教育中把教书和育人有机结合起来，利用教学策略把环保教育渗透其中，使其深入人心，让学生把环境保护落实到自己的实际行动上来是教育的最终目的之一。作为新形势下的科学教师，我们应该有一个共识：环保教育，应该走进科学课堂。

点评：初中科学学科的核心价值是培养学生的科学素养，而使学生获得科学基本价值取向是科学素养中重要的内容。科学教师一般都比较重视对科学知识与科学能力的落实，而对科学的价值取向的落实可能会流于形式上的说教，这样教学的后果是学生把观念当成知识学到了，而不一定能内化成自己的行为习惯。

本案例撰文者麻老师以自己的一节课“废弃材料带来的环境问题”为例，阐述了自己是通过怎么样的教学策略来落实教学目标中的情感、态度价值观目标的。

麻老师以这三个教学片段的切入口很好，无论是环境状态调查情况的展示，还是废弃饮料瓶的推演，或是变废为宝的实践活动，还是网络知识的查阅，都是用不同的方式对学生开展环境保护的教育，让学生充分认识到废弃材料带来的环境问题的严重性，感受处理废弃材料的必要性。科学技术是一把双刃剑，变废为宝可以从自己做起，并且这种教育是以学科知识为载体，贯穿于整节课的教学中，润物细无声。通过这样的学习，学生在学习过程中经历、感悟，引起情感上的共鸣，激发内心对保护自然的美好心愿并能渐渐内化成自己的行为习惯。

麻老师在描述了每个教学片段后，都对为什么这样教、这样学，这样教学背后的理由是什么进行了细致深入的剖析，让读者比较深入地了解本案例落实学科育人价值的比较好的教学策略。

青浦教师进修学院　郭冬梅

经过首轮课堂教学尝试，老师们对学科育人价值观有了更为直观与深入的理解。有些老师禁不住感叹：“以前上课的时候，我们觉得只要把学科知识点教会、教好，让学生做到能自主学习，就可以达到有效课堂的要求。学科与育人价值渗透进自己的课堂后才发现，其实，我们的学科也可以在课堂教学中有形、无形地引导、培养孩子的品质问题，这对学生来说，应该是更重要的，这样的课堂才显得更为有效。”

经过大半个学期的编写教案、教学尝试与研究，各门学科都形成了各自的教学案例，放假前，科研处将这些案例进行了统一的收集与整理，汇编成《学科育人“爱诚美志”系列框架表》一书。

① 案例分析，细化落实

2012 年暑假，区德育专家左丽华老师，区研修中心主任徐建英老师以及西校区教学副校长戴颖川老师等，冒着酷暑集中于左老师家里，把学校所有学科的育人价值框架表进行了一次系统的梳理。他们从框架表的结构开始，一直到细微的知识点上的落实及错别字、标点符号等，无不仔细勘查，认真研究，为所有学科的框架表提出了整改意见。

2012 学年第一学期开学初，各教研组长根据学校的整改意见，对学科第二学期的育人价值框架表进行了修改，并开始着手准备编写学科第一学期的育人价值框架表。有了第一次编写的经验，本学期的编写就显得得心应手了。个别在第一次编写中因遇到困难而未完成编写任务的学科也开始迎头赶上。

在这次编制过程中,因有了教学实践的经验,因此大家更偏重于素材挖掘的合理性与课堂教学的有效性,注重了一些知识点的落实方式与编写语言的措辞等。当遇到一些不能确定的因素,教研组内也会通过实践检验的方式,验证其可行性,我们认为这样的编制更具有科学性与合理性。

② 再次梳理,形成体系

《实验中学学科育人价值框架表》从最初的设想到现在的落实到课堂,历经了近五个年头,我们感到学科育人正在成为我校教师的一种专业的自觉;教师在参与学科育人框架的梳理与细化的过程中,提高了对学科本质的认识;学科育人的课堂落实,也促进和见证了学生身心的健康成长。

加强学科育人是我们各科教学的重要任务,教师肩负责任和使命,义不容辞,因为这符合每位教师都应该是德育工作者的理念。学科育人在学校层面怎样校本化落实,我们只是作出了初步的探索和实践,应该说还很不成熟,当然,我们仍会不断修正,不断完善,不断提升专业水准,从而更好地凸显出学科学习的本意,回归到课堂教学的本源。

二、编辑《学程手册》,提高教与学的效益,切实减轻学生负担

作为上海市"二期课改"的实验学校,自课改方案公布之日起,我校就组织全体教师认真学习课改理念和精神,以精神传达、论坛交流、各年级组、教研组研讨活动等形式展开学习讨论。老师们充分认识到"二期课改"着眼于社会发展需要,学科体系和学生发展的实际开展,体现了以育人为核心,以培养学生的创新精神和实践能力为重点,为学生终身学习奠定基础的全新科学观和整体学习观。同时,大家也明确了"二期课改"进一步提出"以学生发展为本"的素质教育课程理念与目标,强调学生的素质处于不断发展的状态,并强调素质的动态性和发展性,把学生素质的发展作为适应新世纪需要的培养目标和根本所在。

在这样重大的教育变革的严峻课题面前,我们感受到师资队伍是教育发展的核心竞争力,是教育内涵发展的关键。因此,当务之急,我们应该在深入学习中清醒地认识到,教师要不断更新自己的教育观念,完成自己角色的转换,给自己一个重新定位。用传统的教育观念来看,教师历来是课堂的控制者和知识的传授者、灌输者,我们必须将自己转换为学生学习的引导者、促进者和参与者。教师是人类文化的指引者,但必须改变教师包打天下的观点,教师的责任更重要的是启发、诱导、帮助学生主动、积极、创造性地学习,教师要不断提升自己的教学素养,做到善于思考,敢于创新和探索。

(一) 课堂教学转型的思考

我市进行"二期课改"至今,课堂教学的内涵正在逐渐发生变化,"对话、开放、探究式教学"的理念得到越来越多中小学教师的认同,但是在实际的新课堂实施中,真正实现了

“对话、开放、探究式教学”的课堂并不理想。仍有不少教师热衷于设计“教师上课”，并没有真正直面绝大多数学生的学习需求。虽说我们现在“上课”的目标清晰地定为引导学生的“学习”，但实际上缺乏真正了解学生到底想学什么；教师关注的重点还是停留在“教师上课”的教师本位，并没有聚焦学生的实际需求。这样的课堂不是我们想要的，更不是学生需要的。

青浦区自 2009 年起实施新课堂教学改革，以“为学而教，少教多学，鼓励挑战性学习”为课堂教学对策，倡导教师对课堂教学的转型。我们认为，课堂教学转型过程中，转型的标准是教学行为是否真正关注每一个学生，关注每一个学生的个性和差异，关注每一个学生的发展。教学改革不是脱离学校孤立发展的，所以要采用系统型思维方式来理解教学改革，教学改革的价值需要置于学校整体性变革的框架之中才能更凸显其意义。

（二）达成共识

2010 年 9 月，我们实验中学推出新一轮课堂教学改革，改革重新从“教的课堂”逐步转化为“学的课堂”，并大胆地提出自己的观念：“以前的课堂是有时间限制的，但在改革过程中，我们认为学习不该被时空打断，应该是有连续性的。”

新课堂教学实践一方面打破原有一堂课的时空概念，把每一堂课拓展为课前、课中、课后互为关联的大课堂；另一方面，强调学生的先学与老师的后教，要教得少而精，引导学生尽自己努力学得多一点，教要为学服务。

我们考虑，实施这项重大的课堂教学改革，必须要有一个抓手，要研究出一个减低难度可供实际操作的具体方案。我们领导层深入各教研组、年级组充分酝酿、研讨，终于形成共识：在各学科纷纷“各显神通”编写“学习单”等辅助学习材料的基础上，尝试编写《学程手册》，并把这一“系统工程”作为全校性的一个重要课题来研究并实施操作。我们把课题题目拟定为“搭建系统‘学程手册’平台，持续促进‘课堂教学’转型”，并将此课题申报成为区级重点课题，由学校分管领导具体负责该课题的研究指导。

（三）研究背景

近年来，国内多所学校对于“学程”的研究已颇多涉足，如 2008 年 9 月江苏省海门市在义务教育七至九年级阶段全面实施“学程导航”的教学范式，并获得了一些研究成果。

同样，我市也有学校进行“学程”设计和《学程手册》的编写，例如，上海市育才中学有《重构“学程”课程改革的育才模式》。

华东政法大学附属中学 2008 年 11 月“优化学程，提高中学生综合学力的实践研究”的课题中，主要是研究《学程手册》的设计与使用。

在了解了国内外相关“学程”的研究之后，我校领导认为，我们的学程手册的研究，应该有自己独特的思路，应该把《学程手册》的编写、使用，看作是学校发展新阶段不断引领教学创新的一种构想，并明确指出：

1. 设计、编写、使用、修改《学程手册》，必须在厘清学科本质的基础上实施编写和使用上的统整，从结构式的知识系到启发式的问题链，再到进阶式的活动序，作统整设计，突出学习的主干和本质，提高学习效益，通过学科统整减轻学生的学习负担。

2. 设计、编写、使用、修改《学程手册》是一项系统工程，教师应该是这项改革工程的中心和主体，《学程手册》的完成过程，应该始终以新老结合的方式进行，中老年教师在指导、引领、点拨的过程中将自己宝贵的经验和思想传授给青年教师，并不断自我更新观念，学习青年教师在信息时代的先进技术等；青年教师，特别是新教师，在编写、使用《学程手册》的过程中，除了向老教师学习外，还可尽快熟悉教材和课程标准、考纲要求等。通过《学程手册》的完成，以新老教师结合的方式提速整体教师队伍的成长，并让教师个性化的教学经验和智慧在编写过程中得到充分体现，从而可供所有教师互相学习、取长补短，同时也让所有学生得到共享。

我们分析了学校领导对研究、编写《学程手册》的意图后，认为课题的研究，首先是语、数、外、物、化五门学科根据学生的认知规律和具体学情进行《学程手册》的编写成册（其他学科可依次跟进），我们认为这是全校性统一的教改活动，必须在学校领导主持和支持下，有具体的点面结合的教改活动方案；其次，先是点上要求每个教研组、每一位相关教师按时按质完成，当《学程手册》编写初步成册后，对全校语文、数学、外域、物理、化学等学科教师进行使用培训；最后，积累一定的实践经验后，再全校性推广，使《学程手册》的使用形成常态化，综合所有学科，达到改变课堂教学方式，培养学生自主学习能力的目的。

因此，想要有效地实现真正的课堂转型，必须是放在我校“活动—发展”教育模式下，依托自编的《学程手册》这一载体，进行对现有课堂转型，从而保障大多数的常态的课堂教学真正有效。因此，《搭建系统“学程手册”平台，持续促进“课堂教学”转型》的课题研究，对我校而言，是一条行之有效的途径。

3.《学程手册》的核心概念及其研究价值

（1）核心概念

① 学程：指“学的历程”，它强调以学生为根本，以过程为核心，以内容为载体，以目标为导向。

② 学程手册：指的是根据“学程”内容编写的供师生使用的手册，其使用目的在于指导、记录学生的学和教师的教。

③ 课堂转型：从以“教师中心”“灌输式教学”“接受式学习”“排斥性学习”为主的以“教”为核心的课堂转型为以“学生中心”“对话式教学”“探究式教学”“合作性学习”为主的以“学”为核心的课堂教学，概而言之，课堂教学从教师本位向学生本位转变。

（2）研究价值

我们认为本课题的研究价值就在于，以自编《学程手册》为载体，实现学生学习时空的拓展，变传统单一的40分钟课堂教学为“课前预习”“课中探究”和“课后巩固”一体化的课堂，保障实现课堂有效转型，切实提高课堂效率，催生持久的学生学力，使绝大多数学生获得良好的发展。

以《学程手册》为载体，沿着“以学定教、少教多学、教学相融、教学相长”的策略，实现以“教”为中心的课堂转型为以“学”为本的课堂，使“自主课堂”常态化，以此提高课堂教与学的效率，有效地减轻学生学业负担，催生学生持久的学力。

(3) 研究的理论基础及其方法

① 研究理论基础

在认真研究学习三种学习理论的基础上，我们根据本校学生、教师的特点，综合各种学习理论的优势，同时更侧重于其中的认知主义学习理论和建构主义学习理论在学程编写中的应用。

② 研究主要方法

A. 问卷调查法：采用问卷调查学生学习状况、学业成绩等情况。

B. 访谈法：分年级、分课程类型的小组访谈调查《学程手册》的编写、实施的现状、问题和建议。

C. 行动研究法：边实践、边研究、边完善。

(4) 研究的主要过程

① 准备启动阶段

2012 年 4 月，学校成立专项研究小组，选取语文、数学、英语、物理、化学等五门原有教科研的课堂教学改革基础较扎实的学科，研究确定以教研组长和区级名优教师成为各学科的项目负责人。

这五个组已经有两年的“自主课堂”的研究实践的经历，现在我们把新课堂分为三段：即课前、课中与课后，并使之浑然一体的认识达到高度和谐。学校向语、数、英、物、化学科提出了编写、使用《学程手册》的要求。也就是学校组织了核心组成员进行相关研究的讨论，确定了以《学程手册》为载体，进行新一轮课堂教学改革的目标。随后聘请耿海成老师做了题为“‘学程手册’的编纂及其实施的研究”“思维导图”的讲座，为教师更好地编写、使用《学程手册》奠定了良好的理论基础。

2012 年 12 月，学校科研处组织了实验中学、白鹤中学(共同体学校)、金泽中学(普通乡校)的学生做了样本问卷调查(前测)，其调研的目的主要是想了解我校在使用《学程手册》前后，学生在以下学习方面是否有变化：

A：课堂有效性是否提高：

预学是否做？(大约花多少时间)

课堂教学的内容是否就是你想知道的？(你会的，是否老师花了较多时间；你很想了解的，但老师讲解未能透彻)

课堂学习中，是否觉得思路很清晰，一直跟着教师的思维转动。

课堂学习中，你大约有多少时间是在自己思考。

通过课堂学习，学习内容的难、重点是否比较明确。

你觉得这样的课堂是否能激发你的学习兴趣。

知识框架与思维导图对你的学习是否有帮助。

B：作业有效性是否提高：

作业时间。

作业的难易度。

作业的掌握程度。

C：整体有效性

学习整体使用的时间平均每门学科多少时间，你的学习效率是否高？

原来的学习方法是怎样的？

现在的学习方法是怎样的？（是否有所改变）

与此同时，科研处还组织了实验中学语、数、外三大门主学科教师的全样本问卷调查，期望以此了解教师在编写使用《学程手册》的前后课堂教学的变化情况。

② 实施推进阶段

2012 年暑假，在学校科研处的介入下，《青浦区实验中学自主课堂研究青年教师培训方案》暨《学程手册》编写、使用第一期方案成立。编写是以培训形式开展的，编写“学程手册”这个项目参加的主体是全校语文、数学、英语、物理、化学五门学科的青年教师，以学科组分年段配备指导教师共计 36 名。利用整整一个暑假时间，从第一份初稿小样开始，不断地更新、完善，逐渐形成各门学科自己的《学程手册》样本，到 8 月底修改、校对、送印、成册，开学初学科起始年级《学程手册》印刷本发到学生手中，正式开始使用。

2012 年 9 月起，围绕《学程手册》的使用情况，学校教导处、科研处又组织了各项青年教师大比武活动，有编写、使用论坛；说课比赛；教学比赛等。以任务驱动的方式，促使我们的教师学会使用《学程手册》，并在使用过程中不断反思，不断改进。

从青年教师是学校教师队伍的战略后备队这个角度来看，青年教师的状况关系着学校教师队伍的未来，关系着学校的未来教育教学质量和学校的整体发展。为了使青年教师更好地传承优良、积极向上的实验文化精神、更深入地参与到自主课堂研究的实践探索中，学校要求每位青年教师回顾总结第一阶段整个培训和编写、使用《学程手册》的过程。青年教师们感受深刻，因此总结得都很完整具体。

本次培训和大比武的过程分为四个阶段。

第一阶段是组建团队，制定培训计划。由 8 名各级各类名优教师和经验教师领衔，25 名 35 周岁以下的青年教师为主力军，利用暑假进行第一学期的《学程手册》的编写工作。

编写工作历时一个多月时间完成，并且保证学生在报到的那一天拿到新书《学程手册》，代表着实验中学身份的书籍，按时发放到每一个任课教师和学生的手里。

第二阶段是组织参与编写的所有青年教师进行说课比赛，时间定在开学的预备周内进行。分年级组进行说课比赛，说课的内容就是围绕编制《学程手册》中某一节课来展开，说出每个人对编制《学程手册》的理解和具体操作的过程。

第三阶段是组织参与编写的所有青年教师进行课堂教学的评比。时间安排在本学期期中考试后的两周内完成，主题是如何使用《学程手册》来进行课堂教学的改进。

第四阶段是组织参与编写的所有青年教师撰写论文，并组织教学论坛进行评比。要说明如何利用《学程手册》进行课堂教学转型的研究的。利用寒假准备论文撰写，评比时间定在下学期开学预备周进行。

2014 年暑期，进行《学程手册》的二次修改，同时开始启动组织“小学科”（历史、地理、政治、科学及生命科学）教师，进行《学程单》的编制与使用培训，并尝试编写实验中学小学科《学程单》。这表明学生的学习方式改变之后，所有学科的教学方式的转型必须跟进，也要求所有教师都必须投入自主课堂的大潮中，这种理念的转变带来的是教师的教与学生的学得到有效提升。

学校每学期两次的东西两校的教学联动，是各个教研组践行《学程手册》的较高层次的研讨活动，围绕《学程手册》进行再次备课、上课、听课、说课、评课，设计观课的角度中，有一条就是关注学程单的设计。教师们对学程的理解、认可、主动实施，促成实验中学课堂转型的开展和延续。

通过几年来的努力，我校已形成印刷成册的《学程手册》语文 8 册，数学 24 册，英语 24 册，物理 8 册，化学 4 册。已编写完成，但还未印刷的《学程手册》生命科学 2 册，政治 4 册，历史 4 册，科学 4 册，地理 4 册。其中，成册以后再修改完善的有上百册，有多本《学程手册》已经经过了三轮修改。

4.《学程手册》酝酿、设计、编写、修订过程中的思考和感悟

通过课题组多年来实践，我们发现应该把改革的重心从研究教师怎么教转移到研究学生怎么学上来，将“教的课堂”逐步转化为“学的课堂”，这才是新课堂转型的关键。

(1) 新老教师结对合作，编制各科《学程手册》

学校首先研究确定各学科导师名单，并实行导师负责制。其职责是在学程的编写过程中，对本学科教师进行统筹安排，对所编写的学程质量严格把控。由学科导师根据各位教师对教材的熟悉、理解程度等因素，聘请学科知识章节指导教师，同时安排青年教师对所编写内容进行逐一划分，形成各学科编写修订方案。

(2) 打破原有课堂时空，实现学与教的统一

我们的新课堂教学实践一方面打破了原有一堂课的时空概念，把每一堂课拓展为课前、课中、课后互为关联、紧密结合的教与学的大课堂；另一方面，我们强调学生的先学与教师的后教，教师要因学生学的过程来设计教的过程，要以自己的教学来引导学生的有效学习，要教得少一点与精一点，针对性强一点，让学生主动学得多一点，教要为学

服务。

(3) 编写、使用《学程手册》,切实减轻学生学习负担

随着编写、修订《学程手册》的过程中经验与水平的不断升级,老师们逐步明确,我们应该努力做到在厘清学科本质的基础上实施编写与使用上的统整,从结构式的知识系列启发式的问题链,再到进阶式的活动序统整设计,突出学习的主干的本质,提高学习的效益,通过学科统整就能有效减轻学生的学习负担。

学生的综合能力与核心素养的提升,是我们追求的目标,学生通过课前预习,相关知识得到必要储备和拓展,对即将进行的课中探究充满信心与期待,探究过程就会变得丰富多彩,学生的交流往往会较新颖、有创意。充满个性化的见解,课堂会变得充满活力。

"课后巩固和拓展"环节的认真完成,确实会给学生带来负担,但往往激发学生兴趣的设计和完成这一作业后知识的积累、能力的提高和学识素养的上升,将会对他未来的学习带来更多收获。这种带给学生的回报,更多是学习过程中的成就感和学习中的快乐感。如果说,这也是一种学习负担的话,学生会乐意接受,因为这能激发他们内在的学习动力和学习趣味。

5. 新课堂教学中学生该如何学

我们分三个层次层层推进新课堂教学实践活动,即课前的感知认识,课中的探究发现,课后的拓展提升,环环相扣,充分调动学生的学习主动性。

第一个层次是,课前的尝试体验活动。让学生明白学什么,并懂得怎样去学。我们强调学生的预先学习与先期体验,让学生就有关学习内容做前期的调查、实践体验,收集相关资料,提炼相关问题,为丰富课堂学习作认知准备。

第二个层次是,课中的学习探究活动。我们重视学生学习兴趣的激发,重视对课前学习问题的梳理与解决。强调学生在课堂学习中的经历与体验、探究与发现、合作与交流,学生在获取知识的同时提升学习能力,引导学生学会学习。

第三个层次是,课后的拓展学习活动。学生完成书面及实践性的作业,梳理知识结构,巩固知识内容,强化对学科思维方式的掌握和理解,强化课后的拓展与提升。

应该说:在这样的学习活动过程中,学生认知水平不断提升,思维能力不断提高,学习经历不断丰富,学习过程中的主体作用也不断得到强化。

6. 新课堂教学中教师应该如何教

每当教师明确了一个单元的教学任务之后就每节课精心组织教学,一方面要梳理每节课的主干知识、逻辑结构与教学过程,确定教学方法并落实与之相匹配的各类活动;另一方面将该节教学过程中想要改进的要求落实于课前、课中、课后的三阶段教学环节中。

课前做好铺垫引导。我们要求教师在课前重点关注三件事:

一是要梳理知识双向细目表,明白教什么以及教到什么程度。这样的梳理使教师对教学的主干知识、核心内容做到心里有数。项目开始初期,对《学程手册》的结构就有设计

讨论，综合多方意见定稿如下：我们的《学程手册》以单元或章节来组合编写，包含四个部分。第一部分包括了单元或章节知识内容细目表和学习要求指导；第二部分包括每节课前预学体验、课中学习探究、课后拓展练习的全过程要求；第三部分提供了单元或章节的知识结构导图；第四部分提供了每单元或章节后的测试题及阶段综合思考题。这样四部分内容从学习要求明确、学习过程完整、学习知识归纳、学习评价反馈等方面编写，显现出了单元结构化整体性的教与学的设计优势。

二是要明确每堂课的教学三维目标，尽力将各科课标要求整合到学生的学习活动过程中，落实于教学的各个环节之中。我们的新课堂教学实践是要打破原有课堂的时空格局，构建全方位的大课堂概念，在时空上把每一堂课拓展为课前、课中、课后互为关联、紧密结合的学与教的大课堂。

三是根据教学内容、学情实际，选择合适的教学方法并加以整合统计，为学生提供丰富的学习资源。

历经两年的编制—使用—修改—再使用—再修改，我们的教师对于编制的要求逐渐领会，并能很好地体现在学程中，也就是不再是习题册，而是学生自己可以依据学程的活动过程，自己能够进行基础知识的学习。

7. 研究成效

我们感到《学程手册》为学生铺就了自主学习活动的轨道。一方面《学程手册》为学生提供了丰富的学习资源和学习经历；另一方面每个单元或章节的学习路径清晰，学习活动分阶段推进，学习过程全程性显现。学生在使用《学程手册》的学习过程中逐步学会预学，提升了学习的自主性和学习能力，规范了学生学习的过程，培养了学生的良好学习习惯，学生逐步由少学转向多学，成为学习的主人。

另外，我们感到《学程手册》为教师实现精准的教学给予引导或铺垫提供了脚手架。首先，我们要求教师遵循《学程手册》编写意图规范使用，特别对于青年教师来说显得更重要，教师要以《学程手册》所设计的学生学的路径组织教学，将课前、课中、课后的学习活动要求有机地统一起来，落实基本的教学要求，规范教学的过程，使基础教学质量有保障。其次，我们也要求教师基于教学实际和学生基础特点灵活应用《学程手册》。教师要不断地依据学生的学来调整和改进自己的教，要将精心预设与即时生成相统一，组织学生开展有效、有意义的学习活动，满足不同层次学生发展的需求。

编写和使用《学程手册》是本课题的重要成果，我们以课题的实施理念，以校本培训的方式，推进了《学程手册》的编写与使用，这也成为我校基于教学实践、教学研究、教学培训三位一体的校本研修的重要抓手。教师编写《学程手册》的过程就是其再学习、再培训的过程，也是教师进一步解读课标、分析教材、梳理学科主干知识、理解学科本质的过程，是教师廓清“学什么”“怎么学”“学到什么程度”的过程。我们以学科为单位，在导师指导之下，组织青年教师分章节（或单元）编写。努力做到培训与编写结合、编写与使用结合、使用与评比结合，使青年教师在这样的实训过程中快速成长。

以《学程手册》为载体，深入开展我校的“新课堂实验”促进了教与学的积极的变化：学生逐步形成良好的学习习惯，学习主动性更强；教师的教学方式正在发生变化，将教的课堂转向学的课堂；教师围绕《学程手册》编写与使用进行教学研修的积极性更高。

经过几轮的新课堂实践研究及实践过程，我们取得了第一手资料，也获得了较显著的成效，在与区教育共同体学校和其他区同类学校的交流中，我们毫无保留地展示了我们的教改成果，并向兄弟学校赠送了全套的《学程手册》。

2014 年 11 月，我校迎来了市教委教研室举行的对我区的相关学校联合督导，市各科教研员们看到我校凭一校教师之力编写出的各学科的整套的《学程手册》，纷纷表示赞叹。市语文教研员曹刚老师在听完青年教师崔老师上的语文综合学习活动课“动物的启示”后，明确表示这堂课充分体现了“以学定教，少教多学，鼓励挑战性学习”的教改指导思想，课堂也能按《学程手册》所设定的“课前预学，课中探究，课后巩固、拓展”的基本模式展开教学，给予了高度评价，并在回市教研室后向崔老师发出了开设市级公开课的邀请。曹刚老师还在调研活动中邀请我校语文教研组的部分老师参加座谈会，再次对语文《学程手册》的编写成功表示祝贺，并详细了解了编写过程中的具体情况。他真诚地坦言，青浦区实验中学能够倾全校之力，排除各种困难和干扰，完成编写各学科各年段的《学程手册》这样一项大工程，实在难能可贵。据他了解，有的区曾组织单门或几门学科编写《学程手册》，并旷日持久，也最终不了了之。由此可见，我们学校领导的执行力和全体教师的工作热情、工作态度，以及对教学改革的欢迎与投入确实令人由衷赞赏。并希望能不断修改完善，以促使其发挥更大的作用。崔乐乐老师在 2015 年 9 月上完市级公开课“故乡在远方”获得高度评价之后，还就《学程手册》设计、编写、修改、实践等方面的感受申报了市级课题“初中语文‘学程手册’校本化实践——尝试体验·合作探究·巩固应用学习程式研究”，在经过一年的研究(她在此期间已担任了语文教研组组长)之后结题并获得市级课题研究三等奖，在市、区内产生了较大的影响。

在对外交流中，学校也曾多次向来自全国各地的学校领导、教师，介绍我们的新课堂实践经验，获得了同行的一致好评。2012 年区教育督政工作，2013 年 11 月市教学巡访活动，2014 年市教学综合调研活动中，我校的新课堂研究成果获得了与会专家和媒体的高度评价。其中，我校项志红老师根据教材《中学生民防教育读本》第三章内容所设计的“紧急救护——止血(方法)探究”一课，引起了专家、老师和众多媒体的特别关注，该课上，项老师引导学生利用拓展知识进行灾害科学的创新研究，让学生明确止血的目的与重要性，指导学生熟练掌握自救互救的方法，培养学生自救互救的能力，提高学生珍惜关爱生命的意识，开拓学生创新思维、增强学生灾害应变能力。同时，在创新作品形成过程中，提高学生维护知识产权的意识。

这堂课，项老师运用了生命科学课设计、编写的“学程单”组织教学，整堂课始终贯穿“学程单”的使用，使学生懂得探索型课程的学习不仅仅是在课内，更多的应该是课内外的融合与延伸。这一节理念先进、设计精彩、结构新颖的民防课获得专家和教师们的高度评价，二十多家媒体争相作了报道，产生了较大的社会影响。

以《学程手册》为载体，我校的物理教研组在贯彻“以学定教，少教多学，教学相融，教学相长”的战略意图方面表现得非常突出。青浦区初中物理教学研究基地的负责人顾学军老师，引领实验中学物理教研组通过教学研修、撰写论文、课堂实践等方式，将我校《学程手册》的应用与编写意义向区内各学校介绍，并用实践加以证实，取得了显著的效果。新任教研组组长的青年物理教师小余还撰写论文，参加了 2013 年上海市物理教学论坛论文评比，获得难能可贵的二等奖。

我们多年来所推出的以《学程手册》为载体的“新课堂实验”，虽然取得了阶段性的成果，但教学研修的过程中必然会碰到许多疑难和困惑，比如如何突破《学程手册》的编写模式，让课堂的学法和教法能更加多样纷呈等。但我们一定会继续深入课堂教学改革，坚持教师的教学过程为学生的学习过程服务，全力打造“为学而教”的课堂，为学生的终身发展夯实基础。

三、引领、鼓励、创造条件培养个性化教师群体

“二期课改”进一步提出了“以学生发展为本”的素质教育新课程理念，深化课程教学改革，深化“活动—发展”教学模式的研究，全面提升办学品质成为我们学校发展的重要目标。

要实现学生整体素质的提高，除了学校制定出相应的发展规划，教师发展的重要性就进一步得到突显。高质量的教师不仅是有知识有学问的人，而且是有道德、有理想、有专业追求的人；不仅是高起点的人，而且是终身学习、不断自我更新的人；不仅是学科的专家，而且是一专多能，甚至是多专多能的专家。教师的品格意志、情感态度、学识能力和言行举止，都会对学生产生潜移默化、润物无声的深刻影响。因此，造成高素质的教师队伍对于引导学生健康成长十分关键。我们必须着力成就每一位教师的发展，建立一支德才兼备、具有创新精神和实践能力的教师队伍，努力造就一批成功型、专家型的教师乃至教育家。

（一）教师发展体系的构建——着眼于为人师表之下的师能培养

从长远的观点思考，我校着手从两方面构建教师发展体系：一方面，坚持把师德建设摆在教师队伍建设的首位，强化师德教育，引导教师做充满爱心、品格优秀、业务精良、道德高尚、行为规范的教育工作者。让教师成为学生成长与发展的人格榜样。另一方面，重视和促进每个教师的专业发展，鼓励教师勇于探索，改变教育教学方式，推进教育实践创新，不断提高培养人才的能力，以增强教师创新意识、创新精神和创新能力为重点，实施教

育素质提升工程,让教师成为学生素质提升的引路人。

1. 让教师成为学生成长与发展的人格榜样

(1) 加强职业理想教育

引导教师把教书育人作为毕生的事业追求,提升教师人文素养,增强教师育德意识和能力。以平等的态度对待学生,以高尚的情操熏陶学生,以人格魅力感染学生,做学生的良师益友,自觉担负起培养人才的神圣职责。学校以主题报告、学习先进教师事迹等形式,教育全校教职员工,树立起远大的职业理想,提升教职员工的职业境界。

(2) 完善教师师德规范

不断完善教师师德规范,加强宣传与学习教育部关于《中小学教师职业道德规范》,守住教师职业底线。建立与健全学校教师师德规范制度和激励机制,教师的各类教育、教学活动过程依规依法办事,教育学生要通情达理,令学生、家长信服。同时,不断增强教师的责任感和使命感,通过评定学校"师德标兵"活动,表彰在教书育人过程中辛勤耕耘、为人师表、关爱学生、无私奉献的杰出教师,以优秀教师为榜样,倡导良好育人氛围,提升育人的品质,让教师更好地实现生命的职业价值。

陈娟老师就是青年教师队伍中的突出代表,她关爱学生,和学生打成一片,得到学生、家长乃至社会的普遍好评,她的事迹被相关部门多次报道。

(3) 健全师德监督机制

进一步健全学校师德监督机制。学校党支部,工会等组织充分发挥在师德建设中的作用,严格考核管理,积极推进学生对任课教师的满意度调查,并依据调查结果对全校前50%的教师给予奖励。逐步推出家长对学校、班主任、教师满意度的调查,并对满意度高的班主任和教师给予一定的奖励。德育处加强对于班主任工作的考评,对考评结果合格及优秀者给予分层奖励;教导处加强对各教研组及教师日常研修工作及教学工作的考评,同样对考评结果合格及优秀者给予分层奖励。

2. 让教师成为学生素质提升的引路人

教师是学生的引路人,育人是教师的天职,造就高素质的教师队伍对于引导学生健康成长十分关键。要注重每个教师的发展,建立一支德才兼备、具有创新精神和实践能力的教师队伍,努力造就一批专家型的教师乃至教育家。

重视和促进每个教师的专业发展,鼓励教师勇于探索,改变教育教学方式,推进教育实践创新,不断提高培养人才的能力,以增强教师创新意识、创新精神和创新能力为重点,实施教师教育素质提升工程。具体措施:

(1) 推进校本培训工程

加强对教师的专业培训,不断丰富教师的教学知识。既强化对学校教师的通识培训,又针对学科特点进行专项培训,既要进行理论培训,又要对教师进行教学实践培训,以提高教师专业化教学水平以及利用现代化信息技术能力,为实现有效教学给予必要的教学能力支撑。建立教师校本培训网络管理平台，就教师日常各类培训、研修、教学常规实践等资料上传并进行学分评定，每一学期依据学分进行奖励，鼓励全体教师积极参加各类校本培训工作，提高培训的质效。

区进修学院一直都是我校师资培训倚靠的最重要的平台。“十二五”期间区进修学院的领导、专家曾多次来我校开设讲座，深受教师的欢迎。我校还被评为“市级教师专业发展示范校”，在“十二五”期间，学校将有更大的自主权来安排校本研修学分。

此外，我校将充分利用学校自身的丰富资源，进行一系列的、全方位的校本培训，面向全体教师，特别关注新教师和骨干教师的业务进修和水平提升，继续立足“抓两头促中间”的工作思路。所谓“抓两头”，一头是职初教师，另一头是骨干教师；促中间，就是以两头辐射全校教师。具体措施如下：

① 见习教师规范化培训基地学校。秉承我校“团队带教”的优良传统，以学科为单位，精选出一批师德高尚、业务精湛、踏实进行日常教学工作的优秀教师组成指导团队，带教本校以及来自区内兄弟学校的新教师，使得师徒教师在带教过程中教学相长，共同发展。

② 集团化办学。我校作为青浦教育实验集团成员校之一，参与集团组织的一系列培训活动，如专家讲座、“我的新课堂实践”教学评比(论坛)、各学科教学资源评比等。

③ 校青年班主任实训基地。我校特聘区德育专家左丽华老师坐镇指导青年班主任工作，开展系列主题青年班主任培训，帮助青年班主任更快更好地成长。

④ 区级培训课程。“十二五”期间，我校有 6 位教师开设了 6 门区级培训课程，“十三五”新一轮区级课程申报，我校也有多位教师提交了申请。

⑤ 协同学习暨电子书包项目。我校作为青浦区四所第一批实验校之一，经过两年的实践，已将该项目在六、七、八年级全面实施，提升了我校教师的信息教学素养，同时构建起各个学科基于“新基础，新课程，新技术”理念上的新的课程教学模式。

⑥ 普罗米修斯电子白板设备。我校利用现有普罗米修斯电子白板设备，聘请公司相关培训师，为教师作三个阶段的培训，并以任务驱动(上传作业、教学评比、教学论坛、教学展示)的方式，加强教师的培训效果。

⑦ 轻学助手项目。我校作为首批轻学助手试点的 11 家单位之一，已经在 2016 年底完成相关教师的培训。并于 2017 年 3 月开始正式在六年级进行项目实施，要求教师能利用“轻学(教师)”APP，进行布置作业、教学微视频上传、课堂评语、随堂评价等活动。

⑧ 长三角共同体项目。我校与杭州高新学校、苏州振华学校组建了长三角共同体，为三所学校的教师提供了难得的跨省交流、互动提高的渠道。

⑨ 长三角网络结对学校。2013 年 2 月，我校与江苏省泰兴市洋思中学、浙江省台州中学、安徽省青阳县庙前初级中学、青浦区尚美中学成了第三批“千校网络”结对学校。经过一番线上、线下的协商和研讨后，达成了在学校教育、教学方面“交流共享携手并进”的

共识，并开展了一系列新活动。

2004—2010 年，我校校本课程初步实施体系化。不断开设特色化、多元化的拓展课程共计达 52 门。学校在全校教师的通设培训的基础上，在校本课程开设和实施的过程中，不断对承担特色课程教学的教师进行专业性培训，以提高他们的专业水平并能胜任特色课程教学，几年来取得显著成效。2006 年 4 月，在我校召开的由上海市教委教研室主办，我校承办的“上海市初中校本课程建设与实施研讨会”上，得到市教委教研室赵才欣、徐淀芳等领导的高度评价和赞赏。

（2）强化校本研修工作

深入项目驱动的教师专业成长模式，将课程改革以及课堂教学中的重难点问题，将课程改革以及课堂教学中的问题作为研究问题的起点，以教育科研、行动研究和团队带教的方法，就每一个研究专题分阶段推进，实现理念到行为转化，形成专业引领加同伴互动的机制，达到项目组驱动跟教研组活动的统整，从而不断提高校本研修的实效和品质。同时，学校要建立起保障各学科校本研修的专用场所，保障各教研组、备课组的研修活动长期稳定的开展。

① 青浦区实验中学校本研修网。我校将进一步建设和完善数字化校园，实现校本研修的数字化和网络化。鼓励和激励教师将日常研修活动的过程性资料上传校园网，使教师的研修活动学有所获、查有所据，帮助教师更好地保存自己的研修资料。

②《学程手册》项目。《学程手册》已基本覆盖了我校语、数、英、物、化、政治、地理、历史等学科，“十三五”期间，全体学科教师将结合实际教学情况，修订完善《学程手册》，使教师在该过程中能更深入地了解学情，实现更为精准的教学，从而更好地获得专业方面的提升。

③ 区级学科研修基地。我校现有 4 个区级学科研修基地，分别是初中数学学科教学研修基地、初中物理学科教学研修基地、中小学探究型课程研修基地、初中科学教学研修基地。各个研修基地为我校教师与区内兄弟学校的优秀教师搭建了又一个良好的沟通平台。

④“实验中学片”教育共同体项目。“实验中学片”教育公共体是由实验中学（东、西校区）、尚美中学、白鹤中学、复旦附中初中部等学校在协作发展基础上联合形成的教育团体，是一种新型的校际合作的横向与纵向双轨制教育发展平台，该平台为共同体内的教师搭建了协作发展的平台，其目的是在城乡区域范围内，加快建立和完善推进义务教育均衡发展的保障机制，推进义务教育的均衡发展，促进教师之间的互动对话，从而从整体上提升区域教师专业素养。

2013 年 4 月初，由青浦区教育局会同青浦区教师进修学院主办、“青浦区实验中学片”教育共同体联合承办了“聚焦课堂转型，提升教学品质”——青浦区教育共同体（实验片）现场研讨活动。这次活动中，青浦区教育共同体（实验片）各校校长作了“共探课堂教学转型，共谋学校发展提高”的课堂教学改革汇报。汇报活动中，由实验中学（东、西校区）、白鹤中学、尚美中学的六位青年教师分别展示了语、数、英学科同课异构的研究课，进行了“自主新课堂”改革的大胆尝试。像这样的“实验中学片”教育共同体联合活动已成为一种常态，各校一起探讨课堂教学转型的问题，不断提升各校的教学品质，我校的教师也从中得到很多有效的教益。这次活动，得到了区教育局、教师进修学院领导的高度肯定，其经验在全区各校中全面推广。

⑤ 特级教师工作室。由上海市特级教师、特级校长、我校刘明校长主持的“刘明特级教师工作室”，现有 14 名成员，都来自我区初中物理名优教师、骨干教师，其中我校有 4 位。工作室定位于通过课堂教学案例研究、公开课实践等，提升成员的教学能力、研究能力，培养一批区内能起到引领和示范作用的优秀教师。

⑥ 青年教师大比武。每学年开展不同主题的大比武，包括教学基本功、课堂教学、媒体资源设计等。

⑦ 校教师社团。“十三五”伊始，我校成立了数十个教师社团，涵盖艺术、体育、生活等各个领域，为教师提升自身素养提供了条件和机会。

(3) 搭建教师成长平台，质效到位

学校积极为教师的成长搭建平台，同时创设各种培训机会与专业发展机会，为教师的专业成长助推。勇于承接区教育、教学各项督导检查工作，创建教师实践锻炼的机会，承办各类市级现场会，提供教师展示的舞台，让教师在实践中获得提升（在前面“研究管理”一节中，已有“《提升学校课程领导力行动研究项目——丰富学生学历经历的探索》展示交流活动”的有关介绍）。教师培养成效显著，如市“双名工程”成员共有 7 位；长三角名校长 1 位；参与国培计划教师 35 位；参与其他各类市级培训教师多达五百以上人次。

面向教师的学校制度建设可以使教师养成依规办事、依法做事的习惯以及思维方式，也保障了教师工作的质量。近几年，学校每年的毕业生在各类市、区高一级学校中的录取率都处于区领先水平，特别是 2014 年的 PIAS 测试中的科学项目 A 级水平，领先了全区水平 6—15 个百分点。学生各类竞赛获奖层次高，获奖人数多。

(4) 形成教师奖励机制

鼓励教师不断探索教学创新方法，要将教师的创新实践和成效纳入教师职务晋升、绩效工资、设岗定员评聘、考核评价指标体系，逐步形成以业绩贡献和能力水平为导向的教师评价机制。对教育创新、业绩突出的教师强化培养，形成教师交流访学的制度，为教师出国交流学习创造更多机会。要使有教育特长的教师不断成长和发展，要使其成为区、市乃至全国性的名优教师，努力营造教学专家乃至教育家成长的良好环境。

以下图表（见图 4－12、图 4－13、表 4－20、表 4－21）从一个角度展示了全校教师在学校不断动员、激励下，取得的教师科研成果及其获得奖励的情况。

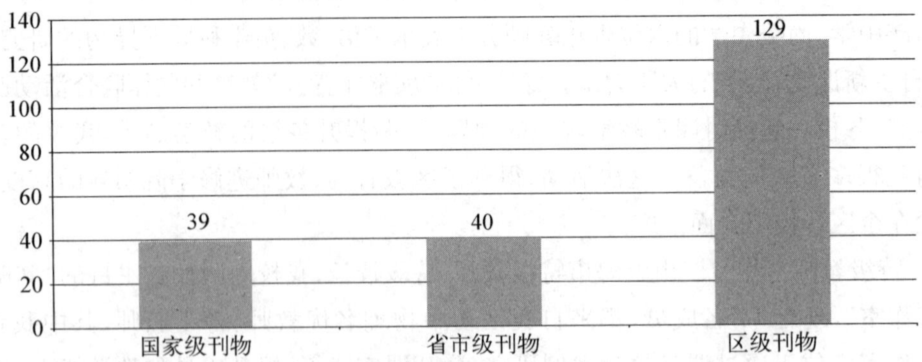

图 4-12　实验中学教师教科研论文刊登层级(2007—2016 年)

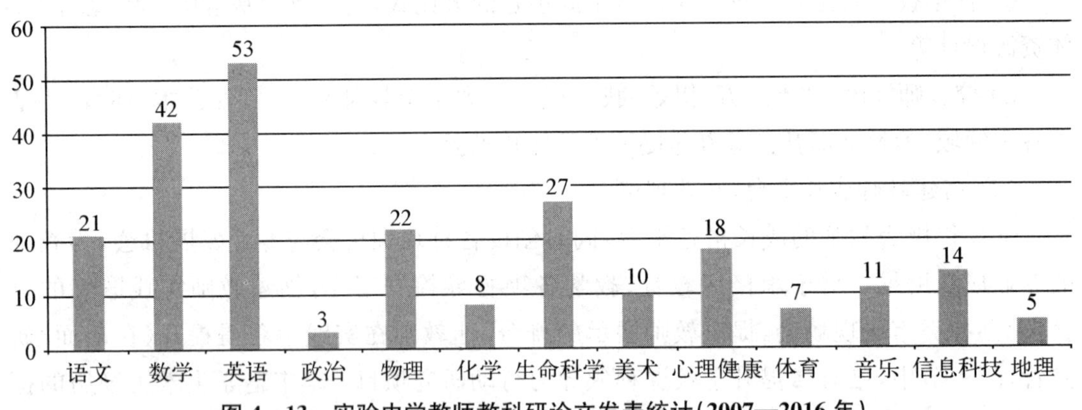

图 4-13　实验中学教师教科研论文发表统计(2007—2016 年)

表 4-20　实验中学教师科研论文获奖统计(2007—2016 年)

层级	国家级			省市级			区级			
数量 等第	一等奖	二等奖	三等奖	一等奖	二等奖	三等奖	一等奖	二等奖	三等奖	
	1	4	5	0	2	5	7	13	30	
合计	10			7			50			67

表 4-21　实验中学学校、教师获得荣誉及奖励统计(2007—2016 年)

年份		2007	2008	2009	2010	2011	2012	2013	2014	2015	2016	Σ
级别/数量												
学校	国家级	0	1	2	1	1	1	0	3	2	2	13
	省市级	6	6	10	3	8	3	17	8	18	8	87
	区级	9	7	7	6	13	7	17	13	12	25	116
	合计	15	14	19	10	22	11	34	24	32	35	216

续 表

年 份		2007	2008	2009	2010	2011	2012	2013	2014	2015	2016	Σ
级别/数量												
教师	国家级	6	3	2	1	0	3	2	1	0	1	19
	省市级	7	6	6	0	2	9	6	6	0	5	47
	区级	23	38	23	15	12	21	18	20	34	33	237
	合计	36	47	31	16	14	33	26	27	34	39	303

为了倡导和激励广大教师以更大的热情和精力投入学校的教科研活动中去,自2005年开始,我校经职代会通过、颁布实施了《实验中学教科研成果奖条例》,并根据教师发展情况和学校教科研项目不断增设等情况的变化,反复修订完善,至今已有十三稿。强有力的奖励措施大大激发了教师们投入教科研的积极性。

(5) 抓实项目推进,成就教师特色发展

"十一五"期间,区教育局批准立项的七个区级项目工作室中,我校就占了其中的两个:青浦区初中语文新课程教学研修项目工作室和初中数学教学改革实验工作室。我们充分利用工作室优质资源,把我校在新课程试点教学中的有效经验向全区辐射。

学校依托工作室的强有力支撑,随后建立了导师团,组建了语文、数学、英语、大文科、大理科和艺体等六个校级项目工作室。整合全校力量,形成科研、教研、校本培训、信息技术联动的改革态势。以创建校本研修制度为核心的现代学校制度建设和项目工作室不断深入推进学校教育教学工作,对一大批教师的专业成长产生了较大的影响。

教师每五年制定一份个人专业发展规划,规划中包括了五年的中长期计划及逐年的发展进程,老师们依照着规划的方向努力践行。近年来,教师队伍整体水平不断提高,除了区级名优教师外,市级名优教师不断涌现,如参与"双名工程"的刘明、班丽亚、戴颖川、陆欢、忻映霞、金惠红等教师,上海市生命科学学科德育研究基地成员计顺娟老师,参与市"农村学科教师培训者的培训项目"的朱敏鸣、项志红老师等。

"十二五"期间,四个区级学科研修基地,将我校作为基地学校,并由我校资深骨干教师担任基地学校主持人,包括忻映霞老师主持的初中数学学科,顾学军老师主持的物理学科,项志红老师主持的科学学科基地和董景森老师主持的探究课程研修基地,引领区域学科教师培训和学科教学改革,学科研修基地也增加了区内优秀教师相互交流学习的机会。

3. 让教师成为学生个性张扬的培育者

多年来,我们着眼于学校的高位发展,明确学校必须打造自己的办学特色,而学校特色的建立能够为培养学生具有个性特点,将来为创新人才提供可靠保障。因此,我们站在优质品牌学校打造的高度,积极创建学校的各类特色,努力使之成为区、市乃至全国有影响的特色项目,为师生个性张扬、才华展示提供舞台和机会。

根据前文所述的2010年三类课程架构，我校共设置了限定拓展课程和非限定拓展课共52门，其中拓展性课程共有19门，探究性课程33门。学校全年各安排一次体育节、艺术节、科技节、英语节、读书节等活动。学校规定学生必须参加限定性学科课程。对于非限定性学科课程，学生可根据个人兴趣、个性特点等自由选择参加。每学期共设置50多种拓展性课程中，有“乒乓”“管乐”“国画”“机器人”“小发明”等。同时根据不同学生、不同时期的需要，成立了“晨韵艺术团”“墨香书画社”“晨光摄影社”“杏窑陶艺社”等十多个社团，为学生的个性化成长和全面发展奠定了良好的基础。

要使学生学有所长，教师必须做到自己教有所长，有什么样的教师，才能培育出什么样的学生。因此，要形成学校的办学特色，就必须拥有一支与之相应的、素质优良的教师队伍。打造一支素质优良、特色鲜明的骨干教师队伍，引领特色化教育，才能培养全体学生个性凸显、人格健全、全面和谐、终身发展。

未来丰富多彩的经济社会需要具有独特个性的人来构建，发展学生的个性，提高学生的个性素质是21世纪社会发展的需要，也是新课程改革所体现的一个重要理念。而在学生个性培养的过程中，教育者的个性是学生可持续发展的根本，培养个性化的学生必须有个性化的教师。“成为你自己”，这不仅是镌刻在奥利匹克山石上的一句名言，更是每一个以塑造灵魂为职业的教师的矢志不渝的奋斗方向。于是，培养形成这样一支教师队伍，成为我们义不容辞而刻不容缓的重要任务。

（二）引领、鼓励、创造条件培养、造就个性化教师群体

1. 学校已有的发展优势

（1）学校的师资

东、西两校区共270多名教职员工，专任教师255人，其中特级教师1名，特级校长1名，获得中学高级职称的教师有49人，占专任教师的19.2%，中级职称103人，占专任教师的40.4%；获研究生学历（包括在读硕士生）的教师20名，占专任教师的8%；35岁以下的青年教师126人，占专任教师的49.4%，有7名教师为上海市“双名工程”教师，有17名教师获“青浦区第四届名优教师”称号，有30名教师获“区、校第五届名优教师”称号。

（2）学校的荣誉

在全体实验中学师生员工的努力下，学校先后获得上海市文明单位等市级以上荣誉共17项，其中能反映学校特色项目教育卓有成效的荣誉有：上海市体育传统项目学校、上海市艺术特色学校、上海市科技特色示范学校、上海市教科研先进集体、宋庆龄少年儿童科技发明上海市示范基地、华师大青少年数学创新人才培养基地等。

2. 特色化师资队伍构成的有利条件

（1）近年来，我校连续不断招聘了几十名具有各类大学本科、研究生学历的新教师，使教师队伍的年龄、心理、文化等结构发生了显著变化。特别是年轻教师中党员比例明显增高，35 岁以下的青年教师共 78 人，其中党员就有 41 名，占 52.6%，另有申请入党的进步青年多名。故而整个青年教师队伍作风优良，朝气蓬勃，工作干劲足，创新意识强，是学校改革创新的排头兵、急先锋。

(2) 在招聘新教师和引进各类教师过程中，我校特别有意识地向具有专长和特色，具有个性化特点的教师开启绿色通道，因而也储备了不少各方面有专长的特色化教师，随时能根据需要发挥作用。学校的特色课程越来越多，他们功不可没，许多校本课程，也是在不断开拓中形成，并具有了自己的校本教材。

(3) 在以往完成拓展课程和探究课程，带领兴趣小组活动等过程中，很多老师逐步学习、钻研并掌握了某方面某领域的学识和技能，具有了开设特色课程的能力，并渴望得到进一步深造。学校总能高度赏识他们的学习钻研精神，努力创造各种机会让他们通过各种方法和渠道得到业务上的提高，能胜任自己承担的特色课程的教学。

(4) 学校领导层能充分利用各种途径，调动各种社会资源，聘请学有专攻的各类专家、资深教师担任我校教师和学生技术、学术指导老师，用讲座、上课、座谈甚至手把手指导等方法引领指导，为教师和学生的创新发展提供有力的支撑。

(5) 学校对外交流的机会越来越多，交流让学校领导和老师们、同学们的视野越发开阔，获得的各种信息量越来越丰富，也学到了外部的先进经验和新理念、新技能，更重要的是，进一步激发了学校师生的创新意识和竞争欲望，学校教育与教学的理念和实践时时得到更新。

3. 强化教育科研品牌特色，引领学校各项特色

在学校“活动—发展”教育模式指引下，我们深入学校各类改革和实践，以教育科研为先导，以推进课改为基础，以推动课堂教学改革为主阵地，形成以科研促发展的学校教育科研特色，为学校全面走向一流提供教育智慧的保障。

在整体改革的基础上，学校在优质完成全面发展教育目标的前提下，我们走出了自己的特色发展之路，并且找准定位，用特色改变学校的气质，用特色去实现学校“内涵式突破”，在特色发展创造的活力中实现超越，为一流品牌学校创立打下了扎实基础。在众多特色项目的争创中，学校教师个性化群体的创立至关重要，发挥了突出的作用。

4. 致力于建设一支高素质专业化教师队伍

根据《青浦实验中学“十二五”发展规划》和“十三五规划”中学校的总目标所描绘的美好蓝图，学校致力于教师发展体系的构建，着眼于为人师表之下的师能培养，建设一支德才兼备，具有创新精神和实践能力的高素质专业化教师队伍，努力造就一批专家型的教师乃至教育家，实现我校教育的可持续发展。

(1) 促进新教师专业的快速成长

每学年开学伊始，我校便以最快速度了解刚入职的新教师各方面的信息，并根据他们的学科教学任务、思想政治面貌、性格特点和爱好专长等综合因素，为他们物色拜师结对

的经验老师为导师，包括学科和班主任工作，以便他们一开始就进入带教引领的状态。暂不担任班主任工作的新教师，也会尽量安排他们参与年级扁平化管理工作。所有新教师都有自己结对的指导教师，也同样享受学校传统的“团队带教”的“红利”。我们会让新教师最大可能地学习到指导老师们的教育思想和教学经验，尽最大可能让新老师更多地接触学生、了解学生，培养起关爱学生的思想感情，承担起影响学生、帮助学生的神圣职责。

新教师们的第一个自己的教师节，除了师徒结对，举行隆重而简朴的拜师仪式，更重要的是有学校领导介绍学校的发展历史和办学成果，有老教师谈当好一名教师的光荣、快乐和职责，以便让新教师们能分享学校带给他们荣耀，并由此生发出自豪感、责任感和使命感，跨出为人师表的坚定踏实的第一步。

学校根据新教师的工作积极性和进步程度，放开胆子给他们压担子、交任务，放心让他们参与学校德育与教学的各项任务，设计“爱诚美志”系列教育的活动。编写与修订《学程手册》，不少新教师入职不久，就经受了上实践课、公开课、教学评比论坛发言等任务的锤炼，快速地缩短着自己的成长周期。

我们也在着意提升新教师们的教育、教学基本功的同时，提升新教师的教育理念，使新教师真正成为创造性教育劳动的主体，学生成长和社会化过程的导体，现代教育意识和教育行为的载体。同时转化新教师的教学行为，使新教师的教学行为主动适应教育改革、学生发展、自身发展的要求，从而能基本适应整体推进素质教育的需要，敬业奉献，热爱学生，精通业务，较快适应教改的要求，完成教改任务。以便构建起一支高素质的新人辈出的师资队伍。

(2) 把青年教师培养成为区、市级教学骨干、教学能手

一个经过长期办学实践，形成独特的、稳定的、先进的办学风格与优秀办学成果的学校，它具有独特性、先进性、稳定性和发展性等特点。而要让以上各种特点不断发扬光大，其中一个重要条件，必须有一支强大的教师队伍，特别是一支青年教师组成的生力军。而我们实验中学，应该说，正在形成或业已形成这样一支朝气蓬勃、活力充沛、创意浓郁的队伍。

“十二五”以来，学校改革的重心又回归到了课堂教学的改革，从课堂教与学的时空上突破，从而引导学生自主学习活动上加强，努力做到让教师少教，学生多学，鼓励学生挑战性学习，实现着教与学的转型。学校鼓励青年教师成为这种教与学转型的先锋，大胆实践，摸索经验，有效提高课堂教学质量。数学组青年教师钱海燕，在数学研修基地的有力支持下，通过课堂教学评比的形式脱颖而出，一路斩关夺隘，获得全国第七届初中青年数学教师优秀课评比活动一等奖，为市、区、校争了光。一批青年教师在市、区级教学评比中获得一等奖等优异成绩。

除了在教育教学上得到显著提高，我们也引导青年教师以充沛的精力投入教科研活动，学习教育理论，研究教学真谛，申报区、市级教研课题。历年来我校教科研成果斐然，

据不完全统计，“十二五”期间我校区、市级课题（包括重点课题）近50个，每年各级各类教科研成果30个，教师团队的教科研能力日益增强，而其中青年教师获得的成果超过总数的一半。

我们热情鼓励青年教师在胜任自己的教育教学任务之外，能发挥自己的个性特长，承担起拓展课、探索课的指导研究工作，创立特色社团。在众多特色项目中，青年教师担任着主角，如计算机搭建和电脑编程、校杏窑陶艺社、上海摄影特色学校，由青年教师担纲的科技、艺术、体育特色项目等都在市、区内有着重要影响。

青年教师群体不仅在学校渐渐成为核心力量，而且已有不少青年教师成长为区内有引领作用的生力军。青浦区第五届名优教师名单中，我校共有区示范教师12名，其中青年教师有8位，占总数的三分之二，而且分布在6个学科中。

（3）让中老年骨干教师发挥学科引领和指导作用

为了确保中老年骨干教师具备应有的素质，在更高层面上得到发展，我们勉励他们学习更多更高层的教育教学理论、教育教学科研方法，提高总结、研究教育教学问题的能力，指导、引领校内外教师进行学科教学发展改革，真正成为校内外的学科“领军人物”。我校现有区兼职教研员及学科中心组成员16名，分布在众多学科。

如今，我校有四个学科（数学、物理、科学、探究）建立了区级学科研修基地；有多位教师开设了区级培训课程，其中有区学科带头人计顺娟老师的《观鸟》、庞利荣老师的《杠上运动》、项志红老师的《紧急救护与课堂教学实例》、杨大胜老师的《摄影技术》等。

我校既全力培养各科教师，促进一大批中青年教师快速成长，又面向区内兄弟学校输出骨干教师和学校管理人员十来名，他们将我校的教学改革经验、学校管理的经验运用于自己的工作过程中，运用于新任职的学校的管理过程中。

（4）校本培训体系形成，每位教师全方位得到提升

校本培训，是所有教师快速成长的“秘诀”，在我们的校本培训体系中，我们既重视理论的学习和提高，又强调实践操作的改进，既关注对教师的通识培训，又强化对教师把握学科教学规律的培训，既有群体的整体推进的培训，又有个体的个别提高的培训，使每位教师得到全方位的提升。每位教师所接受的各种培训，可称作是在日积月累、潜移默化之中进行的。

几十年的传承与创新，实现了学校快速发展，学校教师队伍建设在学校发展的大背景下得到了高水平发展。

5. 激励教师展示个性特长，全力打造学校各项特色

在整体改革的基础上，学校在优质完成全面发展教育目标的前提下，我们走出了自己的特色发展之路，并且找准定位，用特色改变学校的气质，用特色去实现学校“内涵式突破”，在特色发展创造的活力中实现超越，为一流品牌学校创立打下扎实基础，在众多特色项目的争创中，学校教师个性化群体发挥了突出的作用。

(1) 学校科技特色全面形成。学校十分重视学生科学素养的提升，以科技教育为抓手，不断培养学生的创新能力，以点与面结合、普及与提高结合、课内与课外结合的方式推进学校的科技教育工作，学生各类科技创新社团及兴趣小组活动积极，如学校建立了一批科技创新实验室(防灾害创新实验室、机器人创新实验室、土壤与环境创新实验室、花卉与种植创新实验室、模型创新实验室等)，学生在各类创新实验室中探索与发现、创造与发明，从而实现了面向全体学生的科学素养的提升，一大批学生的创新和创造能力不断提升。

① 创建“科学创新实验室”

为贯彻落实《全民科学素质行动计划纲要》和《国家中长期教育改革和发展规划纲要(2010—2020年)》精神，坚持学校“活动—发展”教育模式的执行，进一步提高学校科学创新活动水平，加强对青少年创新意识和实践能力的培养，在区教育局的支持与帮助下，我校决定开展“科学创新实验室”的创建活动。

为了更好地开展学校科技活动，丰富学校科协的活动内容，让更多的学生参与，学校拟在原有的科学创新实验室的基础上，发展与新建部分科学创新实验室，充分利用已定场所及师资，配备相关探究式课程资源及系列器材设备，更好提供培养青少年学生观的科学素养和创新能力科学活动场所。学校的创新实验室创建工作共包括在建和已建项目共6个，另有其他如航模、船模、车模“三模”实验室、“现代种植”实验园等均投入创建之中。

学校科学创新实验室以推动学校科技教育的发展，广泛开展多种形式的科技教育活动，提高学生的科学素养为主要目标。建立具有相关活动设备、器材和工具，以本校学生为主要对象参与实验和实践活动为主要活动形式，争取面向学校周边青少年辐射，以开展科普教育和科普活动，同时也将作为学校对青少年学生进行思想道德教育的一个有效阵地，为建设和谐校园和谐社区发挥应有的功能。

为了给“科学创新实验室”的老师们开展科创工作提供技术保障，学校领导与校内外的专家和指导老师们经过探讨和酝酿，制定了对青年教师进行科技培训的方案和计划，并召开相关教师动员大会，确定有一定专业特长的、有个性化教学特色的中青年教师为首批学员，并征求意见。接着每两周在创新实验室举行约一个半小时的培训，坚持不懈，从不间断，将学校以前的对少数青年教师科技指导，扩大到青年教师的面上，提升为大多数理科教师或特长教师接受科技培训。

我校青年教师学科理论基础扎实，思想活跃，利用信息技术的能力较强，工作积极主动，具有指导学生开展科技活动的能力，成效显著。学校决定根据时代的要求，培养具有实践能力和科技创新精神的学生，首先从提升青年教师的创造能力和动手实践能力开始。

实验室主讲教师认真备课，参照创造学理论，联系国内外众多创造发明案例，针对青年教师的特点，利用多媒体投影，讲述发明的意义、动机和动力、技法等；学习塑料盒的制作方法，指导教师学习设计、画线、裁锉、测量修正、胶粘等技术，并按评价标准评定成绩，以作示范参考；对进度快的学员开始电学基础知识和技能的培训。

学校为培养青年教师，让他们参加各级各类科技竞赛活动，通过实战比赛，经受意志的磨炼和考验，从外单位学到长处，取长补短，取得成绩能树立信心，有利于自己成长。创新实验室教师经常鼓励青年教师参与科技竞赛项目，跟他们合作研究课题的发现，收集分析背景资料，构思新设想，运用技术设计方案的结构，设计实验来发现和验证新方案，并指导青年教师学习如何辅导学生开展研究，指导年轻教师学会使用工具、制作模型、测量数据、分析结果、撰写研究报告。

根据需要，“科学创新实验室”又下设多个分支实验室：

A. 防灾害科学创新实验室

防灾害科学创新实验室起始于2001年，是一间结合民防、探究、拓展等多项学科，服务于防灾害课堂教学的专门实验室。

实验室研究内容包括基本生命常识（认识生命，灾害与生命，爱护生命）；灾害课题研究（自然灾害，人为灾害，战争）；自主课题尝试（体验感受，发现问题，调查背景，思考分析总结）；形成课题研究（创造技法，创造思维，灵感和设想，设计和实验，验证，撰文）等。

实验室拥有1名退休返聘教师与1名专职青年教师参与民防探究课的教学工作，5名青年教师参与拓展教学工作，校本教材已编写完成。

防灾害科学创新实验室创建以来，学校开展的以“灾害教育”为重点的那些激发学生热爱科学、关爱生命的创新项目，对很多学校，特别是乡镇学校，有一定的辐射示范作用。教学中，通过发明制作和灾害模拟实验，激活学生创新思维，培养学生的创造能力，使学生领悟生命的意义和价值，认识人生的责任和义务，产生求知和创新的愿望和动力。

B. 科技创新项目实验室

实验室以本校退休返聘的发明专家张东明老师领衔，在张老师和其他专家引领和培训领导下，一批青年教师快速成长起来，并取得了不俗的成果，教师整体科研意识增强，科技素养不断提高。在大批学生通过指导培养获得众多的教科研成果的同时，科技实验室的老师也得到了相应的收获。2013年，学校科技总辅导员麻妍劼老师荣获上海市青少年科普宣传教育先进个人称号；杨大胜老师获“文来杯”上海市师生科普生物·生态摄影与影视大赛优秀奖；张晶晶和张东明老师获“上海市科技启明星争章活动优秀指导教师”称号。

由于师生们的突出表现，学校获“上海市青少年科普宣传教育先进集体”称号、第四届赛复杯上海市科技创意活动优秀组织奖、区科技节优秀组织奖、上海市中小学健康知识竞赛团体三等奖，同时也再一次被评为区科技特色示范学校；2014年，学校获29届上海市创新大赛优秀组织奖。

近几年，学生在科技老师的精心辅导下参加各类科技创新大赛，综合能力和科学素养得到了提高和发展，不少学生在实验室经历开放式研究和学习后脱颖而出，取得优秀成绩。先后在几十项市、区级乃至全国的创新项目中获得一、二、三等奖,并申报专利。如2009年“智能防汽车超载装置”获第24届英特尔上海市青少年科技创新大赛创造发明一等奖,该作品同时获第四届上海市青少年科技创新市长奖;2013年“高效晾衣架”获上海市创新大赛二等奖。同年,3名学生在18届上海市科技创新大赛中荣获1个二等奖、2个三等奖,1名教师荣获二等奖,1名学生在上海市科技启明星争章活动中荣获二等奖,1名学生在全国科学小院士评选活动中荣获二等奖。除此之外,另有100多名学生在市、区级各类创新大赛、地震科普知识竞赛大赛、机器人大赛等多项创造性竞赛中荣获一、二、三等奖;2013年6月,学生张逸凡凭借发明作品“高效晾衣架”参与了上海电视《少年“爱迪生”》节目的海选工作并成功入围,荣获“最佳创意奖”;2014年“植物LED光谱活动式培植架”获上海市创新大赛一等奖。

② 机器人创新实验室

学校在2006年始筹建机器人创新实验室,最初我们以“机器人”兴趣小组的形式进行尝试教学,经过反复实践后,2010年由薛颖、张薇叶老师主持的机器人创新实验室正式成立,利用信息技术课开设“机器人”课堂教学,把“机器人”课程写入课表,面向全体七年级学生。

在“机器人”课堂教学课上,学生的实践能力和创造能力得到培养,特别是动手能力得到提高。通过小组合作学习,学生的个性特长也得到了很好的发展,他们在活动中体验到挑战困难、超越自我的快乐,增强了探求科学知识的自信心和创造力。互助合作,群策群力的学习方法也让他们得到人生启示。

我校现在七年级的学生都可以在“机器人”活动教室开展“机器人”课堂教学活动,我们项目组自主编写了校本课程《机器人科学与技术》,依托校本课程,让学生更加系统地了解“机器人”技术。

通过“机器人”课堂教学,消除了学生对高新科技的畏惧,让学生对信息科技更加感兴趣。我们发现学生对待“机器人”的态度从“畏惧、疑惑到尝试去做,再到敢于参与,乐于主动参与”转变。有一些对“机器人”情有独钟的同学,他们参加了兴趣小组,他们就成为一支学生骨干队伍,并积极地参加各项比赛,取得了优异的成绩。其中国家级一等奖、二等奖荣誉各1项,市级一等奖5项、二等奖2项、三等奖3项。

在教学与指导实践中,教师的教学研究能力也相应获得提高。《交互式评价系统在机器人课堂教学中的实践研究》被列为2013年市级信息化课题,《基于“机器人”课程的农村初中学生实践能力培养课例研究》等多个区级重点课题分别得到立项并已结题。

③ 其他几种创新实验室

A. 物理学生小实验创新实验室

在教材原有的学生实验基础上,设计、开发新的学生实验,通过学生的各项实验活动,使学生对生活中的自然现象有更直观的了解,培养学生的动手实践、观察、记录、分析、创新设计能力。

B. 生命科学学生小实验创新实验室

生命科学学生小实验创新实验室的创建基础为生命科学实验室，目标是在原有的生命科学实验基础上，设计、开发新的学生小实验，通过学生的各项实验活动，培养学生的动手实践、观察、记录、分析、创新设计能力。

C.“植物与环保”创新实验室

“植物与环保”创新实验室的创建基础为科学实验室与植物种植基地。目的是利用学校科学实验室、植物种植基地、区环境监测站的实验设施与设备，进行各种植物与环保类小课题研究。培养学生的实验操作、数据收集与分析、资料的归纳与整理、创新与设计等能力。

(2) 学校艺术特色精彩纷呈

长时间来，我们学校就是一个以“活动—发展”为教学特色的学校，学校注重培养学生的个性特长的发展，并积极通过多元化的教育教学发展艺术特色，促进了学校各类艺术特色不断形成，从而也提升了学生的艺术素养和文化品位。

学校以创立艺术社团为抓手，不断培养艺术特色，学校成立了晨韵艺术团(校铜管乐、民乐、合唱、舞蹈队)、杏窑陶艺社、墨香书画社、晨光摄影社等社团，并为社团活动能卓有成效地开展提供了全方位的强有力的支持，配备了各种高质量的软硬件设施，提供了各种优良条件。社团成为一批个性化教师发挥自己的聪明才智，施展自己的教学特色，培养各类具有个性化特色和艺术潜质的学术人才的平台，也成了学生提升自身艺术素养的摇篮，展示自己艺术才华的舞台。

① 杏窑陶艺社

2007 年 8 月在青浦区教育局领导、校领导的支持、关心下，我校建立了设备齐全的陶艺专用教室并于同年开始在七年级全面开设陶艺课程，招聘陶艺专业教师。定期在六、七年级开设拓展性课程，并计入学分，同时聘请上海陶艺名师每周日选拔优秀学生以雕塑、绘画等方式培养陶艺专长，成立杏窑学生社团，并定期在寒暑假集中进行陶艺课题研究、创作。杏窑陶艺社自 2008 年起连续多年被评选为区民族文化培训陶艺项目。

利用新校舍的建设之便利，学校在 2009 年新置 1.2 立方管道煤气窑炉，并建设了设施完善的陶艺教室和陶艺工作区，总面积在 100 多平方米。陶艺创新实验室实行课内课外、校内校外相结合的教学模式，让学生在创新的快乐中得到教育和提高。2009 年 12 月在新校区内召开了上海市陶艺家协会年会，并进行了上海陶艺家协会青浦创作基地及杏窑陶艺社揭牌仪式；在历年校园艺术节上特邀上海青年陶艺家谢艾格、陈光辉等老师为学生开设陶艺欣赏讲座，与陶艺家近距离接触；上海陶艺名师李道光老师带领三位专职陶艺老师开展每周一天的杏窑陶艺社活动，即区民族文化培训项目。活动专门对瓷板画、陶泥雕塑、龙泉青瓷的教学、技术等进行研究探索。

2012 年张琳琳等老师编写了实验中学陶艺校本教材。2012 年 7 月陶艺社组织学生集体参加全国少儿雕塑大赛获金奖;2013 年 7 月曾赞助并参加上海市首届陶艺师生大赛,并获奖;每年组织社团成员参加上海市学生单项比赛,陶艺曾获银奖等第奖;每年积极参加上海市、青浦区各类艺术展示活动;部分社团成员捐出自己制作的陶艺作品参加学校组织的六一义卖活动,所得款项全部捐给校园身患重病同学。

自 2012 年起在上海陶艺名师李道光老师的亲自指导下,由坚持多年陶艺教学与探索的陆欢老师统筹设计,张琳琳、陈玉洁、张胡荻三位专职陶艺老师的团队合作下,携实验中学在校及历届校友,进行对中国四大名著的陶瓷大型创作活动。我们特邀梅山画院前院长朱新龙先生来校艺术指导,特邀城市雕塑家李博浩先生为学生作品进行艺术装裱规划。2013 年初步完成了水浒 108 将的陶泥浮雕制作,2014 年暑期进行西游记瓷板画制作,并组织邀请 20 多位实验校友回母校集体绘制。后续《三国演义》(青花)、《红楼梦》(龙泉青瓷浅浮雕)紧紧跟上,终于在历经艰难后全部制作出来,所有作品将各类陶艺不同特点与四大名著内容结合,可称为珠联璧合。制作完成后,我们根据这些中国四大名著内容做出的作品分别布置在六、七、八、九各年级教室外长廊的外墙上,蔚为壮观。让各年级师生每天感受到名著的熏陶,得到陶瓷技艺带来的艺术享受,当然,也为校园人文景观增添了一道亮丽的风景。

② 晨光摄影社

摄影科技活动课程已在实验中学开展了 13 年,课程是在学校办学宗旨的指导下,立足于学校的特色、教师和学生的特点,主要由教师和学生自主开发,自主管理,自主实施的课程。课程充分利用本土资源,创造性地构筑一个有乡土个性的科技文化平台。

作为"晨光摄影社"的领衔老师,杨大胜老师常常引领学生主动有目的、有计划地接触社会、接触大自然,了解青浦及其周边地区的本土文化,及生物、生态科学知识,进行摄影的主题创作,陶冶学生情操,培养学生科技艺术素养,提升学生的综合能力。2005 年三名学生携摄影作品参加了在北京人民大会堂主办的全国青少年科学与艺术大会,展出自己的作品获得好评。2010 年至 2012 年,组织学生长途摄影采风 6 次;组织摄影夏令营、冬令营集训班 6 次;策划主办学生摄影作品展 6 次;辅导学生摄影作品 8 幅在上海世博会公众参与馆展出;辅导学生摄影作品 15 幅在《E 时代中学校园周刊》上发表;指导摄影社团的科技创新活动在英特尔上海市黄鑫科技大赛上获科技实践活动三等奖;辅导学生科学幻想画在英特尔上海市科技创新大赛上获 5 个三等奖;辅导学生摄影作品上百人次获市级、全国级奖。杨老师主持了生态摄影、影视项目,在项目考察中美丽的大莲湖湿地风景图片在"魅力上海"公众微信平台主办的"上海最美区县"评选中,入选青浦区美丽风景,为青浦获得"上海最美区县"第二名出了一份力。这使得我区优势旅游资源得到了广泛宣传,扩大了青浦区的影响,提高了我区的知名度。

2014 年,实验中学创建成上海市摄影教学特色学校,学校的"晨光摄影社"2015 年荣获上海市教委首批命名的上海市 100 个学生科技创新社团的荣誉称号。

③ 晨韵艺术团

晨韵艺术团于2003年9月成立，目前规模有六、七、八、九4个年级梯队，总人数目前为(72、49、57、46)224人，乐团学生分布在十个不同声部。

乐团在多年的扎实的探索、发展中奠定了坚实的基础，近年来聘请来自上海市三大顶尖乐团的上海交响乐团和上海歌剧院的演奏家作为声部教师。

2014年5月，著名指挥家、中国管乐专家、上海歌剧院国家一级指挥、上海音乐学院硕导林友声教授在听了几次乐团的比赛和日常训练后，欣然答应担任我校晨韵艺术团的特聘艺术指导，定期对乐团进行专业指导，把乐团引向了更加专业的道路，也带来了前所未有的机遇和挑战。

作为青浦区大型的学生社团“晨韵艺术团”，曾先后参加国家级、市级、区级各类演出、比赛达数十场次之多。在2014年上海市特色乐队比赛中获二等奖，2015年第32届上海之春器乐专场比赛获银奖，同年上海市第九届非职业管乐团队展演获铜奖，2016年全国第五届中小学生艺术展演上海市活动西乐专场比赛二等奖，同年上海市第十届学生交响管乐团展演铜奖，“梦想的乐章”上海市青少年特色乐队展演二等奖。此外，还曾先后参加特奥会青浦火炬接力点演出活动，青浦区第五、六届学生艺术节开、闭幕式演出、国际青少年文化交流暨田野音乐会及开幕式演出等。2010—2017年，连续八届举办青浦区实验中学“实验之声广场音乐会”。

作为专业水准日益提高的我校“晨韵艺术团”，在众多的市、区级各类展示演出、比赛过程中，不断扩大自身的影响，“以美育人”的理念在社会上赢得广泛认可。特别是2014年9月29日，我校“晨韵艺术团”举办的自2003年成立以来在上海专业音乐演播厅的首次演出，在社会各界产生重要影响，起到了振奋人心的作用。

为了这一天的演出更为精彩，来自七、八、九三个梯队的152位管乐队同学经历了整整一个暑假的辛勤排练。在顾曙萍老师和缪静蓉老师的带领下，在上海专家老师的专业指导下，在音乐班四位班主任老师的积极配合下，此次共准备了16首曲子，由顾曙萍老师担任指挥。

精彩而完美的演出，赢得会场一阵阵掌声，也带给同学们无比的动力，带给学生家长无比的感动。实验中学全体师生用这样的音乐盛会，共同庆祝我们国庆节的到来。

(3) 学校体育特色长期保持

长期以来，学校不断推进体育工作，重视全体学生日常体育活动，提高学生的身体素质，坚持两课两操两活动，并坚持每天组织全校学生跑步1 000米，每天锻炼一小时等。既重视体育基础课的教学，又重视体育兴趣活动的开展。以每个学生发展为核心，确保学校体育工作的成效。

① 学校体育传统特色项目与荣誉

我校办学至今一直是区体育传统项目学校，从1995年开始，被市教委命名为上海市体育传统项目学校(田径),上海市群众体育先进单位,1997 年体育先进单位,2000 年率先实行“体教结合”创办体育班,2002 年荣获教育部颁发的“贯彻《学校工作条例》优秀学校”,2003 年又被评为上海市体育传统项目学校(田径),2004 年成立青少年体育俱乐部(青浦区学校系统第一家),2005 年荣获市中小学生暑假“人人运动,学会游泳”优秀组织奖,2006 年申报市体育传统项目学校(水上运动)。

② 坚持体教结合,培养优秀体育人才

我校作为市、区体育传统项目学校,坚持并加强体教结合工作,努力培养更多更优秀的体育人才,我校每年在教育局的支持下,在全区范围内招收了几十名体育特长生。2000 年以来,集中编班(体育班),专门配备一位体育老师担任副班主任,体育班在历年军训中都是模范班,在各年级行为规范、道德情操、班风建设都是佼佼者。体育班培养了一批德才兼备的优秀体育人才,在市级乃至国家级比赛中获得了优异的成绩,为校增光添彩(见表 4-22)。

表 4-22 体育班创办以来,特招生毕业去向表

毕业时间	升入市重点高中	升入区重点高中	其他高中	高中特招
2003 年	7	5	4	6
2004 年	7	3	7	7
2005 年	10	4	8	3
2006 年	13	6	4	2
2007 年	—	—	—	1

③ 体育特色项目

目前,我校设有足球、田径、赛艇等特色项目,除了由庞利荣、陆海空、李忠等体育老师带队训练外,还特聘了校外乃至国外的经验教练来校,定期组织进行有序训练,效果显著。2012 年,获上海市《新民晚报》杯足球赛甲队和乙队的第三、四名,三名同学获市民防运动会第一到第三名,一位同学获上海市中学生田径运动会 60 米第一名、100 米跨栏赛第三名,一位同学获市十项系列赛乙组 800 米第二名,一位同学获第十五届中学生运动会 1 500 米第一名。其他获奖不胜枚举。

近几年的体育新教师招聘中,特别关注特色化人才的招募,有的新教师本身在上大学期间已经是某项目的国家级运动员,已经取得过较高的荣誉,招聘来以后,能直接或间接为我校开设的或正要开设的特色项目做出贡献。

除上述几个我校特色项目之外,我校不少体育项目的师资都很强,如篮球、乒乓、游泳等,都培养了不少体育优秀学生。

④ 体育课题研究

随着全校教师们的教科研热情的日益增高,体育教师们也不甘落后,论文、课题研究、项目指导经验总结等经常发表在市区级报刊，并获得教科研成果奖。

近年来，因为雾霾天气造成严重的空气污染，导致室外活动（包括体育课）无法正常开展，体育教师们新老结合、群策群力，进行“课堂策略性转移”的研究，利用学校教室及所有场馆，结合学生各学段的实际特点，开发适合室内场地的教材和教学方式，弥补学生体育运动量减弱的不足。为此他们还申报了《“大气环境”变化引发体育课堂策略性转移的教学研究》课题，进行相关研究，以党支部书记、原体育老师冯建忠老师为课题负责人，高廷波老师为课题报告执笔人的课题被评定为区级重点研究课题，获得了区教育局、体育局相关部门的高度重视。

在构建我校特色教育的过程中，我们认识到，优质的特色教育应该是一所学校长期积淀下来的精华，而且，既要在内容上有特色，还要在教育方法和教育模式上有特色，既要有能胜任特色教学的个性化教师，还要有特色课程的设置，并且要有特色教材的编写、审定。按部就班、循序渐进，才能产生良好的特色教育效果。

当然，在学校的正确引导、激励之下，个性化、特色化的教师群体正在逐渐壮大，这支队伍的快速发展，也必然会使学校的特色教育精彩无比、效果更佳、前程似锦。

第三节　研究学生——是学校教育的生命线

一、重视心理教育，使学生获得持久内驱力

我校的“心理健康教育”始终“以学生身心健康发展”为宗旨，历经不断追求、不断探索、不断创新、不断发展、不断完善的过程，至今已形成了学校三类教学活动课程中的一大特色。这一特色，呈现出了学校心理教育发生了“六维度”的变化：即教育向文化领域“跨涉”的演变；课堂教学形态向多样多姿的演化；教学对象也发生了“增量”变化；教学时间因延伸而发生“变量”；教学空间也因场域的拓宽而发生了“变量”。以致演绎成学校新颖心理教育体系。这一体系，也呈现出：课程、内容、对象、形式、时间、空间做有机结合、互动的“模块式”结构。这一心理特色教育，首先，使学生获得身心健康发展；其次，让学生学习具有持久的内驱力，促进学生全面发展。

（一）面对“一不二无”现状，探索心理教育蹊径

学校对心理健康教育进行探索，始于建校初期20世纪八九十年代。当时初中不设心理课程，学校无专业心理教师，也无心理教材。在这“一不二无”的现状下，我们不忘学生的身心健康，不忘激发学生学习的兴趣，也不忘培养学生学习能力，实现学生全面发展的办学目标。至20世纪90年代初，学校经研究，聘请了一位爱好心理学，且有一定心理专业知识的数学教师，兼任学生心理咨询老师。可当时既没有心理教材，也没有心理专业教

室，但在校舍紧张的前提下，还专为心理教师作心理咨询室兼办公室提供场所。就这样，学校的心理健康教育从无到有地开展了起来。不久，心理咨询教师，还定期为全校班主任做心理专题讲座；配合讲座内容编印了"心理小报"。

20世纪八九十年代，随着社会的变革，不少家庭发生婚姻变故。由此，出现不少单亲家庭、单亲学生。"双单学生"发生不少心理障碍，不仅严重影响了学生身心健康，也丧失了学习的目的与动机，滋生了厌恶学习的不良心理，甚至出现学生叛逆父母、背弃家庭、厌学逃学的严重案例。面对那些外生性学习动机丧失，内生性学习动机低落的学生，学校当如何进行教育？教师如何激发学生的学习内驱力，让学生对学习具有持久的动力？学生如何以自己的内驱力，在学习活动中获得学习能力？如何让学生持续不断地体会学习的乐趣并获得学习的成功与创新呢？这连锁反应的问题是当时学校、教师所面临的前所未有的棘手的心理教育问题。

我们知道：学生学习的成功，并非取决于智商因素，或许更多的是取决于情商，如对学习的情绪、兴趣、喜爱与坚持、努力等的意志品质；还有对学习环境的适应程度，当然也不否认学习方法的正确与否等因素。此外，学习榜样的作用也是不可小觑的一种激励学习的外生性动机之一。

总而言之，学校必须设置"心理教育课程"以解燃眉之急。如果说自1987—2000年是学校心理教育发轫的第一阶段，那么这一阶段的心理教育充其量只是"从无到有"的一个转机。因为这一阶段的心理教育一不设课程，二无专职心理教师与教材，只是一种学生心理辅导——心理咨询而已。它反映了学生学习与心理教育的相关性。以下即是学校心理教育的发展阶段。它反映了学校心理教育的紧迫性。

（二）迎来峰回路转新局面，开创校本心理课程培训

2001年，进入新世纪，社会上家庭发生夫妻婚变、父母分居、家庭暴力；遍地开花的科幻、动漫、电子游戏等对学生的诱惑；学生进入青春期缺乏正确的心理引导等。这些综合起来，使相当一部分学生受到不同程度的负面影响。这些影响导致学生学习受影响的程度比以前更惨烈。我们曾做过不止一次的关于特殊家庭、单亲家庭、单亲学生的问卷、访谈等调查研究，结果比20世纪八九十年代更危重。"危重"是指家庭变故以及社会上电子、动漫游戏的诱惑对单亲学生学习的危害严重程度。此时，学校根据教育部印发的《中小学心理健康教育指导纲要》意见，开设了"心理健康教育"课程，列入学校三类课程中的"基础型课程"；定起始年级——六年级（预初年级）开设，每周1节。向八、九年级学生开放"心理咨询"。编印《心理小报》，每周分送全校各班，供班级黑板报选登。这是学校"心理健康教育"响当当的面向学生的一次"质"的提升。

2004年，学校为心理健康教育需要建立了学校心理室为加强心理健康教育，开设了《班主任心理辅导》，对全校班主任进行校本课程培训。以帮助班主任老师因应学生心理咨询、激发学习动机以及学生不当心理行为纠偏等之需。之后，学校心理室又开设了"心理活动微型校本课程”。校本“心理活动课”的开设，为初一、初二年级学生提供了拓展选修课，每周一节。

此时，我们认识到学生的心理问题，绝非上几节课，做几番心理疏导，进行几次行为纠偏所能解决的。何况学生的成长、生活、学习等空间除学校外，还有家庭和社会。家庭、家长应是子女当仁不让的“心理教师”。为此，在校长室的支持下开设“家长学校”，为家长开辟心理咨询热线电话。利用学校与家长这一渠道，建立“家长学校”，定期举办有针对性的专题讲座，鼓励家长积极主动地与孩子互动。通过互动，充分发挥学校辅导家长的心理健康知识，在互动中让家长领悟呵护孩子心灵健康的积极意义。让家长学会本领，收获成功的喜悦。学校在长期心理教育实践中，逐步形成根据初中生身心特点的家长校本心理辅导课。

该课程注重实例分析来透视孩子的心理问题；指导家长进行积极干预、纠偏，达到修复孩子的不当、破损心理，使之健康快乐成长。

(三) 改善学校教育环境，完善心理教育体系

2009 年秋，学校迁入新址，占地 70 余亩，建筑面积达到 23 000 平方米。新环境致使学校教育、教学设施渐趋完善，也为心理健康教育形成特色创造了必要的物质条件。学校目前规模：教学班达 48 个之多，学生多达 2 600 人。学校班级数多，学生量大的现状，心理健康教育尤显重要，好在学校心理专职、兼职教师已有三人之多。这些为创建心理健康教育特色初步具备了条件。

1. 充分利用资源，发展心理教育

2010 年秋起，学校成立了“心理辅导中心”，探索心理教育新途径。首先，加强心理健康课教学。其次，开设拓展型心理类选修课程，供六、七年级学生选修。

加强“心理健康”教学着重体现在：第一，继续将该课程列入学校的“基础型课程”。我们将心理健康列入学校的“基础型课程”，是沿袭 2001 年的课程设置，原因是重视学生心理教育。因为学生学习成功与失败的原因，不能简单地归结于学生知识占有的多寡与学习能力的大小上。从某种意义上说，或许是学生的心理因素使然。学校、教师、学生，乃至家长都有责任，这四者谁都不能轻忽，都应该重视；何况这四者之中学校教育首当其先。学校教育的核心是“课程”计划，故我校把心理健康教学列入“基础型课程”，是顺理成章的。

至于基础型课程的“心理健康教学”试用市中小学拓展型课程教材，是因该教材所具的特点而选用的。“心理健康自助手册”也称“心理辅导活动课程”。教材在“编者的话”中明言：“它以活动、游戏为中介，通过学生参与、体感和感悟，认识自己，开发自己的潜能，挖掘内心积极向上的一面，从而提升个体的幸福指数。”

再说，我校是以“活动—发展”为教学模式的实验性学校，这一课程教材正切合我们的教学现状，以便于教学实践，故选用这一教材是准确、恰当的。

此外，我们还可借此推进对教法作些合理、科学的探索，以期更加丰富教材的内涵，当然也可拓展这一“基础型课程”的外延。

以上举措——心理课程改革拓展与教材的使用，最终目的是重视学生的心理健康教育，挖掘学生的内生力，进而获得持久的学习驱动力。夸大些说，这关乎学校教育生命线刚性与韧性的“质”的提升，这是学校教育的根本性问题。

运用“活动—发展”教学模式，提升育人功能的最大化。要提升育人功能的最大化，首先得把握教材，在教学过程中能体现其三大鲜明特征：第一，“它是学生进行自我探索的过程”。第二，“它是注重体验和感悟经验性活动过程”。第三，“它是以互动、自助为机制的人际互动过程”。教材的三大特征，揭示出了特征的内涵，即“自我探索”“体验和感悟”“人际互动”；同时也强调了三项活动必须进行的行程及活动发展的全部程序，也即只有实践了活动的全“过程”，才会达到活动的目的。

此时，我校心理教育具备了软、硬件的双优势。“软件”是指学校的心理教育有了课程、教材与“活动—发展”的教学模式；“硬件”是指学校的教育环境有了前所未有的扩展，又有了专兼职的心理教师多名。教育、教学条件渐趋优越，如开设心理教学活动七个专用室。心理教育活动七室是指：心理教师专用室 3 间：心理办公室 1 间、心理咨询室 2 间——学生咨询 1 间，家长(团体)咨询 1 间；学生心理活动专用教室 4 间：团体辅导室 1 间，沙盘活动室 1 间，心理图书阅览室 1 间，情绪宣泄室 1 间，合计 7 室。但心理教育改革决不能“失衡冒进”，而应“水到渠成”，故学校领导提出心理教育“守正创新”发展的原则。

2. 心理教育应“守正创新”

“守正创新”中“守正”是指立足课堂教学，以课堂教学为心理健康教育的核心，是主平台，应固守、坚持，不能有所偏移。为此，学校鼓励教师上好每堂心理健康课。正确把握教材内容，创造有益、有效的活动形式，真正让学生享受到有所得的心理健康课。

心理健康教学，主要通过关于人际关系、自我意识、情绪管理、学习心理、青春期教育、异性交往、创新意识、时间管理、职业规划等九个心理专题进行教学。学生普遍感兴趣，并且喜欢探索自己的内心世界；对心理小测试也非常有兴趣。课堂教学《“拍卖”行动》《认识生命》《我的身体会说话》等公开课曾获区级奖励。学生课堂上感受到了自由选择、生命意义和人际沟通的非语言性号的表达形式与意义。

心理健康课堂教学一方面呈现出师生交流的信息量大，受众者多，但毕竟不能满足学生不同心里的需求。为此，我们发挥学生心理咨询的功能。学校“心理辅导中心”开设“心理咨询室”和“宣泄室”专用教室，供学生心理特需。心理咨询时间：每周一到周五开放，中午 12:00—12:30，下午 15:30—16:30。每天 1.5 小时，每周约 10 小时。

学校心理辅导中心还为学生举办专题“心理讲座”，每学期 2—3 次。预先公布讲座专题，供学生选择参与。

3. 社团心理活动课程的创新、发展与完善

学校开设的“非限定性心理类拓展课程”——“心探索社团活动”课程，成立于2009年，旨在培养学生对心理健康的兴趣和爱好；体验更多的心理文化；学习探索自己的内心世界，融入团体，感受与心理相关的活动魅力；并协助老师开展心理健康月活动，以及开展社区心里服务活动。该拓展课程供六、七年级学生选学。六年级以团队游戏为主，在游戏中感受快乐和失落；体验竞争和合作，以达到培养团体精神，增强自信心，锤炼领导力等目的。每周1节；七年级以OH卡牌、玩偶对话、团体沙盘、仪器训练等活动为主，进行较为深入的心理探索，对心灵的世界有更多的了解和领悟，对自身人际关系有更多的察觉与认识，从而帮助学生处理自己的情绪，学会协调人际关系，使之和谐融洽，每周2节。教材采用校本教材，内容有《团队建设活动》《心理文化赏析》《仪器体验》《团队沙盘》《音乐想象与放松》《注意力训练》《自我探索》七个专题活动。

(1) 社团活动课程的内容介绍

这类常规社团活动，一般利用学校拓展课时间进行；有时结合“心理健康月”活动开展：一类是由各班级的心理委员组成；另一类是由其他对心理健康教育活动有兴趣、爱好的学生组成。从六年开始，持续两年，参加成员基本稳定，社团心理活动充分发挥学生自主性，在学生自由选定活动专题的前提下，经过心理老师培训指导，然后开展活动，活动后做分享小结，帮助学生更多、更好地从活动中获益。

(2) 社团文化的培植

“心探索”社团成员经培训学习后，共同制作《阳光心灵》电子小报，每月1期，至今已刊出70多期了，深得学生喜爱。小报虽由心理老师统筹把握，但报上刊出的名言、寓言、诗歌都由社团成员收集整理刊登于栏目：“心理视窗”“心灵放飞”“心声呐喊”“学生作品”“咨询案例”之上，向广大同学宣传。报纸虽小，但每一版皆有责任编辑，皆有署名；且每期出版均有社团成员参与，让他们有收获有成就感。

“心探索”社团不仅编印《阳光心灵》电子小报，还向全校播放“心理之声”广播节目。每周二、四中午，“心理之声”播送心理知识，介绍心理方法，至今已举办六年多了。年复一年，播音员在心理老师的指导下，学会了如何选稿组稿，如何录音播放，如何播音、配乐等。他们成长的同时，还给校园带来了知识与快乐。

每个月，由心理老师和社团成员们一起筛选两本心理书籍，推荐给每个班级借阅；学生可以自行购买心理书籍来心理辅导中心阅读，也可来心理阅览室借阅。到目前为止，心理图书馆借阅量已达五百人次。有些书籍被学生反复借阅，如《管好自己就能飞》《青鸟》《与神对话》《做个有出息的男孩》《做个有出息的女孩》等，也写了不少“读后感”。学校心理教育的多样化，更在于注重培养学生的能力发展，与培养学生热爱阅读，增长文化“底气”。

心理老师指导社团成员创作、排练“心理剧”。让学生通过创作、排练，演出心理剧来

表达自己的内心世界和青春期的生活冲突。在心理老师的精心指导下,社团成员自发组队,选择编剧、导演、演员、道具准备、PPT制作等任务分工。学生经分工,边创作、边修改、边指导、边排练,经多次、反复的努力,终于创作出颇有新意、也颇有深度的儿童心理剧作品。比如《叛逆的小孩更需要爱》《您看,那十二颗星子》《玛丽苏进化记》《早恋:甜甜的苦涩》等。这是学生在自编、自导、自演中不断地感悟,不断地成长的心路历程(见表4-23)。

表4-23　学生自编、自导、自演心理剧

类　别	剧　　目	主　　题
独幕剧	《甜到了尽头就是苦》	友情即"勿忘我"。友情会因小小的争执而更甜,那就应铭记,甜到尽头就是苦,且苦尽必甜来。
多幕剧	《叛逆的小孩更需要爱》	我们同学之间要互相沟通,毕竟同龄人更懂得对方的内心。
多幕剧	《玛丽苏进化记》	世上的人谁没有过错,最主要的是懂得自己错了;世上的人谁没有原谅别人的过错,最主要的是懂得宽宥别人。
多幕剧	《您看,那十三颗星子》	青春在人生之空划过,留下的颗颗星子,夺目闪耀,那是我和大家在时间中留下的掌纹;愿我的友谊伴你一生,愿那颗星子随你青春。
多幕剧	《暗流涌动时,我需要方向》	每当我们分不清喜欢、爱、仰慕和崇拜时,真希望有师长来指点引导我们,以便辨认清楚,重新回到纯真、快乐的友谊之中。
多幕剧	《早恋:甜甜的苦涩》	人需要爱,但早恋是应该谨慎的,青春是美好的,这段时光是有限的,大家应该好好珍惜。

自2010年始,"心探索"心理社团每年参加由上海市教科院普通教育研究所、上海市中小学心理辅导协会、上海市家化联合股份有限公司组织"家化杯"主题活动。每年一个主题,规定一种形式,给参赛学校评奖。2013年始又由上海市教育委员会德育处和上海市心理健康教育发展中心组织"上海学校心理健康教育活动日"主题活动。也是每年一个主题,规定一种形式,给参赛学校评奖。

(3) 心理教育"走进"家庭

2013年学校根据学生青春期逆反心理,对家庭产生叛逆行为,家长经常来校反映,期求学校教育。此时,学校尝试创办小型家长与学生(孩子)共同参与的心理辅导活动,采用互动、活泼、放松的活动形式,取名"家庭团体辅导活动"。因活动有针对性,形式也较生动、多样,故收效较好,深得家长、学生好评。

① 家庭团体辅导活动

先由家长与子女各自汇报彼此所做的事情和了解到对方的信息,然后组织亲子沟通活动——盲行相伴。每个家庭亲子组，先由子女扮作“盲人”；由父母搀扶前行，绕过障碍物到达终点。然后，角色互换，同样行走。之后双方交流沟通，互相信任，拥抱对方，分享感受，互送准备的小礼物。小礼物由10层纸包裹，每层纸上写有一句爱的行为提示；或一句感恩的话语；也可是一个请求解答的问题或疑惑。最后，请写下一句最想感谢的话语；再合影，谈话感言(见表4-24)。

表4-24　家庭团体辅导活动调查表

1. 我们(父母和子女)的沟通有所增加？	是□	否□
2. 我们的亲子关系得到改善？	是□	否□
3. 孩子逆反行为的消极作用得到控制？	是□	否□
4. 是否愿意继续参加家庭辅导项目？	是□	否□
5. 孩子/父母是否有正向的改变？	是□	否□
6. 你印象最深刻的一个学习是什么？ ________________ ________________		
7. 请写下你最想感谢的一句话。 ________________ ________________		

调查该项活动后获得：70%以上的成员觉得我们的沟通有所增加，亲子关系得到改善，愿意继续参加家庭辅导项目；85%以上的成员能够察觉自己在与家人沟通中的问题；60%以上的成员觉得孩子的逆反行为消极作用得到控制，父母/孩子有正向的改变。大部分成员对“家庭团体”的学习印象深刻。

2015年9月，我校心理辅导中心公布《青浦区实验中学家庭心理健康教育指导计划》。计划开门见山地揭示家庭心理教育的深邃意蕴：“家庭是人生的第一课堂，家长是孩子的第一位教师，也是孩子的终身教师，对学生进行健康的教育离不开家长的言传身教与和谐融洽的家庭关系及氛围。”这一导语开宗明义地揭示：教育孩子成长是家庭、家长的天职。面对这一重大而又神圣的职责，家长必当以身作则，言传身教；家庭气氛必当和谐融洽。这可是家庭、家长对孩子进行健康教育的必要而重要的前提条件，但这并非每个家庭，每位家长所具备的，其涉及与家庭、家长相对应的另一方——学校与教师。此外，教育学生，使之心理健康也是学校与教师义不容辞的职责与义务。是故，学校、教师，特别是学校心理辅导中心的老师们，理当承担家庭、家长心理健康教育的指导、帮助，让家庭、家长更新教育理念，学会对孩子的心理健康教育掌握一些专业知识与技能技巧，以至于能掌握些心理教育的艺术，以便更好地配合好学校、老师，做好家庭、家长对孩子的心理健康教育工作。

是年，学校举办“家庭辅导沙龙”与“家长心理沙龙”。“家庭辅导沙龙”是系列活动，由我校心理老师庄艳和外聘李哲浩、吕槟三位老师共同主持。每两周活动一次，时间定于周末进行，每次活动 2 小时。每一期沙龙招募约 20 名家长，自愿参加。在沙龙活动中，心理老师采用“萨提亚家庭治疗模式”和“结构式家庭治疗技术”，融入学生编排演出的“心理剧”和“欧文亚隆团体”辅导的经验对家长进行心理辅导。

组织家长们定期参加学习，开设诸如：情绪管理、心理健康意识、青少年心理特点、亲子沟通等主题讲座。帮助家长提升和改变自己，从而带来整个家庭成员心理、心态、人际关系等改变，达到家庭和谐。目前这个沙龙已成功举办了 6 期，反应良好。家长们都觉得受益匪浅。沙龙活动后，还组织家长们在网上讨论和交流，并在微信公众号中分享学习的心得，成功的喜悦。

② 家庭辅导沙龙活动

这一活动采用家长自愿报名参加，定期举办，循序渐进地推进家庭心理健康教育，增加家长对子女进行有的放矢的心理教育认知方法和能力；活动也对家长的不当心理作一定的治疗和修整。活动融入萨提亚家庭治疗，结构式家庭治疗，心理剧，欧文亚隆团体等理论技术，并采用线下活动，线上讨论的互动形式，充分发挥家长资源，做好子女心理健康问题的预防、治疗，让子女更健康，家庭更和谐。

③ 家长心理沙龙

由学校学生发展处主任陆欢老师利用晚上休息时间，为家长举办心理辅导活动。活动以主持、聆听为主；针对家长的求助，先进行心理抚慰，克服内心恐惧，再让家长学会运用心态疗愈方法，纠正自身内心的焦虑，并学会既心平气和，又主动、热情地针对孩子的不当心理和失当行为，进行家庭心态疗愈。这一活动还借家长会时机，对六、七年级学生家长作专题讲座。专题如：《陪伴孩子走过青春期》《如何面对初中孩子的逆反心理》《关注孩子的心理健康成长》《家长需要注意的孩子人格缺陷》《批评的艺术》《欣赏你的孩子》《赏识你的孩子》《神奇的心理暗示》等。让家长们学习了解青春期的孩子，“学习”成为好父母的艺术，配合学校更好地开展学生的心理健康教育工作。

（4）心理教育“走进”社区

我校的心理教育是先由课内走向课外，然后再由校内走向社区。形成课内外结合、校内外结合的泛区域形式的心理教育新模式，使之成为学校心理教育的一个特色。

2016 年始，学校“心探索”心理社团进社区服务。心理社团进社区服务活动是由 2011 年“走近你我他，社团进万家”活动发展而来的。当年社团进万家活动，主要进社区进行卫生、精神文明宣传。学生自制宣传海报，学会礼貌，鼓起勇气、敲开大门，向千家万户分发海报，宣传文明，讲究卫生的公益服务。这对学生来说也是一种社会实践和锻炼。

如今，社团进社区服务的目的是向老年人宣讲心理保健知识；帮助老年人做好心理调整和过渡；帮助老年人知道心理健康基本常识。形式有“心理讲座”“宣传展板”“知识问答”。此外，由于一般老年人还有带领照看孙辈的义务，因此，社团还需组织儿童开展游戏类活动，既服务儿童，又让老人们安心，专注投入社团服务活动。

(5) 实现多途径家校联动，促进家校和谐沟通

① 成立两级家委会。我校成立了校级、班级家委会，定期召开会议，征求家委会成员对学校工作的意见和建议，及时沟通、共同探讨，解决在学生行为习惯养成教育、心理健康教育过程中发生的各类问题，以增强家校联动教育的效果。通过这些活动，家委会充分行使职责，发挥应有作用。

② 设立家长开放日，每学期我校在每个年级设立两个家长开放日，让家长参与校园一日活动中，观摩师生上课，感受孩子在学校的教育与发展，并分享学校良好的教育氛围。也请家长提出合理、科学的建议，以利于学校更好地开展教育教学工作。特别是让学校、家庭、老师、家长更多地关注学生(孩子)的身心得以健康发展。

③ 运用网络、多媒体，构建家校、师生联系、沟通平台。随着现代化通讯的日益发展，学校除了利用家访、电话、家长开放日等形式活动外，还组建“家长 QQ 群”“家长微信学习群”“师生 QQ 群”，不定期地给家长发布一些学习资料；发起一些“热门”话题讨论，有必要时可邀请、组织家长来校参加活动等。

近年来，我校获得了上海市中小学心理辅导协会第五届(2009—2011 年)心理健康教育先进集体；2013 年首批成为“上海市心理健康教育”达标学校；2014 年获得“心理健康教育活动月”优秀组织奖；心理辅导庄艳老师因而分别获得上海市中小学心理辅导协会 2009 年度和 2011 年度先进青年称号；心理活动课大赛分别获得市二等奖，区一、二等奖。

(四) 对学校心理教育的实验创新的一些认识

我校的心理健康教育历经三十年的砥砺奋进，其间，始终伴随学校教育教学改革的步伐，不断深入探索、创新、发展和完善。三十余年来不忘初心，守正创新，矢志为实现学生身心健康，为学生全面发展而努力着。

由表 4-25 可见，我校心理健康教育的发展不只是“量”的变化，更是“质”的提升。心理健康教育“量”和“质”的变化与提升，主要体现在以下诸方面。

其一，是教育的内涵发生了升华，体现在教育领域向文化领域的“跨涉”，即心理健康教育由原先的课堂教学与拓展心理活动课向文化领域“跨涉”，如指导学生创办“心理小报”，举办“心理广播”。又如向戏剧表演“进军”，学生在心理教师引导下，自编、自导、自演“心理剧”。此外，还有书法、绘画、演讲、展板等诸多文化样式，呈现学校心理教育向文化创新，极大地深化了其内涵，也提升了其教育品质。这是一种心理教育的“质变”。

其二，是心理健康教育由原本的课堂教学唯独的形态向多样多姿的形态演变。心理健康教育不再囿于“课堂教学”这种单一形态。随着学校课程的开发，其为学生的心理健康提供了课外“心理咨询”“心理团队游戏”“心理专题讲座”“心理戏剧表演”。为使家长掌握教育子女的心理方法，如举办“家庭心理辅导沙龙”“家长专题讲座”“家校热线”“微信平台”“家长 QQ 群”“家长聊天屋”等活动形态；为社区老年人心理服务，照看小孩等活动形式。种种活动形式发展了多形态、多层次的学校心理教育，这从教学形态上说又是一种

表 4 - 25　青浦实验中学“心理健康教育模块结构表”

模块	课程、活动	对　象	形　式	时间、安排	限定/自选	内　　容	场域
模块 1	心理健康教学	六年级	课堂教学	每周 1 节	限定	上海市中小学拓展型课程教材：《初中生心理健康自助手册》	课堂
模块 2	心理选修 心理拓展课程	六年级 七年级	活动课	每周 1 节 每周 2 节	学生自选	《团队建设活动》《心理文化赏读》《团队沙盘活动》《仪器体验活动》《音乐想象与放松活动》《注意力训练》《自我探索活动》	专用教室
模块 3	心理咨询 心理讲座 心理阅读	六、七年级 六、七年级 六、七年级	心理咨询 专题讲座 阅览	每周开放 10 小时 中午：12:00—12:30 下午：15:30—16:30 每学期 2—3 次 不定期随时借还	学生自选	《如何处理同伴关系》《如何化解学业焦虑》《积极地接纳自己》《如何对待考试挫败》《如何正确对待早恋困扰》 《正确对待家庭矛盾》《恰当地进行异性交往》《职业生涯规划初期辅导》《如何正确认识我们的逆反心理》 心理书籍、报刊	心理专用教室
模块 4	团队心理活动	六、七年级	心理游戏	每周 2 节	学生自选	团队沙盘、团队游戏、OH 卡团体、减压放松团体、音乐辅导	专用教室
模块 5	心理文化 办广播 编小报	全校师生	编、办 心理小报、广播	每月 1 期 每周 2 次	限定学生	《阳光心灵报》《心理之声广播》	校园
模块 6	心理专题活动	六—九年级	主题活动、 心理健康月活动	每年各 1 次	限定学生	1. “家化杯”主题活动；四格漫画展心声“真情实感绘世博”“社团进万家”“让我感动的心理故事” 2. “心理健康月活动”：演讲比赛、海报、卡片、小报、心理剧等	专用教室

续　表

模块	课程、活动	对　象	形　式	时间、安排	限定/自选	内　容	场域
模块 7	心理剧	全校师生	校园公演	每年 1 次	学生自选	1. 多幕剧：《叛逆的小孩更需要爱》《玛丽苏进化记》《您看，那十二颗星子》《暗流涌动时，我需要方向》《早恋：甜甜的苦涩》 2. 独幕剧：《甜到了尽头就是苦》	校园
模块 8	家长开放日活动 家庭辅导沙龙 家长专题讲座	家长	校园、班级开放日 家庭辅导沙龙 家长讲座	每学期 2 次，半天； 每周三晚上； 每两周 1 次	家长自愿	1. 向家长开放课堂、校园；食堂供应免费午餐 2. “运用萨提亚家庭治疗模式和结构式家庭治疗技术”辅导家长 3. 主题讲座，如：《陪伴孩子走过青春期》《家长需要注意的孩子人格缺陷》《神奇的心理暗示》	校内 专用 教室
模块 9	社区服务活动	社区居民	老年人：讲座、展板、咨询 小孩：游戏	利用寒暑假开展活动	学生自选	1. 给老年人介绍心理保健知识、心理讲座、心理知识问答、心理卫生展板等； 2. 带领小孩做游戏等。	校外 社区
模块 10	家校通讯联络	家长	微信公众平台	全天候开放	家长自愿	1. 家委会；家长 QQ 群；家长微信学习群；邀请家长参加“心理学习活动”等 2. “家教微心理”短信贴士服务、“教育短信”；转介区“心理辅导热线”“一站聊天屋”等	家校

“质”的演变。

其三，学校心理健康教学课程起初是为六年级学生开设的。之后，随着心理活动课的开设，即面向六、七年级学生。课外心理咨询也面向六、七年级学生。心理专题讲座面向八年级学生。心理小报和心理广播是面向全校学生的。每年举办的“心理专题活动”是六—九年级都可报名参与的。每年一次校园公演——心理剧，是面向全校师生的。但这还远远不足以满足校园之外的家长和社区居民等对象，对心理辅导服务的需求。后又随着心理教育的需要和学校的可能，学校逐年有计划、有针对性地为家长举办“心理专题讲座”和“家长沙龙”；搭建家校微信服务平台和建立“家长QQ群”，提供家长对子女心理教育之需。之后，为街道社区居民(老年人)服务，如提供“心理辅导”“健康知识讲座”；还为老年人带领的小孩提供服务——做游戏等。这样，学校心理健康教育的对象不再囿于学生而扩大至家长、社区老幼民众。这是心理健康教学对象的“增量”变化。

其四，学校心理健康教育因学生的发展之需而进行课程改革，随之，心理健康教学的时间也发生了根本性的变更。因原先囿于一节40分钟而扩展至一个时段，如提供学生课外进行的“心理咨询”，每周开设10小时，每天中午半小时；下午1小时。学生“团队心理活动”，每周两课时，计80分钟。再如为学生提供的“心理专题讲座”，每次需2小时。有的活动利用寒暑假进行，不能拘泥于时间的长短多寡。再如每年的“心理专题活动”，从制作作品到参赛需历时两周左右。也有利用双休、节假日参加社区、街道为民服务的，不会因时间长短而影响活动的进行。对家长的“心理辅导讲座”或“沙龙”往往安排在周三或周末晚上，每次都在两小时左右。其中时间跨度最长的，要数“家校心理微信平台”，这是学校心理教育的“全天候开放”服务项目，不分节假日，也不分白天、黑夜，一年365天，家长“凡有所求，必有所助”。这是心理健康教育时间的延伸的一种“量变”。

其五，囿于心理健康教育的外在因素诸如时间、对象、形态和内在因素诸如课程、活动内容等的不断创新发展，因而与“时间”相对应的“空间”这一维度也发生了因“场域”变更而产生“连锁反应”。当然，在客观上也因2009年9月学校迁入新校址，教育、教学空间发生了根本性变化。其时，心理教育“生逢其时”，也乘上了“顺风船”，发生了让人羡慕的变化。心理教学由原先的校内“课堂”向校内“心理专用教室”施用扩展。这只是室内由“堂”向“室”的变迁，但还是在“室内”。后因“心理活动课程”的开设，“心里主题活动”的开展，便由室内向室外“拓展”，但仍在校园内。之后，因心理教育发生量与质的拓展变化，逐渐由校内走向校外，乃至走向社会，走进社区。这是我校学校心理教育前所未有的变革，是因空间场域拓宽而引发的“量变”。

其六，我校心理健康教学无论发生多烈的变革，多大的创新，可万变不离其宗的是心理健康课堂教学的“守正”原则从不变更。近十年来，心理健康教育改革创新层出不穷，但始终坚持学校“活动—发展”的课堂教学模式；始终坚持以“心理健康教育”为基础型课程；始终坚持课堂教学为心理健康教育的主平台、主阵地。然而，这一学科的创新也始终没有停息过，特别是2009年学校迁入新校址以来，学校心理健康教育创新发展进入“快车道”，致使心理教学向文化领域的“跨涉”；教学形态发生了多样的“质变”；教学对象也不断呈现“增量与宽泛”；教学时间的延伸而成一种“量变”；教学的空间场域也因之拓宽而产生“量变”。

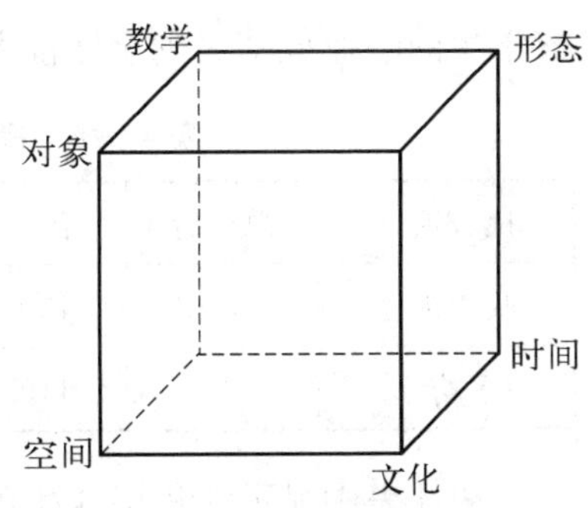

图4-14　学校心理健康教育的六个维度

以上的六个方面，形成了学校心理健康教育的六个维度（见图4-14），即上、下；左、右；前、后。

二、加强特长培养，是学生具备创新能力的有效途径

（一）理想信念——激发了学生进取向上的动力

让学生具有远大的理想信念，具备公民应有的优秀素质，拥有健全的人格，是我们教育的根本任务。因此，我们坚持德育教育为先，将其贯穿在育人的各个环节，贯穿于学校教育、家庭教育和社会教育的各个方面，增强德育的针对性、实效性和吸引力、感染力。

1. 不断丰富“爱诚美志”主题教育系列的内涵

我们把社会主义核心价值体系融入教育的全过程，根据不同年段学生的认知特点和成长规律，分别突出行为养成、道德认知、情感体验、理想信念的教育重点，形成分层递进，有机衔接的教育序列。要不断丰富“爱诚美志”主题教育系列，使之成为学校主题教育特色课程。

2. 实施教育教学全过程育德

我们创新研究了德育实践的途径，充分发挥课堂教育主渠道作用，结合课程改革，推进学科德育，激活所有学科的德育内涵，引导学生在学习中培养正确的情感、态度和价值观，突出实践体验，完善“军政训练”“志愿服务”“生存体验”和“红色之旅”的社会实践体系，促进校内外教育的有效贯通。

3. 形成良好的育人环境

完善学校、家庭、社会“三位一体”合力育人机制，推进学校教育、家庭教育、社会教育有效衔接。强化心理健康教育。倡导师生身心愉悦的教育环境。推动温馨教室、和谐校园建设，优化校园人文环境，形成有利于学生身心发展的校园氛围。

学校特别关注创新培养在基础型课程中的落实，切实抓紧并保证基础型课程中学生的学习质量的稳定和提高，以青浦区2016年初中毕业学业考试成绩统计表为例，证明我

校学生的学业成绩名列全区前茅(见表 4 - 26)。

表 4 - 26　青浦区 2016 年初中毕业学业考试成绩统计表

比较项目	总均分	语　文	数　学	外　语	物　理	化　学	排　位
我校均分	538.2	129.1	132.7	126.8	78.4	49.3	3
区均分	524	119.5	128.6	122	76.1	49	/

统计表中显示我校毕业生的各科总均分高于区平均分 14.2 分,且各科成绩均高于区平均。至于排位,第一名宋庆龄学校毕业生仅 5 人;第二名的学校,毕业生人数是我校毕业生人数 608 人的一半还差很多。全区考分前 10 名的学生中,我校占 6 位,分别为第 1、2、3、5、7、9 名。

学校教育质量的领先地位有力地证明学校"活动—发展"教学模式的推进是切实可行的。也在社会上、家长群中具有良好影响,学生进取向上的自信更强了,社会、家长在舆论上、行动上的支持力度也更大了。

正是因为我们的理想信念的教育蕴含着以人为本的教育真谛,营造了一种人人渴望成长的教育氛围,因而激发了学生向上的本真,提升了学生自信的本能,也奠定了加强学生特长培养的坚实基础。

(二) 校本课程——丰厚了学生成长发展的经历

课程,是指学校学生所应学习的学科总和及其进程与安排。是学校为实现培养目标而选择的教育内容及其进程的总和,它包括学校老师所教授的各门学科和有目的、有计划的教育活动。它是学生成长的主阵地,也是我校"活动—发展"教育模式深化的主渠道。

学校为了让每个学生以自己最乐意、最擅长的方式学习和发展,提出了建设有利于学生多元发展,夯实基础、展望未来、结构完整、层次井然的学校三类课程发展体系。这个发展体系强化学校特色课程的设置,加强了对拓展型、探究型课程的进一步细化,加强了非限定课程种类的设置,形成了既遵循国家的课程指导思想,又贴近学生实际、切实可行的课程新思路。

学校不仅关注学生的创新素养的培育在基础型课程中的落实,更关注学生个性化的发展,关注在具有学校特色的校本课程体系中学生核心素养的有效提升。特别关注学生终身发展的核心能力的培养,因而让课程为学生成长与终身发展服务,提供学生发挥聪明才智的机会。

在学校"加强校本课程建设,提升学校自主发展能力"的指导思想引领下,几年来,学校的多门学科从最初的特色项目建设发展到今天的学校特色创建,多门学科,如计算机、摄影、陶艺、民防、体育、心理等都在原有基础上精心编制了富有特色的校本课程,形成了与学校办学理念相匹配的课程目标、内容、实施和评价一体化的课程建设体系。学校科技、艺术、体育等二十来个社团相继成立并成功开展活动,从不同侧重点综合运用不同学科的知识解决实际问题，对学生的创新素养进行培育。

（三）科技活动——培育了学生科学创新的素养

陶行知先生说：“人人是创造之人，处处是创造之地，天天是创造之时。”这句看似朴素的话语，其实揭开了“科技”“创新”“发明”那神秘的面纱，对人们，特别是对科学世界、未来社会充满畅想、充满好奇、充满憧憬的青少年学生更加充满诱惑力。在日常学习活动中激发学生的浓厚兴趣，鼓励他们创作的强烈愿望，发挥他们丰富的联想，积极投入科技发明，就成了老师们责无旁贷的任务。

1. 科技教育与学科整合模式的探索

为了让学校科技创新的教育与初中学科教学有效整合，以便让社会、家长对学校科技创新教育有充分认识和大力支持，并激发起学生强烈的学习兴趣，学校大力支持校科研处设计建立相关课题进行研究。科研处以《拓宽创新能力的培养途径》为课题，进行了科技教育与学科整合模式的探索。科研处首先以“生命科学”学科与科技教育如何有机整合为突破口进行探索和实践，总结了可供全校其他学科教师们共享的宝贵经验。

（1）以科技进步、科学发现为线索，激发学生的创新意识

“生命科学”教科书上关于高科技发明创造的信息可以信手拈来，我们利用书本上的“中国载人航天飞行”的资料内容相机拓展，展示了21世纪生物学领域国际、国内的巨大科研成果，引发学生探究科学奥秘的浓厚兴趣，为高科技产品出谋划策、贡献智谋的极大热情和创作欲望。我们就请学生利用学科知识，为我们的宇航员设计一套未来的宇航服等，让他们尝试承担起面向未来的责任。

（2）活用教材，开发教学资源，培养学生创新思维

在学习“模拟伤口处理和包扎”这部分教材时，老师就启发学生，有没有发现书本上所教授的方法有一定的局限性？学生立刻发现，急救时，应该简化包扎伤口的方法，在如何利用身边物品进行急救时，学生智慧的火花顿时在老师启发下迸发出来，种种奇思妙想诞生了。两位女同学想出了用头花和男女生都有的裤带止血，并运用充气止血的方案完成了巧妙的构思。这样的“发明”就产生在我们日常的教学之中。学校为她们申请了专利，实际上也让学生明白了，专利、发明并不是高不可攀的，人人都有可能。当然，我们也借此明白了一个朴实的道理，只要引导启发得法，学生的创造潜力不容小觑。

（3）以学科竞赛为平台，提升学生的创新能力

每年，市教委等相关部门都会组织各类学科竞赛，这些活动不仅对提高青少年对各类学科科学知识的兴趣，开发青少年智力、培养青少年初步的科学研究能力等方面发挥着重要作用，而且随着活动形式、研究方法和手段的不断更新，锻炼了青少年们的意志品质，对提升青少年创新能力发挥着重要作用。

我们利用市少科站组织“上海市常见一百种植物识别竞赛”时为我们提供的教学光盘

的机会,结合学科教学内容,为学生介绍大量身边的植物,并鼓励学生为校园中植物挂牌确认。结果我校所有参赛的学生都获得了区一等奖的成果。

生命科学学科的课题论文竞赛是一个常规性学科竞赛项目,其中有机蔬菜的培养技术是一个热点课题,我们带领学生在学校开辟的"一米菜园"进行栽培实验,并充分利用学校周边的资源,借助社会力量进行有机种植的栽培参观实践。学生的知识更丰富了,正是在这种竞赛之中,我们的一名同学获得了首届"上海市科学院小院士"的光荣称号,赢得了同学们的钦佩和羡慕。

(4) 在科技创新大赛中体验创新过程,收获创新成果

当前,由市教委、市科协等单位举办的科技类创新大赛丰富多彩,师生选择余地较大。英特尔上海市青少年科技创新大赛就是一项有 20 多年历史的全市性青少年科技创新成果和科技探究项目的综合型科技竞赛,对提高青少年科技素养,鼓励优秀人才的涌现起着举足轻重的作用。

我校于 2003 年始组织学生参加以上大赛,在多年的积累中,我们的学生在课程中进行探究性学习,领悟科学方法,发现研究课题,终于获得了骄人的成果。我们指导的学生曾获得了市科技创新大赛的一、二、三等奖,其中曹子安同学还获得了上海市第 9 届科技创新"市长奖"等。

"科技教育与学科教学整合模式的探索",只是向其他学科提供了一个成功的案例,而其他学科也在各自的领域内,八仙过海,各显神通,充分显示出了各自的优势,同样取得了骄人的成绩。

2. 提升青年教师的创造能力和动手实践能力

随着科技的不断进步,创新浪潮从来没有今天这么汹涌澎湃。毋庸置疑,青年一代成了科技创新队伍中的生力军。

我校青年教师学科理论基础扎实,思想活跃,利用信息技术的能力较强。工作积极主动,具有指导学生开展科技活动的能力,意识强,启动早,成效显著。学校决定,根据时代的要求,要培养具有实践能力和科技创新精神的学生,首先从提升青年教师的创造能力和动手实践能力开始。

2012 年初,经过学校领导和学校科技老专家、校外聘请的专家的研讨和酝酿,决定在全校范围内成立"青浦区实验中学科技创新实验室",并向区、市相关部门提出申报,接受各上级部门的考核、验收,领导小组为"科技创新实验室"提供领导支撑和技术保障。并且,领导小组提出了对青年教师进行科技培训的方案和计划:首先,在学校教工大会上对教师发出动员;其次,确定学员名单;然后排列好实验中学每学期的科技创新教育培训班课程表(附实验中学 2012 年上半年的培训班课程表,见表 4-27),明确培训时间、地点、内容和教师,也将学校以往对少数青年教师的科技指导扩大到所有青年教师的面上,提升为大多数理科教师或特长教师接受科技培训。

表 4－27　实验中学 2012 年上半年科技创新教育培训班课程表

时　　间	内　　容	地　　点	教　师
2 月 27 日 15:30—16:45	开班仪式 创新思维模式的培养 1	心理活动室 多媒体教室	张东明
3 月 6 日 15:30—16:30	创新思维模式的培养 2	心理活动室	黄家峰
3 月 13 日 15:30—16:30	身边的科技小发明	多媒体教室	项志红
3 月 20 日 15:30—16:30	如何选择自己的创新作品	多媒体教室	项　敏
3 月 27 日 15:30—16:30	创新作品的研究与制作 1	心理活动室	各带队老师
4 月 3 日 15:30—16:30	创新作品的研究与制作 2	心理活动室	各带队老师
4 月 10 日 15:30—16:30	创新作品的研究与制作 3	心理活动室	各带队老师
4 月 24 日 15:30—16:30	创新作品的研究与制作 4	心理活动室	各带队老师
5 月 8 日 15:30—16:30	创新作品的研究与制作 5	心理活动室	各带队老师
5 月 15 日 15:30—16:30	专利项目技术交底书的写作方法	多媒体教室	张静洁
5 月 22 日 15:30—16:30	学员学习心得交流	心理活动室	项志红

（注：如课程表有所改动，以当天的校广播通知为准）

作为学校科技总辅导员的麻妍劼老师，开展培训工作、组织科技活动、辅导学生竞赛是 3 大工作核心。

（1）开展培训工作

为进一步提高科技教师的素质，从本学期开始，我校聘请了科技创新工作室带头人张东明老师开展“我爱发明”的校本课程培训活动，内容从理论知识到实践操作。每周二一次的学习活动使青年教师对科技创新有了更深的理解和认识，教师的科技素质得到提升，专业水平得到提高。

（2）组织科技活动

“科技动手”，是为丰富在校学生的课外生活，培养他们热爱科学、提高科技创新热情和动手能力，增强团结协作的群体意识而开展的一项校园科技活动。“科技动手”以科技创新实验室为活动平台，利用实验室的各项器材和工具开展教学内容，具体包括：桥梁秀工程、变废为宝制作、新能源创新利用、未来岛设计等。

（3）辅导学生竞赛

每年“科技动手”的小组成员都会踊跃参加市、区级的各项比赛，也取得了一定成绩。2012 年，在上海青少年创造发明设计大赛、上海市新能源创新大赛、上海市头脑奥林匹克大赛、上海市英特尔科技创新大赛中共有 10 人获奖；同年在区级各项创新大赛中有 6 人获奖。

3. 各显神通,以培养学生特长发展为己任

在题为“全心为了所有学生的终身发展”的实验中学“十二五”发展规划中明确指出:“进一步规划和设计学校三类课程,力求为全体学生全面而有个性地发展提供全景式课程体系,……特别是对于初中生造就其终身发展的核心能力的培养贯穿其中,从而让课程为学生成长与终身发展服务,满足学生发展的需求。”发展规划为老师们大展宏图,培养学生特长发展提供了切实依据。

精彩纷呈的特色课堂无法用语言逐一展露,只能选取其中一些与大家分享。

(1)“机器人”课堂成了孩子们的乐园

担任“机器人”教学的老师主要有薛颖老师和张薇叶老师,她们在七年级开设机器人课程,列入课表,还组织了三十多人参加的“机器人社团”。薛老师在“2013 年青浦区教育信息化大会”上作了《机器人教学,为学生插上梦想的翅膀》的主题交流。现摘取部分内容:

我们通过 3 年对“机器人”兴趣小组学生的观察,发现凡参加“机器人”兴趣小组学习的学生,对科学知识的好奇心和求知欲表现得更加强烈,增强了探求科学知识的自信心和创造力。所以在 2010 年,我校再一次对信息科技学科课程整体规划,将“机器人”课程写入课表,把“机器人”课程作为信息科技的拓展型课程在七年级开设,每周一次课,面向所有的学生。2012 年我们主编了校本教材《“机器人”科学与技术》,教材分为四个部分的内容让学生学习“机器人”技术。第一部分内容是“走进机器人的世界”,学生在团队合作中,通过游戏和小组之间的交流,了解机器人到底是什么;第二部分是“快乐的生活”,通过把生活中的机器人技术在课堂上模拟,使学生更加了解生活中的机器人;第三部分是聪明的蜘蛛,我们制作了一个“蜘蛛机器人”,通过各种传感器对蜘蛛的控制,让学生了解传感器的使用;第四部分是“智能交通”,通过制作各种功能的车子,比如避障小车、轨迹小车等,让学生进一步了解传感器的使用以及复杂的程序设计。教材设计由浅入深,更加符合学生的学习认知。在这本教材中我们使用了很多学生的照片和学生作品的照片,使这本教材更加生动有趣。经过两年多的课程实践,和大家分享一下我们的课堂:

A. 兴趣使繁琐的实践变得有趣

“兴趣是最好的老师”,学生的积极思维往往是从兴趣开始的。学生在刚开始接触“机器人”的时候是非常感兴趣的,他们有很多问题,比如:“机器人”怎么会动起来,为什么会沿着路线走,怎样看到东西等。但真正面对连续 80 分钟的课堂,要保持住学生的兴趣,需要对每一节内容设置多个“兴奋点”,始终可以让学生在浓厚的兴趣下学习。

例如我们在《聪明的蜘蛛》这一课的设置,课前我们搭建了一个“蜘蛛机器人”,拼装的过程有点繁琐,我们想这样复杂的结构学生会感兴趣吗?在课余时间,我把制作好的“蜘蛛”放在讲台上,想看看学生对这个“蜘蛛”的反应。学生在课下看见讲台上多了一

只张牙舞爪“嚣张”的蜘蛛，纷纷好奇地凑了过来，我让“蜘蛛”非常“听话”地爬了起来，学生连连惊呼：“老师，这个蜘蛛太酷了！”“老师老师！为什么只使用一个马达，蜘蛛的八只脚就可以一起向前爬呢？”“老师，这蜘蛛好像没有眼睛！”“老师，我们什么时候制作这个蜘蛛哇？”我卖了个关子，说，“当然可以制作，但是你们要先思考一下你们刚才的问题。”通过这段情景，我对这个课题有了信心；通过简单的问题，让学生课后有了更多的思考。

在“蜘蛛机器人”这个内容中，使用到了超声传感器、光电传感器、声音传感器，如果仅仅是在课上通过单纯讲解传感器的原理和应用，学生的兴趣可能不大，学习的效果容易不好，我想起之前看到《走进科学》有一个系列《机器人梦工厂》中出现过类似的机器人，我课后找到了这段视频。在介绍传感器之前播放了这段视频，然后告诉学生我们制作的“蜘蛛”也可以实现这样的功能，从而让学生对亲手让“蜘蛛更聪明”兴趣更足，也对枯燥的理论知识有了生动的认识。

在我们的课堂上，听课老师给我们的评价是“乱而有序”，推开门听见教室里面很热闹，看到有的同学站着，有的同学蹲着，三五一组或窃窃私语或高声讨论。仔细观察后发现，几乎每一个同学都参与其中，认真而投入。学生浓厚的学习兴趣被调动起来，几乎不需要老师多讲，学生学习的主动性就已经很高。

B. 多方案并进，适合所有学生

“机器人”这门课程，是要学生展开梦想的翅膀去创新，去实践，这一切却是老师不能手把手教的，课堂上有几百个零件，这给学生发挥想象的空间，学生根据任务要求搭建“机器人”。由于“机器人”的形状没有固定模式，需充分地调动学生的创造性思维。我校“机器人”课程开设的范围是七年级的所有学生，而在同样的课堂时空之内，有的同学能力很强，用这些零件迅速拼装成造型各异的“机器人”完成任务，而有的学生能力稍弱，为了避免出现部分学生成功，部分学生观望的情况，我们在课堂教学中采用多种活动方案并存，使每一节课的内容适合各种能力水平的学生。

例如在《迷你高尔夫“机器人”》这节课中，设置了三个层次的活动方案，第一层，学生可以搭建好“机器人”并可以完成击球的动作；第二层，学生的搭建的高尔夫“机器人”外形具有创意，程序设置合理，可以使用循环程序；第三层拓展内容，学生可以安装“眼睛”让“机器人”探测到有球出现，再完成击球的动作。通过我们课后对这节课的反馈，有85%以上学生都能够完成第一层次的教学目标，有30%—40%的学生完成第二层次的教学目标，有20%左右的学生完成拓展部分的内容，这样的课程设置，实现了“全体学生，全面而有个性的发展”的培养目标。

C. 实施多元评价，突出学生学习课程

在实践评价过程，我参照了学校“三结合”的评价策略，即过程性评价与终结性评价结合、自我评价与团队评价结合、整体的现状评价与特点的发展性评价结合。

机器人课堂上以小组合作学习为主，每一个小组会为自己的组队设计海报，每节课这个海报都会展示在课桌上。完成本节课任务的小组以及贡献突出的组员，老师给予适时的奖励印章，成为永久的荣誉、持续的激励；这些奖励通过海报是可以实时看到的，同学们的积极性和热情参与度能得到极大的激发。

自 2012 学期起，我们三个班级尝试使用“电子档案袋”的评价方式，我们为每个小组建立一个文件夹，将学生每一节课的成果放到对应的文件夹中，包括每节课编写的程序，制作作品的照片，课后制作的 PPT 调查报告等，这些资料作为一个过程性评价，可以系统全面地评价学生的学习过程。

通过一个学期的“机器人”课堂教学，我们发现学生对待“机器人”的态度从“畏惧、疑惑到尝试去做，再到敢于参与，乐于主动参与”转变。根据开设“机器人”课堂教学后这两年对学生的跟踪调查，学生升到八、九年级后，对物理课的兴趣普遍提高，理、化实验的动手能力也有增强。

学生在学期末的小结中写道：“我是小组的程序师，看到‘机器人’通过我的控制可以行动自如，我很开心。并且，我体会到编程是一件非常需要耐心的事情，我一直是一个比较急的人，但是通过编程，使我变得更加有耐心。”

“原来我们身边有这么多多功能的机器人在为我们服务，它们使我们繁琐的工作过程变得简单！”

“通过制作避障小车，我想将来我一定可以研究制作无人驾驶的汽车！”

如果现在问我们学校七年级的学生，“机器人”是什么，他们可能会“传感器、程序设计、控制器、侍服电机”等滔滔不绝地说出很多。

有一些对“机器人”情有独钟的同学，他们参加了“机器人”兴趣小组，进行更深层次的探究，于是我们就培养他们专业知识，带他们积极参赛，最终在 2011 年 FLL“机器人”世锦赛中国公开赛上取得全国一等奖的成绩；在 2010—2012 年的“中国青少年‘机器人’竞赛”上海赛区选拔赛都获得一等奖和二等奖；在“全国中小学师生电脑制作活动”上海市“机器人”竞赛中，荣获一等奖、二等奖等。

从事机器人教学七年，不算短的日子，取得这样一点成绩并不多。但回首我们走过的每一步，都充满着汗水与快乐；“机器人”教学为学生展开梦想的翅膀，我相信有了这个翅膀，学生会越飞越高！

薛颖老师的主题交流，只是我校众多执教特色课程的老师们，特别是年轻的个性化老师们智慧和才华的一个缩影，一个结晶，她赢得的热烈掌声和美好赞誉，就是对所有精心培养学生创新素养、创造能力的老师们的高度评价。

(2) 科技创新实验室里的师生互动

科学老师任海斌通过参加培训，知识和技能都有所提升，在今年的科技选修课上，改变了对学生的辅导策略和方法，一改往年一手包办的工作方式，转而让学生自己收集、交流相关的科普知识。引导学生观察、思考，然后进行改进的教学策略，并在活动后进行总结的方式，不断提升他们的科技能力。由此引发学生的创造力，真正地提升学生科普知识和科技动手能力。

在 2012 年上海模型节的航天竞赛中，我校有 4 位同学参加比赛，获得了骄人的成绩。

任教科学课的张晶晶老师兼任两门选修课，太阳能动力车 DIY 和模型制作。在选修活动时，能让学生在动力制作基础上，加入了思考和改进，很好地培养了学生的创新能力。

由此张老师认识到，通过培训，改变了教学策略后，学生成长都要比以前更好。

鲁勇光老师负责头脑奥林匹克项目，他感觉培训的知识和技能十分有用，能开发青少年的创造力，培养青少年的创造精神和团队合作精神。

徐玲老师通过科技培训，认识到培养学生创新精神和能力的重要性，并深刻意识到教师开展的科普活动应立足校园、走进家庭、辐射社会。徐老师主要负责“防震减灾科普系列活动”和“天文知识科普活动”。在“六一科技节”中组织学生开展知识竞赛、知识问答等多种形式的活动。以校为单位组织学生开展防震演习。

自“校园内的动植物”课题开设以来，陈玲玲等生物老师组织学生开展了丰富多彩的活动，包括校园内小动物的探究学习、水仙球的雕刻、水培植物的实践探究、植物的种植等一系列实践创新活动。通过丰富多彩的生物学知识和技能的学习和实践，不仅使学生学习和掌握了相关的知识，开阔了他们的视野，增强了他们学习的积极性和主动性，激发了学生的创新意识，提高了学生的创造能力。

回顾以往阶段，老师依托校本课程进行科技创新活动，他们感慨良多，跟学校的学科教育教学相比，科学创新活动无论在教学的内容、方法、评价等各方面，都展示出独特的开放性、兼容性、实用性和拓展性，为了使科创活动真正服务于科技创新目标，我们必须重新审视自己熟悉的教育理念和方法，发现青少年创造力潜能的本质，思考启发他们对科学的兴趣，对大自然和生命的好奇心，细致、客观的观察力，培养持久探索精神的方法。我们引导学生看到科学创新教育任重道远，科创活动绝不是少数人的事情，更应该提倡发挥教师团队的力量，尤其要激发起学生热爱科学，敢于、乐于创新的兴趣和激情，师生和谐相处，群策群力，学校的科技创新的路必定会越走越宽广。

（四）艺术展示——增添了学生文化情趣的积淀

作为一名实验中学的学生，培养丰富的艺术细胞，是他们必备的素养。学校将“爱诚美志”中关于美的含义渗透到艺术教育的实践之中，引领学生在美感和情操、才艺和涵养的融合中充实自我、丰富自我、完善自我。

学校立足丰富多彩的校本课程，将艺术教育落实在每一节艺术类的课堂上。活动中，让每一位学生以自己最喜爱、最擅长的方式学习并得到发展。我们的校本课程既面向全体学生开设艺术类基础课程，进行普及性艺术教育；又针对部分学生的爱好和特长，通过学校各类艺术社团进行专门性的特长培养，因而让所有学生得到不同艺术的熏陶和感染。在其他相关学科的教学中，也注重艺术教育潜移默化的渗透作用，使学生的心灵得到净化和升华。

1. 杏窑陶艺社

学校"杏窑陶艺社"是学校二十多个学生社团中的一个。该社起步早，已有十多年的发展史；实力强，陶艺特色活动课程极大地丰富了学生的课堂和课余活动内容；影响大，校园里的每一幢教学大楼的每一层墙面上几乎都挂满了以"四大名著"为题材的各种瓷板画、陶泥浮雕、龙泉青瓷、青花瓷的学生作品，可谓琳琅满目、美不胜收。

陶艺社早在2014年就编写了内容丰富、技术系统的校本教材。让学生去了解中国陶瓷发展历史及现代陶艺的发展状况，感受陶瓷文化的内涵，树立民族自豪感和自信心；通过了解陶艺制作的材料、工具与制作过程，感受泥性和陶艺基本语言特征，掌握几种基本成型方法，能够通过具体的操作实践体验陶艺的创作过程及陶艺学习的乐趣，提高学生的创造能力及动手实践能力；通过对原始陶艺、民间陶艺和现代陶艺作品的欣赏，激发学生创作的思维与灵感，特别是通过富有生活情趣的学生喜闻乐见的创作主题的设置，引导学生在自由轻松的创作活动中，陶冶性情，培养健康的审美情趣和良好的品德情操，从而使学生对事物的观察力、空间的想象力、形象的创造力等得到综合性的锻炼。通过引导学生进行资料的采集与整理，问题的探讨与分析等合作与独创相结合的学习体验，及对泥料黏合、色彩处理、焙烧温度、陶坯的保护等初步的认识与尝试活动，促进学生在艺术创作活动中萌发科学技术的创意。通过对不同时期与不同地区及同学之间作品的评价，对创作过程中的情节交流，形成互相学习、互相关爱，不断超越的人文精神。

2012年起，陶艺社成员开始进行"四大名著"课题的研究开展校园艺术布置，每一位社团成员都积极准备参与其中，有的找资料，有的开始绘图，最后在老师和社团成员的几番考虑和交流下，一致决定了由六年级同学负责《西游记》，以瓷板画的形式呈现；七年级同学负责《水浒传》，泥板浮雕形式呈现；八年级同学负责《三国演义》，以青花线描瓷板画形式呈现；九年级同学负责《红楼梦》，以青瓷浮雕形式呈现。在这些看似比较稚嫩的作品中，无不呈现出学生个性化的艺术特征。

2. 晨光摄影社

以摄影特色课程建设为晨光摄影社的主要研究内容，引导学生在掌握摄影技术的基础上了解摄影艺术与本土资源的相互关系，建立本土资源库，探索总结本土资源在摄影校本课程中的利用方法，提高学生摄影技术、审美价值观与创新发现的能力，培养学生对美丽家乡、美丽中国的情感。摄影科技社团曾多次组织学生赴上海市崇明岛西沙湿地进行生物生态摄影科技活动，学生科技活动成果在上海市生物、生态摄影与摄影大赛中获总分第二名，团体二等奖。

我们青浦区实验中学地处沪上新八景之一“淀湖环秀”东侧环淀山湖旅游区的东侧，环淀山湖旅游区内风景怡人。“淀湖环秀”蕴藏着丰富的人文自然景观，为我校摄影科技活动提供了广阔的场地与多样的资源。我们对青浦淀山湖、大莲湖湿地水系，生物生态，自然风景等进行了考察摄影记录，项目考察内容在实验中学、桥梓湾社区进行了科普宣传，受众人数达到五千余人。

实地考察和摄影活动促进了我校学生参与科技活动的积极性，在老师的组织引导下，学生在科技摄影实践中接触生物、接触大自然生态环境，观察、了解、认识、普及、宣传生物、生态科普知识，学生的聪明才智和个性特长得到发挥，学生的创意思维得到培养，学生的科学修养得到熏陶。杨大胜老师辅导的摄影作品在各个级别、不同层面屡屡获奖或展示。

摄影科技项目活动丰富了师生的业余生活，培养了学生积极健康的生活态度。社团活动很好地丰富了我校摄影科技活动课程的内容，有效地提升了我校摄影科技活动课程教学的水平，以此项目教学为契机，我校摄影科技教学提升到一个新的台阶。2014 年 12 月，学校成功创建为上海市摄影教学特色学校；2015 年 3 月，学校“晨光”摄影社团提交材料，通过严格评审，10 月份荣获上海市教委命名的上海市首批 100 个科技创新学生社团。

如今，实验中学“晨光摄影社”成员利用课余时间，肩挎相机，活跃在学校、社区、各个重要会场、景区和其他公共场所适时采风、拍摄，已经成为一道道亮丽的风景。

3. 城市少年宫社团

上海市青浦区实验中学城市少年宫在学校“活动—发展”总目标指引下，围绕科技艺术开展了形式多样的各类活动。每年上半年度开展校园进社区的桥梓湾广场科技艺术展示及广场音乐会，至今已有七届。下半年每年开展校园科技艺术节，通过各类丰富的争章活动，让全体同学设计参与并充分展示各类科技艺术技能。校设有三模、生物、机器人等 6 间科技创新实验室，并开设了科技发明、机器人、3D 打印、车模、航模、种植等 10 多项拓展探究活动，每年吸引大量学生在实验室开展课题研究和创新实践。在科技教师的辅导下，学校每年有大批学生参加全国、上海市的各类科技竞赛，并获得各种奖项，硕果累累。艺术有晨韵管乐队，舞蹈队，合唱队，杏窑陶艺社，墨香书画展（国画、书法、版画），晨光摄影社，茶艺社，同时特邀 26 位专家老师来学校作艺术辅导，参加各类全国、市级比赛，并多次获奖，近期刚完成历时四年的大型陶艺作品《四大名著》，前后共有近 200 位同学参与，学校连续三届被评为市级艺术特色学校。

（五）创新发展——成了学生努力追求的目标

有着学校不断更新的办学理念，“活动—发展”的教学模式；有着众多学科精心编制的，富有特色的校本课程；有着集各种资源创办的丰富多彩的社团活动；有着成批量的富有个性化特色的教师群体，实验中学“全心为了所有学生的终身发展”的目标就落到了实处。在潜移默化、日积月累、春风化雨的浸润和熏陶之中，我们的学生把具有扎实的学科知识、具有发散思维、创新能力作为自己的一种追求，把上好各类特色课，参加各类特色社团活动作为自己的一项自觉需要，也把展示自己科技、艺术、体育活动的成果作为自己的一种荣耀，形成了积极向上、努力争先的良好氛围。

很多学生在参加了各种社团活动，获得显著进步之后，对自己的未来发展充满自信(见表 4－28 和表 4－29)。获得上海模型节航天竞赛一等奖的同学小任希望自己将来能当一个宇航员；小张同学在机器人课程结束后的小结中希望将来成为一位程序师；小王同学认为自己将来一定可以研究制作无人驾驶的汽车；参与陶艺作品制作的几位同学信心满满地要把制作陶艺作品作为自己的终身职业；"晨光摄影社""毕业"的几位同学都想成为摄影家，享受艺术追求的无穷乐趣。

附：表 4－28　青浦区实验中学学生(2007—2016 年)获得荣誉与奖励统计表

年　份	2007	2008	2009	2010	2011	2012	2013	2014	2015	2016	总计
国家级	0	21	18	1	1	4	0	2	0	0	47
市(省)级	13	49	4	6	6	4	16	13	0	7	118
区级	115	188	357	262	98	65	61	46	65	20	1 277
Σ	128	258	379	269	105	73	77	61	65	27	1 442

附：表 4－29　青浦区实验中学学生向"国家知识产权局"申请专利表

年份	2009	2010	2011	2012	2013	Σ
项数	3	6	12	3	4	28

其中，曹子安同学的成功，更得到了同学们的羡慕和追捧，当时的韩正市长亲手颁发给他的"上海市科技创新市长奖入围奖"，更让他视为珍宝。

附 1：曹子安简介

曹子安，男，1995 年 3 月，共青团员，上海市青浦区实验中学学生。很小就喜欢对新奇的事物刨根究底，身上具有进取、不服输的劲儿，在小发明、小创造上具有钻研精神。拥有多种特长，学习勤奋、活动踊跃。协助老师管理班级，是老师的得力助手；对同学十分友爱，愿意主动为同学排忧解难，极有班级荣誉感；孝敬长辈，能够主动与父母沟通，帮助父母做力所能及的家务。只要他决心做一件事，定能完成得非常漂亮。曾获"第二十四届英特尔上海市青少年科技创造大赛青少年科学论文和创造发明一等奖""上海市青少年科技创新市长奖""青浦区第八届初中科普英语竞赛高年级组一等奖""'唐仲英'爱心奖学金"等奖项。被评为"青浦区明日科技之星"(见图 4－15)。

图 4－15　我校学生周吉同参加“第二届青少年创客大赛”荣获市级二等奖

附 2：曹子安的《创造的经过和感悟》

青浦区实验中学　曹子安

我校在七年级设置了研究课，还有专门让学生制作模型的综合实验室，在研究课上，张老师为了开拓我们的视野，给大家看了《全国道路交通事故案例分析》的录像，许多血淋淋的车祸极大地震撼了我们，在分析惨祸发生的原因时，汽车超载和严重超速是很严重的“杀手”，尽管法律明文规定，交警严格管理，但人们对生命意识淡薄，加上利益驱使，被侥幸心理所左右，将安全丢在脑后，酿成一件件人间悲剧！由此我产生了发明一种装置来防止汽车超载，以减少车祸的发生的想法。

在思考防超载装置时，我先去观察汽车的构造，联系已经学过的知识，经过仔细思考，想到：在汽车发动机电路中加一个开关，把这开关装在车底板下，当汽车装载重量超过规定重量时，车底板压下来，接触到开关，从而切断发动机电路，汽车就不能启动了。

如果路面不平，汽车在行驶时上下颠簸，车底板会向下运动，接触下面的开关吗，发动机就会熄火！在开关静触点上装一个小磁片，利用磁力吸紧开关的动、静触点，有一定的抗震性，但如果震动的距离大了，这开关还是要失灵的。之后，我在开关触点上装了弹簧，效果还是不理想。从力学理论上看，超载就是超过的载物重量，也就是超重，它们没有本质的区别，能区分同一物体超载和超重的仪器是不可能造出来的，该项发明好像走进了死胡同！

经过冷静思考，尽管超载和超重的物理性质相同，但检测的工作过程不同，超载是在停车时检测，而超重则发生在汽车运动过程中，那么，不在同一时刻测量超载和超重就存在着可能性。

经过学习理论，知道路面颠簸产生的加速度是超重的根源，车停时，这个加速度为零，显然超重的数值跟加速度的大小成正比。加速度能否检测？一个弹簧小球马上凸显出来，让它和设计好的金属球组成开关，不就是能感知加速度的传感器吗？当然，这不是用来检测超重的，我们的要求：只要能检测汽车运动的加速度就可以了，用带传感器的延时电路来控制防超载电路的样品不久诞生了，经过实验改进，效果不错。

我国古代哲学家老子曾说过“天下万物，无生于有，有生于无。”发明即“无中生有”。我通过本次活动，充分体验到发明的艰辛、苦恼、快乐和成就感，学到许多新的知识，提高了解决问题的能力，同时，有了钻研科学的信心。

三、积极促进个性与共性的和谐发展，是学生获得良好发展的可靠保证

追求有智慧的教育，倡导个性化的学习，促进和谐发展，是当今基础教育课程改革的主旋律。新课改中主张个性和谐发展的具体特征是，在发展学生共性的基础上发展个性，使个性拥有更浓厚稳重的根基，在发展某些个性方面的同时带动其各方面的发展，使个性具有丰富的内涵。

对于初中学生的学习、成长而言，每个学生都希望自己把有价值、有光泽的一面展示出来，并且希望得到别人的肯定或赞美。自己的每一次成功，他人的每一个肯定都能给他们带来满足和自信，并能以此鞭策自己以后会有更上佳的表现，还能不断体验到自我的能力与价值，培养起健全的人格，由此可见，通过我们的教育活动，让我们的学生既掌握扎实的文化基础知识，又有个人鲜明的兴趣爱好和特长，并在日常进步中不断获得成功的享受，这才是积极促进个性与共性和谐发展的最佳效果。

苏霍姆林斯基曾说：“在孩子生活之初的头几年，在他的发展上起决定作用的是他周围的人以及丰富、多方面的人的关系。”因此，就青少年学生进入学校，开始学习生活而言，他认为，要注重学校文化建设，因为学校文化建设是培养学生个性全面和谐发展的有效载体，同时也是学校管理的一个重要内容。

（一）营造学校精神文化和校园物质文化的育人氛围

学校精神文明是学校文化建设的主旨和核心，以人为本的学校精神文化是学校精神文化建设的核心。积极倡导学校精神环境，形成全校师生具有积极向上的核心价值取向，形成以人终身发展为本的办学理念，建立良好的学校形象。充分挖掘学校校风、学风、教风中所蕴含的深刻思想，使其成为学校、学生、教师不断发展的不竭动力。

营造外在的育人环境，塑造和谐的学校育人文化氛围。学校物质环境文化建设做到整体设计和构想。要体现学校改革与发展历程，要体现学校办学特色，要有现代感，更要

有中国传统文化元素的体现。无论数字化校园的建设，各类专用教室的环境布置，学校外部环境的设计，学校各类标识等都要体现特定的文化育人功能。

1. 人手一本的古典优秀名著

早在学校刚搬入新校址，有了较为丰富的物质条件（新的图书馆）开始，刘校长就向教导处，语文教研组和图书馆提出自己的设想，为了更好地弘扬和继承祖国悠久的历史文化遗产，应该让我们的初中生通过阅读大量优秀的古典名著，建议让图书馆购置一批四大名著《西游记》《水浒传》《三国演义》《红楼梦》，并以学生年龄特点、学习生活经历为参考，分别发放给各年级的学生，人手一本进行阅读。六年级读《西游记》，七年级读《水浒传》，八年级读《三国演义》，九年级读《红楼梦》。各年级对应的采购数为现有学生数的 120%，以备各年级可能增加的学生数和补充书籍的缺损之用。学生既可以在学校设置的阅读欣赏课上阅读，也可以回家抽空余时间（双休日、寒暑假等）阅读，语文老师安排学生在熟悉故事情节后写读书笔记和随笔等，在名著欣赏课上以讲故事、分析人物形象、写书评、谈读后感等方式交流读书心得等。这一大手笔，让我们的学生在四年的初中生活中有幸较为系统地阅读到四大优秀古典名著，并通过各种方式对名著的相关知识留下较为深刻的印象，对祖国优秀的传统文化的传承起到了重要的作用。通过阅读，至少学生对名著的主要人物如数家珍，甚至有学生能把水浒 108 将的姓名、绰号、在梁山上的地位等倒背如流；很多学生能把《三国演义》中的“桃园三结义”“空城计”“关羽过五关斩六将”等故事片段讲得绘声绘色，故事课上听得大家欲罢不能。初中阶段的语文教材中，有不少课文涉及四大名著，师生们就会不由自主地与课外读到的内容联系起来，进行有效拓展和延伸。

2. 能放进口袋随取随看的《博览勤诵》

为了让我们的学生能够把寒暑假过得丰富多彩，富有意义，也为了让我们的学生通过一个个寒暑假不断增加必要的文化积淀，刘校长组织老师编辑了名为《博览勤诵》的古代经典诗词、名言警句记诵的小册子，对应初中学习生活的八个寒暑假期，共编辑了八册。每个学期放假前每位学生都会得到一册，连刚到学校报到的六年级新生也不例外。这些要求学生“博览勤诵”的内容，在新学期开学后，通过检测、竞赛、摆擂台等方式加以巩固，对每一位学生的文化浸润、文学熏陶的作用，应该是显而易见的。

以往，我校学生在历届区、市级作文竞赛中，总能获得好成绩，在获奖人数、获奖层次上在全区独占鳌头，在市级名额很少的一等奖名单中也总能占得一席之地，但在市级古诗文大赛中起初总不尽如人意，很少能冲到最高层次。自从我们重视了四大名著的阅读积累、《博览勤诵》的记诵理解训练后，学生对古诗文基础知识的积累，对古诗词的背诵和理解有了显著进步，在足以让学生引以为荣的市一等奖获得者的照片中，有了我校学生的倩影或靓照。

学校的精神文化建设和我校物质文化建设渗透在校园文化的方方面面，每一个“细节”都会有形无形地得到展现，而且不胜枚举。

3. 令人肃然起敬的实验中学国旗班

每周一的学校升旗仪式上，学校经受严格选拔训练的国旗班旗手庄严地在升旗仪式上亮相，他们统一着装，承担着出旗、护旗、升旗的重任，其间不容许任何有辱五星红旗的小差错发生。这一庄严的仪式自 2007 年开始，已经在实验中学坚持了有十年之久。每一届国旗手卸任，都会向下一届旗手郑重交接，谆谆叮咛。每次升旗仪式，国旗班"战士们"严肃认真、规范整齐、无可挑剔；全场近三千名师生庄严肃立、鸦雀无声、队礼标准，怪不得连当年学校为训练国旗班学员而聘请的原天安门国旗护卫队旗手、退役军人孙立亭教官见了这一场面，都会发出由衷的赞叹。自国旗班成立，当一名合格的旗手，已成为全校的小"男子汉"们无限向往的骄傲。（附《上海少年报》2012 年 10 月 6 日的第 7601 期刊载的《心中装着那面五星红旗——上海市青浦区实验中学国旗班的故事》一文。）

原文如下：

心中装着那面五星红旗

——上海市青浦区实验中学国旗班的故事

在今年国庆节前，上海市青浦区实验中学举行了一年一度的国旗班交接仪式。在激扬的《歌唱祖国》乐曲声中，新老两届国旗班队员迈着整齐的步伐走向司令台。第五届国旗班旗手钱雨凡将国旗庄严地交给第六届国旗班旗手张明。自此，第六届国旗班队员将接受新一年的升旗仪式任务。当雄伟的国歌声奏响，全校少先队员齐唱国歌，右手高举过头顶行队礼，鲜艳的五星红旗迎着朝阳冉冉升起……

每一个观摩过青浦区实验中学升旗仪式的人都会惊叹：学校里居然有这么正规的国旗班！但只有国旗班的队员才知道，这短短的升旗仪式背后凝聚着自己多少汗水。

2007 年，青浦区实验中学第一届国旗班成立，学校聘请了原天安门国旗护卫队旗手，退役军人孙立亭担任教官，国旗班队员的选拔采取班级推荐和个人自荐形式，这下子，"国旗班旗手"成了全校男生向往的聚焦点。叶夏添是第四届国旗班的队员，可当时，叶夏添连第一次面试都没有通过，因为他虽然身高达到要求，但体重有 90 公斤，实在是太胖了。叶夏添不甘心被淘汰，每天都跑去跟德育教导软磨硬泡。为了不伤害他的自尊心，老师答应让他跟着大家训练一天试试看。第二天，他早早来到操场，认真参加训练。这让孙教官有些为难：叶夏添虽然很投入，但他无法穿上国旗班的制服。教官委婉地跟叶夏添说明了情况。叶夏添一跺脚说："教官，我一定要参加国旗班！我保证利用暑假好好减肥，你们不用担心我穿不上制服，开学后你们肯定会看到我的新形象。不过，暑假里的训练我非参加不可！"教官被感动了，默许了他的请求。那年，叶夏添过了一个辛苦的暑假，跑步、骑车、俯卧撑……开学后，叶夏添终于如愿以偿地穿上了国旗班的制服，成了一名正式的国旗班队员。

为了心中的五星红旗，国旗班的队员倾注了满腔的热情，第五届国旗班在暑假里训练时，连续两天下雨，全体队员在雨中挺直腰板练军姿，头发被淋湿了，眼前的景物模糊了，可每个人都站得笔直，连爱挑剔的孙教官也不得佩服。为了保证星期一的升旗仪式质量，国旗班队员们经常在星期五放学后，到少先队队室去整理国旗班服装……

在这五年里，青浦区实验中学的升旗仪式从来没有发生过任何一个“小插曲”，每一位国旗班队员的心里装着那面五星红旗。

上海市青浦区实验中学小伙伴记者站

指导老师　陆欢

4. 整齐划一的广播操队伍

每次有机会来我校参观访问、视导调研、参加开放日家长活动等，大家都会对我校举行广播操活动时迅捷集结起来的两千五百名以上的学生队伍，家长对学生队列竟然会排列得那么快、那么齐，那么安静感到惊讶不已。随着主席台上的口令声，整个队列无论从竖、横、斜(45 度方向看)，都是整齐划一的直线，无一例外。虽然大家会发现，每位学生脚下都有一个个事先画好的直径为 3 厘米左右的圆点，但要让每位学生都能迅速对准自己的“点”，并与前后左右迅速看齐，没有严格、认真的训练，怕是很难如愿的。但我们的学生竟然都能在入学后很快完成集合训练，尽快找准自己的位置，忠诚地守候在那里，这是难能可贵的。与其说，这是体育老师们、班主任老师付出了不少心血和汗水的结果，倒不如说，更是学校已经形成的校园文化让我们的学生感受到了一种整体融合、统一协调的整体美、协调美的魅力。站位整齐划一、动作协调优美，这不能不说是实验中学的又一道亮丽的风景。

5. 校园里每一堵会说话的墙

毫不夸张地说，青浦区实验中学赋予了校园里每一堵墙壁以丰富的生命力。走过它们的身旁，每一堵墙都会向你诉说实验中学里校园文化、精神风貌、师生互动的点点滴滴，你会流连忘返。

历届学生优秀的书画作品，经过学校的精美装饰，展示在走廊墙上，琳琅满目，供学校师生，来校的各位家长、来宾欣赏、品味。

尤其夺人眼球的是以年级为序的教室楼走廊外墙上，陈列着学生在教师指导下利用美术课、双休日、寒暑假，自己亲手制作的中国古代四大优秀名著为主题的陶艺作品。六年级外墙上陈列的是《西游记》的瓷板画的故事；七年级陈列的是《水浒传》里的人物陶泥浮雕；八年级陈列的是龙泉青瓷的《三国演义》人物故事和作战场面；而九年级墙上则陈列着陶瓷工艺难度很高的青花瓷的《红楼梦》人物形象。这些作品，虽然难免有些粗疏、稚拙，但里面凝聚着孩子们的童心和天赋。作品中一个个名著中的故事“跃然墙上”，都栩栩如生。漫步在这“艺术长廊”，你定会不由自主地接受陶瓷艺术文化的感染熏陶，你也会不由自主地置身于四大名著在艺术作品里所营造的氛围之中。

至于每幢楼里设置的其他专栏里师生们的摄影(黑白、彩色)、绘图(水粉画、版画、油画)、剪纸等作品更是一期期常换常新,令人目不暇接。

学校丰富多彩、美不胜收的精神和物质文化建设,极大地丰富了学生的情感体验,使学生的情感得到陶冶,人格得到塑造,为培养学生个性全面和谐发展提供了有力的保障。

(二)全力培养德智体美劳全面发展又富有个性的学生群体

1. 让学生具有理想信念,公民素质和健全人格

立德树人是教育的根本任务,坚持德育为先,把德育贯穿在育人的各个环节,贯穿于学校教育、家庭教育和社会教育的各个方面,增强德育的针对性、实效性和吸引力、感染力。让学生具有远大理想信念,具备公民的优秀素质,拥有健全的人格。

(1) 完善德育内容体系

我们坚持把社会主义核心价值观体系融入教育的全过程,深入实施《上海市中小学生民族精神教育指导纲要》和《上海市中小学生生命教育指导纲要》。根据不同年段学生的认知特点和成长规律,分别突出行为养成、道德认知、情感体验、理想信念的教育重点,形成分层递进,有机衔接的教育序列。我们在德育教育中,不断丰富"爱诚美志"主题教育系列,使之成为学校主题教育特色课程。

(2) 创新德育实践途径

强化全员育人,实施教育教学全过程育德,充分发挥课堂教学主渠道作用,结合课程改革,推进学科德育,激活所有学科的德育内涵,引导学习在学生中培养正确的情感、态度和价值观,突出实践体验,完善"军政训练""志愿服务""生存体验"和"红色之旅"的社会实践体系,促进校内外教育的有效贯通。

(3) 形成良好育人环境

完善学校、家庭、社会"三位一体"合力育人机制,推进学校教育、家庭教育、社会教育有效衔接。强化心理健康教育、倡导师生身心愉悦的教育环境。推动温馨教室和谐校园建设,优化校园人文环境,形成有利于学生身心发展的校园氛围。

2. 让所有学生获得公平、高质量的优质教育

坚持公平优质的价值取向,不断提高学校的办学水平,为学生提供生存、生活必需的基本知识和技能,使学生在道德行为、学习兴趣、身心健康、良好习惯等方面得到培育和发展。

具体措施:

(1) 完善三类课程体系

依据"二期课改"的要求,进一步规划和设计学校三类课程,力求为全体学生全面而有个性地发展提供全景式课程体系,力图把学校办学理念、培养目标融于其中,特别是把造就初中学生终生发展的核心能力的培养贯穿其中,从而让课程为学生成长与终身发展服务,满足学生发展的需求。在各类学科课程教学的实施过程中,形成学科系统之下的结构性学习内容,既减少重复学习的内容,又培养学生学科学习的基础素养,保证学科课程的

高质量有效实施。

（2）改革课堂教学模式

课堂教学改革过程中，充分发挥教与学的各自优势，既发挥教师教的主导作用，又发挥学生学的主体作用，不断革新教学方式，以学定教、以教导学，教学互动，教学相长，建立以学生活动为主的课堂学习方式，充分重视学生课前的尝试体验活动，强化课中探索学习活动，落实课后的巩固提升活动，不断丰富学生课堂学习的经历，从而使学生充满学习的生机和活力。

（3）推进评价方法改革

丰富和完善已有的学分制评分方法。根据各类课程的要求和特点，以量化的分值方式，通过不等的学分值来记录学生在相应课程的学习经历，以及所达到的发展程度。学生四年所有课程的总学分作为是否毕业、能否推优和评优的重要依据，从而为培养全面发展并富有个性特长的学生创设良好的学习与评价环境，为保障学校整体课程改革的有效实施。

（三）特色打造，让学校成为师生个性张扬的乐园

学校特色打造是学校高位发展的奠基工程，学校特色创建也为培养学生具有个性特点的人才提供保障。我们站在优质品牌学校打造的高度，积极创建学校各类特色，使之成为区、市乃至全国有影响的特色项目，为师生个性张扬、才华展示提供舞台和机会。

1. 做强艺体科技特色

积极推进学校体育、艺术、科技教育工作。我们一方面重视体育、艺术、科技普及教育工作，提高相关学科课堂教学质量，有序组织和教学，形成相关学科结构性的教学内容，形成台阶式技能训练体系，促进全体学生体育、艺术、科学素养的整体提升。另一方面紧紧依托学校社团、俱乐部等强化对特殊专长的学生进行专项性技能的训练，借助校内外的师资力量充分培养学生的个性特长，不断提升学生在体育、艺术、科学等项目在参加区、市及全国各类比赛中的获奖层次。

2. 强化教育科研特色

向教育科研要质量，全力打造教科研品牌特色。学校在科教研引领之下，在“活动—发展”教育模式之下深入学校各类改革和实践，以科研为先导，以推进课改为基础，以推进课堂教学改革为主阵地，形成以科研促发展的学校教科研特色，为学校全面走向一流给予教育智慧的支持。

3. 建立数字校园特色

学校正在以教育信息化促进办学现代化。一方面加强学校教育信息化基础设施建设和信息系统建设，建成较为前沿的学校网站以及学校信息化管理系统，提高学校信息化管理的能力；另一方面，运用现代信息技术改革教育教学内容和方法，推进课程教学与信息资源的有机整合，不断丰富教育教学资源，形成开放、互动、共享的信息化教育模式，促进师生学习方式的转变，满足学生多元化和个性化的学习需求。

（四）四次修改课程计划方案，注重学生“个性”与“共性”融洽发展

我们始终认识到学校是真正发生教育的场所，认识到只有结合学校自身特色，学生实际，坚持教育教学改革，才能办成社会、家长、学生和教师都满意的学校。因此，学校的课程计划不仅要体现学生发展的共性特征，更应充分重视每个学生的个别差异，在不断实践与研究中，选择最有效的课程教育途径。使具有各种个性差异的学生都能各得其所地获得最大限度的发展。

正是本着这样的初衷，我们始终抓紧课堂教学革新的核心问题——课程改革，不断修订与教育改革宗旨相适应的课程计划。

第一次修订：积极探索与社会生活紧密联系的课程教学计划改革方案。

自 20 世纪 90 年代初期，我校就提出了具有青浦教改特色的青浦套简式课程结构理论，逐步形成“活动—发展”课堂教学模式。其特征是强调教师引导、启发作用的发挥，突出学生学习经历中的主体地位，强化学生的自主学习活动，实现学生在实践体验活动中学习、成长与发展，从而有效地达到促进学生各种能力提升的目的。

第二次修订：构建注重课内外结合进行学习实践活动的课程教学计划方案。

2001 年，随着市二期课程改革的推进，先进的理念引导我们进一步探索学校课程的发展规律，力求注重学生的经历，有力地发展学生的学习实践活动，也就是构建了以课堂内的基本活动、课内外密切联系的专题活动、校内外结合的综合活动的由内向外的相互补充、互相促进的三类课程教学计划方案。

我们认为该课程方案重视了不同层次学生的学习需求，能利用本校师资特色，增加了拓展课探究型课程的活动模块，采用了课内外结合的模式，提出以终生教育思想为指导，努力培养适应学习社会化的能力目标。拓展型课程包括学科拓展、主题教育和社会实践等三块活动；探究型课程采用课内外结合，四个年段围绕关注生活、生命、自然、社会四个系列专题，学生在教师指导下自主探究，大胆创新，各方面的能力得到显著提高。在此期间，我校出现了一批富有特色的校本课程，如《民防教育》《地震科普教育》等，逐渐形成了本校的科技、体育、艺术的特色。

第三次修订：实施注重学业评价的课程教学计划方案。

从 2004 年起，我们研究、制定并实施与三类课程的学业评价改革相对称的学分制评价方案，其目的是通过基础型、拓展型、探究型课程、学生思想品德相应的评定学分作为学生在校四年学习所有课程的学分，并成为学生是否合格毕业、能否推优与评优等项目的重要依据，从而逐步打破社会上大多数人都认为不合理，但又无奈地以一次考试成绩定“终生”，即决定学生升学、毕业与否的格局。

我们先后制定了青浦实验中学学生学分卡、拓展型课程学业评价表（分学科、活动二类）、探究型课程学业评价表、学生思想品德与行为素养评价表和学生学分奖励方案等措施,并建立逐步完善教师、家长、社会等群体的评价反馈系统,初步实施后学生、家长、教师等反响良好。

可以这样说,我们现在课程计划改革的实施现状得到大多数学生欢迎满意,大多数教师自主接受,确实使我们内心感受到课程改革的实施深受学生、教师的欢迎,同时也增强了我们继续进行课程改革的信心。

我们在和教师们的共同探讨探究课程、拓展。课程在实际教学中能起到怎样的主要作用时,我们都敏锐地发现,在实际的教育教学过程中,虽然探索,拓展课程在发展、培养学生能力方面起着举足轻重的作用,但总感到在培养学生个性(或特色)方面似乎不够明显的,也就是说我们设置的探究型、拓展型课程时既要考虑到大多数学生的共性需求,又要适合不同学生的个性需求,这可能为我们继续改进课程计划找到了方向。

课程改革的实践在不断告诉我们,单有体现先进的教育教学理论的课程计划,如缺少与之相适应或配套的师资队伍,那极有可能出现南辕北辙的现象和南橘北枳的结果。为此,区教育局领导持续坚持"强队伍"的各项优惠政策,我区师资队伍的素质发生显著变化。

同样,近年来,我们学校的师资队伍的素质也有了明显的提升:一是连续不断招聘了几十名具有各类大学本科、研究生学历的新教师,使教师队伍的年龄、心理、文化、结构等方面发生自然的变化;二是邀请区内外著名学者、专家、名师进行本土化的校本培训,有计划地促进教师共性素质的良好发展;三是积极引导,广泛开展校本研究、教育科研等活动,有目的地提升教师个性化的素质水平。因此,教师的教育教学行为的发展呈现出可喜的趋势。

鉴于上述三方面的因素,我们对 2001 年学校三类课程教学计划的实践、经验进行反思,感到基础型课程重视基础知识、基础学业,缺乏有针对性的因材施教;拓展型、探究型课程关注学生德智体美劳各方面的共性需求,缺乏有针对性学生个性的激发与培养。为此我们就加强对拓展型、探究型课程的进一步细化,也就是加强非限定课程种类的设置。这样就给我们学校进一步课程改革或修订课程提供了既遵循国家的课程指导思想,又贴近学生实际,更是切实可行的新思路。

第四次修订:构建关注"个性",与"共性"融洽发展的课程计划方案。

2009 年 9 月我校迁入新的校址,教学环境与教学硬件设施有了很大的改善。我们继续在学校"活动—发展"教育模式的背景下,根据学校当前环境条件、初中学生的发展目标(以学校新一轮思想道德教育体系、学校课程改革的推进和课程形态、发展性学业与评价制度等内涵为主要抓手,全力构建支撑学生发展的培育体系,即培养全体学生个性突显、人格健全、全面和谐、终身发展)、教师发展目标(学校将以校本研修制度的建立,学校强师工程的推进,学科项目工作室的引导等有力措施,促进教师专业理想与态度、专业知识与理论、专业能力与技能的发展。为每一个孩子都受到优质均衡的教育提供师资的保障)的基础上重新思考学校课程计划的宗旨;为了促进所有学生全面富有个性的终身发展,学校全力构建既为所有学生提供丰富学习经历,又能满足所有学生自身发展需求的课程体系,制定与之相配套的学校改革的课程计划。

该课程方案是根据上海市初中课程计划和学校办学实际和特点而形成。学校全年各安排一次体育节、艺术节、科技节、英语节、读书节等活动。学校规定学生必须参加限定性学科课程。对于非限定性学科课程、学生根据本人兴趣、个性特点可以自由选择参加。

每学期,都会开设如“乒乓”“管乐”“国画”“机器人”“小发明”等五十多种拓展性课程,同时根据不同学生、不同时期的需要,成立了“晨韵艺术团”“墨香书画社”“晨光摄影社”“杏窑陶艺社”等十多个学生社团。

从新的课程计划方案课时数中,我们可以看到基础型课程占周总课时数的69%—79%,其他类型课占周总课时数的20%以上,同时在2004年的课程计划基础上,加强对拓展型、探究型课程的进一步细化,也就是加强非限定课程种类的设置,有利于满足学生多样化的个性需求。现课程方案的语言表述更加精确,有利于对教师教学的直接指导:十分注重学校的办学特色,适当增加运动会、科技节、艺术节、英语节、读书节等活动的安排,有利于学生的全面发展。

虽然实施的时间不长,但在面向全体学生,注重学生全面发展的基础上,逐步出现了一批富有个性特色的学生。如在全国首届数理化竞赛—数学建模比赛中,我校有15人次获数学建模比赛一等奖,其中一位同学荣获了全国金奖,另有两位学生分别获得铜奖;有两位同学获得了全国数理化竞赛—物理应用比赛一等奖。每年,学校的体育、艺术、科技类获区级及以上奖项各有百余项,目前有师生专利作品二十多个。学校被评为上海市体育特色学校、艺术特色学校、科技特色学校,被教育部、文化部授予美术教育杰出贡献奖等。

选择一种课程,就是选择一种未来。每一次课程计划方案的修改,都表明我们热切期望能获得符合“以学生发展为本”的课程计划和实施策略,以便让我们的学生能凝聚共性,张扬个性,成为情操高尚、意志坚强、身心健康、有竞争意识和创造能力的人。

(五)人文校园、生态校园、书香校园助推学生共性与个性的融洽发展

校园环境是学校文化的外在呈现,是学校品德教育、精神陶冶的依托,是学校理念内涵和文化底蕴的重要体现。品德高雅、匠心独运、个性突出而又科学合理的学校环境设计,可以美好地反映学校的文化特色,增强学校的文化氛围,凸显学校的人文内涵,提升学校的文化品位。

2009年,我们学校迁入新校址以后,学校领导就一直在积极思考、酝酿,要把新校园打造成具有现代意识、品位高雅、育人氛围浓郁的美丽校园。经过多年努力,如今,我们青浦区实验中学已经成为享誉社会各界的“上海市花园单位”。学校的文化气息、生态环境、书香氛围都会让所有身临其境的人得到“一树一石都成景,一亭一廊皆育人”的美妙感受。

一走进我们实验中学的大门,你就会发现,我校的所有教学大楼,都有独具匠心的设计特色,校长、书记都亲自参与校园的改造设计方案的制定。

每幢教学楼的大部分墙体都喷上了冷色调的水灰色的新颖材质"仿真石喷料",看上去似乎是一块块石板砌成。墙面上的腰部和顶部还有其他重要部位,用暖色调的砖红色新颖材质"陶板"突出铺设在墙体上,勾勒出框架式、版面式等图案,形成强烈的立体感,给人凹凸有致,错落成韵的感觉。加上材质新颖,冷暖色调对比鲜明而又和谐统一,提升了整个建筑的文化品位,显得高雅而有现代感。

步入校园,你会发出感叹,作为"上海市花园单位"的实验中学校园环境果然名至实归。

正对校门口不远处,迎面可见巨大的假山石群的缝隙里流水喷涌而出,流进前面小池的活水滋养着池中的睡莲和往来翕忽的金鱼,一片生机和活力。

整个校园布局,可简称为"四大道、三园林"。四大道,即贯穿校园南北走向的四条大道,由东到西分别为:"紫玉兰大道""樱花大道""桂花大道""香樟大道"。条条大道把教学大楼连接起来:一、二号楼间,栽种着红梅、青梅、蜡梅,称为"梅园";每年春、秋、冬季到来,各种梅花次第开放,美不胜收。二、三号楼间栽满各种果树,被大家美其名曰:"百果园",其中枇杷、橘子、桃子、李子、柿子、枣子、山楂……各种果树,不一而足,果熟时节,硕果累累、香气诱人,引来一群群鸟雀频频光顾。生长繁茂的紫藤、凌霄、葡萄、猕猴桃等多种藤蔓爬满了弯曲的长廊;三、四号楼间的"竹榭"里年年都有争相拔尖的"新生者",呈现出一派"十丈龙孙绕凤池"的兴旺景象。

乍暖还寒时节,紫玉兰大道上盛开出气质高雅的紫玉兰花,神采奕奕,清新可人;阳春三月,樱花怒放,似片片白云相连,让人驻足不前,流连忘返;在遍布各种花草树木的校园里,数桂花大道上和周围散布的桂花树最多,金桂银桂成行成排,多季开放,金秋时节尤盛,香气馥郁,飘满校园,漫步其间会给人如痴如醉的感觉;香樟大道位于运动场西侧,一棵棵高大挺拔、绿叶成荫,散发出淡淡的幽香。

随着步移景异,校园里绿意盎然,生机蓬勃。亭台轩榭错落有致地散布在走道边、绿树旁、花卉间,假山奇石随处可见,园林美景,尽收眼底。

小巧精致的"牡丹亭"外各种名贵牡丹竞相怒放,国色天香,映衬着亭内孩子们一张张因热烈讨论而涨红了的脸庞。朴实淡雅的"竹榭"里,常常散坐着刻苦攻读的同学们。各种藤蔓覆盖着的弯曲的长廊里,是师生们最爱逗留的地方,他们有的在凝神阅读,有的在低头遐思,有的在专心素描,有的在欣赏藤蔓上开放的各色花朵……神态各异,引人向往。

分布在校园各处的太湖石,造型奇特,各具形态,有的像雄狮,有的像大象,有的像卧牛,有的像禽鸟,不一而足,考验着师生们丰富的想象力。

玻璃搭建的"生物创新实验室"里,生物研究小组的学生在科学老师的指导引领下,用科学方法,精心培育着各种奇花异草和蔬果瓜菜,认真记录着观察到的各种数据,长大后当个生物学家的梦想也许就在此时此地萌芽。

运动场上时时活跃着体育健儿们。冬季来临，是师生们围绕着校园外圈长跑锻炼的好时光，争取每人跑满一千米。体育馆里教师广播操每天坚持；体育活动课上，每个活动场地都有师生们的身影，时而组织的“师生足球友谊赛”和“教师篮球半场赛”等，常常会吸引众多师生围观助威呐喊，气氛热烈，场面活跃。放学时节，仍有运动员们主动留下，在教练的指导下练耐力、练技巧、练速度，不懈努力。从我校运动员矫健的身影里，我们能看到他们创造的优异成绩里，充满了汗水和辛劳。

实验中学东侧围栏外，笔直而宽阔的河道杨泾河自南向北流经我校，成为与我校毗邻的一条河流。抓住这样一个难能可贵的自然条件，我校领导及时与区体育局，区少体校协作，建立一支青少年赛艇队。我校青年体育教师小郭成为教练中的一员参与训练指导。校东侧的边门外，建起了一个简陋的小型赛艇码头。而杨泾河就为赛艇队训练提供了极佳的自然条件和训练场所。

赛艇队训练时分，数舸争流，一艘艘赛艇犁开平静的河面飞驰向前，场面蔚为壮观。简陋的条件下，照样诞生出为国家、为本市争得奖项和荣誉的优秀运动员。2014 年，赛艇队荣获第十五届上海市青少年赛艇比赛银奖一项，铜奖四项。2015 年，赛艇队还远赴澳大利亚与对方青少年赛艇队进行了友好交流。

历经数年，精心打造，建设独具魅力、温馨典雅、清新别致的校园环境文化，建设现代化格调高雅的人文校园、生态校园、书香校园，是我们青浦区实验中学领导和广大教职员工的不懈追求。作为一种美学建树，一个完整的艺术主体，校园的环境建设反映了学校的文化品位和审美水准，它处处充满了文化气息和科学探究精神，数以千计的全校师生员工日积月累、潜移默化地从中得到浸润和熏陶，学生健康的个性与共性和谐发展得到保障，师生的集体意识和协作精神得到培养，学校科学的办学特色得到彰显。

第五章
反思教育改革历程　试谈学校发展前景

长期的教育改革历程告诉我们，反思的目的一是要清楚地看到教育改革的成绩，增强自信，形成渴望继续教育改革的内驱力；二是实事求是地发现自己改革的不足或与先进学校的差距，增强继续改革的信心；三是在思考改革的成绩与差距的过程中，寻找设计更完善的改革方案，有力地指导下阶段的教育改革方案。

第一节　初步获得一条探索大面积提高教育质量的途径

近三十年来，我们在继承、发扬“青浦数改实验”的基础上，持之以恒地努力学习、思考、实践，基本探索到一条大面积有效提高教育质量的途径，其内涵归纳为五个方面。

一、理论学习：学习理论，形成现代教育观

在三十年教育改革历程中，我们学校积极遵循“青浦数改实验小组”的优良传统，十分重视认真学习现代和我国传统的教育理论，学校以翁志勋、杨义通为首以及历任学校领导李新祥、刘明等坚持这良好的学习制度，使我们大多数教师一踏进实验中学时，就自觉努力学习中西方教育理论、市教育改革现状和“青浦数改经验”，逐步树立不断改革的理念，初步形成比较先进的教育改革观，适合学校发展的课程观和青浦人民满意的质量观。

就拿教育质量来说，我们通过学习、实践与思考，感到现在教育质量主要存在初中中考升学成绩与培养大多数学生持续学习能力间的矛盾。所谓教育质量在宏观上是指教育水平和效果优劣的程度，在微观上则是衡量人才是否合格的质量规格。从这一点来讲，中考成绩只是反映学校教学水平的一个重要指标，但不是学校生存的唯一标准。同样，一所没有质量的学校肯定不是一所好学校，肯定不是当地人民群众欢迎的学校。

为此，通过调查、研究，发现当地社会、家长对学校的期望，大致归纳为，一是对学校教学、教育水平有良好的口碑；二是对学校特色教育过程和成果十分认同；三是对学校教改的良好发展十分满意的三句话。

三十年来，我们全体教师和学生、家长们勠力同心向这三个期待共同努力，并取得一定效果。

(一) 教育、教学水平有良好的口碑

社会、家长和学生最关心学校的是学校的知识教学质量，可通过以下数据反馈。

表 5-1　2007—2017 年实验中学(西部)中考成绩统计表

质量 / 年份	$\bar{X}_{实}-\bar{X}_{区}$	$\bar{X}_{实}/\bar{X}_{区}$
2007	27.80	106.10
2008	21.00	104.17
2009	19.60	103.76
2010	26.00	105.04
2011	27.20	105.26
2012	26.60	105.26
2013	10.50	105.03
2014	14.35	102.81
2015	9.96	101.99
2016	12.40	102.34
2017	12.70	102.46

表 5-2　2007—2017 年实验中学(西部)录取青中情况表

年　份	校进入青中人数	区青中招生数	%
2007	98	525	18.67
2008	120	595	20.17
2009	131	544	24.08
2010	141	496	28.43
2011	137	439	31.21
2012	110	456	24.12
2013	91	449	20.27
2014	106	420	25.24
2015	113	423	26.71
2016	123	419	29.36
2017	124	412	30.10

在表 5-1 和表 5-2 中，明显地发现我们学校的知识教学质量一直是高于区平均质量；人人期望考入青浦高级中学的 11 年，平均比率为 25.31%，从这一点看，实验中学的知识教学质量在青浦社会、人民、家长和学生中享有良好的口碑。

（二）创新能力获得良好的提升

据上述资料统计（见表 5-3），在 11 年中，实验中学师生、学校共获得科技等项目国家级奖项 105 项，市级奖项 364 项，区级奖项 2 888 项，平均每年获国家、市、区级奖 305 项。这些数据可以直观地说明对创新能力的培养的重视，同样也是社会、家长、学生对特色教育的高度认同和学校整体性的良好发展感到十分满意。

表 5-3　2006—2017 年科技等项目获奖统计表

分类/年份	学生			学校			教师		
	国家级	市级	区级	国家级	市级	区级	国家级	市级	区级
2006	—	8	83	—	5	5	5	5	47
2007	6	11	192	—	3	9	1	5	26
2008	21	49	188	1	6	7	3	6	38
2009	18	2	233	2	10	7	2	2	19
2010	2	15	444	1	3	6	4	2	61
2011	1	7	235	7	8	6	—	3	27
2012	6	5	274	5	3	8	3	15	23
2013	—	32	173	4	17	18	2	6	19
2014	2	16	168	3	8	24	1	6	29
2015	—	—	214	2	24	11	—	—	60
2016	—	57	89	1	10	24	2	6	62
2017	—	—	37	—	9	7	—	—	15
Σ	56	202	2330	26	106	132	23	56	426

（三）学校获得人民满意的有效发展

从 2007 年到现在，我校不忘初心、砥砺奋进的改革成果得到上级领导部门、青浦社会、学生及家长的赞誉，为推广教育改革成果和总结经验，由上海市教委人事处、基教处、教研室及青浦教育局两次召开现场研讨会。

第一次会议是培育学校研修文化，深入推进课程改革，青浦区实验中学现场交流活动。

随着学校教育改革的不断深入和二期课程改革的不断深化，培育一支高水平的优秀教师团队，给学生提供高质量教育，以保证他们的健康成长与全面发展，成为各所学校一个共同的课题。实验中学多年来通过校本研修制度的建立，学校强师工程体系的打造，品牌学校的建设等一系列措施，努力培育一支师德高尚、教有专长、结构合理的优秀教师群体。为此，上海市教委人事处、基教处、教研室、青浦区教育局，于 2007 年 4 月 12 日在青浦区实验中学举办《培育学校研修文化，深入推进课程改革》现场交流活动。市教委领导、相关处室负责人、市教研室专家、各区县教育局分管课改的局长、各区县教研室主任、市初中课改研究基地校长、张人利名校长培养基地学员和青浦区初中校长约 200 人参加了此次活动。

本次交流活动分两大部分，第一部分是“实践展示活动”，共分两大块，一是围绕项目组研修主题开展课堂教学实践，共开设了 14 门学科 18 节课；二是围绕项目组研修专题，选择课堂观察视角进行评课，力求体现课堂教学改革的主流价值，对教师课堂教学水平提升的原因作归因分析，对课堂教学中存在问题要有基本的解决方法，从而体现和谐的研修文化。

第二部分是“大会交流”，会议由上海市教委教研室副主任赵才欣主持，首先由青浦实验中学校长刘明和语文、数学项目组负责人作题为《教师发展是课改成功的基石——青浦区实验中学深化课程改革的实践与思考》的发言。学校把二期课程教学改革作为学校发展的引擎，积极应对在实施新课程中遇到的种种问题，不断进行学校内部管理机制的创新，致力于提升每一位教师实施新课程的专业能力，通过校本研修实施有效的课堂教学，学校在精心培育学校研修文化促进校本研修、打造优秀教师队伍、实施有效课堂教学的策略、措施及具体做法方面积累了许多成功的经验。

1. 科研先导，传承“活动—发展”教育理念，确保了课程改革的软着陆

青浦区实验中学是顾泠沅主持的“青浦实验”的基地学校。学校自创建以来，坚持以教科研引领学校发展的办学理念，初步构建促进学生发展的三类活动课程体系，在教学改革实践中不断地寻找“接受式”与“活动式”两种教育模式相结合的优势，形成了“活动—发展”教育模式，强化以活动为中介，让学生在活动中创新，在活动中发展。学校在新课程理念、教育教学改革、教师队伍建设、课程的实施管理等方面积累大量的经验，使“二期课改”方案以软着陆的方式实施。

2. 聚焦课堂，坚持“三维目标”教改导向，形成了课程改革的新局面

学校充分重视立足本校实际，继承和发扬传统，以原有的改革为基础推进新课程改革，始终以“三维目标”的落实指导课堂教学改革，在一个较高的起点上实施学校的课改工作。在新课堂教学研究和实践中转变教师教学方式、完善学生学习方式。在落实“知识与技能、过程与方法、情感态度与价值观”三维目标的新课程教材改革中形成课程改革的新局面。同时，新课程教材改革还进一步深化了“活动—发展”教育模式的实践。学校三类活动课成为新课程方案中基础型课程、拓展型课程和探究型课程的三种课程实施形态。学校在课改试验中加强拓展型课程的建设，确立了三个领域：以选修活动为主体的学科拓展；以“爱诚美志”四个主题组成的主题教育；以“军政训练、志愿服务、红色旅游、生存体

验”四个体系构成的社会实践。建立探究型课程体系,构建了不同年级不同主题的四个系列:六年级的“关注生活”、七年级的“关注生命”、八年级的“关注自然”和九年级的“关注社会”。

3. 项目推进,不断创新校本研修制度,教师成为课改成功的基石

改革最终发生在课堂,课改成功的基石是教师。骨干教师是学校高质量开展教学工作宝贵的人力资源,新课程教材改革的艰巨性更需要有一批优秀的教师成为带头人,带头研究,带头实践,引领全体教师投入课改。学校的策略是,建立各种有效机制,激励学校骨干教师更好地发挥先锋作用,形成骨干教师培养机制。几年来,学校先后推出多项举措:建立导师团,成立项目工作室,构建校本研修室等。骨干教师在各种组织中承担着听课、指导、示范、培训以及进行课题研究等任务,发挥着积极的作用,对一大批教师的专业成长产生了较大的影响。

学校作为“以校为本研修制度基地建设”项目的参与学校,创造性开展各种形式的校本研修活动。组建语文、数学、英语、大文科、大理科和艺体等六个项目工作组。整合全校力量,形成科研、教研、校本培训、信息技术联动的改革态势。以创建校本研修制度为核心的现代学校制度建设和项目工作室不断深入推进学校教育教学工作。

4. 培育文化,一切为了所有学生发展,不断增强新课程的执行力

学校文化的核心,是全校教职工关心教学,关心每一位学生的健康成长。在为学校的内涵发展奉献自己的事业心、责任心和全部能力。学校根据全校教职工不同的发展需要,构建“十一五”教师校本培训课程体系和实施方案。把谋求教师发展作为学生发展的基础,赢得教师发展来确保学生发展。

实验中学在培育研修文化做法是:专业引领、同伙互助,取他人之长补自己之短,关注每一位教师;项目驱动、“行”“知”统一,在行动中反思在反思中成长,关注实践智慧的积累。

学校在项目实施方面的具体措施,是项目实践研究在理论指导之下,运用行动研究和团队带教的方法,分三个阶段八个环节推进每一个专题的研究。其过程包括:第一阶段为准备阶段,分两个环节:1. 理论学习;2. 形成模式。第二阶段为实践跟进阶段,分四个环节:1. 公开教学;2. 修正模式;3. 行为跟进;4. 资源建立。第三阶段为总结提高阶段,分两个环节:1. 专题总结;2. 项目报告。通过六个项目组四年分专题研究,使全体教师在参与研究和实践的过程中提高专业水平,丰富教育实践智慧,让每个教师专业提高和进步,让每个教师优秀。

2007 年 4 月 12 日

第二次会议则是提升学校课程领导力行动研究项目“丰富学生学习经历的探索”展示交流活动(见表 5-4)。

会议时间：2010年11月30日下午1点

会议地点：上海市青浦区实验中学

主办单位：上海市教育委员会基教处、上海市教委教研室、上海市青浦区教育局

承办单位：上海市青浦区实验中学

会议内容：

1. 课堂教学展示与点评(下午1:00—1:55)

(1) 课堂观摩(全校安排六、七、八、九共四个年级17节课，时间下午1:00—1:40)

表5-4 青浦区实验中学市现场会公开课安排表

(2010年11月30日下午1:00—1:40)

学科	执教教师	教学内容	执教班级	教学地点	研讨地点	幢次分布	点评	学校负责人
政治	张　萍	尊敬老师是人类美德	六(3)	底楼六(3)班教室	底楼六(3)班教室	二号楼	徐建英	郁洪娟
心理	庄　艳	“拍卖”行动	六(7)	二楼六(7)班教室	二楼六(7)班教室		田银平	张海荣
英语	郭琦君	牛津英语6A M3 U9	六(9)	三楼六(9)班教室	三楼六(9)班教室		陆京炜	陈志坚
班会	李　峥	“我们用镜头聚焦家乡”	六(12)	底楼六(12)班教室	底楼六(12)班教室		卓月英	王峥
地理	周　伟	走进青藏高原	七(1)	底楼七(1)班教室	底楼七(1)班教室		李　会	张静燕
历史	王敏敏	三大发明的进步与传播	七(2)	底楼七(2)班教室	底楼七(2)班教室		陈　骥	姜丽芳
民防	唐洲捷	楼房火场自救与逃生	七(6)	二楼七(6)班教室	二楼七(6)班教室		陈雪娟	张东明
数学	范莉花	《翻折和轴对称图形》	七(10)	三楼七(10)班教室	三楼七(10)班教室		宋伟倩	忻映霞
语文	刘丽君	威尼斯商人	八(4)	二楼多功能厅	二楼多功能厅		沈　菁	凌　华
物理	陆国英	光的复习	八(3)	底楼物理实验室	底楼物理实验室	四号楼	倪忠新	顾学军
化学	郁　剑	《燃烧与灭火》	九(3)	底楼化学实验室	底楼化学实验室		金伟民	朱敏鸣
科学	任海斌	声音的产生与传播	七(4)	底楼科学实验室	底楼科学实验室		郭冬梅	计顺娟
陶艺	张琳琳	《千奇百怪的脸》	七(9)	底楼陶艺教室	底楼陶艺教室		陈　杰	陆　欢

续　表

学科	执教教师	教学内容	执教班级	教学地点	研讨地点	幢次分布	点评	学校负责人
美术	张荟卉	凹版画的魅力	七(12)	二楼 备用实验室	二楼 备用实验室	四号楼	吴　超	祁皆欢
信息科技	薛颖	自动避障小车	七(3)	三楼 三号机房	三楼 三号机房		沈国全	何小华
音乐	杜帅	《走进进行曲》	八(8)	三楼 音乐教室 1	三楼 音乐教室 1		田春红	顾曙萍
体育	谢　勇	掷垒球	六(10)	操场	二楼 教师食堂	操场	邢纪炯	庞利荣

(2) 区教研员评课

2. 大会(下午 2:00—3:45)

(1) 青浦区教育局致辞

(2) 青浦区实验中学交流汇报

① 丰富学生学习经历,提升学生发展品德　校长　刘明

② 实验中学语文课程教学的实践与探索　教导主任　凌华

③ 初中语文单元组合教学的实践探索　语文教研组

④ 注重过程,强化发展,科学评价——实验中学学生学分制评价实施方案　副校长　戴颖川

(3) 专家点评

(4) 市教委领导讲话

3. 校长网上研讨

二、教育模式:实施"活动—发展"教育模式的再认识

三十年来,我们持续进行"活动—发展"教育模式课题的研究与实践,以创造性的劳动克服了困难,积累了大量可供借鉴、参考的经验和案例,取得了令人注目的成果,使我校的教育改革正由"形似"稳步走向"神似"。大量的案例实证"活动—发展"教育模式确实能有效地促进大多数学生良好发展,但对照党和国家的新时期教育方针以及市"二期课改"的先进理念和学校、教师、学生等实际情况,必须对有些内容进行与时俱进的再认识。

(一) 对制定"活动—发展"教育模式目标的认识

我们认为,每个教育活动所追求的目标是该教育活动的出发点和归宿,是规范教师的理念,是指导教师的教育行为,也是学生学习活动的指南。教育评价理论告诉我们,

目标一般分两种，一是终结目标，即实验或实践活动刚起步时就定下要达到预设目的，也就是实验或实践活动成功与否的标准；二是动态目标，就是利用预先制定的目标，在实验或实践活动过程中，对每一阶段所取得成果进行对照、检验、反思，从而不断修正目标。那么，“活动—发展”教育模式所追求的教育活动目标究竟是怎样的目标呢？（见表5-5）

表5-5　活动目标动态比较表

课程类型	初期预测能达到的活动目标（1987—1997年）	发现逐步能达到的活动目标（2000年后）
第一类（基础型课程）	知识、技能为主	知识、技能为主，学习态度、方法、习惯，信息素养，阅读、表达、计算、实验等
第二类（拓展型课程）	知识、技能为主	自主能力、社会活动能力、感悟能力、认知结构、信息加工能力、表达能力、解决问题能力、关于质疑等
第三类（探究性课程）	能力为主 未开拓，对课程开发的指导有限	知识综合能力、综合活动能力、团队合作能力、领导能力、创造力（初步的创新意识和探索能力）等能力目标拓展

在表5-5中，我们明显地发现对“活动—发展”教育模式目标的认识，从表层逐步进入内核，这就告诉我们，该模式的教育活动目标是一个动态的目标。应该按照马克思主义的认识论来认识客观事物，要实践、反思；再实践、再反思，不断、逐步接近真理。因此，它启示我们必须努力学习教育理论，在实施“活动—发展”教育模式过程中，要善于不断总结、善于不断反思，结合教与学的实际现状，及时修正教育活动目标，才能保障教育活动的顺利进行。

（二）对树立“活动—发展”教育模式实施方式可变性理念的认识

常言道，从微观上说，世界上找不到两片完全相同的叶片；从宏观上讲，一个人不可能两次踏入同一条历史长河。所以，我们认为，同一教材、同一研究课题、同一个主题教育活动，在不同时期，应作相应的调整，因为学生变化了，社会发展了，如果不与时俱进，仍坚持运用过去认为确实有效的方法，则与先前相比，很有可能出现截然相反、南辕北辙的效果。我们曾对“三个时期关于水的系列活动案例”进行比较和分析（见表5-6）。

表5-6　三个时期关于水的系列活动案例的比较表

	课题名称	活动方式	关注点
1980年代	《水的知识和利用》	社会调查为主（取样）	知识、水质分析技能、教师指导方法
1990年代	《家乡的 H_2O》	综合活动	形成环保知识结构

续　表

	课题名称	活动方式	关注点
2003年	《居民阳台洗衣做饭废水污染的调查》《家乡的环城河我与你同行》	小组讨论、专家访谈、实验、调查、实地测量等	经济社会发展与水资源关系、家乡水文化与地方文化

在表5-6中，我们对三个不同时期关于水系列的相关课题的研究方式进行比较分析，我们从中发现，在社会发展的背景下，人们的认识越来越与自然环境和谐，越来越追求经济与社会、人与自然环境的和谐发展。情随事迁，教育者和被教育者的思想观念发生变化，势必采取相应的教育行为与之相适应。因此，同一水系列研究课题，从20世纪80年代只重视有关水的知识点、一般常规水质分析技能，到21世纪初开始关注经济社会发展与水资源关系等涉及本地区社会经济及民生等问题，已经把知识点传授与培养社会责任感等紧密结合起来，真正达到"活动—发展"教育模式的教育活动的目标。所以，我们认为必须要破除僵化、一成不变的程式，建立活动内涵、方式可变性理念，才能与时俱进地适应社会发展的需求。

（三）在"活动—发展"教育模式中，师生情感对提高学生自主学习质量的认识

在实施"活动—发展"教育模式过程中，我们发现一个令人深思的现象：为什么几个班级学生入学时分班的学习质量基本上没有统计意义上的差异；而执教教师年龄、知识水平、教学能力等方面又相差不多，但一段时间后所教班级效果却差别很多呢？通过调查筛选，仔细分析，我们隐约地感到，善于与学生情感交流可能是造成质量差别的关键因素之一。通过解剖"麻雀"，发现该班语文教师周老师以丰富的学识、和蔼的态度、与学生坦诚的交往，无论何时、何地都以她独特的人格魅力赢得学生的爱戴，达到"亲其师，而信其道"的地步，是真知、真情、真爱孕育了学生持续发展，"心有灵犀一点通"的心理场。

三、改革核心：课程改革内涵需要与时俱进、不断深化

其实，中外教育史明确地告诉我们，当教学改革发展到一定程度便会自然而然地触及课堂教学革新的核心问题，也就是课程改革，建立与教育改革宗旨相适应的课程计划。我们系统地梳理一下，近三十年我校在课程改革实施方面经历了制定、逐步完善的四个阶段。

（一）第一次制订：积极探索与社会生活紧密联系的课程教学计划改革方案

90年代初期，在区教育局、教师进修学院、教育学会的关心下，特别是在顾冷沅先生的具体指导下，我们把中西方教育理论和我县教改特色的套筒式课程结构密切结合，对我校现有的课程改置，课程类型、课程实施策略进行比较系统地反思与研究，提出突出学生学习经历中的主体地位，强化学生的自主学习活动，从而有效地达到促进学生各种能力提升的目的。有计划地探索制定并实施与注重联系社会的课程改革实验方案。其实该课程

教学计划改革方案的特点是课时出现变化，即工具学科符合大纲课时数由基本课时＋弹性课时组成，为教学改革提供时空的保障。

（二）第一次修订：构建注重课内外结合进行学习实践活动的课程教学计划方案

我们在对部分教师、学生进行访谈后发现：方案中基础型课程工具学科的（＋2）、（＋1）只说明是有弹性课时，但实际上是缺少学科内容、学科教学方法等方面的深入导向，所以，该课程计划方案既不能满足全体学生的需求，又在学科、课时等方面存在着较大的局限性。2001 年，随着市二期课程改革的推进，先进的理念引导我们进一步探索学校课程的发展规律，力求注重学生的经历，有力地发展学生的学习实践活动，也就是构建了以课堂内的基本活动、课内外密切联系的专题活动、校内外结合的综合活动的由内向外的相互互补、互相促进的三类课程教学计划方案。

该方案的特点是，一是我们设置了基础型课程占周总课时数的 75%，其他类型的课占总课时数的 25%左右的比率；二是在基础型课程中包含更丰富的学科，逐步出现富有自创性的校本课程，如《民防教育》《地震科普教育》等，逐渐开始形成我校科技、体育、艺术的特色。

（三）第二次修订：实施注重学业评价的课程教学计划方案

在该课程计划实施过程中发现，没有完善的评价机制让我们的课程实施缺乏有效性和针对性，因此，我们认识到课程改革能否顺利进行，其关键是要对该课程改革的效果进行合理、有效的评估，也就是必须有创新有效的学业评价方案。

从 2004 年起，我们研究、制订并实施与三类课程的学业评价改革相对称的学分制评价方案，即修订互为课程改革第三阶段的“实施注重学业评价的课程教学计划方案”。

该方案的特点：一是打破以一次考试成绩定“终生”的格局；二是本课程方案更注重过程，更体现人本论的优点；三是使学生获得比较正确、合理、公正、可接受评价。一句话非常有利于学生良好、持续地发展。

（四）第三次修订：构建关注“个性”，注重学生“个性”与“共性”融洽发展的课程计划方案

2009 年 9 月我校教学环境与教学硬件设施有了很大的改善。我们继续在学校“活动—发展”教育模式的背景下，根据学校当前环境条件、初中学生的发展目标、教师发展目标的基础上重新思考学校课程计划的宗旨；为了促进所有学生全面而富有个性的终身发展，学校全力构建既为所有学生提供丰富学习经历，又能满足所有学生自身发展需求的课程体系。制订与之相配套的规定学生必须参加限定性学科课程和学生根据自己兴趣、个性等自由选择的非限定性学科课程特点的注重学生“个性”与“共性”融洽发展的第四阶段课程计划方案。

综上所述，我们课程改革过程中充分地认识到，课程改革不同阶段的不同内容是大面积提高教育教学质量，达到教育目标的重要手段，即改革的核心。

四、共享资源：资源共享，拓宽教育改革的广深度

在多年的教育改革进程中，我们深有体会，单靠一所学校或校内的各级各类课题组、实验基地，已难当大业。根据青浦数改小组经验，必须要寻找志同道合的研究伙伴，也就是要充分运用校外各种资源，要巧借外力为我们所用，真正做到在一个大目标或共同前提下，互通有无，实现优势互补，达到教育改革的目标或形成双赢的态度。

在这三十年中，我们主要在校级和校内不断地进行教育资源的合理整合，使教育资源最大限度地共享。

(一) 校级：青东片教育改革协作组和区教师进行学院教研室、教科室建立教育教学、科学研究联合体

1. 教育科研联合体概念。教育科研联合体就是在共同价值观下，互相信任、各自优势互补，形成共同探索、联合实践的实体。主要体现在这三个方面：(1) 共同价值观。是通过学习理论、反思教育实践，寻找共同感兴趣问题，讨论、筛选，形成既在教育理论或教育实践方面有所突破，又符合学校建设实际的研究课题。(2) 信任。这是组成联合体研究合力的基础。我们认为既然志同道合走到一起，那么在研究过程中，就必须毫无保留地畅所欲言，在不同的争论中磨合，在争论中更加团结。(3) 实体。这是共同体研究具体存在的有规章制度保证的组织形式。一句话说合作研究、互惠互利、资源共享。

2. 建立保障机制。为了更好地发挥学校各部门协同工作的整体效应，1989 年我校与青浦教师进修学院教研部建立了教育联合体。在几年里充分发挥了教师进修学校科研部科研优势和我校教学实践特长，取得了成效。随着改革的逐步深入，在 2002 年 9 月合作双方都感到，在市课改加快步伐的形式下，我校与教研部很有必要拓展到与青浦教师进修学院的全面合作，并以合同的形式予以保障。

(二) 校内：创设项目工作室，成立学科研修基地，建立青浦实验教育集团

我们感到青浦实验教育集团是青浦教育史上的开创性的新事物，应充分利用这个契机，激活各种教育资源，使我们的教育水平再上台阶。

为进一步深化教育改革，传承发展“青浦实验”的宝贵经验，推进青浦义务教育的优质均衡发展，根据国家和上海市中长期教育改革和发展规划纲要中关于深化办学体制改革的精神，在充分调研论证的基础上，青浦区决定建立“青浦实验教育集团”。

青浦教育局提出以青浦区实验中学与豫英学校初中部两校为基础，分东西两个校区，近四年多的集团办学稳步推进，取得了可喜的成绩，实现着 1＋1＞2 的办学目标，特别是实验西校稳步发展，办学特色逐步彰显。为进一步发挥优质教育资源的作用，实现优质资源学校办学经验与管理模式的辐射，使优质教育资源共享，实现办学效益最大化，让更多的青浦学生享受优质的教育。2016 年 4 月 12 日，由青浦区实验教育集团中学部改建为青浦区实验中学教育集团。由于缩短、纯化了战线，资源共享的特点更易突现。

1. 基础型课程中《学程手册》的共同编写、修订、使用

《学程手册》原本是西校区教师多年经验汇集而成的教学"宝典",集团化办学后,最初东校区的师生只是拿到已经编写好的《学程手册》,在教学中使用时,由于不知道编制的过程与原理,使用起来难免机械。在使用了一轮以后,修订、使用《学程手册》。并在原来语文、数学、英语、物理、化学"五大"学科的基础上,拓展到政治、生命科学、科学、历史、地理"五小"学科,使更多的教师参与到课程的共同建设中来。了解了"之所以然",再在教学中使用《学程手册》,课堂就有了明显的转变,教师们开始更多地关注学生的学习。

2. 两类课程中校本课程的集群化建设

《机器人科学与技术》原本是西校区自2007年在实践的基础上教师自编的校本课程,集团化办学后,为了使东西两个学区的学生能享受到公平、优质的资源,2013年起,东校区把机器人教学正式纳入课程,并在东西校区老师的共同指导下,组织学生参与各类机器人比赛,取得了良好的效果。同时学校坚持在"活动—发展"的教育模式下,充分利用学校现有的师资、场地、设备等资源优势,逐渐形成了"灾害科学""炫小发明""陶艺""机器人""摄影"五个创新实验室。根据各实验室自身特点,学校对其进行集群化管理,有侧重地从各个维度出发,培养学生的创新思维和创新能力。

3. 制定刚性的两校区教研交流制度,努力提高课堂实效

教育集团要求每个学期至少开展2次学科交流活动,以同课异构为主要形式,通过课堂教学展示、观课评课,切实提高每个人的教学水平。以数学学科为例,两个校区的数学教师加起来近60人,每次交流活动,不仅在台上上课的教学而且要在备课、磨课、上课、说课的过程中积累经验,在台下听课的教师也必须每人提交一份评课意见,这样,每个人都能围绕构建"新课堂"共同提高。集团还积极组织教师开展课堂教学评比活动。让教师们通过自己的实践反思、同伴的互助激励、专家的指导引领等多种方式来改变自己的教学,提高课堂的质效,努力实现课堂的绿色转型和学生学习过程的增效减负,努力丰富学生的学习经历和学习体验,让学生更加思学、想学、爱学、善学,更加体验到学习的快乐和成功的喜悦。

目前集团内教育改革稳步推进,师资结构通盘考虑,合理调查,人力资源优势互补,教育教学经验迁移和借鉴,真正做到教学资源共享,在统一强化科学管理的基础上,实现东西两校区教育质量的共同提高。

五、研究方法:科学的研究,方法保证高校的质量

青浦数改经验与我们长期教育改革实践告诉我们,任何一项改革课题、改革措施,在科学预设的基础上,再进行严密的科学研究,其中重要的一项是选择合适有效的研究方法,这是保证课题或措施成功的关键因素。如顾泠沅独创的经验筛选只用一年的时间就完成从160多项数学教学经验中筛选出四条比较有效的教学措施,使广大教育工作者看

到大面积提高数学质量的希望。

又如青浦数改小组自然实验法，开展为期三年的“尝试指导、效果回授”心理效应实验，证实这两个实验因子是数学大面积提高教育质量的可能性为现实等。

所以说，在教育改革中选择一个科学、合理、有效的研究方法何其重要。在顾泠沅先生的指导下，我们学校在教育教学的课题改革过程中，主要选择的是“行动研究”法。下面以“语文老师的备课全程记录”案例为例。

案例：语文老师的备课全程记录

背景说明：戴青老师当时是一位有15年教龄的青年教师，刚从初三回到预备年级任教，该年级是新教材试点年级，按照教研组安排，老师每学期要上一节研究课。

过程：从接受任务伊始，戴老师就开始备课了。

戴老师一直参与学校语文教改工作，并对区的语文教改历史较为熟悉，尤其对四层次五环节课堂教学模式较为了解，但戴老师认为，四层次五环节的课堂教学模式还没有让学生真正地成为课堂的主人，教师主导的色彩还太浓，有意向想突破这一框架，可同时又怕对新教材把握不住。如何上课才符合新课程的理念，戴老师心中无底，因此，“怎样的课才算好课”“怎样的教学才让学生真正成为课堂的主人”成为戴老师研究的问题。

戴老师的策略“摸着石子过河”，希望同事、教研员、专家一起探讨，在共同研究中寻找问题的症结。

戴老师的行动路线：

1. 选定课文。戴老师觉得选择课文应从自身感兴趣的文章入手，这样上课较为顺手，但转而一想，“我研究的目的是怎样让学生成为课堂主人，如果把上研究课课文的选择权交给学生，不正是体现了我的教学意图吗？”于是，戴老师向学生说明用意，学生兴趣高涨，经讨论，慎重地选定《诺言》一课作为师生共同实践的研究课。

2. 钻研教材。戴老师对教材的研究主要是在以下几个方面：弄清课文在整册教材、单元中的地位与作用；确立其重点、难点，以及透过人物对话所体现出来的思想内涵；查询作者班若莱耶夫的生平及相关作品，仔细体味其作品的风格及表现手法；比较同类文章如《一千张糖纸》，品味作者的匠心；寻找有关的教学参考、教学设计，借鉴思路。

3. 学习理论。仔细研读上海市二期课程改革的课程标准、方案以及《为了民族的伟大复兴》等书籍，体悟到新课程落实关键点是要把知识与能力、过程与方法、态度与情感、体验与价值通过适切的活动让其在一堂课中体现出来。

4. 了解学生。从学生认知水平，情感特征和所喜爱的教学方式出发，确定通过诵读来引导学生感悟文章内容，体会作者所表达的思想感情。

5. 厘定目标。通过阅读分析让学生体会理解信守诺言，讲究诚信的可贵之处。

6. 切磋探询。戴老师利用教研组会议等机会，听取“共同体”人员的看法。例如有同事认为，这个教学目标过多地考虑了《诺言》一课的思想内涵，对语文教学本身的特点体现不够，语文教学应充分体现其自身的魅力。

7. 反思修订。戴老师在听取了他人的意见的基础上，把教学目标修订为：一是让学生通过朗读品味人物的语言，了解人物的个性；二是让学生感悟信守诺言，讲究诚信的可贵。

8. 教学设计

(1) 确定思路

戴老师依据新课程、学生及课文的特点，决定采用讨论法实施教学。先让学生在预习的基础上就课文提出疑问，然后通过小组协作讨论、交流来解决问题，最后围绕一两个有争议的问题展开辩论。以此增强学生的思辨能力，扩大学生的思维容量，培养学生的良好思维品质和创新意识。其重点是通过朗读来感悟、把握文章的主旨，提高学生的阅读水平，提升学生学习语文的能力。

(2) 构思方案

① 导入设计在学生快速阅读后引出："假如你是文中的小男孩，你会怎样想又会怎样做?"

② 讨论设计布置一些思考题，让学生根据思考题预习课文，为课堂教学小组讨论、交流作准备。

③ 赏析设计让学生谈谈自己最欣赏的字、词、句，并说明理由。

④ 小结设计用名人名言结语，深化主题。

⑤ 作业设计写一篇200字左右讲诚信的片段。

9. 深度会谈

共同体人员一起研究，先由老师说课，讲明意图和设计方案，然后由大家各抒己见提出意见，最后在三个方面达成共识。

(1) 导入设计：改用Flash动画《曾子杀猪》，这样更有新意，更能激发学生的学习兴趣。

(2) 讨论设计：由问题转向学生感兴趣的话题。圈套式的问题本质上还是灌输，问题应更多开放性、生成性，让学生真正地讨论起来、争论起来，碰撞出思维的火花来，才有可能转化为：

话题1：假如你是课文中的小男孩，你会怎么想又怎么做呢?

话题2：为什么一个小男孩做一件差点被认为笑话的事情，而大人却如此重视并给他很高的评价，称他为一个"真正的军人""真正的人"呢?

(3) 赏析设计：让学生多形式地朗读，分角色创造性地朗读。

10. 透视课堂

(1) 公开教学

戴老师根据教案上课，并根据学生的反应及时调整。

(2) 课堂实录，全息观察

“共同体”成员多角度进行量化和质化观察记录。

(3) 反馈会议

戴老师与“共同体”其他教师一起进行评析，梳理出课堂教学暴露出来的问题：

① 课堂提问琐碎；

② 教师有的指导语言指向性不够明确；

③ 对学生的想法缺乏明确的鼓励和肯定；

④ 教师引导学生对文本的理解不够；

⑤ 学生讨论中的瞬间闪现的思维火花没有抓住；

⑥ 教师的手势模糊、语气不民主，造成学生情绪紧张；

⑦ 对学生的主动参与缺乏激情回应和鼓励。

11. 教学再设计

(1) 进一步研读课改方案，理清思路，找准方向。

(2) 重新厘定教学目标，让学生在多种朗读中品味语言特点，懂得信守诺言，讲究诚信是人的最重要品质。

(3) 调整教学方案：在导入后，先让学生快速浏览课文、概括大意，增强学生对课文的整体感知，然后提出第一个话题，更显水到渠成；对话题的追问要更明确，第一个话题改为：“课文中的小男孩是怎么做的?”“他不离开的依据是什么?”引领学生找出重点字、句进行朗读，品味、感悟、理解课文，同时对学生的朗读及时进行点评、指导，让学生真正体会出讲诚信的可贵。

第二个话题之后增加与学生共同赏析和探讨的时间，增设学生自我设疑、质疑、解疑的环节，并设计一个课前作业，查寻有关诚信的正反例子，在课中交流，这样使教学内容更贴近学生的生活，有利于加深学生对课文的理解，也有利于教会学生关注社会、关爱人生，进行探究性学习，使学生真正成为学习的主体，成为活动的主人。

12. 二次实践后的反思总结

戴老师根据修改的教案进行第二次教学实践，在此基础上写出整个备课过程的反思总结。

13. 课堂实录、教案、反思，总结存档

正如华师大教授叶澜先生所述“一个教师写一辈子教案不可能成为名师，但一个教师写三年教学反思就有可能成为名师”，在上述课例研修过程中，执教教师在专家引领、同伴互助中不断地反思，使教师的教育理念在变化，教师的教育行为也在变化，真正体现以学生发展为本和达到语文教学的目标——文道统一。

注：“四层次五环节”的教学即：“整体感知，选点读析，扩展迁移，评价运用”四个层次的教学过程。伴随着这一教学过程，学生的学习活动可归纳为五个环节：“读、思、议、习、

评”。“读”：读有目标，读后质疑；“思”：温故探新，尝试释疑；“议”：多向交流，互补调节；“习”：学而习之，知能并进；“评”：评价归纳，校正强化。

总之，“工欲善其事，必先利其器”，但更应明白“尺有所短、寸有所长；物有所不足，智有所不明”，就能取得事半功倍的效果。

第二节　在教育改革的历程中获得启示

三十年来，在市教委、区教育局领导和区教师进修学院专家的引领下，尤其是在顾泠沅先生经常指导下，我们学校的教育改革无论在理论探索方面，还是在时间操作方面，都在不断、有效地拓宽、深化和创新，使学校的办学理念、管理特色、学生成长和教师发展上均取得令人瞩目的成效。一句话，锐意改革、与时俱进、和谐发展的学校现状越来越博得社会的赞扬、家长的信赖、学生的喜爱和教师的信任。

但是，教育改革是前无样板的新生事物，需要不断学习、不断创新、不断完善。为此三十年来，我们十分注重理论学习、实践探索、不断反思，逐步在思想、实践上形成新的认识，获得以下几点启示。

一、课程改革是学校改革的核心

新课程培养目标的落实需要学校有序推进课程教学改革。十多年来我校以创造性劳动克服种种困难，全面稳定推进以课程改革为核心的学校教育改革。在市“二期课改”新理念和新课程背景下，我们积极实施基础型课程的教学，学校开足开好各门课程，促进学生科学、人文、艺术、身心等素养的不断提高。重视常态课教学质量的提高，重视课堂教学过程中的学生活动、体验和探究，让学生在教师引导之下，学会对每一门课程的学习，培养其终身学习的能力。我们学校以三个领域为突破，实施拓展型课程的教学，即学科拓展活动、主题教育活动和社会实践活动。其中，学科拓展有自主拓展与限定拓展。而主题教育活动和社会实践活动，则根据不同的年级学生身心特点设置不同的主题，分年级段加以实施。

同时，我们也概括总结学科拓展课程和系列主题教育课程的活动模式，其一般的模式：第一，问题发现阶段。通过设置情景，收集分析资料，从中发现问题。第二，确定课题阶段。学生在教师指导之下确定课题，尝试着解决各种问题，运用创造技法进行小创造、小发明，培养学生的创造性思维。第三，产生方案阶段。小组合作交流互助互动，产生新的设想。第四，实施完善阶段。设计、实验、制作、调整和完善成果。学生在这样的探究学习过程中，学到了知识，提高了探究的能力和水平。同时，也培育了学生创新的智慧。这样的课程改革，确实受到绝大多数学生与家长的欢迎。

但是，在进行课程改革，尤其是在实施拓展型、探究型课程及主题教育活动过程中，我们隐隐地感到教育者过分重视学生个体经验的直接获得，事事尽量要通过学生亲身与事物接触，体验到所获“经验”是如何产生的。而相对较为忽视系统的学科知识或间接经验的学习。我们认为，在学习知识过程中强调动手、实践，这完全符合“学生的认识是在实践和活动中发展起来的，认识这一规律的重要意义在于必须使学生在教学过程中活动起来，全身心地投入，即既动脑，又动手、动口，积极参与整个教育过程”的现代化教育理念。但并不是每个经验、每个知识点，甚至每个“真理”都要学生亲身实践获得，这在时间、经费上来说是绝对不可能的，这样的理念是千万要不得的。

所以，没有恰当的课程和实施策略，任何美好而周密的学校教育改革计划都将成为空话。因此，课程与实施策略自然地处于学校教育改革的核心地位。

二、始终注重学生有效发展是学校教育改革的关键

我们都清晰地知道，现在社会上评价一所学校的优劣，其主要指标往往是该校历年毕业生在德、智、体诸方面的表现是否能获得绝大多数社会大众的认可，也可以这样说，在相同的教育教学时间内，学生是否为将来建设祖国，报效国家而真正得到相应的有效发展。要做到这点，长期的教育实践告诉我们，往往可能不是取决于是用什么教材，而是取决教育者对教材的如何挖掘或相应开发。

那么，如何能真正挖掘教材潜在的精华或内涵，我们既有我区数改实验小组的带头人顾冷沅教授独创的“三实践、两反思”的研究教材的策略，也有教育同行“同课异构”开发教材成功的经验。

其关键是希望教师在理论和经验的引领下，运用“三实践、两反思”“同课异构”等方法有针对性地解剖教材、开发教材，那我们的课堂教育教学一定会取得事半功倍的效果。这样我们学生通过教育理论、合适的教育方法和有效处理教材过程，我们的学生有可能最大限度地获得真正的有效发展，那么学校的教育改革有可能获得社会大众、家长、学生的共同支持，可以这样说学校的教育改革成功了。

三、师德修养、创新意识是教师专业发展的重要因素

时代在前进，社会在进步。随着新陈代谢的自然规律，一大批高学历的年轻教师，不断地充实到教师队伍中来。那么，现在合格教师队伍的素质结构该如何建设呢？我们有资料证实，1958 年美国巴尔和琼斯曾指出，教师知识准备程度和质量与他们的教学效果只有低度相关。同时，我国华东师范大学教授邵瑞珍通过研究，进一步阐述：“知识水平只有当它低于某一关键值时，才会影响教学的有效进行，一旦教师的知识水平超过某一关键值，例如大专毕业水平，教学效果就不再随着教师的知识水平提高而不断上升。”也可以这样说，达标(即合格)教师的知识水平不断提高与学生学习质量的不断提高，无显著性相关。

同样，合格教师的某些心理素质，如智力（一般指教师的IQ分值）与其教学效果，同样只有极低的相关度，这是莫斯、怀尔德的研究报告中的结论。而我区教育科学研究人员对本区顾泠沅教授数改实验小组的骨干教师的素质进行长期的研究，提出骨干教师素质因素，即忘我的奉献精神、强烈的科研意识、较高的业务水平，与其教学效果有紧密的相关度。无独有偶，我区《农村初中青年班主任队伍的现状及建设策略》的研究报告认为，优秀班主任的素质是由政治思想品德、社会责任感等组成。合格教师只有具有较强的职业道德——师德，才与学生学习质量的提高有较高相关度。

同时，虽然三尺讲台决定教师以个体劳动为主，但教师面对学生，传授知识的内容都决定其必须具有创新意识，进行创造性的劳动。因为教师讲授的知识点虽然有时相同，就是同一章教案，但所教学生的现状是不断变化的、动态的，要在每个班级都取得理想的效果，教案必须适当调整，必须加入适合该班的内容，即必须有所变化，即创新。

所以，我们认为，在教师专业发展策略中，只有不断地加固师德、不断地改善创新意识，才能有效地促使教师专业发展，提高教学效果。那么，如何有效地寻找到形成师德为核心、创新为目标的教师专业发展途径呢？

苏联心理学家维果茨基在实验基础上提出的关于人发展的两条规律：一是人们特有的被中介的心理机能不是从内部自发产生，而只能产生于人们的协同活动和人与人交往当中；二是人的心理过程的结构最初必须在人的外部活动中形成，然后才能转移到内部，成为人的内部心理过程结构，也就是一个内化过程。简而言之，人在良好团队里学习的受益度远远高于自学效果。我区顾泠沅数改实验小组成功经验也已证明这一点。同样，我校数学教研组的团队引领、语文教研组的团队带教都获得同工异曲之妙。为此，建议在良好的团队中，团队影响与个人需要密切合作，不断加固职业道德和改善创新意识，以适应教育发展的需要。

四、良好的学校管理机制是学校教改的基本保证

我们认为学校管理制度的建立，目的是营造规范、有序、和谐的校园生态场，让学生、教师愉快地学习、愉快地发展。

在区教育局正确办学思想的统一指导下，目前学校的管理思主要体现在：

（一）领导层以身作则，管理思想制度以人为本

学校领导尤其是校长，是办学思想的宣传者、实践者，他不仅是个管理者，更是一个引领者。一个学校教育理念的提出，体现一所学校和校长文化“魂”的力量，这是办学思路和适应未来趋势的超前思考与现实的结合，是教育文化在实践中对基本规律的认知。所以，校长就必须用自己的人格力量论释教育理念，践行教育理念，在学校各方面建设中发挥导向作用。

学校管理必须坚持以人为本，依法治校。我们在积极培育良好的运行机制时，尽力使

学校事务做到民主决策、科学规划、公正实施。同时，又使广大教师提高认识、形成共识，共筑学校发展的愿景和理想。

我们积极造就良好的动力机制，不断引进竞争机制，强化激励机制。同时，又给予教师人文关怀，鼓励教师以优质教育服务于学生、家长和社会，为办人民满意的教育作贡献。

我们建立起组织制约、目标制约、制度制约等机制来提高监督学校照章办事的能力和水平，促进学校形成良性的运行机制和竞争态势，使学校的发展在科学管理下有序推进。

（二）学生发展有章可循，教师工作有序开展

依据教育局领导新的发展思路，根据学校实际和特点修订原有的规章制度，形成新的制度体系。在此基础上，党政工团齐心协力，加强宣传和教育，提高全体师生执行各类制度的能力和水平，使制度自觉成为实验中学师生共同的信条和行为准则，尽力做到凡事有章可循，依章办事、规范办学，保证学校的规范发展。

（三）环境氛围健康向上，学校和谐发展

环境氛围，包括静态的物质环境文化和动态的人文环境文化。

我们对学校物质环境文化的建设做到整体设计和构思，体现实验中学改革发展历程和学校文化的底蕴。无论数字校园的建设、专用教室的环境布置、学校各类标识的设计等，都要体现特定的文化育人功能。

动态的人文环境文化，是指学校长期积淀而形成的风气和文化氛围。一所学校的文化是由这所学校历史积淀而成，我们将不断总结和梳理我们的学校文化，并在此基础上形成与时俱进的校风、学风、教风、办学思想、组织精神等，从而使之成为学校发展的精神动力。

但是，多年的办学经验告诫我们，统一的教育大纲、统一的办学理念作用在不同类型的学校，实施在不同背景下的管理者、教师和学生身上，不可能出现全地区统一的效果、划一的现象。特别在我们原创的“活动—发展”教育模式实施过程中，更可能形成个性化的管理制度。什么叫个性，就是指个人稳定的心理特征的总和。每一个人的个性各有其不同于别人的特点。所以，个性化的管理机制有利于学校教育改革的顺利进行，这是特色学校发展的必然趋势。但个性化的管理制度，必须在教育大纲和区教育局办学思想的统领下，否则容易产生异化，损害学校教育改革正常发展。

第三节　面对学校发展蓝图、畅想学校教育改革未来

一、三十年学校校园变迁

20 世纪 80 年代，青浦中学初中部还是一座在青浦中学校园内只有 12 个班级规模的

教学楼，1986 年初中部整体迁至盈中小区卫中路新校区，1987 年初高中脱构为青浦区实验中学校区（见图 5－1 至图 5－6）。

图 5－1　原青浦县中学初中部①号楼

图 5－2　1987 年青浦县实验中学创建时学生在校门口值日

图 5 - 3　青浦区实验中学 2005 年修缮一新的校门

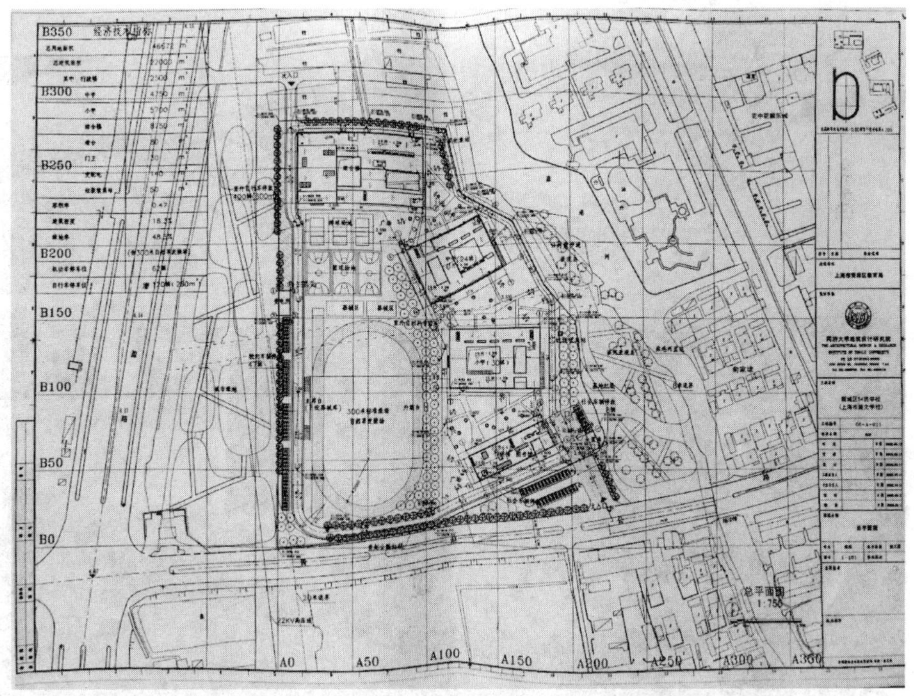

图 5 - 4　2009 年青浦区实验中学迁入新校址时的平面设计图

图 5－5　青浦区实验中学西校区校景图

图 5－6　青浦实验中学东校区校门

二、后续教育改革研究的思考与实践

三十年的教育改革的经验，使我们比较充分地认识到学校教育的终极目标应是促进所有学生在规范、良好的道德品质基础上应有的良好发展，成为我们党和国家所期望的社会主义新时代的可靠接班人，可以用图 5-7 表示。

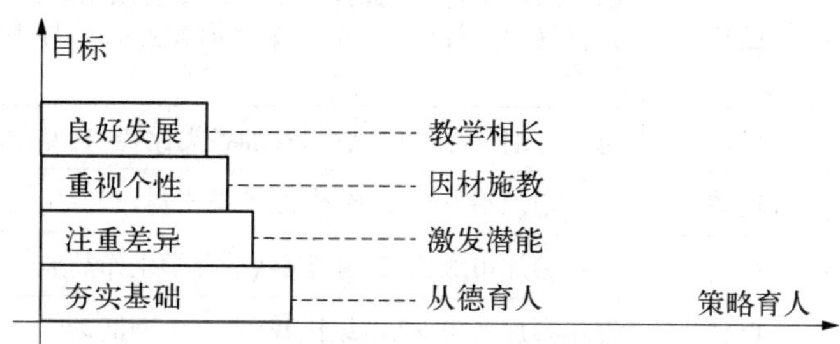

图 5-7 学校教育过程示意图

因此，在下阶段我们继续或准备做下列几项工作。

(一) 继续抓紧抓实课程改革

经调查，我们感到现课程计划方案有利于对教师教学的直接指导，十分注重学校的办学特色，十分有利于运动会、科技会、科技节、艺术节、英语节、读书节等活动的安排，有利于学生的全面发展等。但其还不能满足学生多样化、多层级和多水平的个性需求。为此，我们根据学校、教师、学生、场馆等因素，决定在体育、科技、艺术方面各开设 10 项精品课程(见表 5-7 至表 5-9)。

表 5-7 实验中学高端项目情况简介(1)

序号	名称	已建/拟建	如果是已建项目，请说明取得了哪些效果？如果是拟建项目，请说明有什么具体的想法？(两三句话即可)
1	足球	已建	市里比赛前八名
2	水上赛艇	已建	在全国多人多次获得名次
3	机器人马球	已建	已进入学校课程
4	游泳	已建	进学校课程，选拔游泳运动员，建立运动队
5	长跑队	已建	多次多人获得市级以上名次
6	田径队	已建	多次多人获得区、市级名次
7	乒乓队	已建	打造市级以上一流水平
8	篮球	已建	多次获得区、市级名次
9	棋类	已建	多次多人获得区级名次
10	羽毛球	已建	多次多人获得区级名次

表 5－8　实验中学高端项目情况简介(2)

序号	名　称	已建/拟建	如果是已建项目，请说明取得了哪些效果？如果是拟建项目，请说明有什么具体的想法？（两三句话即可）
1	陶　艺	已建	校本课程已建，专用教室 2 间，陶艺家创作基地，社团完善，教育局学生社团，民族文化培训基地
2	管　乐	已建	已形成四个梯队建设，每年进行专场演出，并参加各类实际比赛，教育局学生社团，三年一次上海专业音乐厅专场演出，曾获市级奖项
3	国　画	已建	每年定期举办学生画展，参加各类比赛，有专用教室
4	书　法	已建	每年定期举办学生展，参加各类比赛，有专用教室
5	超轻黏土	已建	每年参加市级比赛，并获奖\举办学生作品展
6	动漫画	已建	每年参加各类区\市级比赛\六一大型活动
7	儿童创意	已建	每年参加各类区\市级比赛\举办学生画展
8	舞　蹈	已建	每年参加各类区\市级比赛\有专用教室
9	合　唱	已建	每年参加各类区\市级比赛\有专用教室
10	茶　艺	已建	参加各类区级展示，区民族文化培训项目，专用教室未建
11	版　画	已建	每年参加各类区\市级比赛\有专用教室参加

表 5－9　实验中学高端项目情况简介(3)

序号	名　称	已建/拟建	如果是已建项目，请说明取得了哪些效果？如果是拟建项目，请说明有什么具体的想法？（两三句话即可）
1	无人机	已建	实验室建设完成，课程培养了学生克服问题、挑战自我的创新能力和动手能力，学生在实践中积累经验，学校取得了 2017 年上海市青少年无人机科普大赛团体第一名。
2	土壤与环境	已建	校本课程和实验室已创建完成，带领学生开展土壤环保课题研究，并参加各类市区级及全国环保大赛和拓展课评比活动，取得不错成绩。
3	3D 打印	已建	有创新实验室。学生掌握基本的建模方式，并能创建一些简单模型如课桌椅、茶杯、枪械等。有些同学还举一反三，自主想象创建模型如摩天轮、简单房子等。学生的计算机操作能力、想象力、创新能力得到培养。
4	新能源动力 DIY	已建	有创新实验室。通过新能源的介绍及结构知识学习，提升了学生的动手能力。在自我设计和制作过程中，学生的创新思维和创新能力也有所提高。组内学生的创新设计方案在区市内均有获奖。“翔星杯”第二十一届上海市青少年创造发明设计和创新方案 4 人次，上海市青少年科技创意 2 人次，青浦区第二十一届创造发明设计方案评比活动 6 人次。

续　表

序号	名　称	已建/拟建	如果是已建项目，请说明取得了哪些效果？如果是拟建项目，请说明有什么具体的想法？(两三句话即可)
5	防震减灾创新实验室	已建	有专用教室和校本教材，地震知识宣传深入广大师生，学生科普活动中逃生操作技能显著提高，对外辐射、社区宣传影响日益扩大。
6	摄影创新实验室	已建	摄影科技创新项目，近几年主持了两项区教育局一般教科研课题，一项青浦区科学技术协会资助的科普项目，教师编著了校本教材，完善了普及、提高、精英三层次摄影课程教学。摄影教学成绩显著，创建了上海市摄影教学特色学校，摄影社团成为上海市教委命名的第一批一百个上海市学生科技创新社团。
7	现代种植技术	已建	建设形成了学校玻璃大棚，正在带领学生做热带水果种植研究及物联网控制浇水阀的研究，同时为老师们美化办公室提供部分植物装饰。
8	灾害科学创新实验室	已建	有创新实验室，带领学生参加各级各类创新大赛，并取得市区级一、二、三等奖成绩。
9	机器人创新实验室	已建	有创新实验室和校本教材。在强大的“互联网＋”的支撑下，已成为全校性的普及课程，并在此基础上再开展各种形式的创新活动，鼓励他们积极参加市、区级的各类机器人相关竞赛，历年来取得了良好的成绩，其中市级以上得奖 34 人，区级得奖 45 人。
10	Scratch 创客训练	已建	Scratch 符合“终身发展”的教育理念，青少年学生在 Scratch 学习过程中，除了学习编程与动画设计的知识，同时也激发创意思维、培养系统思考与团队合作的能力。学生历年在市级各类大赛中屡获大奖。
11	北斗课程	拟建	校本课程建设已完成，实验室在建。
12	低场核磁共振	拟建	校本课程建设已完成，实验室未建。
13	屋顶光伏发电创新实验室	拟建	与相关公司已经洽谈完成，正在筹备校本课程的建设。

注：从上述表格中发现，30 个精品或高端项目都已立项，正在按计划有条不紊地进行。

所谓精品课程主要指一是在区内、甚至是国内水平领先的项目；二是指导教师或教练组成由本校、学校与外聘、外聘教练团队三方面组成；三是经费以节约、合理的原则。

以乒乓队为例，以前国家女队主教练李晓东为首的教练团队。

以管乐项目指导团队为例，由本校业于上海音乐学院指挥系的顾曙萍老师和外聘乐队艺术指导林友声(著名指挥家)、小号王祯(上海小号研究会副会长)、圆号・中音号郭忠宝(上海交响乐团圆号首席)、打击乐许红波(上海交响乐团，上海打击乐协会理事)、长号・大号梁音(上海歌剧院交响乐团中坚力量)、长笛刘琳(亚洲长笛联盟理事，担任上海交响乐团长笛、短笛演奏)、单簧管范青(普化上海交响乐团)、萨克斯陈林(上海歌舞团・上海管乐家协会萨克斯专业分会副会长)等著名专家组成。

(二) 与时俱进,不断完善"爱诚美志"德育系列活动

党和国家的教育方针中明确规定学校要培养德、智、体多方面全面发展的可靠接班人。同样长期教育经验也告诉我们,德育是学生成长,成为社会有用人的坚固基石。因此德育的重要性怎么说都是无可置疑的。本书在第四章中我校德育主题教育系列,也就是4个年段分系列主题教育活动,分"爱""诚""美""志"四个主题并纳入学校培养学生的课程体系(见表5-10)形成整体育人、有效推进的主题教育策略,为学生在校学会做人、做事形成教育机制。

表5-10 青浦区实验中学主题系列教育

年 级	教育主题	系 列 活 动
六年级	爱	"我爱我家"——爱家乡教育活动
		"快乐学习"——爱学习教育活动
		"珍爱生命"——爱生命教育活动
		"国旗在我心中"——爱国主义教育活动
七年级	诚	"以诚相待"——"读书立品,诚信先行"故事会
		"信守规范"——学生行为规范教育活动
		"诚信光芒"——诚信教育演讲比赛
八年级	美	"美的足迹"——开展让学生发现美的教育活动
		"美的世界"——开展才艺展示、艺术讲座活动
		"心灵之美"——开展展示美、创造美的教育活动
九年级	志	"路在脚下"——"今天我怎样学习"主题会
		"我的未来"——"明天的上海需要怎样的我"

经多年的实践,并取得预设的效果。

同时,根据学校教育改革的设想,为了让学生的发展更好地与现代社会发展合拍,更好地融入社会,我们学校根据实际情况,建立了多个学生军政训练、志愿服务、生存体验、红色之旅等实践基地,发动全校师生开展分年段主题设计之下的实践活动(见表5-11),为学生了解社会、适应社会、给予充分的准备,为学生成为"社会人"打下基础,使社会实践形成制度,取得了良好的效果。

表5-11 青浦区实验中学社会实践活动系列

年 级	社会实践活动系列	
六年级	军政训练	队列训练
		国防教育
		安全拓展训练

续 表

<table>
<tr><th>年 级</th><th colspan="2">社会实践活动系列</th></tr>
<tr><td rowspan="2">七年级</td><td rowspan="2">志愿服务</td><td>个体义工服务</td></tr>
<tr><td>团体社区志愿服务</td></tr>
<tr><td rowspan="4">八年级</td><td rowspan="4">生存体验</td><td>十四岁青春节</td></tr>
<tr><td>生存体验之旅</td></tr>
<tr><td>“实验之星”风采大赛</td></tr>
<tr><td>美的瞬间艺术摄影展</td></tr>
<tr><td rowspan="2">九年级</td><td rowspan="2">红色之旅</td><td>南京考察</td></tr>
<tr><td>“红色之旅”考察报告会</td></tr>
</table>

经过多年的实践，我们有时隐隐约约地感到“爱诚美志”主题系列教育活动与社会实践活动系列虽然活动的目标不尽相同，但有的活动内容发现有些相似、交叉和重叠的可能，例：六年级爱的主题系列活动和六年级军政训练社会实践活动中国防教育等能否结合起来，提升德育活动的效益，真正获得 1+1>2 的效果。

所以，我们设想由负责德育的副校长领衔，组织德育处、学生发展处、科研处(包括心理咨询室)一起，把我校原有主题系列教育和社会实践活动系列合二为一地通盘考虑、设想，形成完善的与时俱进的“爱诚美志”的新一轮“学程手册”德育系列活动。

(三) 继续进行新一轮“学程手册”编制项目实践研究

在原有研究的基础上，我们要传承和发展“青浦实验”理应充分利用本区域三十多年来实践经验的资源，发挥青浦教育者在顾泠沅老师亲自带领下，不断与时俱进，用心做教育的优势。经过青浦区教师进修学院和青浦区实验中学两个“青浦实验”的发源地相关领导的协商、研究决定，由两家单位联合开展“‘青浦实验’新课堂改革”项目活动。

该项目活动的目的是为了进一步深入推进顾泠沅老师的“为学而教、少教多学，鼓励挑战性学习”新课堂实验计划，加强实验中学“活动—发展”教育模式的研究与实践，以编写新一轮《学程手册》为载体，及时记录学生学习活动。我们尝试从基于课标和关注学习目标的学习内容出发，建立结构化的知能系，在此基础上形成启发式的问题链、设计进阶式(情景体验式)的活动序、打造同步式的评价体，切实提高课堂教学效果，激发学生学习潜力，办人民满意的教育。

继续编制的内容：

依托实验中学现有的《学程手册》作为研究载体，进一步理清学程手册编制的四大部分结构与关系，进行新一轮《学程手册》编制活动，对教师特别是青年教师实现精准的教学给予引导及提供支架。

1. 原《学程手册》组成

《学程手册》以单元或章节来组合编写，包含四个部分。第一部分包括了单元或章节知识内容细目表和学习要求指导；第二部分包括每节课前预学体验、课中学习探究、课后拓展练习的全过程要求；第三部分提供了单元或章节知识结构导图；第四部分提供了每单元或章节后的测试题及阶段综合思考题。这样四部分内容从学习要求明确，学习过程完整，学习知识归纳、学习评价反馈等方面编写，显现出了单元结构化整体性的教与学的设计优势。

2. 现《学程手册》编制要求

第一部分：学习内容——建立结构化的知能系

要把分散的知识体系系统化，梳理出学科结构化内容及之间的关联，理清本学科整体的知识体系及与之相应的能力体系，让老师能“居高临下”地把握学科知识的重难点，科学、适切地落实学生学习内容，从而提高学生的学科学习能力，培养学生的学科素养。

第二部分：学习问题——形成启发式的问题链

在明确学习目标的基础上，理清学科的主干性、逻辑性问题。围绕学科本质性的学习问题，形成一系列具有启发性的学科整体性的大问题、单元主干问题及每课（或每节）的学习问题，以问题引导学习的学习，启发学生学习的思维，帮助学生自主学习，提升学生高层次思维的能力。

第三部分：学习过程——设计进阶式的活动序

精心设计与学习问题相对应的有意义的学习活动，这个活动可以是针对课堂教学中某一知识点的，也可以是针对一堂课，甚至是某个单元的。对活动的设计，要由易入难，让学生犹如踏着阶梯往上走。同时避免“形式化”的活动，不因活动而活动，而因需要问题解决的活动，活动能切实解决学生的问题，特别是突破重点、难点的问题。

第四部分：学习评价——打造同步式的评价体

学生的评价应体现在学习的每一个过程中，形式过程评价与结果性评价的有机结合。我们要形成针对学习目标的课后反馈，要有学生每单元、每节课书面或其他活动形式的评价体系。过程性评价应避免评价的延迟性，而结果性的评价要做到科学性、多元化，让学生在鼓励与成功的体验中不断前行（见表 5 - 12）。

表 5 - 12　继续编制的行动计划

时　间	阶段	内　　容	参与人员	负责人
2017.9	启动阶段	确定研究项目	项目领导组、统筹组	姜　虹 刘　明
		讨论项目推进方案	项目成员组	

续　表

时　间	阶段		内　　容	参与人员	负责人
2017.10	试点阶段	编写	确定课题研究组核心人员，项目正式启动，学程升级的相关培训	核心组成员	陆跃勤 陆京炜 戴颖川 班丽亚
			初步形成各学科单元范式（A：梳理形成单元知能系；B：针对学习内容，形成启发式问题链；C：针对学习问题的学习活动设计；D：与学习目标相对应的单元课后评价体系。）	学科组	
			单元范式的交流、鉴定、改进、完善	核心组成员	
2017.11		展示	确定展示课内容，落实展示课人员，集体设计与备课活动		
			十门学科的教学展示活动		
2017.12—2018.1	分段推进阶段		“知能体系的梳理”培训学习：请各学科市级专家进行关于课程标准解读的报告	全体成员	姜　虹 刘　明
			落实编写：各学科起始年段知识的梳理，从整体—单元知能体系的形成。（语、数、英、政梳理一个年级；物、化、历、地、科、生梳理一个学期）	核心组成员	戴颖川 班丽亚
			专家论证：市、区级专家论证	专家组	陆跃勤 陆京炜
2018.1—2			“问题链的梳理”培训学习：问题化学习报告或如何设计问题的讲座	全体成员	姜　虹 刘　明
		落实编写	对应学习内容的各科整体性问题、单元的主干问题。	核心组成员	戴颖川 班丽亚
			各学科起始年段每节课知识的梳理，形成每节课的知能体系。	学科教师	
		专家论证	整体性问题、单元主干问题论证：市、区级专家	专家组	陆跃勤 陆京炜
			每节课的知能体系论证	核心组成员	
2018.3—4			“学习活动的设计”培训学习：实验中学“活动-发展”教育模式的再学习	全体成员	刘　明
		落实编写	设计针对解决学习问题的学生学习探究活动：综合活动、单元活动、年级组活动	核心组成员	戴颖川 班丽亚
			每节课的问题序	学科教师	
		专家论证	综合性、单元性、年级组活动论证：市、区级专家	专家组	陆跃勤 陆京炜
			每节课的问题序论证	核心组成员	

续 表

<table>
<tr><th>时 间</th><th>阶段</th><th colspan="2">内 容</th><th>参与人员</th><th>负责人</th></tr>
<tr><td rowspan="5">2018. 5—6</td><td rowspan="7">分段推进阶段</td><td colspan="2">“评价体系的建立”培训学习：请市级专家专题讲座</td><td>全体成员</td><td>姜 虹
刘 明</td></tr>
<tr><td rowspan="2">落实编写</td><td>形成综合的及单元的书面或其他活动形式的评价体系</td><td>核心组成员</td><td rowspan="2">戴颖川
班丽亚</td></tr>
<tr><td>形成每节课的活动设计</td><td>学科教师</td></tr>
<tr><td rowspan="2">专家论证</td><td>综合的及单元的书面或其他活动形式的评价体系</td><td>专家组</td><td rowspan="2">陆跃勤
陆京炜</td></tr>
<tr><td>每节课的活动设计</td><td>核心组成员</td></tr>
<tr><td>2018. 7—8</td><td>落实编写</td><td>形成每节课的书面或其他活动形式的评价体系</td><td>学科教师</td><td>戴颖川
班丽亚</td></tr>
<tr><td>2018. 9</td><td>专家论证</td><td>每节课的书面或其他活动形式的评价体系</td><td>核心组成员</td><td>陆跃勤
陆京炜</td></tr>
<tr><td rowspan="2">2018. 10—2019. 10</td><td rowspan="2">全面推进阶段</td><td colspan="2">以阶段推进为例，完成所有学科，所有学段的新一轮《学程手册》的编制</td><td>学科教师</td><td>戴颖川
班丽亚</td></tr>
<tr><td colspan="2">教师编制过程中，请区专家进行跟进论证与指导</td><td>区专家组</td><td>陆跃勤
陆京炜</td></tr>
<tr><td rowspan="3">2019. 11—12</td><td rowspan="3">经验辐射阶段</td><td colspan="2">新一轮《学程手册》投入使用</td><td rowspan="2">学科教师</td><td rowspan="3">姜 虹
刘 明
陆跃勤
陆京炜</td></tr>
<tr><td colspan="2">以编制新一轮《学程手册》研究为例，语、数、英学科至少形成 3 个研究案例，其余学科形成 1 个研究案例</td></tr>
<tr><td colspan="2">对教师研究案例的撰写进行指导</td><td>区专家组</td></tr>
</table>

实质上，我们教育质量提升密切相关的是在学校管理、教育教学方面设想还有要达到教是为了不教目的的如何拓展“活动—发展”教育模式的内涵；在课堂教学方面，进行以生定学、以学定教，教程为学程服务，真正实现把传统教的课堂向现代学的课堂有效转型的研究；设想在青浦实验中学教育集团中，进行不同体制改革的尝试，也就是准备建立民办初级中学，激发不同体制学校竞争，有效提升教育教学质量等。

我们认为，随着时间的推移，随着研究的深入，对学校教育教学发展的主客观因素的认识，肯定会发现和产生各种值得探究的课题或项目。只要我们认真调查、认真学习、认真思考、认真研究、认真实践、认真总结，肯定会获得理想的成果。